21世纪立体化高职高专规划教材·财经系列

新编经济法
（第2版）

陈领会　杨加洪　主　编
任玉梅　王春香
申纲领　王立湖　副主编

電子工業出版社
Publishing House of Electronics Industry
北京·BEIJING

内容简介

为提高高职高专学生整体素质和综合职业能力，特别是培养其创新能力和实践能力，本书吸收了近几年来我国经济法理论的最新研究成果，以国家最新公布的经济法律、法规为依据，在认真总结经济法教学实践的基础上，从经济法的基础理论入手，重点介绍了公司法、个人独资企业法、合伙企业法、外商投资企业法、企业破产法、合同法、担保法、工业产权法、反不正当竞争法、产品质量法、消费者权益保护法、支付结算法律制度、税法、会计法律制度、经济仲裁与经济诉讼等内容。本书突出了案例教学和实训项目，各章均设计了独具特色的栏目，既方便教学，又便于学生把握学习目标，理解教学内容中的知识点和技能点。

本书适用于高职高专院校经济管理类专业教学，也可作为各类成人院校及企业职工的培训、教学用书和各类人员的参考用书。

图书在版编目（CIP）数据

新编经济法 / 陈领会，杨加洪主编. —2版. —北京：电子工业出版社，2016.8
ISBN 978-7-121-29721-2

Ⅰ. ①新… Ⅱ. ①陈… ②杨… Ⅲ. ①经济法—中国—高等职业教育—教材 Ⅳ. ①D922.29

中国版本图书馆CIP数据核字（2016）第196494号

策划编辑：贾瑞敏 张思博
责任编辑：贾瑞敏 特约编辑：许振伍 孙明珍
印 刷：三河市鑫金马印装有限公司
装 订：三河市鑫金马印装有限公司
出版发行：电子工业出版社
北京市海淀区万寿路173信箱 邮编 100036
开 本：787×1 092 1/16 印张：17.25 字数：487千字
版 次：2009年8月第1版
2016年8月第2版
印 次：2016年8月第1次印刷
印 数：3 000册 定价：39.80元

凡所购买电子工业出版社图书有缺损问题，请向购买书店调换。若书店售缺，请与本社发行部联系，联系及邮购电话：（010）88254888，88258888。

质量投诉请发邮件至zlts@phei.com.cn，盗版侵权举报请发邮件至dbqq@phei.com.cn。

本书咨询联系方式：电话010-62017651；邮箱fservice@vip.163.com；QQ群427695338；微信DZFW18310186571。

前　言

《新编经济法》出版后，全国人民代表大会常务委员会修订了《公司法》《商标法》《消费者权益保护法》，最高人民法院出台了《关于适用中华人民共和国合同法若干问题的解释（三）》《关于适用中华人民共和国合同法若干问题的解释（四）》等司法解释。随着国家经济法律、法规的修订及社会发展新环境下发展变化的需要，本书不论在内容上还是在体例上均须及时修订、完善和补充，以满足当前教学的需求。

在编写体例上保留了原来的每章小结、引导案例分析、实训项目、本章测试等独具特色的栏目，旨在帮助学生学习提高。在编写内容上，首先，对章节内容进行了调整，增加了《消费者权益保护法》，把原来的《金融法》调整为《支付结算法律制度》；其次，所有章节均依据我国最新的经济法律、法规进行了修改。本书内容新、资料新、与时俱进，在章节设计上既适合高职高专财会类专业使用，又适用于经管类及其他专业的教学。

本书的具体特点主要体现在以下几个方面。

1．本书根据高等职业教育人才培养目标，从职业岗位分析入手，以掌握实践技能为目的，以必需、够用、适用为原则，确定课程内容。

2．突出案例和实训环节，可操作性强。在编写体例上突出了互动性和应用性，各章均设计有引导案例、实训项目、案例分析、本章测试等栏目，突出重点、难点，解析透彻，深入浅出，能提高学生运用所学知识分析问题、解决问题的能力。

3．本书编写以国家最新颁布或修改的经济法律、法规为基础，具有鲜明的新颖性和实用性。

4．本书结合经济类职业资格标准要求，为学生考取会计从业资格、助理会计师、助理营销师等资格证书奠定了基础。

5. 2016年5月1日，我国全面推开“营改增”试点。本书根据最新的“营改增”政策修订而成。

本书的再版由陈领会、杨加洪担任主编。陈领会负责拟定编写大纲、体例设计、统稿、定稿。杨加洪担任第二主编，协助主编定稿。具体分工为：河北软件职业技术学院陈领会（第1、3、7、14章，第13章的13.1节）；江苏联合淮安生物工程分院杨加洪（第2、4、8、9章）；江苏联合淮安生物工程分院任玉梅（第5、15、16章）；江苏信息职业技术学院王春香（第10章）；许昌职业技术学院申纲领（第6、12章，第13章的13.2节）；淮安工业中等专业学校王立湖（第11章）。感谢镇江机电高等技术学校朱敏芳和厦门华天涉外职业技术学院陈昌参与第一稿的编写。

本书在编写过程中，参考和借鉴了大量的文献、专家学者的研究成果，在此表示衷心的感谢！由于我们的水平有限，疏漏之处在所难免，敬请各位同人及专家不吝指教！

编　者

目录

contents

第1章 经济法基础理论

知识目标	技能目标
1. 了解经济法的概念和调整对象，特征和基本原则。 2. 掌握经济法律关系的构成要素。 3. 掌握经济法律关系的发生、变更和终止，以及经济法律责任。	1. 能正确分析经济法律关系。 2. 能处理简单的经济违法行为。

引导案例

2016年3月10日甲公司与乙公司签订了购买乙公司某设备的买卖合同。合同约定，设备5台，每台10万元，总货款50万元，要求乙公司于5月20日交货，货到后10日内结清全部货款。但天有不测风云，在合同履行前的5月12日，乙公司发生火灾，致使其厂房、设备全部毁损，不能按期履行合同。甲公司据此解除了双方的合同。

思考：

（1）何谓经济法律关系？它具有哪些特征？

（2）本案例中经济法律关系的主体、客体和内容是什么？

（3）引起双方经济法律关系终止的经济法律事实是什么？

1.1 经济法的概念、调整对象及产生与发展

1.1.1 经济法的由来和定义

1. “经济法”一词的由来

“经济法”一词，最早是由法国空想社会主义者摩莱里在其1755年出版的《自然法典》一书中提出来的。1843年法国另一名空想社会主义者德萨米在其所著的《公有法典》一书中也使用了“经济法”这一概念，并且发展了摩莱里关于经济法的思想。他们都是在“分配法”的意义上认识经济法的。法国小资产阶级激进派代表人物蒲鲁东在其1865年出版的《工人阶级的政治能力》一书中提出了要以经济法调整特定的社会经济关系。蒲鲁东所指的“经济法”已接近现代意义上的经济法。具有现代意义的经济法的概念，则是始于第一次世界大战前后的德国，当时德国颁布了一系列干预和调节经济的法规，有些法规直接以经济法命名，如1919年颁布的《煤炭经济法》《钾盐经济法》等。此后，以德国学者海德曼（Hedman）为代表，进一步丰富和发展了经济法的内涵。从此经济法的概念从德国开始传播到世界各国，逐渐被人们所认可，成为新的法律概念。

2. 经济法的定义

对于经济法如何定义，国内外法学界存在很多争议。本书所讲的经济法是指调整国家在管理与协调经济运行过程中发生的经济关系的法律规范的总称。

由经济法的定义可以看出，经济法调整的不是所有的经济关系，而是特定的经济关系。经济法调整的特定的经济关系，是国家对经济进行协调、对市场进行干预而产生的经济关系。在市场经济条件下，国家之所以对经济进行协调与干预，主要是为了克服市场调节的盲目性和局限性，使经济运行符合客观经济规律的要求，推动国民经济健康发展，实现经济秩序的良性循环。

1.1.2 经济法的调整对象

与经济法的概念相联系，经济法的调整对象是国家在管理与协调经济运行过程中发生的经济关系。作为法律中一个独立的部门，可以把经济法的调整对象概括为以下几类。

1. 市场主体调控关系

市场主体调控关系是指国家在对市场主体的活动进行管理，以及市场主体在自身运行过程中所发生的社会关系。这里所说的市场主体，主要是指在市场上从事直接和间接交易活动的经济组织，如企业和非企业性经济组织。调整这部分经济关系的经济法律制度主要有国有企业法、独资企业法、合伙企业法、公司法和外商投资企业法等。

2. 市场运行调控关系

市场运行调控关系是指国家为了建立社会主义市场经济秩序，维护国家、生产经营者和消费者的合法权益而干预市场所发生的经济关系，如关于反不正当竞争、反垄断、产品质量等方面的法律所涉及的关系。调整这部分经济关系的经济法律制度主要有反不正当竞争法、反垄断法、产品质量法和消费者权益保护法等。

3. 宏观经济调控关系

宏观经济调控关系是指国家从长远和社会公共利益出发，对关系国计民生的重大经济因素，实行全局性的管理过程中与其他社会组织所发生的具有隶属性或指导性的社会经济关系。这种隶属或指导性关系既包括上下级组织之间的命令与服从、指导与被指导的关系，又包括同一级别组织之间在业务上的管理与执行的关系，如产业调节、计划、国有资产管理等方面的关系。调整这部分经济关系的经济法律制度主要有会计法、支付结算法律制度、计划法等。

4. 社会分配调控关系

社会分配调控关系是指国家在对国民收入进行初次分配和再分配过程中所发生的经济关系，如关于财政、税收等方面的法律关系。调整这部分经济关系的经济法律制度主要有预算法、税收征管法、个人所得税法和企业所得税法等。

1.1.3 经济法的产生与发展

经济法是人类社会政治、经济发展到一定历史阶段的产物，有其产生、发展、变化的历史演变过程，并随着经济关系的复杂化而逐步充实和完善。

1. 前资本主义时期经济法

前资本主义时期包括奴隶制时期和封建制时期，在这一时期的国家立法中，与当时简单的商品生产经济关系相适应，调整不同社会关系的法律规范共存于“诸法合一”的法律大全中，即没有民法、刑法、经济法等具体法律部门，如古巴比伦王国的《汉谟拉比法典》和我国封建社会的《秦律》等。在这些综合法典中已有相当数量的调整当时的社会经济关系、维护经济秩序、体现国家对经济实行一定管理的经济法律规范，它们对社会生产、经济秩序具有引导与规范作用，维护了社会的平衡发展。

2. 资本主义时期经济法

（1）自由资本主义时期经济法

在资本主义形成、巩固的自由资本主义时期，以亚当·斯密为代表的经济学家提出了“自由放任”的主张，认为政府不要轻易干预社会经济生活，要让市场这只“看不见的手”（政府直接的干预则体现了“看得见的手”）来调节市场，充分发挥市场机制的作用。与此相适应，在这个时期，强调个人平等、自由和自治的民法和商法成为法律的主要形式，如法国1804年颁布的《法国民法典》，1807年颁布的《法国商法典》。此外，资本主义国家还颁布了大量单行经济法规来调整复杂的经济关系，如有关保护贸易和关税、促进工商业发展等方面的规定。

（2）垄断资本主义时期的经济法

当资本主义从自由竞争阶段发展到垄断阶段后，垄断组织的出现及垄断组织对经济的垄断，加深了资本主义社会的矛盾，自发的市场调节机制受到很大影响。为克服市场失灵所引发的种种后果，国家必须放弃原来的“自由放任”原则，承担起规范市场主体、维护市场秩序、进行宏观调控等职能。国家需要运用法律手段对社会经济生活进行直接的管理和干预，因而制定了大量的经济法律、法规，使经济法发展成为独立的法律部门。

1.2 经济法的特征、地位及基本原则

1.2.1 经济法的特征

经济法具有所有法律的基本特征——国家的意志性、特殊的规范性和应有的强制性。与其他部门法相比，经济法又有其自身的特征，主要体现在以下几方面。

1. 经济性

经济法虽然属于上层建筑，属于政治范畴，但它的经济性质最为明显，它与经济的关系最为直接和密切。经济法的调整对象、调整目的、调整手段具有突出的经济性。经济法调整的对象是特定的经济关系；调整的目的是节约交易成本，提高市场运行的效率；调整的手段主要是经济手段，即以经济规律和经济现实为依据而确立的具有经济内容的手段，这与行政、刑事手段不同。此外，经济法反映客观经济规律。

2. 综合性

经济法的综合性主要是指经济法调整手段的综合性，主要表现在以下几方面。

① 在规范构成上，经济法既包括若干部门经济法，又包括法律、法令、条例、细则和办法等许多规范形式的经济法律规范；既包括实体法规范，又包括程序法规范；既包括对内经济法规范，又包括涉外经济法规范。

② 在调整范围上，经济法调整的是国家在管理与协调经济运行过程中所发生的经济关系，包括市场主体的管理、市场秩序的维护、市场经济活动的宏观调整，以及国民收入的分配等方面的经济关系，其内容涵盖工业、农业、商业、财政、税收、金融、商标、专利、审计、会计、海关、物价、环保、土地等范畴。

③ 在调整手段上，经济法用经济的、行政的、刑事的手段调整经济关系。经济法的这一特点，是由经济法所调整的经济关系的复杂性所决定的。

3. 国家干预性

国家对经济生活的干预是经济法产生的直接原因。市场经济要求公平、平等和自由的经济秩序，但干扰、影响甚至破坏市场经济秩序的事件时有发生，因此，国家必须注重对经济生活的调整和管理，规范经济秩序，惩治违法经济行为，以确保市场经济持续健康有序的发展。

1.2.2 经济法的地位

经济法的地位，也就是经济法在法的体系中的地位，是指在整个法的体系中，经济法是不是一个独立的法律部门，其重要性如何。

1. 经济法是一个独立的法律部门

划分法律部门的依据主要是法律的调整对象，它是划分法律部门的主要标准；其次是法律的调整方法，它是划分法律部门的辅助性标准。因此是否具有特定的调整对象是能否成为独立的法律部门的核心要素。经济法之所以能够成为一个独立的法律部门，理由如下。

① 经济法有自己独特的调整对象。经济法仅调整国家在管理与协调经济运行过程中发生的经

济关系，不调整其他经济关系，其调整的经济关系有自己的特征，与民法、行政法不同。

② 经济法有独特的调整方法。经济法有着与其他法律部门不同的调整方法，主要采用经济的、行政的和刑事的综合方法对经济关系进行调整。

2. 经济法与临近法律部门的关系

经济法是一个重要的法律部门，还可以从经济法与其他法律部门，特别是与民法和行政法的关系中看出。

（1）经济法与民法、行政法的联系

① 经济法与民法的联系主要表现在：二者都以经济关系作为自己的调整对象；二者都是独立的、重要的法律部门。

② 经济法与行政法的联系主要表现在：二者都调整一定范围的管理关系；二者都是独立的、重要的法律部门。

（2）经济法与民法、行政法的主要区别

经济法与民法、行政法的主要区别如表 1.1 所示。

表1.1　经济法与民法、行政法的区别

区别＼法的种类	经济法	民法	行政法
调整对象	国家在管理与协调经济运行过程中发生的经济关系	平等主体的公民之间、法人之间、公民与法人之间的财产关系和人身关系	行政管理关系，即行政机关在行使职权进行行政管理活动中所发生的社会关系
主体范围	国家机关、企业和其他社会组织、企业内部组织、农村承包经营户、个体工商户和公民	平等地位的法人和自然人	国家行政机关、企业事业单位、社会团体和公民
作用	维护国家利益和社会公共利益	维护自然人和法人的利益	引导、推进和保障政治体制改革的发展
调整方法	主要采取经济的、行政的、刑事的综合方法	主要采取民事制裁的方法	主要采取行政制裁的方法

1.2.3　经济法的基本原则

经济法的基本原则是指贯穿于所有经济法律、法规之中的，对经济立法、经济执法、经济司法、经济守法具有普遍指导意义的指导思想和基本准则。我国经济法的基本原则如下。

1. 国家适度干预原则

国家适度干预原则是体现经济法本质特征的原则。经济法从本质上说，就是体现国家对社会经济生活进行干预的法律形式。国家干预始终是经济法发展中的主题，而其核心是寻求一种适度干预。国家如果干预得太多，就会妨碍经济组织的自主经营、公平竞争，妨碍市场机制作用的发挥；如果放弃干预或干预太少，又会导致市场的无政府状态，产生垄断、不正当竞争等消极现象。经济法的适度干预原则，就是在经济立法、经济执法和经济司法活动中，把国家宏观调控与市场机制结合起来，国家干预社会经济生活的范围和手段要适度，既要保证经济组织的自主经营、公平竞争，又要避免市场的无政府状态，避免“一放就乱”“一乱就管”“一管就死”“一死就放”“一放又乱”等现象的出现。

2. 社会本位原则

法律部门的本位思想是指体现在这个法律部门中的解决社会矛盾的基本立场。不同的法律部门，其本位思想也不相同。行政法的本位思想是“国家本位”，民法的本位思想是“个体本位”，而“社会本位”则是经济法的本位思想。社会本位即强调社会公共利益至上。

社会本位原则之所以能够成为经济法的基本原则，是由经济法的本质属性决定的。经济法把社会本位作为自己的调整原则，表明经济法在对产业调节、固定资产投资、货币发行、价格水平、垄断和不正当竞争行为、产品质量控制及消费者权益保护等关系进行调整时都必须以社会利益为本位。与此同时，任何市场主体，在进行市场行为时都不能一味地追求自身利益的最大化而忽视对社会公共利益的关注，否则，也是对自己应当承担的社会责任的背离。

3. 经济公平原则

公平是所有法律所追求的目标，是人们向往正义而对法律提出的必然要求。经济法上的公平，包括以下 3 个方面的内容。

① 主体地位平等。主体地位平等是经济公平的前提条件，没有主体地位的平等就没有公平可言。主体地位平等要求任何主体都不得对其他主体进行歧视，更不得以大欺小，以强凌弱，以富压贫。而要实现经济法律关系的主体地位平等，必须反对特权，反对歧视。

② 交易机会均等。交易机会均等是经济公平的基本内容。它一方面要求经济法所提供的交易机会必须向所有经济法主体开放，另一方面要求经济法不得为某一或某些主体提供独占市场的机会。

③ 权利义务对等。权利义务对等是经济公平的核心内容。经济公平要求主体的权利和义务对等是权利和义务在数量上等值性的必然要求。

案例分析1-1

村民李四向张三借款人民币 50 000 元，双方约定借款期限是一年，利息是年息 10% 。还约定借款期限届满如不能按时还款，每日按照本金的 5% 的比例支付违约金。借款期限届满，借款人李四仅仅支付了一年的利息，没有归还本金。又过了一年，张三多次向李四索要未果，于是向法院起诉，要求李四返还 50 000 元的本金，同时要求支付违约金 912 500 元。请问：张三要求李四支付 912 500 元违约金是否公平？其违反了经济法的什么原则？

分析 本案例中，张三要求李四支付 912 500 元违约金有失公平，违反了经济法的经济公平原则。根据合同法的有关规定，当事人在订立合同时可以约定一方违约时向对方支付一定数额的违约金。但违约金的约定并不是毫无限制的自由约定，而要受到国家法律的正当干预。约定的违约金过分高于造成的损失的，当事人可以请求人民法院或仲裁机构裁定适当减少。而本案双方约定的违约金明显高于因为违约给张三造成的损失，李四可请求人民法院或仲裁机构裁定适当减少。

4. 责权利效相统一原则

责权利效相统一原则是指在经济法律关系中各管理主体和市场经济主体所承受的权利、利益、义务和职责必须相一致，不应当有脱节、错位、不平衡等现象存在。其中“责”是指法律要求经济主体必须履行的义务，以及不履行或不适当履行的法律后果；“权”是指法律赋予经济主体一定的职权和权利；“利”是指法律对经济主体的物质利益的确认和保护；“效”是指法律对经济关系的调整应以提高经济效益和社会效益为出发点和归宿。责、权、利、效在经济生活中互相联系、互相制约、互相依存。

1.3 经济法律关系

1.3.1 经济法律关系的概念及特征

1. 经济法律关系的概念

法律关系是指法律规范在调整人们行为过程中形成的一种特殊的社会关系，即法律上的权利义务关系。经济法律关系是由经济法律规范调整的，经济法主体之间的经济权利与经济义务关系。

经济法律关系不同于经济关系。经济关系是客观存在的物质利益关系，是经济法律关系产生的根源和存在的基础，它属于经济基础的范畴。而经济法律关系是经济法调整特定的经济关系后所确认的权利义务关系。作为法律关系的一种，经济法律关系是社会意志关系，属于上层建筑范畴。因此经济关系是经济法律关系的客观物质基础，是经济法律关系产生的前提，而经济法律关系则是经济法律规范调整一定经济关系的结果。

2. 经济法律关系的特征

（1）经济法律关系体现了国家意志和当事人意志的统一

经济法律关系是由经济法律规范调整一定经济关系后形成的，经济法律规范由国家制定，渗透着国家意志。可以说，经济法律关系是贯彻国家意志的重要形式。经济法律关系参加者的意志，必须符合国家的意志，否则，经济法律关系就不能形成。因此，经济法律关系既包含国家意志，又包含当事人的意志，是国家意志和当事人意志的统一。

（2）经济法律关系体现了经济权利和经济义务的统一

经济法律关系的实质是经济权利和经济义务。在经济法律关系中，经济权利和经济义务一是是同时存在的，即每一当事人在享有经济权利的同时，也承担一定的经济义务；二是经济权利和经济义务是对等的，当事人一方享有某种经济权利，同时意味着另一方承担相应的义务。

（3）经济法律关系体现了宏观调控与市场调节的统一

宏观调控与市场调节的统一是市场经济发展中必须遵守的原则。市场调节主要是运用“看不见的手”——市场中的经济规律，而宏观调控是运用“看得见的手”——法律、财政、税收、金融及价格政策等手段。

（4）经济法律关系是当事人自觉实现和国家强制力保证实现的统一

由于经济法律关系为经济法律规范所确认，而经济法律规范由国家制定，因此，经济法律关系一旦形成就会受到国家的保障。也就是说，经济法律关系是由国家强制力保证实现的。通常，参加经济法律关系的当事人是能够实现他所享有的经济权利和履行他所承担的经济义务的。当经济法律关系的实现遇到障碍时，或权利人不能完全行使和享有权利，或义务不履行时，就需要法院强制执行，责令义务人履行义务，甚至给予违法行为人以必要的制裁，以有效地保证经济法律关系的实现。

任何经济法律关系都是由主体、内容和客体构成的。这 3 个要素相互联系、相互制约、缺一不可。缺少任何一个要素，就不能构成经济法律关系；变更任何一个要素，原来的经济法律关系也会随之发生变化。

1.3.2 经济法律关系的主体

1. 经济法律关系的主体的概念

经济法律关系的主体，也称经济法主体，是指在经济法律关系中，依法享有经济权利、承担经济义务的当事人。在经济法律关系中，享有权利的一方称为权利主体，承担义务的一方称为义务主体。在大多数情况下，双方当事人既享有经济权利，又承担经济义务。而且作为经济法主体的组织和个人，必须具备一定的主体资格。经济法主体资格是指当事人参加经济法律关系，享有经济权利和承担经济义务的资格或能力。也就是说，只有具有经济法主体资格的当事人，才能参加经济法律关系，享有经济权利和承担经济义务。

2. 经济法主体的范围

经济法主体的范围是由经济法调整对象的范围决定的。由于经济法调整对象的广泛性、多样性，因而经济法主体也具有广泛性。

（1）国家机关

国家机关是指行使国家职能的各种机关的统称，包括国家权力机关、国家行政机关和国家司法机关等。作为经济法律关系的主体的国家机关主要是指国家行政机关中的经济管理机关。国家机关在经济法律关系中的职能主要是行使经济管理职能，其他国家机关在依法行使其经济职权或参与国家经济管理活动时，也是经济法主体。

另外，在一定条件下，国家机关也可以以法人身份参加经济法律关系。

案例分析1-2

2016 年 1 月某市财政局和某建筑公司签订了一份建设工程承包合同，由建筑公司为财政局盖办公大楼。请问：此财政局作为行政管理的主体能和某建筑公司以平等主体身份签订此合同吗?

分析 它们能订立此合同。经济法律关系的主体的范围包括国家机关、企业和其他社会组织、企业内部组织、个体工商户及公民。虽然，某市财政局是行政管理的主体，在一定条件下，国家机关也可以以法人身份参加经济法律关系，因此，它们能订立此合同。

（2）企业和其他社会组织

企业是以营利为目的从事商品生产、经营和服务活动的独立的社会经济组织，包括各类法人企业及其他非法人企业，如有限责任公司、股份有限公司、合伙企业和个人独资企业等。它们是经济法的主要主体。其他社会组织主要是指事业单位和社会团体。事业单位是由国家财政拨款，不以生产和经营为目的，不实行独立经济核算的文化、教育、卫生等组织。它们往往以法人资格参加经济法律关系，并且有国家拨给的管理使用资金。社会团体是人民群众依自愿原则结合起来，进行社会活动的集体组织，如党团组织、工会、妇联、学术团体等。这些团体为了实现自己的社会经济职能必然要进行一系列的经济活动，从而成为经济法的主体。

（3）企业内部组织

企业内部组织虽然不具备法人资格，不能自主经营、独立核算、自负盈亏，但是当根据经济法律、法规的有关规定参加企业内部的经济管理活动时，如在实行内部承包经营责任制、实行内部独立经济核算等情况下，则成为经济法律关系的主体，享有一定的权利，承担一定的义务。

案例分析1-3

A企业实行内部承包经营责任制，将某项生产任务承包给其内部的第一车间，为此，双方签订了承包合同，合同对双方的权利与义务进行了约定。请问：A企业内部的第一车间能否成为经济法律关系的主体？A企业与第一车间之间是否形成了经济法律关系？

分析　A企业内部的第一车间能成为经济法律关系的主体，并且在A企业与第一车间之间形成了经济法律关系。根据经济法的有关规定，企业的内部组织在其依法参加企业内部的经济管理活动时，如在实行内部承包经营责任制情况下，则具有经济法律关系的主体的资格。在本案例中，A企业内部的第一车间就属于企业的内部组织，有资格成为经济法律关系的主体。由于双方具有订立承包合同的行为，就形成了经济法律关系。

（4）农村承包经营户、个体工商户及公民

农村承包经营户是指在法律允许的范围内，按照承包合同规定从事商品生产经营的农村集体经济组织的成员。个体工商户是指在法律允许的范围之内，依法经核准登记，从事工商业经营的自然人。当农村承包经营户、个体工商户、公民依法从事生产经营或服务性活动，与国家经济管理机关、企业或其他社会组织发生经济法律关系时，就成为经济法律关系的主体。

此外，国家作为整体，在一定条件下也是主体，如发行国债。

1.3.3　经济法律关系的内容

经济法律关系的内容是指经济法主体享有的经济权利和承担的经济义务。

1. 经济权利

经济权利是指经济法主体在国家管理与协调社会主义市场经济运行过程中，依法具有的自己为或不为一定经济行为，或要求他人为或不为一定经济行为的资格。

不同种类的经济法主体享有不同的经济权利，根据我国法律的规定，经济法主体在国家管理与协调社会经济活动过程中享有的经济权利主要有如下几方面。

（1）经济职权

经济职权是指国家机关依法行使领导和组织经济管理建设职能时所享有的命令和服从性质的权利。它是国家机关领导和组织管理国民经济的职能在法律上的表现，是国家干预经济生活的主要依据。经济职权是基于国家授权或法律的直接规定而产生的，具有命令和服从的性质，是一种权利和责任相统一的权限。因此，享有此权利的国家机关，必须正确行使该项权利，不得抛弃、转让或滥用，否则就是失职。而且当国家机关及其工作人员依法行使经济职权时，其他经济法主体均应自觉服从。

（2）所有权

所有权是指所有人依法对自己的财产享有的占有、使用、收益和处分的权利。所有权是所有者在法定范围内，可以根据自己的意志和利益，对其财产进行利用和处置的权利，除了法律规定的以外，这种支配权不受任何限制。因此所有权是一种具有排他性的权利，不需要别人协助就可以实施。

所有权包括4项权能，即占有权、使用权、收益权和处分权。其中，占有权是指对财产实际控制的权利；使用权是指按照财产的性能和用途加以利用的权利；收益权是指获取财产所产生的利益的权利；处分权是指决定财产在事实上和法律上的命运的权利，对财产的最终处分权是所有权的实质和最高表现形式。所有权的这4项权能可以在一定条件下与所有人分离，这种分离是所有人行使其财产权的一种方式。

（3）法人财产权

法人财产权是指企业法人对企业所有者投资所设立的全部财产在经营中依法享有的占有、使用、收益、处分的权利。具备法人资格的企业必须有属于自己独立支配的财产，这是企业进行生产经营活动的物质基础，也是其对自己所负债务承担责任的物质基础。

（4）经营管理权

经营管理权是指企业对所有人授予其经营管理的财产所享有的占有、使用和依法处分的权利，以及由此产生的对企业机构设置、人事、劳动等方面的管理权利。经营管理权是企业进行生产经营活动时依法享有的权利，通常是由非财产所有者享有和行使的权利。经营管理权的内容涵盖产、供、销、人、财、物各个方面，主要包括经营方式选择权、生产经营决策权、资金支配权、产品销售权、劳动用工权、机构设置权和人事管理权等。

（5）债权

债权是指按照合同约定或法律规定在当事人之间产生的特定的权利和义务关系。债权是一种请求权，是请求特定人实施特定行为的民事权利，且债权的义务主体是特定的。

（6）知识产权

知识产权是智力成果的创造人依法所享有的权利和生产经营活动中商标所有人依法所享有的权利的总称，如商标权、专利权、著作权等。

2. 经济义务

经济义务是经济法主体依法律规定或依经济权利主体的要求为一定行为或不为一定行为的责任。如果义务主体该为而不为，或不该为而为或为而不适当均应受到法律的制裁。

经济权利和经济义务相互依存。没有经济权利，就不会有经济义务。经济法律关系主体不能只享有经济权利而不承担经济义务，也不能只承担经济义务而不享有经济权利；一方的权利依赖于另一方的义务来实现，另一方的义务则是为了满足一方的权利。

1.3.4 经济法律关系的客体

1. 经济法律关系的客体的概念

经济法律关系的客体是指经济法律关系主体的权利和义务所共同指向的对象。客体是确立权利义务关系的性质和具体内容的依据，也是确定权利行使与否和义务是否履行的客观标准。权利和义务只能通过客体才能得到体现和落实。因此，客体是构成经济法律关系不可缺少的要素之一。

2. 经济法律关系的客体的种类

（1）物

物是指可为人们控制的、具有一定经济价值和实物形态的生产资料和消费资料，包括自然存在的物品、人类的劳动产品、固定充当一般等价物的货币和有价证券。物是经济法律关系中最广泛的客体，但并不是所有的物都能成为经济法的客体，这是由经济法规定的。我国经济法对物的规定有 3 种情形：①流通物，是指在经济法律关系的主体之间可以自由转让的物，如一般生产资料、生活资料、股票和债券等；②限制流通物，是指依法只能在一定主体之间，以特定的方式和程序才能流通的物，如黄金、武器、弹药、剧毒品等；③禁止流通物，是指依法不能参与经济流通的物，如矿藏、河流、铁路和土地所有权等。

（2）经济行为

经济行为是指经济法律关系的主体为达到一定经济目的所进行的经济活动。经济法主体正是通过经济行为，才得以实现自己的经济权利和履行自己的经济义务。经济行为包括经济管理行为、完成工作的行为和提供劳务的行为等。经济管理行为是指经济法管理主体行使管理权和经营管理权所指向的行为，如经济决策行为、经济命令行为、审查批准行为及经济监督检查行为等；完成工作的行为是指经济法主体的一方利用自己的资金和技术设备为对方完成一定的工作任务，而对方根据完成工作的数量和质量支付一定报酬的行为，如加工承揽、建设工程承包等行为；提供劳务的行为是指经济法主体的一方利用自己的设施和技术条件，为对方提供一定劳务或服务以满足对方的需求，而对方支付一定酬金的行为，如货物运输、仓储保管等行为。

（3）智力成果

智力成果又称精神财富，是指经济法主体从事脑力劳动所创造的成果，如科学发明、发现、技术改进方案、商标、生产经营标记、著作等。智力成果本身不直接表现为物质财富，但它可以创造物质财富，带来经济效益，是一种知识财富。随着社会进步和科学技术的发展，智力成果在社会财富中将日益重要，其成为经济法律关系的客体也是一种必然。

1.3.5 经济法律关系的确立

1. 经济法律关系的确立的含义

经济法律关系的确立是指由经济法律规范所确认的、经济法主体之间的经济权利与义务关系在社会经济生活中的实际实现，包括经济法律关系发生、变更和终止 3 种情况。

经济法律关系的发生，是指根据经济法律规范在经济法律关系的主体之间形成一定的经济权利和经济义务关系，如当事人签订合同发生合同法律关系；经济法律关系的变更，是指由于出现了某种情况而使得已存在的经济法律关系的主体、内容或客体发生改变，如合同生效后，双方协商延期交货，并达成一致意见；经济法律关系的终止，是指经济法律关系的主体之间权利和义务关系的终止，如合同一方当事人依法行使解除权，使合同关系归于消灭。

2. 经济法律事实

经济法律事实是指能够引起经济法律关系发生、变更和终止的客观情况。经济法律事实根据是否包含当事人的意志，可分为行为与事件两大类。

（1）行为

行为是指当事人的有意识的活动。行为是受人的意志所支配的，人们通过有目的、有意识的活动建立一定的经济法律关系。按其性质，行为可分为合法行为和违法行为。

合法行为是指符合法律规范或为国家法律所认可的行为。能够引起经济法律关系发生、变更和终止的合法行为包括经济管理行为、经济法律行为和经济司法行为。经济管理行为是指国家经济管理机关依法实施的、能够引起法律后果的行为，如下达经济计划、发布命令、登记、经济监督等行为；经济法律行为是指经济法律关系的主体依照经济法律、法规的规定，按照其意志进行经济活动，并能产生相应的法律后果的行为，如依法签订合同、委托代理等行为；经济司法行为是指司法机关的司法行为，如法院的判决、裁定、调解等行为。

违法行为是指经济法主体违反经济法律、法规的规定所实施的行为。违法行为不能产生行为人预期的法律后果，但可能产生其他法律后果，也会引起经济法律关系的发生、变更和终止，如国家行政机关的不当罚款行为、市场主体的垄断和不正当竞争行为等。

案例分析1-4

甲公司与乙公司于2016年8月10日签订了一份买卖合同。合同约定由甲公司在2016年9月10日前向乙公司交付100辆某某牌自行车，每辆350元，总货款共计35 000元。乙公司收到自行车验收合格后10日内一次付清全部货款。合同依法成立。请问：引起甲公司与乙公司经济法律关系产生的法律事实是什么？请分析该合同法律关系的构成。

分析 引起甲公司与乙公司经济法律关系产生的法律事实是甲、乙两公司签订合同的行为。该合同法律关系的主体为甲公司和乙公司；内容为甲公司有权要求乙公司按合同约定支付货款，同时承担交付自行车的义务，乙公司有权要求甲公司按合同约定交付自行车，同时承担给付货款的义务；客体为自行车、货款。

（2）事件

事件是指不以当事人的主观意志为转移但能够引起法律关系发生、变更和终止的客观情况。事件包括自然现象和社会现象。自然现象，如地震、洪水、台风、海啸、火山爆发等；社会现象，如战争爆发、政府禁令等。由自然现象引起的事实又称为绝对事件，由社会现象引起的事实又称为相对事件。它们的出现都是不以当事人的意志为转移的，具有不可抗力的特征。

1.4 经济法律责任

1.4.1 经济法律责任的概念

经济法律责任，又称违反经济法的责任，是指经济法主体因实施了经济违法行为而承担的法律责任。国家对经济法律关系的保护，最终是通过追究违法行为人的经济法律责任来实现的。

1.4.2 承担经济法律责任的原则

1. 过错责任原则

过错责任原则，也称过失责任原则，以行为人主观上的过错为承担经济法律责任的基本条件，即行为人仅在有过错的情况下才承担责任，没有过错就不承担责任。过错责任原则是我国经济法确认的，在追究违法主体的经济法律责任时普遍适用的一项原则。其构成要件包括如下内容。

（1）须有经济违法行为

经济违法行为是指经济法主体拒不履行和不适当履行法定经济义务的行为。经济违法行为可能是作为的违法行为，也可能是不作为的违法行为。作为的违法行为是指违反不作为义务的行为，即法律规定不得为某种行为（如，商标法规定商标注册人对注册商标享有商标专用权，其他任何人不得在相同或类似商品或服务上擅自使用与注册商标相同或近似的商标），负有义务的人而为之。不作为的违反行为是指违反作为义务的行为，即法律规定应当为某种行为（如合同法规定合同当事人应当按合同的约定全面履行自己的义务），负有义务的人却不为之。

经济违法行为不仅是产生经济法律责任的前提，也是承担经济法律责任的必备条件。

（2）行为人须有过错

过错是行为人在实施经济违法行为时，主观上所持的故意和过失的心理状态。经济法主体承担经济法律责任，不仅要具备客观方面的条件，还必须同时具备主观方面的条件。故意是指行为人明知自己的行为会产生一定的危害社会的后果，并且希望或者放任这种结果发生的心理状态；过失是指行为人应当预见自己的行为可能发生危害社会的结果，因为疏忽大意而没有预见，或者已经预见而轻信能够避免，以致发生这种结果的一种心理状态。

（3）须有损害或危害的事实

主体的违法行为必须给国家、社会或个人造成损害事实。经济法律责任既是一种经济责任，又是一种社会责任。因为主体的经济违法行为给国家、社会或个人造成的损害，既包括经济的，也包括人身的；既包括有形的，也包括无形的；既包括现实的，也包括潜在的；既包括对国家和社会的，也包括对个人的。

（4）违法行为与危害事实之间须存在必然的因果关系

经济法律关系的主体承担经济法律责任，不仅要有经济违法行为和损害事实，还要求经济违法行为与损害事实之间必须具有内在的必然联系。如果违法行为与危害事实之间没有因果关系，就不能让行为人对该损害承担责任。

2. 无过错责任原则

无过错责任原则，也称严格责任原则，是经济法律关系主体承担经济法律责任的特殊原则，是指在有法律直接规定的情况下，无论行为人有无过错都要对其行为所导致的损害事实承担责任的原则。无过错责任原则是随着社会生产的发展、科学技术的进步和高危行业的增多，加害人因没有过错而致人损害的情形时有发生，证明加害人的过错越来越困难，为了实现社会公平和正义，更有效地保护受害人的利益，而逐渐确立起来的一项归责原则。

案例分析1–5

一日，李女士在家中做饭时高压锅突然爆炸，她被炸飞的锅盖击中头部，经抢救无效死亡。后据质量检测专家鉴定，高压锅发生爆炸的直接原因是设计不尽合理，使用时排气孔堵塞了。请问：本案例中，生产者承担产品责任适用过错责任原则还是无过错责任原则？

分析　生产者承担产品责任适用无过错责任原则。《中华人民共和国产品质量法》对生产者适用无过错原则，即只要产品存在缺陷，且产品缺陷造成了损害的事实，则该产品的生产者就要承担赔偿责任。

1.4.3　经济法律责任的形式

1. 经济责任

经济责任是指对违反经济法的单位或个人依法采取的经济制裁。经济责任主要包括支付违约金、支付赔偿金、罚款、强制收购、没收财产等。

2. 行政责任

行政责任是指国家行政机关或国家授权单位对违反经济法的单位或个人依法采取的行政制裁，包括行政处罚和行政处分。

行政处罚是国家行政机关对违法的公民、法人或其他组织实施的制裁。行政处罚的形式主要包括警告、罚款、没收违法所得、没收非法财物、责令停产停业、暂扣或吊销许可证、暂扣或吊销营业执照、行政拘留，以及法律、行政法规规定的其他行政处罚等。

行政处分是指行政机关按行政隶属关系依法对违法个人所给予的一种纪律处分。行政处分的形式主要包括警告、记过、记大过、降级、撤职、留用察看、开除等。

3．刑事责任

刑事责任是国家审判机关对严重违反经济法律，并触犯刑法的个人或单位依法给予的刑事制裁。根据《中华人民共和国刑法》的规定，刑事责任有主刑和附加刑两类。主刑包括管制、拘役、有期徒刑、无期徒刑、死刑 5 种，附加刑包括罚金、剥夺政治权利、没收财产 3 种。此外，对于犯罪的外国人，可以适用驱逐出境。

在我国，追究经济责任、行政责任和刑事责任，既可以单独使用，也可以同时适用。

总之，为了维护良好的经济秩序，维护国家、集体和个人的合法权益，必须依法采取经济的、行政的乃至刑事的强制措施，对经济法律关系给予充分的保护。

案例分析1-6

下列经济法律责任形式中，属于经济责任的有（　　）。

A．吊销营业执照　B．赔偿损失　C．赔礼道歉　D．剥夺政治权利

分析　正确答案是 B。经济责任是指对违反经济法的单位和个人依法采取的一种财产性的强制措施，主要包括支付违约金、支付赔偿金、罚款、强制收购、没收财产。4 个选项中 A 属于行政责任，C 属于民事责任，D 属于刑事责任，只有 B 是经济责任。

本章小节

经济法是我国社会主义法律体系中的一个重要法律部门。经济法基础理论部分，涉及众多的法律基本概念和基本原理，是学习其他各章的理论基础。本章首先阐述了经济法的概念、调整对象、经济法的产生和发展，接着阐述了经济法的特征和基本原则、经济法律关系及经济法律责任等内容。在学习本章的过程中要联系实际，为更好地学习以后各章打下基础。

引导案例分析

（1）经济法律关系是由经济法律规范调整的，经济法律关系的主体之间的经济权利与经济义务关系。经济法律关系具有这些特征：①经济法律关系体现了国家意志和当事人意志的统一；②经济法律关系体现了经济权利和经济义务的统一；③经济法律关系体现了宏观调控与市场调节的统一；④经济法律关系是当事人自觉实现和国家强制力保证实现的统一。

（2）本案涉及的经济法律关系的主体是甲公司和乙公司；客体即双方权利指向的对象——某设备；内容为甲公司有权要求乙公司按合同的约定交付某设备，同时承担给付 50 万元设备款的义务，乙公司有权要求甲公司按合同约定给付 50 万元设备款，同时承担交付设备的义务。

（3）引起双方经济法律关系终止的法律事实是火灾。

实训项目

实训目的：通过分析经济违法行为，培养学生独立分析问题和解决问题的能力。

实训资料：请同学们分组，利用网络、广播电视、报纸杂志等广泛收集经济违法行为的案例。

提出问题：

（1）分析这些经济违法行为有何特点及造成的危害？

（2）通过分析讨论写出调查报告。

本章测试

一、单项选择题

1．经济法的调整对象是（　　）。

A．所有经济关系

B．与经济有关的社会关系

C．国家在管理与协调经济运行过程中发生的经济关系

D．市场交易关系

2．凡是能够引起经济法律关系发生、变更和终止的客观情况，称为（　　）。

A．法律规定　　B．法律行为

C．法律活动　　D．经济法律事实

3．甲、乙双方签订一份运输设备的合同，在此经济活动中，经济法律关系的客体是（　　）。

A．乙方运送的设备　　B．甲、乙双方

C．乙方运输设备的劳务行为　　D．甲、乙双方承担的权利和义务

4．下列各项中，属于经济法律事实中事件的是（　　）。

A．经济管理行为　　B．战争

C．签订合同　　D．经济法律事实

5．经济权利是指经济法律关系的主体在经济法律关系中依法享有的权利，主要包括（　　）等。

A．占有权、使用权、收益权、处分权

B．经济职权、调配权、处分权、收益权

C．经济职权、使用权、经营管理权、处分权

D．经济职权、所有权、经营管理权、债权

二、多项选择题

1．下列各项中，可以成为经济法律关系的主体的有（　　）。

A．某市国家税务机关　　B．承包经营企业

C．某社会团体　　D．某公司设立的分公司

2．下列各项中，可以作为经济法律关系的客体的有（　　）。

A．阳光　　B．房屋

C．经济决策行为　　D．非专利技术

3．经济权利的含义包括（　　）。

A．经济法律关系的主体可以依法作出一定行为

B．经济法律关系的主体可以依法不作出一定行为

C．经济法律关系的主体可以依法要求他人作出一定行为

D．经济法律关系的主体可以依法要求他人不作出一定行为

4．经济法律关系三要素是（　　）。

A．主体　　B．客体

C．内容　　D．阳光

5．下列各项中，属于经济法律关系的主体违反经济法可能承担的经济法律责任的形式有（　　）。

A．经济责任　　B．行政责任

C．刑事责任　　D．经济权利

三、案例分析题

1．某企业与某服装厂签订了加工定做5万套员工工作服的承揽合同。合同约定，某企业应于2015年5月10日前支付制衣厂30万元预付款，某服装厂于12月底交货，余款于服装厂交货后10日内结清。合同签订后双方重合同、守信用，至合同履行期限届满，双方分别履行各自承担的合同义务。

试分析：

（1）本案涉及的经济法律关系的主体、客体和内容是什么？

（2）某企业与某服装厂经济法律关系发生、终止的法律事实是什么？

2．甲公司与乙公司于2015年3月10日签订了精密仪器的买卖合同。合同约定由甲公司为乙公司加工定做某精密仪器5台，总货款50万元，于5月20日交货，货到后10日内付款。但天有不测风云，在合同履行前的5月12日，甲公司所在地发生强烈地震，致使甲公司厂房、设备及加工的精密仪器全部毁损，不能按期履行合同。乙公司据此解除了双方的合同。

试分析：引起双方经济法律关系终止的经济法律事实是什么？

第2章 公司法

知识目标

1. 了解公司的概念、特征及分类。
2. 了解公司的名称、住所、单程等法律规定。
3. 比较有限责任公司和股份有限公司的异同。
4. 理解股东权利义务、股东出资方式及股权转让规则。
5. 掌握有限责任公司和股份有限公司的设立条件和设立登记程序。
6. 掌握有限责任公司和股份有限公司组织机构的议事规则。

技能目标

1. 能运用所学知识设立一个有限责任公司并制定公司章程。
2. 能处理公司法人治理结构中涉及的法律问题。

引导案例

2016年1月，甲、乙、丙拟共同出资设立一家有限责任公司（以下简称“公司”），并共同制定了公司章程草案。该公司章程草案约定如下。①公司注册资本总额为800万元。各方出资数额、出资方式及缴付出资的时间分别为：甲出资310万元，其中，货币出资70万元，计算机软件作价出资240万元，首次货币出资40万元，其余货币出资和计算机软件出资自公司成立之日起1年内缴足；乙出资330万元，其中，机器设备作价出资280万元，特许经营权出资50万元，自公司成立之日起6个月内一次缴足；丙以货币160万元出资，首次货币出资90万元，其余出资自公司成立之日起1年内缴足。②公司的董事长由甲委派，副董事长由乙委派，董事会聘任丙为公司经理，经理作为公司的法定代表人。公司召开股东会会议时，出资各方按出资比例行使表决权。③2016年2月，经甲同意，乙将其所持有的全部股权转让给丁。

思考：

（1）甲、乙、丙的出资方式是否符合法律规定？说明理由。

（2）公司的法定代表人由经理担任是否符合法律规定？说明理由。

（3）乙将其所持有的全部股权转让给丁是否有效？说明理由。

2.1 公司法概述

2.1.1 公司概述

1. 公司的定义

各国的公司立法都对公司下定义，但无论从理论上还是在实践中，各国公司法对公司的定义都集中在3个内容上，即法定性、营利性和法人资格。因此，公司是指依公司法的规定成立的以营利为目的的企业法人。

2. 公司的法律特征

（1）公司具有法人资格

公司具有独立的财产，能独立地承担民事责任。

（2）公司是营利性的企业法人

公司设立的目的就是通过公司的经营活动获取利润，并将其利润分配给公司的股东。

（3）公司实行统一（法定）的集中管理体制

公司的管理体制必须与公司法的原则规定相一致，即应采取股东（大）会、董事会（监事会）及经理三位一体的统一的集中管理体制。

（4）公司的永久存在性

相对个人独资企业、合伙企业，公司强调的是资本的联合，因此股东股份的转让、股东的死亡或破产都不影响公司制企业的存续。

3. 公司的分类

公司的分类如表2.1所示。

表2.1 公司的分类

分类标准	种 类	含 义
按照股东对公司债务承担的责任形式	无限责任公司	无限责任公司是指股东对公司债务承担无限连带责任的公司
	有限责任公司	有限责任公司是指股东对公司债务以出资额为限承担有限责任的公司
	股份有限公司	股份有限公司是指公司的全部资本分成等额股份，股东以其所认购的股份为限对公司债务承担责任的公司
	两合公司	两合公司是指由无限责任股东与有限责任股东2种成员组成的公司
按照公司的信用	人合公司	人合公司是指以股东的个人信用为公司信用基础的公司
	资合公司	资合公司是指以公司的资本为公司信用基础的公司
	人资兼合公司	人资兼合公司是指以股东个人信用兼公司资本为公司信用基础的公司
按照公司之间的控制与依附关系	母公司	母公司是指通过持有其他公司一定比例以上的股份或通过协议的方式，能够实际上控制其他公司经营活动的公司
	子公司	子公司是指在法律上具有法人资格，以其财产独立承担责任，但其经营活动受母公司实际控制的公司
按照公司的内部管辖关系	总公司	总公司是指领导管理整个公司事务的总机构，具有法人资格
	分公司	分公司是指受总公司管理的分支机构，分公司无法人资格
按照公司的国籍不同	本国公司	本国公司是指依据我国公司法在我国境内登记设立的公司
	外国公司	外国公司是指依据外国法律在我国境外登记设立的公司

2.1.2 公司法

公司法是指调整公司的设立、组织、活动、解散及其他对内对外关系的法律规范的总称。我国现行《中华人民共和国公司法》(以下简称《公司法》)于1993年12月29日由第八届全国人民代表大会常务委员会通过，自1994年7月1日起施行，并分别于1999年12月25日和2004年8月28日修正，2005年10月27日第十届全国人民代表大会常务委员会再次大范围对其进行了修订。2013年12月28日第十二届全国人民代表大会常务委员会第六次会议做了第三次修正，并于2014年3月1日起施行。

《公司法》所称的公司是指依该法在我国境内设立的有限责任公司和股份有限公司。

2.1.3 公司股东的权利和义务

1. 股东的含义

股东是指拥有公司股权或股份的人。股权证书或股票是公司股东的凭证。

2. 股东的基本权利

股东的基本权利来源于其所持有的股权或股份，即股东具有其所持有的股权证书或股票享有的权利。《公司法》第四条规定："公司股东依法享有资产收益、参与重大决策和选择管理者等权利。"

对股东权利可以依据不同的标准进行分类，最主要的分类是以股东权利行使的目的是为全体股东共同利益还是为股东个人利益为标准，将股东权分为共益权和自益权。共益权是股东依法参加公司事务的决策和经营管理的权利，是股东基于公司利益同时兼为自己的利益而行使的权利，包括股东（大）会参加权、提案权、质询权，在股东（大）会上的表决权、累积投票权，股东（大）会召集请求权和自行召集权，了解公司事务、查阅公司账簿和其他文件的知情权，提起诉讼权等权利。自益权是股东仅以个人利益为目的而行使的权利，即依法从公司取得利益、财产或处分自己股权的权利，主要为股利分配请求权、剩余财产分配权、新股认购优先权、股份质押权和股份转让权等。

《公司法》第二十条规定："公司股东应当遵守法律、行政法规和公司章程，依法行使股东权利，不得滥用股东权利损害公司或者其他股东的利益；不得滥用公司法人独立地位和股东有限责任损害公司债权人的利益。

"公司股东滥用股东权利给公司或者其他股东造成损失的，应当依法承担赔偿责任。

"公司股东滥用公司法人独立地位和股东有限责任，逃避债务，严重损害公司债权人利益的，应当对公司债务承担连带责任。"

这一规定在我国确立了公司法人人格否认原则。公司法人人格否认，又称"揭开公司面纱"，是指为阻止公司独立人格的滥用和保护公司债权人的利益，就具体法律关系中的特定事实，否认公司与股东各自独立的人格及股东的有限责任，责令股东对公司债权人直接负责，以实现公平、正义的法律制度。

股东的上述权利都是股东享有的民主权利的具体体现，它们都源于《公司法》的规定，以及股东们在公司章程及章程细则中的约定。

3. 股东的义务

① 按期足额缴纳认缴出资义务。有限责任公司的股东或股份有限公司的发起人应按公司章程规定按期足额缴纳出资额或认足股份数。

② 出资填补责任及出资担保责任。股东不按照章程规定缴纳出资的，应当向公司足额缴纳。公司成立后，发现作为设立公司出资的非货币财产的实际价额显著低于公司章程所定价额的，应当由交付该出资的股东补足其差额，其他股东承担连带责任。

③ 公司成立后，股东不得抽逃出资。

2.1.4 公司的基本权利

公司的基本权利是公司从事其经营活动的基础，是法律授予的，主要有以下几个方面。

① 公司享有法人财产权。公司以其全部财产对公司债务承担责任。

② 公司享有投资权。公司可以向其他企业投资，但是，除法律另有规定外，不得成为对所投资企业的债务承担连带责任的出资人。

③ 公司享有分公司和子公司的设置权。公司可以设立分公司，分公司不具有法人资格，其民事责任由公司承担。公司可以设立子公司，子公司具有法人资格，依法独立承担民事责任。

2.1.5 公司的名称和住所

1. 公司的名称

名称是公司法律人格的文字符号，是其区别于其他公司、企业的识别标志。公司作为法人必须有自己的名称，它也是公司商誉的一部分。公司名称具有标志性、排他性（即公司对其名称有独占、专用的权利）和财产性的特征。公司名称一般由公司注册地的行政区划的名称、公司商号、公司所属的行业或主要经营特点、公司的组织形式四部分组成。

公司的名称可以预留。一个公司只准使用一个名称，名称一经登记即受法律保护。

2. 公司的住所

公司的住所是指公司主要办事机构（如公司总部、总公司）所在地。公司住所的法律意义：公司住所登记后在法律上即成为确定公司审判籍及行政管辖的依据，也是向公司送达文件的法定地址。一个公司可以有多个经营场所，但登记的住所只能有一个。

2.1.6 公司的章程

公司章程是指公司必备的规范公司组织及活动的基本规则的书面文件。公司章程的内容涉及公司的组织原则、业务活动的范围、公司内部管理体制等各个方面，是公司及其所有成员的最高行为准则。《公司法》规定，设立公司必须依法制定公司章程。公司章程对公司、股东、董事、监事、高级管理人员具有约束力。

拓展与提高

不同种类的公司章程的制定

公司种类	制定者
有限责任公司	股东共同制定
特殊有限责任公司——一人公司	由股东制定
特殊有限责任公司——国有独资公司	由国有资产监督管理机构制定，或者由董事会制定报国有资产监督管理机构批准
股份有限公司	由发起人制定。采用募集方式设立的，经创立大会通过

2.2　有限责任公司

2.2.1　有限责任公司的定义和法律特征

1. 有限责任公司的定义

有限责任公司是指由 50 个以下的股东出资设立的，股东以其认缴的出资额为限对公司承担责任，公司以其全部法人财产对其债务承担责任的企业法人。

2. 有限责任公司的法律特征

① 股东人数有法定限制。除一人公司外，其他有限责任公司的股东人数为 2~50 人。

② 股东的股权可以转让，但对外转让有较为严格的限制。

③ 公司的设立程序简便，行政管理机构比较简单。

④ 公司的财务会计报告不对外公告。只须按照公司章程规定的期限送交给各股东审阅即可。

2.2.2　有限责任公司的设立

1. 设立条件

（1）股东符合法定人数

根据我国《公司法》的规定，除一人公司只有一个股东外，其他有限责任公司由 2~50 个股东出资设立。股东可以是自然人、法人或其他经济组织。

（2）有符合公司章程规定的全体股东认缴的出资额

① 注册资本的规定。有限责任公司的注册资本为在公司登记机关登记的全体股东认缴的出资额。法律、行政法规以及国务院决定对有限责任公司注册资本实缴、注册资本最低限额另有规定的，从其规定。

② 出资方式的规定。股东可以用货币出资，也可以用实物、知识产权、土地使用权等可以用货币估价并可以依法转让的非货币财产作价出资；但是，法律、行政法规规定不得作为出资的财产除外。对作为出资的非货币财产应当评估作价，核实财产，不得高估或低估作价。法律、行政法规对评估作价有规定的，从其规定。

③ 股东缴纳出资额的规定。股东应当按期足额缴纳公司章程中规定的各自所认缴的出资额。股东以货币出资的，应当将货币出资足额存入有限责任公司在银行开设的账户；以非货币财产出资的，应当依法办理其财产权的转移手续。股东不按照规定缴纳出资的，除应当向公司足额缴纳外，还应当向已按期足额缴纳出资的股东承担违约责任。

有限责任公司成立后，发现作为设立公司出资的非货币财产的实际价额显著低于公司章程所定价额的，应当由交付该出资的股东补足其差额；公司设立时的其他股东承担连带责任。

案例分析2-1

甲、乙、丙共同设立一个有限责任公司。公司章程规定甲以货币 20 万元出资，乙以设备 20 万元出资，丙以厂房 50 万元出资。公司设立后，查明丙出资的厂房仅值 40 万元。请问：如何处理?

分析 本案例中丙出资的厂房实际价值明显低于公司章程认缴的出资额 50 万元，根据法律规定丙应补足其差额 10 万元，如果丙不能补足 10 万元，则甲、乙承担连带责任。

（3）股东共同制定公司章程

公司章程是全体股东共同制定的有关公司组织与活动的内部规范文件。有限责任公司章程应当载明的事项：①公司名称和住所；②公司经营范围；③公司注册资本；④股东的姓名或名称；⑤股东的出资方式、出资额和出资时间；⑥公司的机构及其产生办法、职权、议事规则；⑦公司法定代表人；⑧股东会会议认为需要规定的其他事项。股东应当在公司章程上签名、盖章。

（4）有公司名称，建立符合有限责任公司要求的组织机构

（5）有公司住所

2. 设立登记

股东认足公司章程规定的出资后，由全体股东指定的代表或共同委托的代理人向公司登记机关报送公司登记申请书、公司章程等文件，申请设立登记。公司登记机关依法审核后，符合法律规定的条件和程序的，发给营业执照。公司营业执照签发日期为公司成立日期。有限责任公司成立后，应当向股东签发出资证明书。

2.2.3 有限责任公司的组织机构

1. 股东会

（1）股东会的性质和职权

股东会是由全体股东组成的公司最高权力机构，是公司最高决策机关。

股东会行使的职权：①决定公司的经营方针和投资计划；②选举和更换非由职工代表担任的董事、监事，决定有关董事、监事的报酬事项；③审议批准董事会的报告；④审议批准监事会或监事的报告；⑤审议批准公司的年度财务预算方案、决算方案；⑥审议批准公司的利润分配方案和弥补亏损方案；⑦对公司增加或减少注册资本作出决议；⑧对发行公司债券作出决议；⑨对公司合并、分立、解散、清算或变更公司形式作出决议；⑩修改公司章程；⑪公司章程规定的其他职权。

（2）股东会的形式

股东会会议分为定期会议和临时会议。定期会议应当依照公司章程的规定按时召开，一般每年召开一次。代表 1/10 以上表决权的股东，1/3 以上的董事，监事会或不设监事会的公司的监事提议召开临时会议的，应当召开临时会议。

（3）股东会的召开

首次股东会会议由出资最多的股东召集和主持，依照《公司法》规定行使职权。以后的股东会会议，设立董事会的，股东会会议由董事会召集，董事长主持；董事长不能履行职务或不履行职务的，由副董事长主持；副董事长不能履行职务或不履行职务的，由半数以上董事共同推举一名董事主持。

有限责任公司不设董事会的，股东会会议由执行董事召集和主持。

召开股东会会议，应当于会议召开 15 日前通知全体股东；但是，公司章程另有规定或全体股东另有约定的除外。股东会应当对所议事项的决定作成会议记录，出席会议的股东应当在会议记录上签名。

（4）股东会的议事规则

股东会的议事方式和表决程序，除《公司法》有规定的外，由公司章程规定。股东会会议由股东按照出资比例行使表决权，但是公司章程另有规定的除外。

股东会会议作出修改公司章程、增加或减少注册资本的决议，以及公司合并、分立、解散或变更公司形式的决议，必须经代表 2/3 以上表决权的股东通过。

2. 董事会和经理

（1）董事会的性质

董事会是股东会的执行机构，向股东会负责，是有限责任公司的常设机构。其成员为 3~13 人；对于股东人数较少或规模较小的有限责任公司，可以设一名执行董事，不设董事会。

两个以上的国有企业或两个以上的其他国有投资主体投资设立的有限责任公司，其董事会成员中应当有公司职工代表；其他有限责任公司董事会成员中也可以有公司职工代表。董事会中的职工代表由公司职工通过职工代表大会、职工大会或其他形式民主选举产生。

董事会设董事长一人，可以设副董事长。董事长、副董事长的产生办法由公司章程规定。董事任期由公司章程规定，但每届任期不得超过 3 年。董事任期届满，连选可以连任。

（2）董事会的职权

董事会行使的职权：①召集股东会会议，并向股东会报告工作；②执行股东会的决议；③决定公司的经营计划和投资方案；④制订公司的年度财务预算方案、决算方案；⑤制订公司的利润分配方案和弥补亏损方案；⑥制订公司增加或减少注册资本及发行公司债券的方案；⑦制订公司合并、分立、解散或变更公司形式的方案；⑧决定公司内部管理机构的设置；⑨决定聘任或解聘公司经理及其报酬事项，并根据经理的提名决定聘任或解聘公司副经理、财务负责人及其报酬事项；⑩制定公司的基本管理制度；⑪公司章程规定的其他职权。

（3）董事会会议及其议事规则

董事会会议由董事长召集和主持；董事长不能履行职务或不履行职务的，由副董事长召集和主持；副董事长不能履行职务或不履行职务的，由半数以上董事共同推举一名董事召集和主持。董事会的议事方式和表决程序，除《公司法》有规定的外，由公司章程规定。董事会应当对所议事项的决定作成会议记录，出席会议的董事应当在会议记录上签名。董事会决议的表决，实行一人一票。

（4）经理

有限责任公司可以设经理，由董事会决定聘任或解聘。经理负责公司日常经营管理工作，是董事会的执行机关，对董事会负责。

经理行使的职权：①主持公司的生产经营管理工作，组织实施董事会决议；②组织实施公司年度经营计划和投资方案；③拟订公司内部管理机构设置方案；④拟订公司的基本管理制度；⑤制定公司的具体规章；⑥提请聘任或解聘公司副经理、财务负责人；⑦决定聘任或解聘除应由董事会决定聘任或解聘以外的负责管理人员；⑦董事会授予的其他职权。公司章程对经理职权另有规定的，从其规定。执行董事可以兼任公司经理。经理列席董事会会议。

3．监事会

（1）监事会的性质和组成

监事会是公司的内部监督机构，对公司执行机构的业务活动进行监督。有限责任公司设监事会，其成员不得少于 3 人。股东人数较少或规模较小的有限责任公司，可以设 1 或 2 名监事，不设监事会。

监事会应当包括股东代表和适当比例的公司职工代表，其中职工代表的比例不得低于 1/3，具体比例由公司章程规定。监事会中的职工代表由公司职工民主选举产生。监事会设主席 1 人，由全体监事过半数选举产生。监事会主席召集和主持监事会会议。监事的任期每届为 3 年。监事任期届满，连选可以连任。董事、高级管理人员不得兼任监事。

（2）监事会的职权

监事会、不设监事会的公司的监事行使的职权：①检查公司财务；②对董事、高级管理人员执行公司职务的行为进行监督，对违反法律、行政法规、公司章程或股东会决议的董事、高级管理人员提出罢免的建议；③当董事、高级管理人员的行为损害公司的利益时，要求董事、高级管理人员予以纠正；④提议召开临时股东会会议，在董事会不履行召集和主持股东会会议职责时召集和主持股东会会议；⑤向股东会会议提出提案；⑥依照《公司法》的规定，对董事、高级管理人员提起诉讼；⑦公司章程规定的其他职权。

监事可以列席董事会会议，并对董事会决议事项提出质询或建议。

监事会、不设监事会的公司的监事发现公司经营情况异常，可以进行调查；必要时，可以聘请会计师事务所等协助其工作，费用由公司承担。

（3）监事会会议及其议事规则

监事会每年度至少召开一次会议，监事可以提议召开临时监事会会议。监事会的议事方式和表决程序，除《公司法》有规定的外，由公司章程规定。监事会决议应当经半数以上监事通过。监事会应当对所议事项的决定作成会议记录，出席会议的监事应当在会议记录上签名。

监事会、不设监事会的公司的监事行使职权所必需的费用，由公司承担。

案例分析2-2

2016 年 2 月，甲、乙、丙、丁共同出资依法设立 A 有限责任公司，注册资本为实收资本，共计 8 000 万元。2016 年 2 月 6 日，A 公司召开股东会会议，作出如下 3 项决议。

（1）选举公司 1 名董事和更换 2 名监事。一是由 A 公司的监事王某担任董事，二是由乙企业代表陈某代替丁公司代表王某作为 A 公司的监事；三是由公司职工代表李某代替原公司职工代表徐某作为 A 公司的监事。

（2）决定于 2016 年 4 月发行公司债券用于扩大公司的生产经营。

（3）经代表 2/3 以上表决权的股东通过，批准了公司董事会提出的从公司 2 100 万元法定公积金中提取 500 万元转为公司资本的方案。

3 月 15 日，A 公司总经理在未经股东会同意的情况下为他人经营与 A 公司同类的业务，取得相应的收入 10 万元。

根据以上事实，回答下列问题。

（1）股东会议作出选举 1 名董事和更换 2 名监事的决议是否符合《公司法》的规定？为什么？

（2）A 公司是否具有发行公司债券的资格？为什么？

（3）股东会会议批准公司公积金转为资本方案的决议是否符合《公司法》的规定？为什么？

（4）A 公司总经理为他人经营业务是否符合规定？A 公司可以依法采取什么措施？

分析 （1）股东会议选举王某担任董事不符合规定，根据《公司法》的规定，董事、高级管理人员不得兼任监事。本案例中，王某是A公司的监事，因此，股东会议选举王某担任董事不合法。股东会议作出乙企业代表陈某代替丁企业代表王某出任公司监事的决议符合《公司法》的规定，而作出由公司职工代表李某代替原职工代表徐某担任公司监事的决议不符合《公司法》的规定。根据《公司法》的规定，有限责任公司监事会中股东代表出任的监事由股东会选举和更换，公司职工代表出任的监事由公司职工民主选举产生。

（2）该公司具有发行公司债券的主体资格。根据《公司法》和《中华人民共和国证券法》（以下简称《证券法》）的规定，有限责任公司发行债券的，必须符合法律规定的条件，即公司净资产不低于人民币 6 000 万元。只要该公司净资产不低于人民币 6 000 万元，就可以依法发行债券。

（3）股东会会议批准公司公积金转为资本方案的决议符合《公司法》的规定，根据《公司法》的规定，经代表 2/3 以上表决权的股东表决通过，公司可以将公积金的一部分转为资本，但法定公积金转为资本时，所留存的该项公积金不得少于转增前注册资本的 25%。A 公司转增后留存的法定公积金为 1 600（2 100−500）万元，转增前的注册资本为 6 000 万元，法定公积金所占比例为 26.67%（1 600÷6 000），高于 25% 标准，因此是符合规定的。

（4）A 公司总经理为他人经营业务不符合《公司法》的规定。根据《公司法》的规定，未经股东会或股东大会同意，董事、高级管理人员不得利用职务便利为自己或他人谋取属于公司的商业机会，自营或为他人经营与所任职公司同类的业务。因此，A 公司总经理未经股东会的同意为他人经营与 A 公司同类的业务是违法行为。A 公司可以依照法律规定，将其从事该营业活动的 10 万元收入收归公司所有。

2.2.4 一人有限责任公司的特殊规定

1. 一人有限责任公司的定义

一人有限责任公司是指只有一个自然人股东或一个法人股东的有限责任公司。

2. 一人有限责任公司的特殊规定

① 一个自然人只能投资设立一个一人有限责任公司。该一人有限责任公司不能投资设立新的一人有限责任公司。

② 一人有限责任公司应当在公司登记中注明自然人独资或法人独资，并在公司营业执照中载明。

③ 一人有限责任公司章程由股东制定。

④ 一人有限责任公司不设股东会。

⑤ 一人有限责任公司应当在每一会计年度终了时编制财务会计报告，并经会计师事务所审计。

⑥ 一人有限责任公司的股东不能证明公司财产独立于股东自己的财产的，应当对公司债务承担连带责任。

2.2.5 国有独资公司的特别规定

1. 国有独资公司的定义

国有独资公司是指国家单独出资、由国务院或地方人民政府授权本级人民政府国有资产监督管理机构履行出资人职责的有限责任公司。

2. 国有独资公司的设立

设立国有独资公司，应当由国务院或地方人民政府授权的本级人民政府国有资产监督管理机构作为申请人申请设立登记。国有独资公司章程由国有资产监督管理机构制定，或者由董事会制定报国有资产监督管理机构批准。

3. 国有独资公司的经营管理

国有独资公司不设股东会，由国有资产监督管理机构行使股东会职权。

国有独资公司设董事会，除行使一般有限责任公司的董事会职权外，国有资产监督管理机构可以授权公司董事会行使股东会的部分职权，决定公司的重大事项，但公司的合并、分立、解散、增加或减少注册资本和发行公司债券，必须由国有资产监督管理机构决定。其中，重要的国有独资公司合并、分立、解散、申请破产的，应当由国有资产监督管理机构审核后，报本级人民政府批准。

国有独资公司设经理，由董事会聘任或解聘，职权与一般有限责任公司相同。经国有资产监督管理机构同意，董事会成员可以兼任经理。

国有独资公司的董事长、副董事长、董事、高级管理人员，未经国有资产监督管理机构同意，不得在其他有限责任公司、股份有限公司或其他经济组织兼职。

国有独资公司监事会成员不得少于 5 人，其中职工代表的比例不得低于 1/3，具体比例由公司章程规定。监事会成员由国有资产监督管理机构委派，但代表职工的成员由公司职工代表大会选举产生。监事会主席由国有资产监督管理机构从监事会成员中指定。

2.2.6 有限责任公司的股权转让

1. 股东转让股权的程序性规定

有限责任公司的股权转让分为公司内部（股东之间）的股权转让和公司外部（股东之外的第三人）的股权转让。有限责任公司的股东之间可以相互转让其全部或部分股权。股东向股东以外的人转让股权，应当经其他股东过半数同意。股东应就其股权转让事项书面通知其他股东征求同意，其他股东自接到书面通知之日起满 30 日未答复的，视为同意转让。其他股东半数以上不同意转让的，不同意的股东应当购买该转让的股权；不购买的，视为同意转让。经股东同意转让的股权，在同等条件下，其他股东有优先购买权。

股东依照《公司法》规定转让股权后，公司应当注销原股东的出资证明书，向新股东签发出资证明书，并相应修改公司章程和股东名册中有关股东及其出资额的记载。

2. 法院通过强制执行程序转让股东股权的规定

人民法院依照法律规定的强制执行程序转让股东的股权时，应当通知公司及全体股东，其他股东在同等条件下有优先购买权。其他股东自人民法院通知之日起满 20 日不行使优先购买权的，视为放弃优先购买权。

3. 有限责任公司股东退出机制的规定

有下列情形之一的，对股东会该项决议投反对票的股东可以请求公司按照合理的价格收购其股权。

① 公司连续 5 年不向股东分配利润，而公司该 5 年连续盈利，并且符合《公司法》规定的分

配利润条件。

② 公司合并、分立、转让主要财产。

③ 公司章程规定的营业期限届满或章程规定的其他解散事由出现，股东会会议通过决议修改章程使公司存续。

自股东会会议决议通过之日起60日内，股东与公司不能达成股权收购协议的，股东可以自股东会会议决议通过之日起90日内向人民法院提起诉讼。

4. 有限责任公司股东资格继承的规定

自然人股东死亡后，其合法继承人可以继承股东资格，但公司章程另有规定的除外。

案例分析2-3

张、王、赵3位先生合资兴办了一个房地产有限责任公司，注册资本为3 000万元人民币，王先生占其中的70%，赵先生占16.7%，张先生占13.3%。王先生担任公司的董事长、总经理，赵先生担任副总经理，但在后来的经营活动中，双方发生了激烈的冲突，已经无法继续合作下去，赵先生遂以其遭排斥无法正常行使股东权利为由，诉请法院判令该房地产有限责任公司回购其股权。试分析：法院是否支持赵先生的主张？

分析 《公司法》确立有限责任公司的股权回购制度，有利于维护中小股东的利益。对于公司回购股东股权也有相当程度的限制，即只在特殊情况下，才可以回购股东的股权。根据《公司法》第七十四条的规定，有下列情形之一的，对股东会该项决议投反对票的股东可以请求公司按照合理的价格收购其股权。

第一，公司连续5年不向股东分配利润，而公司该5年连续盈利，并且符合本法规定的分配利润条件。

第二，公司合并、分立、转让主要财产。

第三，公司章程规定的营业期限届满或章程规定的其他解散事由出现，股东会会议通过决议修改章程使公司存续。

除以上3种情况外，不允许公司回购股东的股权。因此，在本案中，虽然赵先生提出要求公司回购股权已经有法律规定的依据，但不符合现行《公司法》第七十四条的规定，根据案件事实，法院不应支持其诉讼请求。

2.3 股份有限公司

2.3.1 股份有限公司的定义和特征

1. 股份有限公司的定义

股份有限公司是指全部资本由等额股份构成并通过发行股票筹集，股东以其所认购的股份对公司承担责任，公司以其全部资本对公司债务承担责任的企业法人。

2. 股份有限公司的特征

① 全部资本分为等额股份。股份有限公司的注册资本分为等额股份，股份可以自由转让。

② 股份以股票形式公开发行并可以流通。在股份有限公司中获准上市的公司，又称上市公司，可以通过发行股票来筹集资本，其股票可依法在证券交易所进行流通。

③ 实行所有权和经营权相分离。股份有限公司是典型的资合公司，股东作为公司的所有权人，与公司的董事会及管理层是分离的，即负责股份有限公司的决策和管理活动的是董事会和管理层。在股份有限公司中，股东间以资本为中心而非个人之间的相互信用为中心，只要是股票的合法持有者便是股东，股东的权利从股票上得到一定体现并随着股票的转让发生转移。

④ 公司的账目必须公开。《公司法》规定，股份有限公司必须公告其财务会计报表。财务会计报表主要包括资产负债表、损益表、股东权益变动表、现金流量表、财务情况说明书及利润分配表等。

⑤ 股份有限公司的规模较大。股份有限公司通过资本集中来扩大资本和扩大再生产。尤其是上市类公司一般属于股本大、资金雄厚、股东人数众多、内部管理机构权责分明、效益高、竞争力强的公司。

2.3.2 股份有限公司的设立

1. 设立方式

股份有限公司的设立，可以采取发起设立或募集设立的方式。

① 发起设立是指由发起人认购公司应发行的全部股份而设立公司。

② 募集设立是指由发起人认购公司应发行股份的一部分，其余股份向社会公开募集或向特定对象募集而设立公司。

2. 设立条件

① 发起人符合法定人数。发起人是指依法认购公司应发行股份的全部或一部分，并承担公司筹办事务的人。股份有限公司的发起人可以是自然人，也可以是法人。《公司法》规定，设立股份有限公司应当有 2 人以上 200 人以下的发起人，其中须有半数以上的发起人在中国境内有住所。

② 有符合公司章程规定的全体发起人认购的股本总额或募集的实收股本总额。股份有限公司采取发起设立方式设立的，注册资本为在公司登记机关登记的全体发起人认购的股本总额。在发起人认购的股份缴足前，不得向他人募集股份。股份有限公司采取募集方式设立的，注册资本为在公司登记机关登记的实收股本总额。

法律、行政法规及国务院决定对股份有限公司注册资本实缴、注册资本最低限额另有规定的，从其规定。以募集设立方式设立股份有限公司的，发起人认购的股份不得少于公司股份总数的 35%；但是，法律、行政法规另有规定的，从其规定。

③ 股份发行、筹办事项符合法律规定。

④ 发起人制定公司章程，采用募集方式设立的经创立大会通过。

⑤ 有公司名称，建立符合股份有限公司要求的组织机构。

⑥ 有公司住所。

3. 设立程序

股份有限公司设立的程序因设立方式不同而不同。

（1）发起设立的程序

1）发起人订立公司章程。公司章程是关于股份有限公司的组织及其运作的基本规范，是规定股份有限公司的性质、宗旨、经营范围、组织机构等内容的基本文件。章程应当载明的事项：公司名称和住所；公司经营范围；公司设立方式；公司股份总数、每股金额和注册资本；发起人的姓名或者名称、认购的股份数、出资方式和出资时间；董事会的组成、职权和议事规则；公司法定代表人；监事会的组成、职权和议事规则；公司利润分配办法；公司的解散事由与清算办法；公司的通知和公告办法；股东大会会议认为需要规定的其他事项。

2）发起人认购公司章程规定的股份。发起人应当书面认足公司章程规定其认购的股份。

3）发起人缴纳出资。发起人应当按照公司章程规定缴纳出资。以非货币财产出资的，应当依法办理其财产权的转移手续。发起人不依照前款规定缴纳出资的，应当按照发起人协议承担违约责任。

4）发起人选任公司董事会及监事会。发起人认足公司章程规定的出资后，应当选举董事会和监事会，由董事会向公司登记机关报送公司章程及法律、行政法规规定的其他文件，申请设立登记。

5）公司设立登记。

（2）募集设立的程序

募集设立时，股份有限公司的股本总额分别由发起人认购和向社会公开募集，因此其程序较发起设立更为复杂和严格，具体包括下列步骤。

1）发起人订立公司章程。

2）发起人认购股份。全体发起人认购的股份不得少于公司股份总数的35%。

3）募集股款。发起人向社会公开募集股份，必须公告招股说明书，并制作认股书。认股人在认股书上填写认购股数、金额、住所，并签名、盖章，按照所认购股数缴纳股款。发起人向社会公开募集股份，应当由依法设立的证券公司承销，签订承销协议，并同银行签订代收股款协议，代收股款的银行应当按照协议代收和保存股款，向缴纳股款的认股人出具收款单据，并负有向有关部门出具收款证明的义务。

4）召开创立大会。发行股份的股款缴足后，必须经依法设立的验资机构验资并出具证明。发起人应当自股款缴足之日起30日内主持召开公司创立大会。创立大会应有代表股份总数过半数的发起人、认股人出席方可举行。创立大会行使的职权：审议发起人关于公司筹办情况的报告；通过公司章程；选举董事会成员；选举监事会成员；对公司的设立费用进行审核；对发起人用于抵作股款的财产的作价进行审核；发生不可抗力或经营条件发生重大变化直接影响公司设立的，可以作出不设立公司的决议。创立大会对此事项作出决议的，必须经出席会议的认股人所持表决权过半数通过。

5）申请设立登记。董事会应于创立大会结束后30日内，向公司登记机关报送有关文件，申请设立登记。登记机关自接到登记申请之日起30日内依法审查，作出是否可以登记的决定。经核准登记并领取企业法人营业执照后，公司即告成立。

6）公告。公司成立后，应进行公告，并将募股情况报国务院证券监督管理机构备案。

4. 股份有限公司的发起人的法律责任

（1）股份有限公司的发起人应当承担的责任

① 公司不能成立时，对设立行为所产生的债务和费用负连带责任。

② 公司不能成立时，对认股人已缴纳的股款，负返还股款并加算银行同期存款利息的连带责任。

③ 在公司设立过程中，由于发起人的过失致使公司利益受到损害的，应当对公司承担赔偿责任。

（2）发起人的资本补足责任

股份有限公司成立后，发起人未按照公司章程的规定缴足出资的，应当补缴，其他发起人承担连带责任。

股份有限公司成立后，发现作为设立公司出资的非货币财产的实际价额显著低于公司章程所定价额的，应当由交付该出资的发起人补足其差额，其他发起人承担连带责任。

2.3.3 股份有限公司的组织机构

根据《公司法》和公司章程的规定，股份公司设立股东大会、董事会及监事会。

1. 股东大会

（1）股东大会的性质和职权

股东大会是公司的权力机构，决定公司的重大事项。股东大会由全体股东组成。股东是股份有限公司的股份持有人，按持有的股份对公司享有权利并承担相应的义务。股东大会行使的职权：①决定公司的经营方针和投资计划；②选举和更换非由职工代表担任的董事、监事，决定有关董事、监事的报酬事项；③审议批准董事会的报告；④审议批准监事会或监事的报告；⑤审议批准公司的年度财务预算方案、决算方案；⑥审议批准公司的利润分配方案和弥补亏损方案；⑦对公司增加或减少注册资本作出决议；⑧对发行公司债券作出决议；⑨对公司合并、分立、解散、清算或变更公司形式作出决议；⑩修改公司章程；⑪公司章程规定的其他职权。

（2）股东大会的召开

股东大会分为股东年会和股东临时会。股东年会每年召开一次，有这些情形之一的，应当在2个月内召开临时股东大会：①董事人数不足《公司法》规定人数或公司章程所定人数的2/3；②公司未弥补的亏损达实收股本总额的1/3；③单独或合计持有公司10%以上股份的股东请求；④董事会认为必要；⑤监事会提议召开；⑥公司章程规定的其他情形。

股东大会会议由董事会召集，董事长主持；董事长不能履行职务或不履行职务的，由副董事长主持；副董事长不能履行职务或不履行职务的，由半数以上董事共同推举一名董事主持。董事会不能履行或不履行召集股东大会会议职责的，监事会应当及时召集和主持；监事会不召集和主持的，连续90日以上单独或合计持有公司10%以上股份的股东可以自行召集和主持。

（3）股东大会的议事规则

股东出席股东大会会议，所持每一股份有一表决权。但是，公司持有的本公司股份没有表决权。

股东大会作出决议，必须经出席会议的股东所持表决权过半数通过（一般决议）。但是，股东大会作出修改公司章程、增加或减少注册资本的决议，以及公司合并、分立、解散或变更公司形式的决议，必须经出席会议的股东所持表决权的2/3以上通过（特别决议）。为保护中小股东的合法权益，股东大会选举董事、监事，可以依照公司章程的规定或股东大会的决议，实行累积投票制。所谓累积投票制，是指股东大会选举董事或监事时，每一股份拥有与应选董事或监事人数相同的表决权，股东拥有的表决权可以集中使用。

股东大会应当对所议事项的决定作成会议记录，主持人、出席会议的董事应当在会议记录上签名。

2. 董事会和经理

（1）董事会的设立

董事会是公司的执行机构，是常设机构，对股东大会负责，其成员为5~19人。董事由股东大会选举产生，任期不得超过3年，连选可连任。董事会成员中可以有公司职工代表。董事会中的职工代表由公司职工民主选举产生。董事会设董事长1人，可以设副董事长。董事长和副董事长由董事会以全体董事的过半数选举产生。

董事长召集和主持董事会会议，检查董事会决议的实施情况。董事长、执行董事或经理可以是公司的法定代表人，具体确定依照公司章程的规定。

（2）董事会的职权

股份有限公司董事会的职权同有限责任公司董事会的职权。

（3）董事会的召开及议事规则

董事会每年度至少召开 2 次会议，每次会议应当于会议召开 10 日前通知全体董事和监事。代表 1/10 以上表决权的股东、1/3 以上董事或监事会，可以提议召开董事会临时会议。董事长应当自接到提议后 10 日内，召集和主持董事会会议。董事会会议应有过半数的董事出席方可举行。

董事会作出决议，必须经全体董事的过半数通过。董事会决议的表决，实行一人一票。董事会会议应由董事本人出席；董事因故不能出席，可以书面委托其他董事代为出席，委托书中应载明授权范围。董事会应当对会议所议事项的决定作成会议记录，出席会议的董事应当在会议记录上签名。董事应当对董事会的决议承担责任。董事会的决议违反法律、行政法规或公司章程、股东大会决议，致使公司遭受严重损失的，参与决议的董事对公司负赔偿责任。但经证明在表决时曾表明异议并记载于会议记录的，该董事可以免除责任。

（4）股份有限公司的经理

股份有限公司设经理，由董事会决定聘任或解聘，对董事会负责，其职权与有限责任公司经理的职权相同。经董事会决定，经理可以由董事会成员兼任。

3. 监事会

监事会主要对董事会及其成员和经理等管理人员行使监督职能。

（1）监事会的设立

股份有限公司设监事会，其成员不得少于 3 人。监事会应当包括股东代表和适当比例的公司职工代表，其中职工代表的比例不得低于 1/3，具体比例由公司章程规定。监事会中的职工代表由公司职工民主选举产生。监事会设主席 1 人，可以设副主席。监事会主席和副主席由全体监事过半数选举产生。监事会主席召集和主持监事会会议。监事的任期适用有限责任公司监事任期的规定。

董事、高级管理人员不得兼任监事。

（2）监事会的职权

股份有限公司监事会的职权适用有限责任公司监事会职权的规定。

（3）监事会的召开

监事会每 6 个月至少召开一次会议。监事可以提议召开临时监事会会议。监事会的议事方式和表决程序，除《公司法》有规定的外，由公司章程规定。监事会应当对所议事项的决定作成会议记录，出席会议的监事应当在会议记录上签名。监事会行使职权所必需的费用，由公司承担。

案例分析2-4

甲、乙、丙、丁 4 个国有企业和戊有限责任公司投资设立股份有限公司，注册资本为 8 000 万元。2016 年 6 月 1 日，公司召开的董事会会议情形如下。

（1）该公司共有董事 7 人，有 5 人亲自出席。列席本次董事会的监事王某向会议提交另一名因故不能到会的董事出具的代为行使表决权的委托书，该委托书委托他代为行使本次董事会的表决权。

（2）董事会会议结束后，所有决议事项均载入会议记录，并由出席董事会会议的全体董事和列席会议的监事签名后存档。

2016 年 7 月 1 日，公司召开的股东大会作出如下决议。

（1）更换 2 名监事。一是由甲国有企业的代表杨某代替乙国有企业代表韩某出任该公司的监事；二是公司职工代表曹某代替公司职工代表赵某出任公司监事。

（2）为扩大公司的生产规模，决定发行公司债券 800 万元。

（3）从公司法定盈余公积金 2 600 万元中提取 400 万元转增公司资本。

根据《公司法》的规定，分析说明下列问题。

（1）在董事会会议中，王某能否接受委托代为行使表决权？为什么？

（2）董事会会议记录是否存在不妥之处？为什么？

（3）股东大会会议决定更换 2 名监事是否合法？为什么？

（4）股东大会会议决定发行公司债券是否符合规定？为什么？

（5）股东大会会议决定将法定盈余公积金转增资本是否合法？为什么？

分析 （1）王某不能接受委托代为行使表决权。根据规定，董事因故不能出席董事会会议的，可以书面委托其他董事代为出席。但王某为监事，不是董事，不能代为行使表决权。

（2）董事会会议记录存在不妥之处。根据规定，董事会会议记录，应由出席会议的董事在会议记录上签名，列席董事会会议的监事无须在会议记录上签名，而该公司列席董事会会议的监事在会议记录上签名，是不符合法律规定的。

（3）股东大会会议作出由甲国有企业的代表杨某代替乙国有企业代表韩某出任该公司监事决议合法。根据《公司法》的规定，股份有限公司股东代表出任的监事由公司股东大会选举产生。

股东大会会议作出由公司职工代表曹某代替公司职工代表赵某出任公司监事的决议不符合《公司法》的规定。根据《公司法》的规定，股份有限公司职工代表出任的监事不是通过公司股东会选举产生的，而是通过职工代表大会、职工大会或其他民主形式选举产生的。本案中由公司股东大会选举职工代表出任监事是不符合规定的。

（4）股东大会会议决定发行公司债券是符合规定的。根据《公司法》和《证券法》的规定，股份公司可以发行公司债券，但净资产至少为 3 000 万元。

（5）股东大会会议决定将法定盈余公积金转增资本合法。根据规定，公司将法定盈余公积金转增资本时，留存的该项公积金不得少于该公司转增前注册资本的 25%。丁公司转增资本时，留存的法定盈余公积金占注册资本的比例为 27.5%[（2 600−400）÷8 000×100%]，大于转增前注册资本的 25%，因此是符合法律规定的。

2.3.4 股份有限公司的股份发行和转让

1. 股份发行

（1）股份发行的概念

股份公司的资本分为等额股份，每一股的金额相等，股份是公司资本的组成部分，全部股份金额的总和即为公司资本的总额。同时，股份又是计算股东权利义务大小的依据。股东在公司中的法律地位基于其拥有的股份，股东权利义务大小范围也取决于其拥有的股份数额。

股份发行是指股份有限公司通过法定方式向社会发行公司股份的行为。因为股份必须采取股票的形式，因而发行股份实际上就是发行股票。股票是公司签发的证明股东所持股份的凭证，是股份的法律表现形式。

（2）股票的形式和内容

股票采用纸面形式或国务院证券监督管理机构规定的其他形式。

股票应当载明的主要事项：①公司名称；②公司成立日期；③股票种类、票面金额及代表的股份数；④股票的编号。股票由法定代表人签名，公司盖章。发起人的股票，应当标明“发起人股票”字样。股份有限公司成立后，即向股东正式交付股票。公司成立前不得向股东交付股票。

公司发行的股票，可以为记名股票，也可以为无记名股票。公司向发起人、法人发行的股票，应当为记名股票，并应当记载该发起人、法人的名称或姓名，不得另立户名或以代表人姓名记名。公司发行记名股票的，应当置备股东名册，记载这些事项：①股东的姓名或名称及住所；②各股东所持股份数；③各股东所持股票的编号；④各股东取得股份的日期。发行无记名股票的，公司应当记载其股票数量、编号及发行日期。

（3）股份发行的原则

股份的发行，实行公平、公正的原则，同种类的每一股份应当具有同等权利。同次发行的同种类股票，每股的发行条件和价格应当相同；任何单位或个人所认购的股份，每股应当支付相同价额。

（4）股票发行价格

股票发行价格可以按票面金额，也可以超过票面金额，但不得低于票面金额。

2. 股份转让

（1）股份转让的定义

股份转让，即指股份所有人（股东）依一定程序将股份出让给受让人，受让人因此取得股份可成为公司股东的行为。

（2）股份转让的限制性规定

① 股东转让其股份，应当在依法设立的证券交易场所进行或按照国务院规定的其他方式进行。

② 记名股票，由股东以背书方式或法律、行政法规规定的其他方式转让，转让后由公司将受让人的姓名或名称及住所记载于股东名册。股东大会召开前 20 日内或公司决定分配股利的基准日前 5 日内，不得进行股东名册的变更登记。但是，法律对上市公司股东名册变更登记另有规定的，从其规定。

③ 无记名股票的转让，由股东将该股票交付给受让人后即发生转让的效力。

④ 发起人持有的本公司股份，自公司成立之日起 1 年内不得转让；公司公开发行股份前已发行的股份，自公司股票在证券交易所上市交易之日起 1 年内不得转让。公司董事、监事、高级管理人员应当向公司申报所持有的本公司的股份及其变动情况，在任职期间每年转让的股份不得超过其所持有本公司股份总数的 25%，所持本公司股份自公司股票上市交易之日起 1 年内不得转让。上述人员离职后半年内，不得转让其所持有的本公司股份。

公司章程还可以对上述人员所持本公司股份的转让作出其他限制性规定。

⑤ 公司不得收购本公司股份。但是，有这些情形之一的除外：减少公司注册资本；与持有本公司股份的其他公司合并；将股份奖励给本公司职工；股东因对股东大会作出的公司合并、分立决议持异议，要求公司收购其股份。公司不得接受本公司的股票作为质押权的标的。

拓展与提高

有限责任公司与股份有限公司的区别

内容 \ 公司形式	有限责任公司	股份有限公司
设立方式	只能发起设立	发起设立和募集设立 2 种
股东人数限制不同	股东人数为 50 人以下	有 2 人以上 200 人以下的发起人，其中须有半数以上的发起人在中国境内有住所
股东出资的表现形式不同	出资证明书	股票
股权转让限制	对内转让——股东之间可以相互转让其全部或部分股权； 对外转让——股东向股东以外的人转让股权，应当经其他股东过半数同意	自由转让
组织机构设置	组织机构设置灵活，股东人数较少或规模较小的有限责任公司，可以不设董事会，只设 1 名执行董事，可以不设监事会，只设 1 或 2 名监事	必须设股东大会、董事会和监事会

2.4　公司董事、监事、高级管理人员的任职资格和义务

2.4.1　公司董事、监事、高级管理人员的任职资格

《公司法》规定，有下列情形之一的，不得担任公司的董事、监事、高级管理人员。

① 无民事行为能力或限制民事行为能力。

② 因贪污、贿赂、侵占财产、挪用财产或破坏社会主义市场经济秩序，被判处刑罚，执行期满未逾 5 年，或者因犯罪被剥夺政治权利，执行期满未逾 5 年。

③ 担任破产清算的公司、企业的董事或厂长、经理，对该公司、企业的破产负有个人责任的，自该公司、企业破产清算完结之日起未逾 3 年。

④ 担任因违法被吊销营业执照、责令关闭的公司、企业的法定代表人，并负有个人责任的，自该公司、企业被吊销营业执照之日起未逾 3 年。

⑤ 个人所负数额较大的债务到期未清偿。

公司违反上述规定选举、委派董事、监事或聘任高级管理人员的，该选举、委派或聘任无效。董事、监事和高级管理人员在任职期间成为无民事行为能力或限制民事行为能力人的，公司应当解除其职务。

2.4.2　公司董事、监事、高级管理人员的义务

董事、监事、高级管理人员的义务有诚信义务、维护公司财产完整的义务、竞业禁止义务、不得自己交易义务、保密义务和赔偿责任。具体如下。

① 公司董事、监事、高级管理人员应当遵守法律、行政法规和公司章程，对公司负有忠实义务和勤勉义务。

② 公司董事、监事、高级管理人员不得利用职权收受贿赂或其他非法收入，不得侵占公司的财产。

③ 公司董事、高级管理人员不得：挪用公司资金；将公司资金以其个人名义或以其他个人名义开立账户储存；违反公司章程的规定，未经股东会、股东大会或董事会同意，将公司资金借贷给他人或以公司财产为他人提供担保；违反公司章程的规定或未经股东会、股东大会同意，与本公司订立合同或进行交易；未经股东会或股东大会同意，利用职务便利为自己或他人谋取属于公司的商业机会，自营或为他人经营与所任职公司同类的业务；接受他人与公司交易的佣金归为己有；擅自披露公司秘密；违反对公司忠实义务的其他行为。董事、高级管理人员违反上述规定所得的收入应当归公司所有。

④ 公司董事、监事、高级管理人员执行公司职务时违反法律、行政法规或公司章程的规定，给公司造成损失的，应当承担赔偿责任。

⑤ 股东会或股东大会要求董事、监事、高级管理人员列席会议的，董事、监事、高级管理人员应当列席并接受股东的质询。董事、高级管理人员应当如实向监事会或不设监事会的有限责任公司的监事提供有关情况和资料，不得妨碍监事会或监事行使职权。

2.5　公司债券与公司财务、会计制度

2.5.1　公司债券

1. 公司债券的含义和特征

（1）公司债券的含义

公司债券是指公司依照法定程序发行的，约定在一定期限还本付息的有价证券。公司债券是要式证券，必须在债券上载明公司名称、债券票面金额、利率、偿还期限等事项。

（2）公司债券的特征

公司债券与股票都是有价证券，但二者具有不同的法律特征。

① 性质不同。股票表示投资者对发行股票的公司拥有股东的一系列权利，属于股权凭证；公司债券表示发行者与投资者之间的债权、债务关系，属于债权凭证。

② 收益不同。股票所表示的股金不允许退还，且股票收益可高可低；公司债券的本金到期退还，债券的利息是固定的，不论公司是否盈利，债券持有人都有权以事先约定的利率计取利息。

③ 承担的风险不同。公司债券持有人在公司解散或破产时，优先于公司股票得到债务清偿，相对于股票持有人承担的风险要小。

拓展与提高

公司债券和公司股票的区别

证券种类 区别	公司债券	公司股票
发行主体不同	有限责任公司和股份有限公司都可以发行	股票的发行主体是股份有限公司
法律性质不同	债券是一种债权凭证，债券持有人与债券发行人之间的法律关系是债权债务关系	股票股权凭证，股票持有者是公司所有者，即股东

（续表）

区别 \ 证券种类	公司债券	公司股票
拥有期限不同	公司债券的本金到期退还	公司股票所表示的股金不允许退还
收益和风险不同	公司债券的利息是固定的，无论公司是否盈利，均须向债券持有人支付约定的利息	公司股票的收益是不固定的，除优先股外，股票没有固定的利息，投资者的收益与企业经营状况密切相关，只有公司在盈利后才能分取利息和红利

2．公司债券的种类

（1）记名债券和无记名债券

① 记名债券。载明债券持有人姓名或名称的公司债券为记名公司债券。记名债券由债券持有人以背书方式或法律、行政法规规定的其他方式转让，转让后由公司将受让人的姓名或名称及住所记载于公司债券存根簿。

② 无记名债券。债券上不记载债权人姓名或名称的公司债券为无记名公司债券。无记名公司债券的转让，由债券持有人将该债券交付给受让人后即发生转让的效力。

（2）可转换公司债券和非转换公司债券

① 可转换公司债券。可转换公司债券是指可以转换成公司股票的公司债券。《公司法》规定，上市公司经股东大会决议可以发行可转换为股票的公司债券，并在公司债券募集办法中规定具体的转换办法。上市公司发行可转换为股票的公司债券，应当报国务院证券监督管理机构核准。发行可转换为股票的公司债券，应当在债券上标明“可转换公司债券”字样，并在公司债券存根簿上载明可转换公司债券的数额。发行可转换为股票的公司债券的，公司应当按照其转换办法向债券持有人换发股票，但债券持有人对转换股票或不转换股票有选择权。

② 非转换公司债券。不能转换为股票的公司债券为非转换公司债券。

3．公司债券的发行

（1）公司债券发行的主体资格

现行的《公司法》取消了对公司债券发行主体的限制，允许符合发行条件的各类公司平等地利用债券市场筹集资金，并取消了对公司债券发行规模的限制。

（2）公司债券发行的条件

发行公司债券的申请由审批制改为核准制。由于债券是证券的一种类型，所以《公司法》未对发行债券的条件作出具体规定，而是指出公司发行债券应当符合《证券法》规定的条件。《证券法》第十六条明确规定了公开发行债券应当符合的条件。

① 股份有限公司的净资产不低于人民币 3 000 万元，有限责任公司的净资产不低于人民币 6 000 万元。

② 累计债券余额不超过公司净资产的 40% 。

③ 最近 3 年平均可分配利润足以支付公司债券 1 年的利息。

④ 筹集的资金投向符合国家产业政策。

⑤ 债券的利率不得超过国务院规定的利率水平。

⑥ 国务院规定的其他条件。

公开发行公司债券募集的资金，必须用于核准的用途，不得用于弥补亏损和非生产性支出。凡有下列情形之一的，不得再次发行公司债券。

① 前一次公开发行的公司债券尚未募足。

② 对已发行的公司债券或其债务有违约或延迟支付本息的事实，仍处于继续状态。

③ 违反《证券法》规定，改变公开发行公司证券所募集资金的用途。

4．公司债券的转让

公司债券可以转让，转让价格由转让人与受让人约定。公司债券在证券交易所上市交易的，按照证券交易所的交易规则转让。

案例分析2-5

某股份有限公司董事会根据公司的实际情况决定发行公司债券。根据会计师事务所的审计结果，本公司的净资产金额已达到4 500万元，在此条件下，此次发行债券金额计划为1 800万元（不包括前次发行的500万元债券）。

请说明是否存在问题并说明理由。

分析　第一，公司净资产符合规定。根据《证券法》的规定，股份有限公司的净资产不低于人民币3 000万元，有限责任公司的净资产不低于人民币6 000万元。本次净资产4 500万元，所以符合规定。

第二，累计债券余额不符合规定。根据《证券法》的规定，累计债券余额不超过公司净资产的40%，即累计债券余额不能超过1 800万元，所以新发计划最多只能是1 300万元。

2.5.2　公司财务、会计制度

1．一般规定

① 公司应当依照法律、行政法规和国务院财政部门的规定建立本公司的财务、会计制度。

② 公司应当在每一会计年度终了时编制财务会计报告，并依法经会计师事务所审计。财务会计报告应当依照法律、行政法规和国务院财政部门的规定制作。

③ 有限责任公司应当依照公司章程规定的期限将财务会计报告送交各股东。股份有限公司的财务会计报告应当在召开股东大会年会的20日前置备于本公司，供股东查阅。公开发行股票的股份有限公司必须公告其财务会计报告。

2．公司税后利润分配

公司的利润分配方案和弥补亏损方案由董事会制订，提交股东会或股东大会审议，经股东会或股东大会审议批准的当年税后利润分配方案，交由董事会负责执行。

根据《公司法》规定，公司当年利润的分配顺序如下。

1）弥补以前年度的亏损。但不得超过税法规定的5年弥补期限。《中华人民共和国企业所得税法》第十八条规定，企业纳税年度发生的亏损，准予向以后年度结转，用以后年度的所得弥补，但结转年限最长不得超过5年。因此，对超过5年仍未弥补完的亏损不能再用税前利润弥补，应用税后利润弥补。

2）缴纳所得税。

3）弥补在税前利润弥补亏损之后仍存在的亏损。公司的法定公积金不足以弥补以前年度亏损的，在依照法律规定提取法定公积金之前，应当先用当年利润弥补亏损。

4）提取法定公积金。公司分配当年税后利润时，应当提取利润的10%列入公司法定公积金。公司法定公积金累计额为公司注册资本的50%以上的，可以不再提取。

公司的公积金用于弥补公司的亏损、扩大公司生产经营或转为增加公司资本。但是，资本公积金不得用于弥补公司的亏损。

法定公积金转为资本时，所留存的该项公积金不得少于转增前公司注册资本的25%。

5）提取任意公积金。公司从税后利润中提取法定公积金后，经股东会或股东大会决议，还可以从税后利润中提取任意公积金。

6）向股东分配利润。有限责任公司按股东实缴的出资比例分配，但全体股东约定不按出资比例分配的除外。股份有限公司按照股东持有的股份比例分配，章程规定不按持股比例分配的除外。股东会、股东大会或董事会违反规定，在公司弥补亏损和提取法定公积金之前向股东分配利润的，股东必须将违反规定分配的利润退还公司。

公司持有的本公司股份不得分配利润。

2.6 公司的变更、解散与清算

2.6.1 公司的变更

公司的变更是指公司设立时有关登记事项的变动。公司的变更包括公司的合并与分立、公司资本的增加或减少、公司形式的变更等。

1. 公司的合并

（1）公司合并的含义和形式

公司合并是指 2 个或 2 个以上的公司依法达成合意，归并于一个公司或创立一个新的公司的法律行为。

（2）公司合并的形式

公司合并的形式有 2 种，即吸收合并和新设合并。

① 吸收合并是指一个或几个公司并入一个存续公司的行为。在吸收合并中，吸收方存续而被吸收方解散。

② 新设合并是指 2 个或 2 个以上公司合并成一个新的公司，参与合并各方均归于消灭。公司合并引起的法律效力表现为：除吸收合并中吸收公司存续外，其他参与合并的公司和法人资格均归于消灭。

（3）公司合并的程序

公司合并时，应履行的程序：合并各方签订合并协议；合并各方编制资产负债表和财产清单；股东会或股东大会作出合并决议；通知债权人，自合并决议作出之日起 10 日内通知债权人，并于 30 日内在报纸上公告，债权人自接到通知之日起 30 日内，未接到通知的自公告之日起 45 日内，可以要求公司清偿债务或提供相应担保；依法进行登记。

（4）公司合并各方的债权债务处理

公司合并时，合并各方的债权、债务，应当由合并后存续的公司或新设的公司承继。

2. 公司的分立

（1）公司分立的定义

公司分立是指从一个公司中分离出另一个新公司或一个公司分解为 2 个以上新公司的法律行为。

（2）公司分立的形式

公司分立的形式有 2 种，即新设分立和派生分立。

① 新设分立是指一个公司将其全部资产分割设立 2 个或 2 个以上的公司的行为。在新设分立的情况下，原公司解散，须办理注销登记，新设公司须办理设立登记。

② 派生分立是指一个公司以其部分资产设立另一个公司的法律行为。在派生分立的情况下，原公司虽存续，却减少了注册资本，应依法办理变更登记，派生的公司则应办理设立登记。

（3）公司分立的程序

公司分立的程序与公司合并的程序相同。

（4）公司分立前债权债务处理

公司分立前的债务由分立后的公司承担连带责任。但是，公司在分立前与债权人就债务清偿达成的书面协议另有约定的除外。

3. 公司的增资和减资

（1）公司增资

① 有限责任公司增加注册资本时，股东认缴新增资本的出资，依照本法设立有限责任公司缴纳出资的有关规定执行。股份有限公司为增加注册资本发行新股时，股东认购新股，依照《公司法》设立股份有限公司缴纳股款的有关规定执行。

② 公司增加注册资本，应当依法向公司登记机关办理变更登记。

（2）公司减资

① 公司减资的原因。股东会或股东大会作出决议减资的，有限责任公司依据《公司法》第七十五条的规定收购其股东的股权而减资。

② 公司减资的程序：股东会或股东大会作出决议；编制资产负债表及财产清单；通知债权人（公司应当自作出减少注册资本决议之日起 10 日内通知债权人，并于 30 日内在报纸上公告，债权人自接到通知书之日起 30 日内，未接到通知书的自公告之日起 45 日内，有权要求公司清偿债务或提供相应的担保）；依法向公司登记机关办理减资变更登记。

③ 公司减资后的资本的规定。公司减少后的注册资本及实收资本数额应达到法定注册资本的最低限额。

4. 公司形式的变更

公司形式的变更包括有限责任公司变更为股份有限公司和股份有限公司变更为有限责任公司。

有限责任公司变更为股份有限公司，应当符合《公司法》规定的股份有限公司设立的条件。股份有限公司变更为有限责任公司，应当符合《公司法》规定的有限责任公司设立的条件。

有限责任公司变更为股份有限公司的，或者股份有限公司变更为有限责任公司的，公司变更前的债权、债务由变更后的公司承继。

此外，对于公司法定代表人变更及公司章程的修改变更等，在此不作阐述。

2.6.2 公司的解散与清算

1. 公司解散与清算的概念和原因

（1）公司解散与公司清算的概念

公司解散是指业已成立的公司，因发生法律或章程规定的解散事由而停止业务活动，并开始处理未了结事务的法律行为。公司解散的形式有自愿解散与强制解散 2 种。自愿解散是按照公司或股东的意愿而实施的解散行为；强制解散则是由于法律的规定或行政机关命令、司法机关的裁决所引起的解散行为。

公司清算是指公司依法解散时，依照法律程序清算公司的债权债务，然后分配公司剩余财产，最终向公司登记机关申请注销登记，使公司法人资格归于消灭的法律行为。公司的清算有普通清算和特别清算 2 种：普通清算是公司解散时依法定程序进行清算活动的一种清算方式；特别清算，又称破产清算，是指公司发生破产情况时，在法院的主持和监督下，严格按照法定的程序进行清算。《中华人民共和国企业破产法》对破产清算的程序作了相应的规定。

（2）公司解散的原因

公司解散是因为：①公司章程规定的营业期限届满或公司章程规定的其他解散事由出现；②股东会或股东大会决议解散（特别决议：表决权的 2/3 通过）；③因公司合并或分立需要解散；④依法被吊销营业执照、责令关闭或被撤销；⑤人民法院依照公司法根据股东请求决定公司解散。

公司经营管理发生严重困难，继续存续会使股东利益受到重大损失，通过其他途径不能解决的，持有公司全部股东表决权 10% 以上的股东，可请求人民法院解散公司。

2. 清算组

（1）清算组的成立

《公司法》规定，公司因法定原因解散的，应当在解散事由（公司合并、分立除外）出现之日起 15 日内成立清算组，开始清算。有限责任公司的清算组由股东组成，股份有限公司的清算组由董事或股东大会确定的人员组成。逾期不成立清算组进行清算的，债权人可以申请人民法院指定有关人员组成清算组进行清算。人民法院应当受理该申请，并及时组织清算组进行清算。

（2）清算组在清算期间的职权

清算组在清算期间的职权包括：①清理公司财产，分别编制资产负债表和财产清单；②通知、公告债权人；③处理与清算有关的公司未了结的业务；④清缴所欠税款及清算过程中产生的税款；⑤清理债权、债务；⑥处理公司清偿债务后的剩余财产；⑦代表公司参与民事诉讼活动。

（3）清算组成员的义务

清算组成员不得利用职权收受贿赂或其他非法收入，不得侵占公司财产。清算组成员因故意或重大过失给公司或债权人造成损失的，应当承担赔偿责任。

3. 公司财产的清算

（1）登记债权

清算组应当自成立之日起 10 日内通知债权人，并于 60 日内在报纸上公告。债权人应当自接到通知书之日起 30 日内，未接到通知书的自公告之日起 45 日内，向清算组申报其债权。债权人申报债权，应当说明债权的有关事项，并提供证明材料。清算组应当对债权进行登记。在申报债权期间，清算组不得对债权人进行清偿。

（2）进行财产清算

清算组在清理公司财产、编制资产负债表和财产清单后，应当制订清算方案，并报股东会、股东大会或人民法院确认。

公司财产清算的分配顺序：支付清算费用；支付职工的工资；支付社会保险费用和法定补偿金；缴纳所欠税款；清偿公司债务后的剩余财产。对于清偿公司债务后的剩余财产，有限责任公司按照股东的出资比例分配，股份有限公司按照股东持有的股份比例分配。

清算期间，公司存续，但不得开展与清算无关的经营活动。公司财产在未按上述规定清偿前，不得分配给股东。

清算组在清理公司财产、编制资产负债表和财产清单后，发现公司财产不足清偿债务的，应当依法向人民法院申请宣告破产。公司经人民法院裁定宣告破产后，清算组应当将清算事务移交给人民法院。至此，进入破产程序。

（3）公告公司终止

公司清算结束后，清算组应当制作清算报告，报股东会（股东大会）或人民法院确认，并报送公司登记机关，申请注销公司登记，公告公司终止。

本章小节

本章首先阐述了公司的含义和特征、名称和住所及公司的章程，接着阐述了有限责任公司、股份有限公司的法律规定及公司财务与会计制度、公司的变更、解散与清算等内容。其中重点阐述了有限责任公司和股份有限公司设立与运行的法律规定。

引导案例分析

（1）甲、丙的出资方式符合法律规定，而乙以特许经营权出资不符合规定。根据《公司法》的规定，股东不得以劳务、信用、自然人姓名、商誉、特许经营权或设定担保的财产等作价出资。

（2）法定代表人由经理担任符合规定。根据《公司法》的规定，公司法定代表人依照公司章程的规定，由董事长、执行董事或经理担任。

（3）乙经过甲同意转让其全部股权给丁不符合规定。根据《公司法》的规定，股东向股东以外的人转让股权，应当经其他股东过半数同意。股东应就其股权转让事项书面通知其他股东征求同意，其他股东自接到书面通知之日起满30日未答复的，视为同意转让。其他股东半数以上不同意转让的，不同意的股东应当购买该转让的股权；不购买的，视为同意转让。经股东同意转让的股权，在同等条件下，其他股东有优先购买权。本案例中，乙要转让其全部股权必须经甲和乙同意。

实训项目

实训目的： 通过模拟设立一个有限责任公司，掌握有限责任公司设立应具备的条件及程序，需要哪些文件资料等。

实训资料： 小张、小王和小李分别是某职业技术学院汽车工程与应用专业的毕业生，由于他们在学校期间就较好地掌握了汽车维修保养与美容的专业技能，因此毕业后他们打算组建一个有限责任公司。3人已从亲朋好友处筹集到10万元人民币，并将公司起名为“××汽车综合服务有限公司”，但不知道如何开办，到什么部门登记及应办理哪些手续。

提出问题：

（1）提出设立有限责任公司的程序。

（2）如果你接受了他们3人的共同委托，该如何帮助他们设立这样一个有限责任公司？

本章测试

一、单项选择题

1．甲、乙、丙是某有限公司的股东，各占52%、22%和26%的股份。乙欲对外转让其所拥有的股份，丙表示同意，甲表示反对，但又不愿意购买该股份。乙便与丁签订了一份股份转让协议，约定丁一次性将股权转让款支付给乙。此时甲表示愿以同等价格购买，只是要求分期付款。对此各方发生了争议。下列哪一选项是错误的？（　　）。

A．甲最初表示不愿意购买即应视为同意转让

B．甲后来表示愿意购买，则乙只能将股份转让给甲，因为甲享有优先购买权

C．乙与丁之间的股份转让协议有效

D．如果甲、丙都行使优先购买权，就购买比例而言，如协商不成，则双方应按照 2 ∶ 1 的比例行使优先购买权

2．根据公司法律制度的规定，下列有关公司组织机构的表述正确的是（　　）。

A．股东人数较少或公司规模较小的有限责任公司可以不设监事会，也可以不设监事

B．一人有限责任公司不设股东会

C．国有独资公司的董事长由董事会以全体董事的过半数选举产生

D．股份有限公司的董事会成员应当有公司职工代表

3．股份公司董事、监事、高级管理人员在任职期间每年转让的股份不得超过其所持有本公司股份总数的（　　）。

A．35%　　B．20%　　C．30%　　D．25%

4．下列有关一人有限责任公司的表述不符合《公司法》规定的是（　　）。

A．公司不设立股东会

B．公司的注册资本为在公司登记机关登记的投资人认缴的出资额

C．一个自然人不能同时投资设立 2 个以上的一人有限责任公司

D．一人有限责任公司的年度财务会计报告可以不经会计师事务所审计

5．有企业拟改制为公司。除 5 个法人股东作为发起人外，拟将企业的 190 名员工都作为改制后公司的股东，上述法人股东和自然人股东作为公司设立后的全部股东。根据《公司法》的规定，该企业的公司制改革应当选择下列哪种方式？（　　）。

A．可将企业改制为有限责任公司，由上述法人股东和自然人股东出资并拥有股份

B．可将企业改制为股份有限公司，由上述法人股东和自然人股东以发起方式设立

C．企业员工不能持有公司股份，该企业如果进行公司制改革，应当通过向社会公开募集股份的方式进行

D．经批准可以突破有限责任公司对股东人数的限制，公司形式仍然可以为有限责任公司

二、多项选择题

1．甲、乙两公司与郑某、张某欲共同设立一个有限公司，并在拟定公司章程时约定了各自的出资方式。下列有关各股东的部分出资方式的表述不符合《公司法》规定的有（　　　）。

A．甲公司以其获得的某知名品牌特许经营权评估作价 20 万元出资

B．乙公司以其企业商誉评估作价 30 万元出资

C．郑某以其享有的某项专利权评估作价 40 万元出资

D．张某以其设定了抵押权的某房产作价 50 万元出资

2．某有限责任公司共有股东 12 人，股东韩某拟向王某转让出资，使王某成为公司新的股东。股东会表决时，除韩某外，6 人同意，5 人不同意。对该股东会议情况的表述正确的有（　　　）。

A．股东会没有一致同意，股东韩某不能转让该出资

B．同意转让的股东未达到全体股东的 2/3，股东韩某不能转让该出资

C．同意转让的股东超过全体股东的半数，股东韩某可以转让出资

D．在同等条件下，其他股东有优先购买股东韩某拟转让的出资的权利

3．股份公司出现（　　　）法定情形时可以收购自己的股票。

A．减少公司注册资本（注销股份）

B．将股份奖励给本公司职工

C. 与持有本公司股份的其他公司合并

D. 股东因对股东大会作出的公司合并、分立决议持异议，要求公司收购其股份的

4. 华运有限责任公司召开股东大会，选举公司的董事，下列可以担任公司董事的有（　　）。

A. 陈某，某市审计局办公室科员

B. 赵某，曾因贪污被判处有期徒刑3年，于6年前刑满释放

C. 钱某，曾担任某公司的法定代表人，该公司2年前因违法经营被吊销营业执照，钱某对此负有个人责任

D. 张某，现任毛纺厂经理，企业家

5. 根据《公司法》的规定，下列有关公司组织机构的表述正确的有（　　）。

A. 股东人数较少或公司规模较小的有限责任公司可以不设监事会，也可以不设监事

B. 一人有限责任公司不设股东会

C. 国有独资公司的董事长由董事会以全体董事的过半数选举产生

D. 股份有限公司的董事会成员应当有公司职工代表

三、案例分析题

1. 某股份有限公司董事会由11名董事组成。2016年10月5日董事长李某对所有董事和监事宣布将于10月10日召开董事会会议。2016年10月10日，公司董事长李某召集并主持召开董事会会议，出席会议的共8名董事，另有3名董事因事请假。董事会会议讨论了下列事项，经表决有6名董事同意因而通过。

① 鉴于公司董事会成员工作任务加重，决定给每位董事涨工资30%。

② 鉴于监事会成员中的职工代表张某生病，决定由本公司职工王某参加监事会。

③ 鉴于公司的财务会计工作日益繁重，拟将财务科升级为财务部，并向社会公开招聘会计人员3名。招聘会计人员事宜及财务科升级为财务部的方案经股东大会通过后实施。

试分析：

（1）公司董事会的召开和表决程序是否符合法律规定？为什么？

（2）公司董事会通过的事项有无不符合法律规定之处？如有，请分别说明理由。

2. 陈某于2014年5月担任一有限责任公司的董事长。2015年3月，另一公司的经理王某找陈某借一笔资金以解燃眉之急。正好公司刚收回一笔50万元的货款，陈某即转给了王某，王某拿出5万元给陈某，陈某未敢收，遂存入公司的小金库中。该小金库是陈某伙同部分董事及监事张某私自开立的，用于他们的各项业余开支。同年7月，陈某利用手中的职权帮助其弟弟的公司做成一笔木材生意，获利10万元，陈某存入私人账户。这一年9月，陈某利用董事长的权力与张某签订了一项合同，规定公司支付张某2万元的中介费，作为张某为公司联系到一批木材生意的报酬。而实际上公司购入该批木材的价格明显高于市场价，致使公司受损20万元，张某与陈某各自捞了一笔回扣。此事并未经过董事会的讨论。2016年3月，股东会觉察到陈某与张某的渎职行为，责令其停职反省。同时，组织人员进行调查，待查清事实后依照法律和公司章程进行处理。

试分析：

（1）陈某的董事长一职应于何时任期届满？为什么？

（2）假设陈某2011年6月担任某国有企业厂长时，因从事违法经营致该企业营业执照被吊销。那么陈某任职董事长一事是否符合法律规定？为什么？

（3）本案陈某从事了哪些违法活动？

（4）公司对于董事、监事的违法活动可否自行处理？

（5）陈某、张某是否应对公司承担赔偿责任？

第3章 个人独资企业法

知识目标	技能目标
1. 了解个人独资企业的概念和特征。 2. 了解个人独资企业的设立、变更、解散和清算。 3. 掌握个人独资企业的事务管理及权利和义务。	1. 能运用所学知识设立个人独资企业。 2. 能处理个人独资企业经营管理中涉及的法律问题。

引导案例

2016年5月甲出资5万元拟设立一个个人独资企业。个人独资企业名称定为宏远科技有限公司，到工商行政管理机关登记时，登记机关要求甲更改名称后予以登记。甲聘请乙管理企业事务，同时规定，凡乙对外签订标的额超过5万元以上的合同，须经甲同意。2月10日，乙未经甲同意，以企业名义向善意第三人丙购入价值10万元的货物。丙不知甲对乙的授权限制，依约供货，但是企业未按期付款。另外，乙在甲不知情的情况下，以自己的名义与此企业签订了设备供应合同。

思考：

（1）甲将个人独资企业名称命名为宏远科技有限公司是否合法?

（2）乙以个人独资企业名义和丙签订的标的额为10万元的买卖合同是否有效？请说明理由。

（3）乙在甲不知情的情况下，以自己的名义与个人独资企业订立的设备供应合同是否合法?

3.1 个人独资企业法概述

3.1.1 个人独资企业的定义和特征

1. 个人独资企业的定义

个人独资企业是指依法在中国境内设立，由一个自然人投资，财产为投资人个人所有，投资人以其个人财产对企业债务承担无限责任的经营实体。

2. 个人独资企业的特征

（1）个人独资企业是由一个自然人投资的企业

个人独资企业的设立人只能是一个自然人，且只能是中国公民。

（2）个人独资企业的财产为投资人个人所有

投资人对本企业的财产依法享有所有权，其有关权利可以依法进行转让或继承。

（3）个人独资企业的投资人对企业的债务承担无限责任

当个人独资企业的财产不足以清偿到期债务时，投资人应以个人的全部财产用于清偿。如果投资人在申请企业登记时明确以其家庭共有财产作为个人出资的，应当依法以家庭共有财产对企业的债务承担无限责任。

（4）个人独资企业内部机构设置简单，经营管理方式灵活

个人独资企业的投资者是企业的所有者，可以自行管理企业事务，也可以委托或聘用其他具有民事行为能力的人负责企业的事务管理。因此，法律对其内部机构和经营管理方式不像对公司和其他企业那样加以严格规定。

（5）个人独资企业是非法人企业

个人独资企业不具有法人资格，不能独立承担民事责任。个人独资企业虽然没有法人资格，但却是独立的民事主体，可以以自己的名义从事民事活动。

3.1.2 个人独资企业法的概念

个人独资企业法的概念有广义和狭义之分。广义的个人独资企业法是指调整国家协调经济运行过程中发生的关于个人独资企业的各种经济关系的法律规范的总称；狭义的个人独资企业法是指 1999 年 8 月 30 日第九届全国人民代表大会常务委员会第十一次会议通过的《中华人民共和国个人独资企业法》（以下简称《个人独资企业法》），自 2000 年 1 月 1 日起施行。

拓展与提高

个人独资企业与一人有限公司的区别

组织形式 区别	个人独资企业	一人有限公司
出资人	一个自然人出资设立	可以由自然人出资设立，也可以由法人出资设立
法人资格	没有法人资格	具有法人资格
责任承担	投资人对企业债务承担无限责任	投资人以出资额为限对企业债务承担责任，即负有限责任
设立依据	依照《个人独资企业法》设立	依照《公司法》设立

3.2 个人独资企业的设立、变更、解散和清算

3.2.1 个人独资企业的设立

1. 个人独资企业的设立条件

（1）投资人为一个自然人

投资人只能是具有完全民事行为能力的中国公民，但法律、法规禁止从事营利性活动的人，不得作为投资人申请设立个人独资企业。根据我国有关法律、行政法规规定，国家公务员、警官、法官、检察官等不得作为投资人设立个人独资企业。

（2）有合法的企业名称

名称是企业的标志，企业必须有相应的名称，并应符合法律、法规的要求。个人独资企业的名称应当符合国家关于企业名称登记管理的有关规定。企业名称应与其责任形式及从事的营业相符合，因而个人独资企业的名称中不得使用“有限”“有限责任”或“公司”字样，可以命名为厂、店、部、中心、工作室等。

（3）有投资人申报的出资

《个人独资企业法》对设立个人独资企业的出资数额未作限制，由投资人在设立时予以申报，投资人的申报金额原则上应当与企业生产经营规模相适应。设立个人独资企业可以用货币出资，也可以用实物、土地使用权、知识产权或其他财产权利出资。

投资人可以以个人财产出资，也可以以家庭共有财产作为个人出资。但以家庭共有财产作为个人出资的，投资人应当在设立（变更）登记申请书上予以注明。

案例分析3-1

2016年甲出资设立个人独资企业，在设立登记时明确以其家庭共有财产作为出资。刚开始生意还行，到后来经营失败，企业所有的财产无法清偿债务。债权人多次索要无果，要求甲变卖家庭共有财产——汽车清偿债务，但是家里其他成员不同意，理由是汽车是家庭共有财产，与企业的债务无关。请问：家里其他成员的理由是否正确？

分析 家里其他成员的理由不正确。《个人独资企业法》规定，个人独资企业财产不足以清偿债务的，投资人应当以其个人的其他财产予以清偿。个人独资企业投资人在申请企业设立登记时，明确以其家庭共有财产作为个人出资的，应当依法以家庭共有财产对企业债务承担无限责任。本案中，投资人明确以其家庭共有财产作为个人出资，所以应当以其家庭共有财产予以清偿。

（4）有固定的生产经营场所和必要的生产经营条件

生产经营场所和生产经营条件是企业从事经营活动的物质基础，是设立企业的起码要求。

（5）有必要的从业人员

2. 个人独资企业的设立程序

（1）提出申请

申请设立个人独资企业，应当由投资人或其委托的代理人向个人独资企业所在地的登记机关提交设立申请。投资人申请设立登记，应当向登记机关提交的文件：①设立申请书（设立申请书应当载明的事项有企业的名称和住所、投资人的姓名和居所、投资人的出资额和出资方式、经营范围等内容）；②投资人身份证明；③企业住所证明和生产经营场所使用证明等文件；④委托代理人申请设立登记的，应当出具投资人的委托书和代理人的合法证明；⑤国家工商行政管理部门规定提交的其他文件。

（2）工商登记

工商登记机关应当在收到设立申请文件之日起15日内，对符合《个人独资企业法》规定条件的，予以登记，发给营业执照；对不符合《个人独资企业法》规定条件的，不予登记，并发给企业登记驳回通知书，说明理由。

个人独资企业的营业执照的签发日期，为个人独资企业成立日期。在领取个人独资企业营业执照前，投资人不得以个人独资企业名义从事经营活动。

个人独资企业设立分支机构，应当由投资人或其委托的代理人向分支机构所在地的登记机关申请登记，领取营业执照。

3.2.2 个人独资企业的变更、解散和清算

1. 个人独资企业的变更

个人独资企业存续期间登记事项发生变更的，应当在作出变更决定之日起的15日内依法向登记机关申请办理变更登记。

2. 个人独资企业的解散

个人独资企业的解散是指个人独资企业终止活动使其民事主体资格消灭的行为。根据《个人独资企业法》的规定，个人独资企业有这些情形之一的，应当解散：①投资人决定解散；②投资人死亡或被宣告死亡，无继承人或继承人决定放弃继承；③被依法吊销营业执照；④法律、行政法规规定的其他情形。

3. 个人独资企业的清算

个人独资企业解散的，应当进行清算。《个人独资企业法》对个人独资企业清算作了如下规定。

（1）确定清算人和公告债权人

《个人独资企业法》规定，个人独资企业解散，由投资人自行清算或由债权人申请人民法院指定清算人进行清算。投资人自行清算的，应当在清算前15日内书面通知债权人，无法通知的，应当予以公告。债权人应当在接到通知之日起30日内，未接到通知的应当在公告之日起60日内，向投资人申报其债权。

（2）财产清偿顺序

《个人独资企业法》规定，个人独资企业解散的，财产应当按照下列顺序清偿：所欠职工工资和社会保险费用；所欠税款；其他债务。

（3）清算期间对投资人的要求

《个人独资企业法》规定，清算期间，个人独资企业不得开展与清算目的无关的经营活动。在

个人独资企业债务清偿前，投资人不得转移、隐匿财产。

（4）注销登记

个人独资企业清算结束后，投资人或人民法院指定的清算人应当编制清算报告，并于清算结束之日起 15 日内向原登记机关申请注销登记。

个人独资企业解散后，原投资人对个人独资企业存续期间的债务仍应承担偿还责任，但债权人在 5 年内未向债务人提出偿债请求的，该责任消灭。

案例分析3-2

下列关于个人独资企业解散后原投资人责任的表述中，符合《个人独资企业法》规定的是（　　）。

A．原投资人对个人独资企业存续期间的债务不再承担责任

B．原投资人对个人独资企业存续期间的债务承担责任，但债权人在 2 年内未向债务人提出偿债请求的，该责任消灭

C．原投资人对个人独资企业存续期间的债务承担责任，但债权人在 3 年内未向债务人提出偿债请求的，该责任消灭

D．原投资人对个人独资企业存续期间的债务承担责任，但债权人在 5 年内未向债务人提出偿债请求的，该责任消灭

分析　正确答案是 D。根据《个人独资企业法》的规定，个人独资企业解散后，原投资人对个人独资企业存续期间的债务仍应承担偿还责任，但债权人在 5 年内未向债务人提出偿债请求的，该责任消灭。所以选项 A、B、C 不符合规定。

3.3　个人独资企业的事务管理及权利和义务

3.3.1 个人独资企业的事务管理

1. 个人独资企业的事务管理方式

个人独资企业事务管理方式有以下 2 种。

① 自行管理，即投资人自己管理企业的事务，这是常见的管理方式。

② 委托或聘用其他具有民事行为能力的人负责企业的事务管理。

投资人委托或聘用他人管理个人独资企业事务，应当与受托人或者被聘用的人签订书面合同，合同应订明委托的具体内容，授予的权利范围，委托人或被聘用的人应履行的义务、报酬和责任等。投资人对受托人或被聘用的人员职权的限制，不得对抗善意第三人。

所谓“第三人”，是指受托人或被聘用的人员以外与企业发生经济业务关系的人。所谓“善意第三人”，是指第三人在有关经济业务交往中，没有与受托人或被聘用的人员串通，故意损害投资人利益行为的人。个人独资企业的投资人与受托人或被聘用的人员之间有关权利义务的限制只对受托人或被聘用的人员有效，对善意第三人并无约束力。

案例分析3-3

2016年5月王某独自出资设立了一个个人独资企业，并将自己的独资企业委托给李某经营。王某与李某签订了委托经营管理协议。在协议中约定，李某对从事标的额10万元以内的业务可自行决定，超过10万元的必须经过王某批准，否则行为无效。其后，李某在接受委托期间，未经王某同意就与某有限责任公司签订了一笔15万元的合同。王某知道后以该合同的签订未取得他本人同意为由，认定合同无效。请问：此合同对个人独资企业是否有效？

分析 此合同对个人独资企业发生法律效力。根据《个人独资企业法》的规定，投资人对受托人或被聘用的人员职权的限制，不得对抗善意第三人。而某有限责任公司是善意第三人，处于一种善意的不知情的状态，所以合同有效。

2. 个人独资企业的事务管理的内容

根据《个人独资企业法》的规定，个人独资企业事务管理的主要内容如下。

① 会计事务管理。个人独资企业应当依法设置会计账簿，进行会计核算。

② 用工事务管理。个人独资企业招用职工的，应当依法与职工签订劳动合同，保障职工的劳动安全，按时、足额发放职工工资。

③ 社会保险事务。个人独资企业应当按照国家规定参加社会保险，为职工缴纳社会保险费用。个人独资企业的社会保险主要包括养老保险、工伤保险和医疗保险等。

3. 受托人或被聘用的人员的义务

受托人或被聘用的人员应当履行诚信、勤勉义务，按照与投资人签订的合同负责个人独资企业的事务管理，不得有这些行为：①利用职务上的便利，索取或收受贿赂；②利用职务或工作上的便利侵占企业财产；③挪用企业的资金归个人使用或借贷给他人；④擅自将企业资金以个人名义或以他人名义开立账户储存；⑤擅自以企业财产提供担保；⑥未经投资人同意，从事与本企业相竞争的业务；⑦未经投资人同意，同本企业订立合同或进行交易；⑧未经投资人同意，擅自将企业商标或其他知识产权转让给他人使用；⑨泄露本企业的商业秘密；⑩法律、行政法规禁止的其他行为。

3.3.2 个人独资企业的权利和义务

1. 个人独资企业的权利

根据《个人独资企业法》的规定，个人独资企业享有以下权利。

① 财产所有权。个人独资企业的投资人对本企业的财产享有所有权，其有关权利可以依法进行转让或继承。

② 管理权。个人独资企业投资人可以自行管理企业事务，也可以委托或聘用其他具有民事行为能力的人负责管理企业的事务。

③ 申请贷款、取得土地使用权。个人独资企业可以依法申请贷款、取得土地使用权。

④ 拒绝摊派权。任何单位和个人不得违反法律、行政法规的规定，以任何方式强制个人独资企业提供财力、物力、人力。

⑤ 法律、行政法规规定的其他权利。

2. 个人独资企业的义务

个人独资企业在享有权利的同时，承担如下义务。

① 从事经营活动要遵守法律、法规，遵守诚实信用原则，不得损害社会公共利益。

② 依法履行纳税义务。

③ 依法设置会计账簿，进行会计核算。个人独资企业应按照《中华人民共和国会计法》和国家统一的会计制度的规定设置会计账簿，以实际发生的经济业务事项进行会计核算，填制会计凭证，登记会计账簿，编制财务会计报告，不得以虚假的经济业务事项或资料进行会计核算。

④ 依法保障职工权益。个人独资企业招用职工的，应当依法与职工签订劳动合同，保障职工的劳动安全，按时、足额发放职工工资。

⑤ 应当按照国家规定参加社会保险，为职工缴纳社会保险费。

本章小节

本章阐述了个人独资企业的定义和特征、设立条件和程序、权利义务及事务管理等。重点掌握设立个人独资企业只能由一个自然人设立，企业的财产归投资人所有，投资人以个人财产对企业债务承担无限责任。个人独资企业作为我国普遍存在的企业类型其设立和经营较灵活，投资人可以自己管理企业，也可以委托或聘用其他具有民事行为能力的人负责企业的事务管理。国家依法保护个人独资企业的财产和其他合法权益。

引导案例分析

（1）甲将个人独资企业名称命名为宏远科技有限责任公司不合法。根据《个人独资企业法》的规定，个人独资企业的名称中不得使用“有限”“有限责任”或“公司”字样。

（2）乙以个人独资企业名义和丙签订的标的额为10万元的买卖合同有效。根据《个人独资企业法》的规定，投资人对受托人或被聘用的人员职权的限制，不得对抗善意第三人。尽管乙向丙购买货物的行为超越职权，但丙为善意第三人，因此，该行为有效。

（3）乙与个人独资企业订立设备供应合同不合法。根据《个人独资企业法》的规定，受托人或被聘用的人员，未经投资人同意，不得同本企业订立合同或进行交易。而本案中，乙与个人独资企业订立设备供应合同没有经过投资人甲的同意。

实训项目

实训目的：通过模拟设立一个个人独资企业的训练，掌握设立个人独资企业需要具备的条件及需要办理的手续，以及如何取得营业执照。

实训资料：小李是某厂下岗职工，想自己创业设立一个从事汽车维修的个人独资企业，但不知道设立这一企业形式需要准备哪些材料及办理什么手续。请同学们在学习《个人独资企业法》后，为他出谋划策，帮助他设立一个合法的个人独资企业。

提出问题：

（1）设立个人独资企业应具备哪些条件？

（2）投资人应向登记机关提交哪些申请文件？

本章测试

一、单项选择题

1．下列关于个人独资企业的表述中，正确的是（　　）。

A．个人独资企业的投资人可以是自然人、法人或其他组织

B．个人独资企业不具有法人资格，可以以自己的名义从事民事活动

C. 个人独资企业的投资人对企业债务承担有限责任

D. 个人独资企业的名称中可以使用“有限责任”字样

2. 下列各项中个人独资企业可以采用的名称是（　　）。

A. 红光有限公司　　B. 红光公司

C. 红光有限责任公司　　D. 红光商行

3. 下列有关个人独资企业投资人及其企业事务管理的表述中，符合个人独资企业法律制度规定的是（　　）。

A. 美国人可以成为个人独资企业的投资人

B. 某国家机关工作人员王某可以投资设立个人独资企业

C. 个人独资企业投资人应当自行管理事务

D. 投资人与被聘用人员之间有关权利限制的约定，不得对抗善意第三人

4. 根据《个人独资企业法》的规定，个人独资企业解散后，原投资人对企业存续期间的债务仍应承担偿还责任，但债权人在一定期限内未向债务人提出偿债要求的，债务人的偿还责任消灭，该期限是（　　）。

A. 1 年　　B. 2 年　　C. 3 年　　D. 5 年

5. 个人独资企业清算的，应按（　　）顺序清偿财产。

A. 所欠税款、所欠债务、所欠职工工资和社会保险费用

B. 所欠税款、所欠职工工资和社会保险费用、所欠债务

C. 所欠职工工资和社会保险费用、所欠债务、所欠税款

D. 所欠职工工资和社会保险费用、所欠税款、所欠债务

二、多项选择题

1. 根据《个人独资企业法》的规定，个人独资企业的投资人不能是（　　）。

A. 14 岁的中国公民　　B. 下岗职工

C. 国家公务员　　D. 商业银行工作人员

2. 根据《个人独资企业法》的规定，下列违反《个人独资企业法》规定的有（　　）。

A. 投资人为一自然人，可以是外国人　　B. 有企业章程

C. 有符合规定的法定最低注册资本　　D. 有合法的企业名称

3. 下列关于个人独资企业的表述中正确的有（　　）。

A. 个人独资企业依法申请贷款权

B. 个人独资企业享有财产所有权

C. 个人独资企业对被聘用人员的限制不得对抗善意第三人

D. 个人独资企业的投资人对个人独资企业债务承担无限责任

4. 根据个人独资企业法律制度的规定，下列各项中，可以作为个人独资企业出资的有（　　）。

A. 投资人的知识产权　　B. 投资人的劳务

C. 投资人的土地使用权　　D. 投资人家庭共有的房屋

5. 投资人委托或聘用的管理个人独资企业事务的人员不得有（　　）行为。

A. 利用职务上的便利侵占企业财产　　B. 泄露本企业的商业秘密

C. 擅自以企业财产提供担保　　D. 挪用企业资金借贷给他人

三、案例分析题

1. 2015 年 8 月，王某设立了一个个人独资企业 A。由于王某忙于其他事务，聘请周某管理企业事务，并和周某签订了聘用协议，授权周某可以决定 10 万元以下的合同，超过 10 万元的必

须经过王某同意。2016 年 6 月，周某未经王某同意，便以 A 企业的名义向丁购买了 12 万元的货物。丁不知王某对周某的授权限制，依约供货，但 A 企业未按期付款。2016 年 8 月王某决定解散 A 企业。企业经清算，A 企业的资产及债务情况如下。

① 欠职工工资和社会保险费用共 6 000 元，欠缴税款 3 000 元，欠丁 12 万元装饰材料款。

② A 企业的银行存款 3 万元，实物折价 6 万元。

③ 王某个人的其他财产 4 万元。

试分析：

（1）周某未经王某同意购买丁货物的行为是否有效？

（2）A 企业如何进行财产清偿？

2. 2015 年 8 月王某拟设立一个个人独资企业，取名为“美味食品有限公司”，并于当月向工商行政管理机关登记，登记机关要求其更改企业名称后予以登记。在经营过程中王某先后共聘用 20 名工作人员，但企业既未给职工订立劳动合同，也未给职工缴纳社会保险。王某认为自己开办的是私人企业，不需要为职工办理社会保险。后来该个人独资企业因经营不善导致负债 10 万元。王某决定于 2016 年 10 月自行解散企业。

试分析：

（1）工商行政管理机关为什么要求王某更改企业名称？

（2）该个人独资企业是否应为员工办理社会保险？

（3）王某是否有权自行解散该个人独资企业？请说明理由。

第4章 合伙企业法

知识目标

1. 了解普通合伙企业和有限合伙企业的异同。

2. 掌握合伙企业的设立、财产转让。

3. 掌握合伙企业的事务执行、入伙与退伙。

4. 掌握合伙企业债务清偿和合伙人债务清偿。

技能目标

1. 能运用本章所学的法律知识申办一个合伙企业。

2. 能处理合伙企业内部管理和外部关系涉及的法律问题。

引导案例

甲、乙、丙、丁4人共同投资设立A普通合伙企业。合伙协议的部分内容为：合伙企业的名称确定为A婚纱摄影中心（合伙）；由甲、乙执行合伙企业事务，丙、丁不得过问企业事务；利润和损失由甲、乙、丙、丁平均分配和分担。

在执行合伙企业事务过程中，为提高管理水平，甲自行决定聘请王某担任合伙企业经营管理人员。因合伙企业发展良好，乙打算让其朋友郑某入伙。在征得甲的同意后，乙即安排郑某参与合伙事务。

思考：

（1）合伙协议中关于合伙企业的名称是否符合法律规定？简要说明理由。

（2）合伙协议中关于合伙企业事务执行的约定是否符合法律规定？简要说明理由。

（3）甲聘请王某担任经营管理人员是否符合法律规定？简要说明理由。

（4）郑某是否已经成为A合伙企业的合伙人？简要说明理由。

4.1 合伙企业法概述

4.1.1 合伙企业的概念

合伙企业是指自然人、法人和其他组织依法在中国境内设立的普通合伙企业和有限合伙企业。普通合伙企业由普通合伙人组成，合伙人对企业债务承担无限连带责任；有限合伙企业由普通合伙人和有限合伙人组成，有限合伙人以其认缴的出资额为限对合伙企业债务承担责任。

4.1.2 合伙企业法的概念和适用范围

1. 合伙企业法的概念

合伙企业法是指调整合伙企业在设立、经营、变更、终止过程中形成的各种社会关系的法律规范的总称。

《中华人民共和国合伙企业法》(以下简称《合伙企业法》) 已由第八届全国人民代表大会常务委员会第二十四次会议于 1997 年 2 月 23 日通过，中华人民共和国第十届全国人民代表大会常务委员会第二十三次会议于 2006 年 8 月 27 日修订，自 2007 年 6 月 1 日起施行。

2. 合伙企业法的适用范围

① 自然人、法人和其他组织之间的合伙。但国有独资公司、国有企业、上市公司及公益性的事业单位、社会团体不得成为普通合伙人。

② 以专业知识和专门技能为客户提供有偿服务的专业服务机构。这些专业服务机构可以设立为特殊的普通合伙企业。

3. 合伙企业法的基本原则

① 协商一致、书面合伙原则。

② 自愿、平等、公平、诚实信用原则。

③ 合伙人分别纳税原则。

④ 合伙企业承担社会责任原则。

⑤ 合法财产及权益受法律保护原则。

4.2 普通合伙企业

4.2.1 普通合伙企业的定义及特点

1. 普通合伙企业的定义

普通合伙企业由普通合伙人组成，合伙人对企业债务承担无限连带责任。

2. 普通合伙企业的特点

① 由 2 个以上普通合伙人组成。人数上限不受限制。

② 合伙人对合伙企业债务依法承担无限连带责任，法律另有规定的除外。这里主要是针对特殊的普通合伙企业的合伙人。

4.2.2　普通合伙企业的设立

1. 普通合伙企业的设立条件

（1）有2个以上合伙人

合伙人可以是自然人，也可是法人或其他组织。合伙人为自然人，应当具有完全民事行为能力，无民事行为能力人和限制民事行为能力人不得成为普通合伙企业的合伙人；国有独资公司、国有企业、上市公司，以及公益性的事业单位、社会团体不得成为普通合伙人。

（2）有书面合伙协议

合伙协议必须由全体合伙人协商一致采用书面形式订立。合伙协议的修改、补充由全体合伙人协商一致同意。但合伙协议另有约定的除外。合伙协议经全体合伙人签名、盖章后生效。

合伙协议载明的事项：①合伙企业的名称和主要经营场所的地点；②合伙目的和合伙经营范围；③合伙人的姓名或名称、住所；④合伙人的出资方式、数额和缴付期限；⑤利润分配、亏损分担方式；⑥合伙事务的执行；⑦入伙与退伙；⑧争议解决办法；⑨合伙企业的解散与清算；⑩违约责任。

合伙协议未约定或约定不明确的事项，由合伙人协商决定。协商不成的，依照《合伙企业法》和其他有关法律、行政法规的规定处理。

（3）有合伙人认缴或实际缴付的出资

合伙人可以用货币、实物、知识产权、土地使用权或其他财产权利出资，也可用劳务出资。需要评估作价的，可以由全体合伙人协商确定，也可由全体合伙人委托法定评估机构评估。合伙人以劳务出资的，其评估办法由全体合伙人协商确定，并在合伙协议中载明。

合伙人应当按照合伙协议约定的出资方式、数额和缴付期限，履行出资义务。以非货币财产出资的，依照法律、行政法规的规定，需要办理财产权转移手续的，应当依法办理。

（4）有合伙企业名称和生产经营场所

合伙企业名称中的组织形式后应当标明“普通合伙”字样。特殊的普通合伙企业应当标明“特殊普通合伙”字样。

2. 普通合伙企业设立登记的程序

设立合伙企业应当由全体合伙人指定的代表或共同委托的代理人向企业登记机关申请设立登记。

申请设立合伙企业，应当向企业登记机关提交下列文件。

① 全体合伙人签署的设立登记申请书。

② 全体合伙人的身份证明。全体合伙人决定委托执行事务合伙人的，应当向企业登记机关提交全体合伙人的委托书。执行事务合伙人是法人或其他组织的，还应当提交其委派代表的委托书和身份证明。

③ 全体合伙人指定代表或共同委托代理人的委托书。

④ 合伙协议。

⑤ 全体合伙人对各合伙人认缴或实际缴付出资的确认书。

⑥ 主要经营场所证明。

⑦ 国务院工商行政管理部门规定提交的其他文件。

此外，法律、行政法规或国务院规定设立合伙企业须经批准的，还应当提交有关批准文件。合伙企业的经营范围中有属于法律、行政法规或国务院规定在登记前须经批准的项目的，应当向企业登记机关提交批准文件。

法律、行政法规规定设立特殊的普通合伙企业，须要提交合伙人的职业资格证明的，应当向企业登记机关提交有关证明。

申请人提交的登记申请材料齐全、符合法定形式，企业登记机关能够当场登记的，应予当场登记，发给合伙企业营业执照。不能当场登记的，企业登记机关应当自受理申请之日起 20 日内，作出是否登记的决定。予以登记的，发给合伙企业营业执照；不予登记的，应当给予书面答复，并说明理由。合伙企业营业执照的签发之日，为合伙企业的成立日期。

合伙企业设立分支机构，应当向分支机构所在地的企业登记机关申请设立登记，提交法律规定的申请登记材料。申请人提交的登记申请材料齐全、符合法定形式，企业登记机关能够当场登记的，应予当场登记，发给营业执照。分支机构的经营范围不得超出合伙企业的经营范围。合伙企业有合伙期限的，分支机构的登记事项还应当包括经营期限。分支机构的经营期限不得超过合伙企业的合伙期限。

4.2.3 合伙企业的财产

1. 合伙企业的财产构成

合伙企业的财产由合伙人的出资和以合伙企业名义取得的收益构成。

2. 合伙企业的财产性质

合伙企业的财产具有独立性和完整性。在企业清算前，不得请求分割合伙企业的财产，法律另有规定的除外。合伙人在合伙企业清算前私自转移或处分合伙企业财产的，合伙企业不得以此对抗善意第三人。

3. 合伙人财产份额的转让

① 合伙人之间转让在合伙企业中的财产份额时，应当通知其他合伙人。

② 除合伙协议另有约定外，合伙人向合伙人以外的人转让其在合伙企业中的全部或部分财产份额时，须经其他合伙人一致同意。合伙人向合伙人以外的人转让其财产份额的，在同等条件下，其他合伙人有优先购买权，但是合伙协议另有约定的除外。

拓展与提高

比较普通合伙企业、有限责任公司和股份有限公司投资者财产转让方式

转让方式 企业形式	内部转让	外部转让
普通合伙企业	对内转让——通知。合伙人之间转让在合伙企业中的财产份额时，应当“通知”其他合伙人	对外转让——约定外，一致同意。除合伙协议另有约定外，合伙人向合伙人以外的人转让其在合伙企业中的全部或部分财产份额时，须经其他合伙人“一致”同意
有限责任公司	有限责任公司的股东之间可以相互转让其全部或部分股权	股东向股东以外的人转让股权，应当经其他股东“过半数”同意
股份有限公司	自由转让	自由转让

③ 合伙人以其在合伙企业中的财产份额出资的，须经其他合伙人一致同意，未经其他合伙人一致同意的，其行为无效，由此给善意第三人造成损失的，由行为人依法承担赔偿责任。

案例分析4-1

张某、王某和李某于2014年1月成立了合伙企业，经营客户的货物运输服务，经营效益一直很好。2016年5月，张某的母亲突发疾病，须要住院治疗，于是张某想将自己在合伙企业中投资的8万元所形成的合伙份额转让，用来给母亲治病。张某的表兄谭某想受让其财产份额，张某表示乐意转让。于是在没有通知王某和李某的情况下，二人就完成了转让行为。在谭某要行使合伙企业中的权利时，王某和李某才得知张某已将自己的份额转让，二人非常生气，不承认转让的效力，并表示他们愿意出同样的价格受让张某在合伙企业中的财产份额。但是张某认为，自己是本人财产份额的权利人，他想转让给谁应由自己决定，王某和李某无权干涉。于是，王某和李某将张某告上法庭，请求认定张某的转让行为无效，并将张某的财产份额转让给他们。试分析，法院是否支持王某和李某二人的请求？为什么？

分析　法院应支持王某和李某二人的请求。根据《合伙企业法》的规定，除合伙协议另有约定的外，合伙人向合伙人以外的人转让其在合伙企业中的全部或部分财产份额时，须经其他合伙人一致同意。除合伙协议另有约定的外，合伙人向合伙人以外的人转让其在合伙企业中的财产份额的，在同等条件下，其他合伙人有优先购买权。本案例中，张某无权在未经过王某和李某同意的情况下将自己的财产份额对外转让。因为当张某将出资转入合伙企业时，其出资就变成了合伙企业的财产，不能随意处分，他向合伙人以外的谭某转让其在合伙企业中的财产份额时，应该征得王某和李某的同意，而且在同等条件下王某和李某有优先购买权。因此，法院应该支持王某和李某二人的请求，判决张某与谭某的转让行为无效，张某应将其财产转让给王某和李某。

4.2.4　合伙企业的事务执行

1. 合伙事务执行的形式

① 全体合伙人共同执行合伙事务。这是合伙事务执行的基本形式。根据《中华人民共和国合伙企业登记管理办法（2014年修订）》第九条的规定，合伙协议未约定或者全体合伙人未决定委托执行事务合伙人的，全体合伙人均为执行事务合伙人。

② 委托一个或数个合伙人执行合伙事务，其他合伙人不再执行合伙事务。

2. 合伙人执行合伙事务中的权利

① 合伙人在执行合伙事务中享有同等的权利。

② 执行合伙事务的合伙人对外代表合伙企业。

③ 不执行合伙事务的合伙人的监督权利。

④ 合伙人查阅合伙企业会计账簿等财务资料的权利。

⑤ 合伙人有提出异议的权利和撤销委托的权利。合伙人分别执行合伙事务的，执行事务合伙人可以对其他合伙人执行的事务提出异议。提出异议时，应当暂停该项事务的执行。受委托执行合伙事务的合伙人不按照合伙协议或全体合伙人的决定执行事务的，其他合伙人可以决定撤销该委托。

合伙企业对合伙人执行合伙事务，以及对外代表合伙企业权利的限制，不得对抗善意第三人。

3．合伙人执行合伙事务中的义务

① 合伙事务执行人向不参加执行事务的合伙人报告企业的经营状况和财务状况。

② 合伙人不得自营或同他人合作经营与本合伙企业相竞争的业务。

③ 除合伙协议另有约定或经全体合伙人一致同意外，合伙人不得同本合伙企业进行交易。

④ 合伙人不得从事损害本合伙企业利益的活动。

4．合伙事务执行的决议办法

① 由合伙协议对决议办法作出约定。

② 合伙协议未约定或约定不明的，实行合伙人一人一票并经全体合伙人过半数通过的表决办法。

③ 依照《合伙企业法》的规定作出决议。除协议另有约定的外，合伙企业的下列事项应当经全体合伙人一致同意：合伙协议的订立、修改及补充；合伙企业的合伙人的劳务出资；改变合伙企业名称；改变合伙企业的经营范围、主要经营场所的地点；处分合伙企业的不动产；转让或处分合伙企业的知识产权和其他财产权利；合伙人同本合伙企业进行交易以合伙企业名义为他人提供担保；聘任合伙人以外的人担任合伙企业的经营管理人员。被聘任的经营管理人员应当在合伙企业授权范围内履行职务，超越授权范围履行职务或在履行职务过程中因故意或重大过失给合伙企业造成损失的依法承担赔偿责任。

4.2.5 合伙企业的损益分配

合伙企业的损益分配原则如下。

① 合伙企业的利润分配、亏损分担，按合伙协议的约定办理；未约定或约定不明的，由合伙人协商决定；协商不成的，由合伙人按实缴出资比例分配、分担；无法确定出资比例的由合伙人平均分配、分担。

② 合伙协议不得约定将全部利润分配给部分合伙人或由部分合伙人承担全部亏损。

4.2.6 合伙企业和合伙人的债务清偿

1．合伙企业的债务清偿与合伙人的关系

① 合伙企业对其债务应先以其全部财产进行清偿。

② 合伙企业不能清偿到期债务的，合伙人承担无限连带责任。合伙人之间的分担比例对债权人没有约束力。债权人可以根据自己的清偿利益，请求全体合伙人中的一人或数人承担全部清偿责任，也可按照自己确定的清偿比例向各合伙人分别追偿。合伙人承担无限连带责任，清偿数额超过规定其亏损分担比例的，有权向其他合伙人追偿。

2．合伙人的债务清偿与合伙企业的关系

① 合伙人的自有财产不足清偿其与合伙企业无关的债务，该合伙人可以以其从合伙企业中分取的收益用于清偿。债权人也可依法请求人民法院强制执行该合伙人在合伙企业中的财产份额用于清偿。人民法院强制执行合伙人的财产份额时，应当通知全体合伙人，其他合伙人有优先购买权。

② 合伙人发生与合伙企业无关的债务，相关债权人不得以其债权抵销其对合伙企业的债务，也不得代位行使合伙人在合伙企业中的权利。

案例分析4-2

A 普通合伙企业的合伙人甲因个人炒股欠乙 15 万元，鉴于甲在合伙企业中有价值 15 万元的设备出资，因此债权人乙提出直接取得甲在合伙企业中财产份额或直接将该设备变卖后清偿甲的全部债务。试分析：（1）本案例中债权人乙的请求是否合法？为什么？（2）乙应如何主张自己的债权？

分析　（1）债权人乙的请求不合法。根据《合伙企业法》的规定，普通合伙人的债权人不能代位行使合伙人在合伙企业中的权利。本案例中，债权人乙提出直接取得甲在合伙企业中的财产份额而成为合伙人是不合法的，而直接将设备变卖（即甲财产份额的转让）又涉及其他人可能进入合伙企业，从而影响到合伙人的利益。因此法律没有赋予债权人直接变卖的权利，以此体现公平。

（2）债权人乙可向人民法院请求强制执行甲在合伙企业中的财产份额用于清偿。

4.2.7　入伙

1. 入伙的定义

入伙是指在合伙企业存续期间，合伙人之外的第三人加入合伙企业，从而取得合伙人资格。

2. 入伙的条件和程序

新合伙人入伙，除合伙协议另有约定外，应当经全体合伙人一致同意，并依法订立书面入伙协议。订立入伙协议时，原合伙人应当向新合伙人如实告知原合伙企业的经营状况和财务状况。

3. 新合伙人的权利和责任

入伙的新合伙人与原合伙人享有同等权利，承担同等责任，也可在入伙协议中另行约定。新合伙人对入伙前合伙企业的债务承担无限连带责任。

4.2.8　退伙

1. 自愿退伙

自愿退伙即合伙人基于自愿的意思表示而退伙，分为协议退伙和通知退伙 2 种。

（1）协议退伙

合伙协议约定合伙期限的，在合伙企业存续期间，有这些情形之一的，合伙人可以退伙：①合伙协议约定的退偿事由出现；②经全体合伙人一致同意；③发生合伙人难以继续参加合伙的事由；④其他合伙人严重违反合伙协议约定的义务。合伙人违反上述规定退伙的，应当赔偿由此给合伙企业造成的损失。

（2）通知退伙

合伙协议未约定合伙期限的，合伙人在不给合伙企业事务执行造成不利影响的情况下，可以退伙，但应当提前 30 日通知其他合伙人。

2. 法定退伙

法定退伙即合伙人因出现法律规定的事由而退伙，分为当然退伙和除名 2 类。

（1）当然退伙

合伙人有下列情形之一的，当然退伙。

① 作为合伙人的自然人死亡或被依法宣告死亡。

② 个人丧失偿债能力。

③ 作为合伙人的法人或其他组织被依法吊销营业执照、责令关闭、撤销或被宣告破产。

④ 法律规定或合伙协议约定合伙人必须具有相关资格而丧失该资格。

⑤ 合伙人在合伙企业中的全部财产份额被人民法院强制执行。

⑥ 合伙人被依法认定为无民事行为能力人或限制民事行为能力人。

合伙人被依法认定为无民事行为能力人或限制民事行为能力人的，经其他合伙人一致同意，可依法转为有限合伙人，普通合伙企业依法转为有限合伙企业。其他合伙人未能一致同意的，该无民事行为能力或限制民事行为能力的合伙人退伙。

当然退伙的，退伙事由实际发生之日为退伙生效日。

（2）除名

合伙人有下列情形之一的，经其他合伙人一致同意，可以决议将其除名。

① 未履行出资义务。

② 因故意或重大过失给合伙企业造成损失。

③ 执行合伙事务时有不正当行为。

④ 发生合伙协议约定的事由。

对合伙人的除名决议应当书面通知被除名人。被除名人接到除名通知之日，除名生效，被除名人退伙。对除名决议有异议的，可自接到除名通知之日起 30 日内，向人民法院起诉。

3．退伙的效果

退伙时退伙人在合伙企业中的财产份额和民事责任的归属变动，分为财产继承和退伙结算。

（1）财产继承

合伙人死亡或被依法宣告死亡，对该合伙人在合伙企业中的财产份额享有合法继承权的继承人，按合伙协议的约定或经全体合伙人一致同意，从继承开始之日起，取得该合伙企业的合伙人资格。

有下列情形之一的，合伙企业应当向合伙人的继承人退还被继承合伙人的财产份额。

① 继承人不愿意成为合伙人。

② 法律规定或合伙协议约定合伙人必须具有相关资格，而该继承人未取得该资格。

③ 合伙协议约定不能成为合伙人的其他情形。

（2）退伙结算

除合伙人死亡或被依法宣告死亡的情形，合伙人退伙，其他合伙人应当与该退伙人按退伙时的合伙企业的财产状况进行结算，退还退伙人的财产份额。退伙人对给合伙企业造成的损失负有赔偿责任的，相应扣减应当赔偿的数额。退伙人对基于其退伙前已发生的合伙企业债务承担无限连带责任。

案例分析4-3

2014 年 1 月，赵、钱、孙、李 4 人决定投资设立普通合伙企业，并签订了书面合伙协议。合伙协议中规定：赵以货币出资 10 万元，钱以实物折价出资 8 万元，经其他 3 人同意，孙以劳务折价出资 6 万元，李以货币出资 4 万元。4 人对利润分配和风险承担也作出了规定。2015 年 1 月，李提出退伙，其退伙并不给合伙企业造成不利影响，于是，李与其他合伙人进行结算后，撤资退伙。之后，合伙企业又接纳周入伙，周出资 4 万元。2016 年 4 月，合伙企业的债权人绿叶公司就合伙人李退伙前发生的债务 24 万元要求合伙企业的现合伙人赵、钱、孙、周和退伙人李共同承担连带清偿责任。李以自己已退伙为由，拒绝承担清偿责任。周以自己新入伙为由，拒绝对其入伙前的债务承担清偿责任。试分析：李、周的主张能否成立？为什么？

分析　李、周的主张都不成立。根据《合伙企业法》的规定，在普通合伙企业中，入伙的新合伙人对入伙前合伙企业的债务承担连带责任，退伙人对其退伙前已发生的合伙企业债务，与其他合伙人一起承担连带责任。本案例中，合伙企业欠绿叶公司24万元的债务是在李退伙前发生，同时也是在合伙人周入伙之前发生的，因此，李、周的主张都不能成立，二人应该对债权人绿叶公司的24万元债务与其他合伙人一起承担连带责任。

4.3　特殊的普通合伙企业

特殊的普通合伙企业是1991年在美国得克萨斯州首先创造的一种新型的普通合伙的形式，在西方现已普遍被接受。其意义在于，它规定各合伙人仍对合伙债务承担无限责任，但仅对本人负责的业务或过错所导致的合伙债务承担无限责任，对因其他合伙人过错造成的债务不负无限连带责任。

4.3.1　特殊的普通合伙企业的概念

特殊的普通合伙企业是指合伙人依照《合伙企业法》特殊的规定承担责任的普通合伙企业，如律师事务所、会计师事务所、医师事务所和设计师事务所等。《合伙企业法》第五十五条规定："以专业知识和专门技能为客户提供有偿服务的专业服务机构，可以设立为特殊的普通合伙企业。"特殊的普通合伙企业名称中应当标明"特殊普通合伙"字样。

4.3.2　特殊的普通合伙企业的适用

特殊的普通合伙是在普通合伙基础上的一种制度创新，适用范围是：以专业知识和专门技能（如法律知识与技能、医学和医疗知识与技能、会计知识与技能等）为客户提供有偿服务的机构设立的合伙企业。

4.3.3　特殊的普通合伙企业的责任承担

1. 少数合伙人承担无限责任或无限连带责任

一个合伙人或数个合伙人在执业活动中因故意或重大过失造成合伙企业债务的，应当承担无限责任或无限连带责任，其他合伙人以其在合伙企业中的财产份额为限承担责任。

2. 全体合伙人承担无限连带责任

合伙人在执业活动中非因故意或重大过失造成的合伙企业债务及合伙企业的其他债务，由全体合伙人承担无限连带责任。

3. 责任追偿

合伙人在执业活动中因故意或重大过失造成的合伙企业债务，以合伙企业财产对外承担责任后，该合伙人应当按合伙协议的约定对给合伙企业造成的损失承担赔偿责任。

4.3.4 特殊的普通合伙企业的执业风险防范

执业风险防范措施包括建立执业风险基金；办理职业保险。

执业风险基金用于偿付合伙人执业活动造成的债务，应当单独立户管理。具体管理办法由国务院规定。

4.4 有限合伙企业

4.4.1 有限合伙企业的定义和特点

1. 有限合伙企业的定义

有限合伙企业是指由 50 个以下的普通合伙人和有限合伙人共同设立的合伙企业。有限合伙企业中合伙人应当至少有一个普通合伙人和至少有一个有限合伙人，否则就不能成为有限合伙企业。

2. 有限合伙企业的特点

① 由普通合伙人和有限合伙人组成。

② 有限合伙人以其认缴的出资额为限对合伙企业债务承担责任，普通合伙人对合伙企业债务依法承担无限连带责任。

4.4.2 有限合伙企业的设立

有限合伙企业的设立，在设立条件、合伙协议、出资方式、登记程序上等基本上同普通合伙企业，但也有其不同的地方，具体如下。

1. 人数要求

有限合伙企业的人数为 2 人以上 50 人以下，但法律另有规定的除外。

2. 名称要求

企业名称中应当标明“有限合伙”字样。

3. 协议要求

有限合伙企业的合伙协议除符合普通合伙企业协议的规定外，还需要载明以下特殊事项。

① 执行事务合伙人应具备的条件和选择程序。

② 执行事务合伙人的权限与违约处理办法。

③ 执行事务合伙人的除名条件和更换程序。

④ 有限合伙人入伙、退伙的条件、程序及相关责任。

⑤ 有限合伙人和普通合伙人相互转变程序。

4. 出资要求

有限合伙人除了不得以劳务出资外，其余与普通合伙人的出资方式相同。

5. 登记事项

有限合伙企业登记事项中应当载明有限合伙人的姓名或名称及认缴的出资数额。

4.4.3 有限合伙企业的事务执行

有限合伙企业的事务由普通合伙人执行。有限合伙人不参与合伙企业的事务执行，也不得对外代表有限合伙企业。第三人有理由相信有限合伙人为普通合伙人并与其交易的，该有限合伙人对该笔交易承担与普通合伙人同样的责任。

4.4.4 有限合伙人的特殊权利

1. 承担有限责任

以其出资额为限对合伙企业承担责任。

2. 可以同合伙企业进行交易

除非合伙协议另有约定，有限合伙人可以同合伙企业进行交易。

3. 竞业的非限制性

除非合伙协议另有约定，有限合伙人可以自营或同他人合作经营与本合伙企业相竞争的业务。

4. 出资财产出质的非禁止性

除非合伙协议另有约定，有限合伙人可以将其在合伙企业中的财产份额出质。

5. 财产转让的自由性

有限合伙人可以按照合伙协议的约定向合伙人以外的人转让其在合伙企业中的财产份额，只需提前30日通知其他合伙人即可。

6. 丧失民事行为后的保留权

作为有限合伙人的自然人在合伙企业存续期间丧失民事行为能力的，其他合伙人不得因此要求其退伙。

4.4.5 入伙与退伙

1. 有限合伙人的入伙

新入伙的有限合伙人对入伙前有限合伙企业的债务，以其认缴的出资额为限承担责任。

2. 有限合伙人的退伙

有限合伙人出现下列情形时当然退伙。

① 作为合伙人的自然人死亡或被依法宣告死亡。

② 作为合伙人的法人或其他组织依法被吊销营业执照、责令关闭、撤销，或者被宣告破产。

③ 法律规定或合伙协议约定合伙人必须具有相关资格而丧失该资格。

④ 合伙人在合伙企业中的全部财产份额被人民法院强制执行。

有限合伙人丧失民事行为能力，其他合伙人不得因此要求其退伙。

3. 有限合伙人退伙后的效果

退伙时，退伙人在合伙企业中的财产份额和民事责任的归属变动，分为财产继承和退伙结算。

（1）财产继承

作为有限合伙人的自然人死亡、被依法宣告死亡或作为有限合伙人的法人及其他组织终止时，其继承人或权利承受人可以依法取得该有限合伙人在有限合伙企业中的资格。

（2）退伙结算

① 有限合伙人退伙，其他合伙人应当与该退伙人按照退伙时的合伙企业的财产状况进行结算，退还退伙人的财产份额。退伙人对给合伙企业造成的损失负有赔偿责任的，相应扣减其应当赔偿的数额。退伙时有未了结的合伙企业事务的，待该事务了结后进行结算。

② 退伙人在合伙企业中财产份额的退还办法，由合伙协议约定或由全体合伙人决定，可以退还货币，也可以退还实物。

③ 对基于其退伙前的原因发生的有限合伙企业债务，以其退伙时从有限合伙企业取回的财产承担责任。有限合伙人退伙时，合伙企业财产少于合伙企业债务的，退伙人以其在合伙企业的财产份额承担责任。

4.4.6　有限合伙人债务的清偿

有限合伙人自有财产不足清偿其与合伙企业无关的债务的，该合伙人可以以其从有限合伙企业中分取的收益用于清偿；债权人也可依法请求人民法院强制执行该有限合伙人在有限合伙企业中的财产份额用于清偿。

人民法院强制执行有限合伙人的财产份额时，应当通知全体合伙人，在同等条件下其他合伙人有优先购买权。

4.4.7　有限合伙与普通合伙的转换

1. 变更的情形

当有限合伙企业仅剩普通合伙人时，有限合伙企业转为普通合伙企业，并应当进行相应的变更登记。当有限合伙企业仅剩有限合伙人时，该企业不再是合伙企业，故应解散。

2. 有限合伙企业存续期间合伙人相互转换的情形

经全体合伙人一致同意，普通合伙人可以转变为有限合伙人，有限合伙人可以转变为普通合伙人。

3. 有限合伙企业存续期间合伙人相互转换后的责任承担

① 有限合伙人转变为普通合伙人的，对其作为有限合伙人期间合伙企业发生的债务承担无限连带责任。

② 普通合伙人转变为有限合伙人的，对其作为普通合伙人期间合伙企业发生的债务承担无限连带责任。

4.5　合伙企业的解散与清算

4.5.1　合伙企业的解散

合伙企业有下列情形之一时，应当解散。

① 合伙期限届满，合伙人决定不再经营。

② 合伙协议约定的解散事由出现。

③ 合伙人决定解散。

④ 合伙人已不具备法定人数满 30 日的。

⑤ 合伙协议约定的合伙目的已实现或无法实现。

⑥ 依法被吊销执照、责令关闭或被撤销。

⑦ 法律、行政法规规定的其他原因。

4.5.2　合伙企业的普通清算

合伙企业解散后应当进行清算，并通知和公告债权人。

1. 确定清算人

清算人由全体合伙人担任；经全体合伙人过半数同意，可以自合伙企业解散事由出现后 15 日内指定一个或数个合伙人，或者委托第三人担任清算人。自合伙企业解散事由出现之日起 15 日内未确定清算人的，合伙人或其他利害关系人可申请人民法院指定清算人。

2. 清算人的职责

① 清理合伙企业财产。

② 处理与清算有关的合伙企业未了结事务。

③ 清缴所欠税款。

④ 清理债权、债务。

⑤ 处理合伙企业清偿债务后的剩余资产。

⑥ 代表合伙企业参加诉讼或仲裁活动。

3. 通知和公告债权人

清算人自被确定之日起 10 日内通知债权人，并于 60 日内在报纸上公告。债权人应当自收到通知书之日起 30 日内，未收到通知的自公告之日起 45 日内，向清算人申报债权。

4. 财产的清偿顺序

1）支付清算费用。

2）支付职工工资和社会保险费用、法定补偿金。其中，法定补偿金主要是指法律、行政法规和规章所规定的应当支付给职工的补偿金，如《劳动法》规定的解除劳动合同的补偿金。

3）缴纳所欠税款。

4）清偿债务。

5）分配财产。清偿债务后的剩余财产，按利润分配和亏损分担规定进行分配。

5. 办理合伙企业注销登记

清算结束，清算人应当编制清算报告，经全体合伙人签名、盖章后，在 15 日内向企业登记机关报送清算报告，申请办理合伙企业注销登记。

6. 合伙企业注销后的债务处理

合伙企业注销后，原普通合伙人对合伙企业存续期间的债务仍应承担无限连带责任。

4.5.3　合伙企业的破产清算

① 合伙企业不能清偿到期债务的，债权人可以依法向人民法院提出破产清算申请，也可以要

求普通合伙人清偿。

② 合伙企业依法被宣告破产的，普通合伙人对合伙企业债务仍应承担无限连带责任。

案例分析4-4

甲、乙、丙、丁成立一个普通合伙企业，1年后甲转为有限合伙人。此前，合伙企业欠银行债务30万元，该债务直至合伙企业因严重资不抵债被宣告破产仍未偿还。合伙企业欠银行30万元的债务该如何偿还？

分析 根据《合伙企业法》的规定，合伙企业依法被宣告破产的，普通合伙人对合伙企业债务仍应承担无限连带责任。普通合伙人转变为有限合伙人的，对其作为普通合伙人期间合伙企业发生的债务承担无限连带责任。本案例中，乙、丙、丁均为普通合伙人，故对合伙企业所欠30万元的债务承担无限连带责任。因合伙企业欠银行30万元的债务是在合伙人甲转为有限合伙人之前发生的，故甲应对该笔债务承担无限连带责任。综上所述，各合伙人均应对该笔债务承担无限连带责任。银行可以要求甲、乙、丙、丁中的一人或数人承担全部的清偿责任，也可以按一定的比例要求全体合伙人承担清偿责任。

本章小节

本章首先阐述了合伙企业的概念、合伙企业法的概念及适用范围，接着阐述普通合伙企业（含特殊的普通合伙企业）、有限合伙企业及合伙企业的解散与清算。其中重点介绍了普通合伙企业和有限合伙企业。有限合伙企业的优势在于它将公司的有限责任与合伙制度的优势（即设立简便、经营灵活、运作成本低、免予缴纳企业层次的所得税等）有机结合起来，因而被社会广泛接受。特殊的普通合伙企业是专业服务组织的最佳选择。今后我国的律师、会计师、医师等专业服务机构将会越来越多地采用这种合伙企业形式。

引导案例分析

（1）A合伙企业的名称不符合法律规定。根据《合伙企业法》的规定，普通合伙企业名称中应当标明“普通合伙”字样。

（2）合伙协议关于合伙企业事务执行的约定符合法律规定。根据《合伙企业法》的规定，合伙企业可以委托一名或数名合伙人执行合伙企业事务。未接受委托执行合伙企业事务的其他合伙人不再执行合伙企业的事务。但注意，合伙企业处分不动产、改变企业名称等事项必须经全体合伙人一致同意。

（3）甲聘请王某担任企业经营管理人员不符合法律规定。根据《合伙企业法》的规定，聘任合伙人以外的人担任合伙企业的经营管理人员必须经全体合伙人一致同意。

（4）郑某没有成为A合伙企业的合伙人。根据《合伙企业法》的规定，新合伙人入伙时，应当经全体合伙人一致同意，并依法订立书面入伙协议。本案例中，乙吸收郑某入伙时，只征得甲的同意，没有征得丙、丁的同意，因此郑某未成为企业的合伙人。

实训项目

实训目的：通过模拟设立一个普通合伙企业，掌握设立普通合伙企业的设立应具备的条件及程序，需要哪些文件资料等。

实训资料：小张、小王、小陈和小江是多年的同窗好友。2007 年 6 月 1 日《合伙企业法》施行后，他们打算合伙设立一个从事毛巾织造的普通合伙企业，但不知道设立这一企业形式需要办理哪些手续。

提出问题：

（1）请帮助他们模拟一份合伙协议。

（2）提出设立普通合伙企业的程序及应注意的问题。

（2）说明申请人向企业登记机关提交的各种文件。

本章测试

一、单项选择题

1. 下列有关普通合伙企业和合伙人进行债务清偿的表述，不符合《合伙企业法》规定的是（　　）。

A. 合伙企业应先以其全部财产清偿企业债务

B. 合伙企业不能清偿到期债务的，合伙人对企业债务承担无限连带责任

C. 合伙人的自有财产不足清偿个人债务的，债权人可自行接管该合伙人在合伙企业中的财产份额用于清偿

D. 合伙人之间约定的亏损分担比例对债权人没有约束力

2. 根据《合伙企业法》的规定，下列各项中，不符合普通合伙企业合伙人当然退伙情形的是（　　）。

A. 合伙人丧失偿债能力

B. 合伙人被宣告破产

C. 合伙人在合伙企业中的全部财产份额被人民法院强制执行

D. 合伙人未履行出资义务

3. 根据《合伙企业法》的规定，普通合伙企业的下列事务中，在合伙协议没有约定的情况下，不必经全体合伙人一致同意即可执行的是（　　）。

A. 改变合伙企业主要经营场所的地点

B. 合伙人之间转让在合伙企业中的部分财产份额

C. 改变合伙企业的名称

D. 转让合伙企业的商标权

4. 甲、乙、丙、丁拟共同投资设立一个有限合伙企业，甲、乙为普通合伙人，丙、丁为有限合伙人。各合伙人经协商后草拟了一份合伙协议。该合伙协议的下列约定，符合《合伙企业法》规定的是（　　）。

A. 甲以房屋作价 15 万元出资，乙以专利技术作价 12 万元出资，丙以劳务作价 10 万元出资，丁以现金 20 万元出资

B. 经其余 3 个合伙人同意，甲、乙可以向合伙人以外的第三人转让其在合伙企业中的全部或部分财产份额

C. 合伙事务由甲、丁共同执行，乙、丙不参与合伙事务的执行

D. 合伙企业存续期间，合伙企业的全部亏损由甲、乙按照出资比例分担

5. 注册会计师甲、乙、丙共同出资设立一个特殊的普通合伙制的会计师事务所。甲、乙在某次审计业务中，因故意出具不实审计报告被人民法院判决由会计师事务所赔偿当事人 80 万元。根据《合伙企业法》的规定，下列有关该赔偿责任承担的表述正确的是（　　）。

A. 甲、乙、丙均承担无限连带责任

B. 以该会计师事务所的全部财产为限承担责任

C. 甲、乙、丙均以其在会计师事务所中的财产份额为限承担责任

D. 甲、乙应当承担无限连带责任，丙以其在会计师事务所中的财产份额为限承担责任

二、多项选择题

1. 甲、乙、丙成立一个普通合伙企业，其合伙协议中约定：“合伙企业的事务执行由甲全权负责，乙、丙不得过问也不承担企业亏损的民事责任。”关于该约定的说法，下列表述正确的有（　　）。

A. 该约定部分有效，应由甲一人承担全部民事责任

B. 该约定部分有效，乙、丙不再执行合伙事务

C. 该约定部分无效，乙、丙有权监督甲执行合伙事务的情况

D. 该约定部分无效，应由甲、乙、丙共同承担民事责任

2. 甲、乙、丙设立一个普通合伙企业，约定损益的分配和分担比例为 4 ∶ 3 ∶ 3。该企业欠丁 5 万元，无力清偿。债权人丁的下列做法正确的有（　　）。

A. 要求甲、乙、丙分别清偿 2 万元、1.5 万元、1.5 万元

B. 要求甲、乙、丙分别清偿 2 万元、2 万元、1 万元

C. 要求甲、乙分别清偿 2 万元、3 万元

D. 要求甲清偿 5 万元

3.（　　）不得成为有限合伙企业的普通合伙人。

A. 国有独资公司　　B. 国有企业

C. 上市公司　　D. 公益性的事业单位、社会团体

4. 甲、乙、丙、丁欲设立一个有限合伙企业，合伙协议中约定了如下内容，其中哪些符合法律规定？（　　）

A. 甲仅以出资额为限对企业债务承担责任，同时被推举为合伙事务执行人。

B. 丙以其劳务出资，为普通合伙人，其出资份额经各合伙人商定为 5 万元。

C. 合伙企业的利润由甲、乙、丁 3 人分配，丙仅按营业额提取一定比例的劳务报酬。

D. 经全体合伙人同意，有限合伙人可以全部转为普通合伙人，普通合伙人也可以全部转为有限合伙人。

5. 在有限合伙企业中，如果合伙协议未作出特别约定，有限合伙人的下列哪些行为是合法的？（　　）

A. 有限合伙人与本有限合伙企业进行交易。

B. 有限合伙人自营与本有限合伙企业相竞争的业务。

C. 有限合伙人将其在有限合伙企业中的财产份额出质。

D. 有限合伙人未经授权以有限合伙企业名义与他人进行交易。

三、案例分析题

1. 2016 年 3 月，甲、乙、丙、丁按照《合伙企业法》的规定，共同投资设立一个从事商品流通的有限合伙企业。合伙协议约定了这些部分事项：①丁为普通合伙人，甲、乙、丙均为有限合伙人；②甲以现金 5 万元出资，乙以房屋作价 8 万元出资，丙以劳务作价 4 万元出资，另外以商标权作价 5 万元出资，丁以现金 10 万元出资；③合伙企业的事务由丙和丁执行，甲和乙不执行合伙企业事务，也不对外代表合伙企业；④合伙企业名称为“成信物流合伙企业”。

试分析：

（1）合伙人丙以劳务作价出资的做法是否符合规定？

（2）合伙企业事务执行方式是否符合规定？

（3）合伙企业名称是否符合规定？

2. 2015年6月，甲、乙、丙共同设立有限合伙企业，并签订了合伙协议。协议中约定：甲以房屋作价人民币8万元出资，乙以技术作价人民币4万元出资，丙以现金人民币5万元出资并为有限合伙人；各合伙人按相同比例分配盈利、分担亏损。合伙企业成立后，为扩大经营，于2015年7月向银行贷款人民币5万元，期限为1年。后因经营环境变化，企业严重亏损。2016年5月，甲、乙、丙决定解散合伙企业，并将合伙企业现有财产价值人民币3万元予以分配，但对未到期的银行贷款未予清偿。2016年8月，银行贷款到期后，银行找合伙企业清偿债务，发现该企业已经解散，遂向甲、乙二人要求偿还全部贷款，甲称只承担合伙协议约定比例的债务，乙称无钱偿还。银行向丙要求偿还全部贷款，丙则表示根据合伙协议，不承担偿还银行贷款义务。

试分析：本案中合伙企业所欠银行的贷款应该如何偿还？

第5章 外商投资企业法

知识目标

1. 了解有关外商投资企业的立法概况。

2. 掌握中外合资经营企业、中外合作经营企业及外资企业的概念、特征、设立条件与程序、组织形式、出资方式、组织机构等内容。

技能目标

1. 通过掌握外商投资企业的投资方式、条件和审批程序分析具体案例。

2. 能够运用所学知识为外国投资者提供一定的法律咨询。

引导案例

一家中国公司与一家美国公司拟在中国设立一个合资经营企业，经协商，双方达成的协议为：合营企业注册资本600万美元，其中中方投资480万美元(含场地使用权作价100万美元，机器设备作价100万美元，现金280万美元)，美方投资120万美元(含专利权作价25万美元，以合营企业名义租赁的机器设备作价15万美元，现金80万美元)。合营企业为了鼓励外商投资，约定在分配方式上允许美方投资者先行回收投资，但合营期满后全部固定资产归中方投资者，外方的投资者投资收回后，合营各方按投资比例分享利润、分担风险及亏损。合营企业以股东大会为最高权力机构，以总经理为企业的法定代表人。该合同中，双方同意选择适用外国法律。

思考：

上述中外合资经营企业合同有什么法律问题？说明理由。

5.1　中外合资经营企业法

中外合资经营企业以下简称“合营企业”。

5.1.1　合营企业的定义和特征

1. 合营企业的定义

合营企业是指中国合营者与外国合营者依照中国法律的规定，在中国境内共同投资、共同经营，并按投资比例分享利润、分担风险及亏损的企业。

2. 合营企业的特征

① 中外合资经营企业的组织形式为有限责任公司，具有法人资格，作为股东的中外合营各方以投资额为限对企业债务承担有限责任。董事会为合营企业最高权力机构。

② 在中外合资经营企业的注册资本中，外方合营者的出资比例一般不得低于 25% 。

③ 中外各方依照出资比例分享利润，分担亏损。

④ 合营企业是经中国政府批准设立的中国法人，必须遵守中国的法律和行政法规，并受中国的法律和行政法规的保护。

5.1.2　合营企业的设立

1. 设立合营企业的条件

在中国境内设立合营企业，应当能够促进中国经济的发展和科学技术水平的提高，有利于社会主义现代化建设，国家鼓励、允许、限制或禁止设立合营企业的行业，按照国家指导外商投资方向的规定及外商投资产业指导目录执行。

申请设立的合营企业有这些情况之一的，不予批准：①有损中国主权；②违反中国法律；③不符合中国国民经济发展要求；④造成环境污染；⑤签订的协议、合同、章程显属不公平，损害合营一方权益。

2. 设立合营企业的审批

（1）设立合营企业的审批机关

在中国境内设立合营企业，必须经国务院对外经济贸易主管部门审查批准，发给批准证书。但具备以下 2 个条件的，国务院授权自治区、直辖市人民政府或国务院有关部门审批。

① 投资总额在国务院规定的投资审批权限以内，中国合营者的资金来源已落实。

② 不需要国家增拨原材料，不影响燃料、动力、交通运输、外贸出口配额等全额平衡。

后一类审批机关批准设立的合营企业，应报国务院对外经济贸易主管部门备案。

（2）设立合营企业的审批期限

审批机关自接到报送的全部文件之日起 90 日内决定批准或不批准。

3．设立合营企业的登记

合营企业办理开业登记，应当在收到审批机关发给的批准证书 30 日后，向登记主管机关办理登记手续。合营企业营业执照签发日期即为该合营企业的成立日期。

5.1.3 合营企业的组织形式和注册资本

1．合营企业的组织形式

合营企业的组织形式为有限责任公司。合营各方对合营企业的责任以各自认缴的出资额或提供的合营条件为限，合营企业以其全部资产对其债务承担责任。

2．合营企业的注册资本与投资总额

合营企业的注册资本是指为设立合营企业在登记管理机构登记的资本总额，应为合营各方认缴的出资额之和。合营企业的注册资本在该企业合营期内不得减少，但可以增加。增加注册资本应由合营企业董事会会议通过，并报原审批机关批准，向原登记管理机构办理变更登记手续。

在合营企业的注册资本中，外国合营者的投资比例一般不低于 25%，对外国合营者投资比例的上限未作规定。经合营他方同意和审批机关批准，合营一方可以向第三者转让其全部或部分出资额，合营一方转让其全部或部分出资额时，合营他方有优先购买权。

拓展与提高

合营企业注册资本与投资总额的关系

合营企业投资总额是按照投资企业合同、章程规定的生产规模需要投入的基本建设基金与生产流动资金的总和。注册资本与企业借款必须保持法定比例：

① 投资总额在 300 万美元以下的，注册资本占投资总额的比例至少应达到 7∶10。

② 投资总额为 300 万～1 000 万美元（含 1 000 万美元）的，注册资本占投资总额的比例至少应达到 1∶2；投资总额为 300 万～420 万美元的，注册资本不低于 210 万美元。

③ 投资总额为 1 000 万～3 000 万美元（含 3 000 万美元）的，注册资本占投资总额的比例至少应达到 2∶5；投资总额为 1 000 万～1 250 万美元的，注册资本不低于 500 万美元。

④ 投资总额在 3 000 万美元以上的，注册资本占投资总额的比例至少应达到 1∶3；投资总额为 3 000 万～6 000 万美元的，注册资本不低于 1 200 万美元。

5.1.4 合营各方的出资方式与出资期限

1．合营各方的出资方式

合营各方可采用的出资方式：用货币出资，即用现金出资（以外币缴付）；用实物出资，即用建筑物、厂房、机器设备或其他物料作价出资；用工业产权、专有技术、场地使用权等作价出资。

外国合营者以货币出资时，只能以外币缴付出资，不能以人民币缴付出资。

作为外国合营者出资的机器设备或其他物料，应当是合营企业生产所必需的，且作价不得高于同类机器设备或其他物料当时的国际市场价格。

作为外国合营者出资的工业产权或专有技术，必须符合这些条件之一：①能显著改进现有产品的性能、质量，提高生产效率；②能显著节约原材料、燃料、动力。

合营各方用作投资的建筑物、厂房、机器设备或者其他物料、工业产权、专有技术等，必须

为自己所有、且未设立任何担保物权，并应当出具其拥有所有权和处置权的有效证明。任何一方都不得用以企业名义取得的贷款、租赁的设备或其他财产，以及用自己以外的他人财产作为自己的实物出资，也不得以企业或投资他方的财产和权益为其出资担保。

外国合营者以机器设备或其他物料、工业产权或专有技术作为出资的，应报审批机关批准。中国合营者可以以场地使用权出资。如果场地使用权未作为中国合营者出资的一部分，合营企业应向中国政府缴纳场地使用费。

2. 合营各方的出资期限

合营合同中规定一次缴清出资的，合营各方应在营业执照签发之日起 6 个月内缴清；合营合同中规定分期缴付出资的，合营各方第一期出资，不得低于各自认缴出资额的 15% ，并应在营业执照签发之日起 3 个月内缴清。合营各方未能如期缴付出资的，视同合营企业自动解散，合营企业批准证书自动失效。

通过收购国内企业资产或股权设立合营企业的外国投资者，应自合营企业营业执照颁发之日起 3 个月内支付全部购买金。对特殊情况需要延长者，经审批机关批准后，应自合营企业营业执照颁发之日起 6 个月内支付购买总金额的 60% 以上，1 年内付清全部购买金额，并按实际缴付的出资比例分配收益。

对合营企业中控股的投资者，在其实际缴付的出资未达到其认缴的全部出资额之前，不能取得企业决策权，不得将其在企业中的权益、资产以合并报表的方式纳入该投资者的财务报表。

合营各方缴付出资额后，应当由中国的注册会计师验证，出具验资报告后，由合营企业据以发给出资证明书。

案例分析5-1

某合营企业的注册资本为 500 万美元，其中外国合营者认缴的出资额为 300 万美元，中国合营者认缴的出资额为 200 万美元。如果合营企业合同约定分三期缴付出资，则外国合营者第一期缴付的出资额应不低于（　　）万美元。

A．45　　B．60　　C．75　　D．100

分析　应选 A。合营企业合同中规定分期缴付出资的，合营各方第一期出资，不得低于各自认缴出资额的 15%，并应在营业执照签发之日起 3 个月内缴清。

3. 合营各方的出资转让

合营一方向第三者转让其全部或部分出资时，必须经过合营他方同意，报审批机关批准，向登记管理机构办理变更登记手续。合营一方转让出资时，合营他方有优先购买权。合营一方向第三者转让出资的条件，不得比向合营他方转让的条件优惠，否则，其转让行为无效。

5.1.5 合营企业的组织机构

1. 合营企业的权力机构

合营企业的董事会是合营企业的最高权力机构。董事会的职权是按照合营企业章程的规定，讨论决定合营企业的一切重大问题。

董事会的人数不得少于 3 人。中外合营者的一方担任董事长的，由他方担任副董事长。董事任期 4 年，可以连任。董事会会议每年至少召开一次。经 1/3 以上的董事提议，可召开董事会临时会议。董事会会议应有 2/3 以上董事出席方能举行。

下列事项由出席董事会会议的董事一致通过方可作出决定：合营企业章程的修改；合营企业的中止、解散；合营企业注册资本的增加、转让；合营企业与其他经济组织的合并。

2. 合营企业的经营管理机构

合营企业的经营管理机构负责企业的日常经营管理工作。经营管理机构设总经理1人，副总经理和其他高级管理人员若干人。总经理执行董事会的各项决议，组织领导合营企业的日常经营管理工作。在董事会授权的范围内，总经理对外代表合营企业，对内任免下属人员，行使董事会授予的其他职权。

5.1.6 合营企业的经营管理工作

1. 合营企业的计划

合营企业的基本建设计划应根据批准的可行性研究报告编制，企业主管部门应优先予以安排和保证实施。合营企业的生产经营计划，由董事会批准执行，报企业主管部门备案。

2. 合营企业的物资购买

合营企业所需的机器、设备、原材料、燃料、配套件、运输工具和办公用品等，有权自行决定在中国购买或从国外购买。

3. 合营企业的产品销售

国家鼓励合营企业向国际市场销售产品。合营企业有权自行出口其产品，也可以委托外国合营者的销售机构或中国的外贸公司代销或经销。

4. 合营企业的财务与会计制度

合营企业的财务与会计制度应根据中国有关法律和财务会计制度的规定，结合合营企业的情况加以制定，并报当地财政部门、税务机关备案。

合营企业原则上采用人民币为记账本位币，经合营各方商定，也可采用某一种外国货币为记账本位币，除编制外币的会计报表外，还应该另行编制折算成人民币的会计报表。

合营企业中合营各方的出资证明书、合营企业的年度会计报表和合营清算的会计报表，应经中国注册会计师验收和出具证明，方为有效。

5.1.7 合营企业的合营期限与解散

1. 合营企业的合营期限

合营企业的合营期限，根据不同行业和项目的具体情况，由合营各方协商确定。

应当约定合营企业经营期限的行业有：服务性行业；从事土地开发及经营房地产的行业；从事资源勘察开发的行业；国家规定限制投资项目的行业。

合营企业的合营期限，一般项目原则上为10~30年；投资大，建设周期长，资金利润率低的项目或外国合营者提供先进技术生产尖端产品的项目，或者在国际上有竞争力的产品的项目，合营期限可以延长到50年；经国务院特别批准的，可以在50年以上。

约定合营期限的合营企业，合营各方同意延长合营期限的，应在距合营期满前6个月向审批机关提出申请。审批机关应自接到申请之日起1个月内决定批准或不批准。

对于属于国家规定鼓励投资和允许投资的合营企业，除上述企业外，合营各方可以约定合营期限，也可以不约定合营期限。

2. 合营企业的解散

已经开业的合营企业，具有这些情况之一时解散：①合营期限届满；②企业发生严重亏损，无力继续经营；③合营企业因自然灾害、战争等不可抗力遭受严重损失，无法继续经营；④合营一方不履行合营企业协议、合同、章程规定的义务，致使企业无法继续经营；⑤合营企业未达到其经营目的，同时又无发展前途；⑥合营企业合同、章程所规定的其他解散原因出现。

在发生上述情况时，应由董事会提出解散申请书，报审批机关批准。

5.2 中外合作经营企业法

中外合作经营企业以下简称“合作企业”。

5.2.1 合作企业的定义与特征

1. 合作企业的定义

合作企业是指中国的企业或其他经济组织与外国企业、其他经济组织和个人依照中国法律的规定，在中国境内共同举办的，按合作企业合同的约定分配收益或产品、分担风险和亏损的企业。

2. 合作企业的特征

① 合作企业属于契约式的合营企业。中外合作者的投资或提供的合作条件，并不折算成股份，因此就不存在按持有股份的比例分配收益或产品，分担风险和亏损的问题。中外合作者按照什么比例进行收益或产品的分配，分担风险和亏损，由合作各方在合作合同中约定。这同合营企业的股权式的经营方式明显不同。

② 中外合作者可以共同举办具有中国法人资格的合作企业，也可以共同举办不具有中国法人资格的合作企业，而依法在中国境内设立的合营企业都是中国法人。

③ 合作企业同合营企业相比，在组织结构的设置等方面也具有自己的特征。

5.2.2 合作企业的设立

1. 国家鼓励兴办的合作企业

《中华人民共和国中外合作经营企业法》第四条规定：“国家鼓励举办产品出口的或者技术先进的生产型合作企业。”

2. 设立合作企业的申请和审批

申请设立合作企业，应当将中外合作者签订的协议、合同、章程等文件报国家对外经济贸易主管部门或国务院授权的部门或地方人民政府批准。

审批机关应当自接到申请之日起 45 日内决定批准或不批准。

设立合作企业的申请经批准后，应当自接到批准之日起 30 日内向工商行政管理机关申请登记，领取营业执照。营业执照签发日期为企业的成立日期。

合作企业应当自成立之日起 30 日内向税务机关办理税务登记。

5.2.3 合作企业的组织形式和注册资本

1. 合作企业的组织形式

合作企业可以是具有法人资格的企业，也可以是不具有法人资格的企业。

具有法人资格的合作企业，其组织形式为有限责任公司。合作各方对合作企业的责任以各自认缴的出资额或提供的合作条件为限，合作企业以其全部资产对其债务承担责任。

2. 合作企业的注册资本

注册资本可以用人民币表示，也可以用合作各方约定的一种可自由兑换的外币表示。

注册资本在合作期限内不得减少，但因投资总额和生产规模等变化，确需减少的，须经审批机关批准。

3. 合作企业的投资与合作条件

（1）合作各方的出资方式和出资比例

合作各方投资或提供合作条件的方式可以是货币，也可以是实物或工业产权、专有技术、土地使用权等财产权利。

合作各方以自有的财产或财产权利作为投资或合作条件，对该投资或合作条件不得设立抵押或其他形式的担保。

依法取得法人资格的合作企业，外国投资者的出资比例一般不低于于合作企业注册资本的25%；不具备法人资格的，对合作各方向合作企业投资或提供合作条件的具体要求，由对外经济贸易主管部门确定。

（2）合作各方的出资期限

合作企业的合作方应在合作合同中约定合作各方向合作企业投资或提供合作条件的期限。

合作各方未按期缴纳投资、提供合作条件的，工商行政管理部门应限期履行；期限届满仍未履行的，审批机关有权撤销批准证书，工商行政管理部门有权吊销营业执照，并予以公告。

未按合作企业合同缴纳投资或提供合作条件的一方，应向已缴纳投资或提供合作条件的他方承担违约责任。

（3）合作各方的出资转让

合作各方之间互相转让或者一方向合作他方以外的他人转让属于其在合作企业合同中的全部或部分权利的，必须经合作他方的书面同意，并且报经审批机关批准。审批机关自收到有关转让文件之日起30日内决定批准或不批准。

5.2.4 合作企业的组织机构

1. 董事会制

具有法人资格的合作企业，一般实行董事会制。

董事会是合作企业的最高权力机构，决定合作企业的重大问题。董事长、副董事长由合作各方协商产生。中外合作者的一方担任董事长的，由他方担任副董事长。董事会可以决定任命或聘请总经理，负责合作企业的日常经营管理工作。

2. 联合管理机构

不具备法人资格的合作企业，一般实行联合管理制。

联合管理机构由合作各方代表组成，是合作企业的最高权力机构，决定合作企业的重大问题。联合管理机构可以设立经营管理机构，也可以不设立经营管理机构。不设立经营管理机构的，由联合管理机构直接管理企业。

3. 委托管理制

经合作各方一致同意，合作企业可委托合作一方进行经营管理，另一方不参与管理，也可以委托合作方以外的第三方经营管理企业。

5.2.5 合作企业的收益分配和投资回收

1. 合作企业收益或者产品的分配

合作企业收益或者产品的分配方式应当在合作企业合同中予以约定。合作企业在分配方式上，可以实行利润分成，也可以实行产品分成，后者一般是在资源开发项目中采用的。至于利润分成、产品分成的比例，也是由中外合作者在合作企业合同中约定的。

2. 合作企业外国合作者投资的回收

在实践中，通常约定合作企业在合作期满时，其全部固定资产归中国合作者所有。为平衡中外各方的利益，一般采用让外国合作者在合作期限内先行回收投资的办法。

回收投资的办法一般有 3 种：其一，合作前期从企业税收利润中给外方多分配，以后逐年递减，即优先保证外方实现利润；其二，经税务机关批准，实行税前分配，即外方合营者在合作企业缴纳所得税前回收投资；其三，经税务机关批准，通过加速固定资产折旧的方法，用折旧金偿还外方的投资。

外方投资者在合作期内先行收回投资的，应符合的法定条件：①合作企业合同中约定，合作期满时，合作企业的全部固定资产无偿归中国合作者所有；②对于税前回收投资的，必须向财政税务机关提出申请，并经过批准；③中外合作者应当依照有关法律规定和合同约定，对合作企业的债务承担责任；④外国合作者提出先行回收投资的总额、期限和方式，经过财政税务机关审查同意后，报审查批准机关审批；⑤外国合作者应当在合作企业亏损弥补之后，才能先行回收投资；⑥如果外国合作者在合作期限内回收投资尚未完毕，经过审批机关批准，可以延长合作期限，以保证外商继续回收应予回收而尚未回收的投资。

案例分析5-2

中国某企业与美国一个公司协商决定在上海设立一家外商投资企业。合同中规定，中方出资 60 万元，美方出资 40 万元；双方合作期为 10 年；从第 3 年起，美方按 80% 的比例分享利润，直到收回投资后，再按中方 60% 、美方 40% 的比例分享利润；合同期满后，全部固定资产归中方所有。请问：这家外商投资企业是什么性质的？该企业可采用什么经营管理方式？

分析 该外商投资企业是合作企业。因为它的合同中规定了外方先行回收投资的内容，这在其他形式的外商投资企业中是不允许的。该企业若取得法人资格可采取董事会制；如果没有取得法人资格，可采用联合管理制。此外，还可委托合作者之外的第三人进行管理。

5.2.6 合作企业的期限和解散

1. 期限规定

合作企业的期限由中外合作者协商并在合作企业合同中规定。合作企业合作期满，合作各方同意延长合作期限的，应在期限届满 180 日前向审批机关提出申请。审批机关自接到申请之日起 30 日内做出批准或不批准的决定。

合作企业中，外方先行回收投资的，并已回收完毕的，不再延长合作期限。但外国合作者增加投资，合作各方协商同意延长的，可向审批机关申请延长合作期限。

合作延长期限一经批准，合作企业应当到工商行政管理部门办理变更登记手续。

2. 解散规定

合作企业有这些情形之一的解散：①合作期限届满；②合作企业发生严重亏损，或者因不可抗力遭受严重损失，无力继续经营；③中外合作者一方或数方不履行合作企业合同、章程规定的义务，致使合作企业无法继续经营；④合作企业合同、章程规定的解散原因出现；⑤合作企业违法，被依法责令关闭。

5.3 外资企业法

5.3.1 外资企业的定义与特征

外资企业是指按照中国法律的规定，在中国境内设立的，全部资本由外国投资者投资的企业。外资企业的特征如下。

① 外资企业的全部资本是由外国投资者投资的，相应地，企业的全部利润归外国投资者，风险和亏损也由外国投资者独立承担。外国投资者可以是公司、企业及其他经济组织或个人。

② 外资企业是外国投资者根据中国法律在中国境内设立的。

③ 外资企业是独立的法律主体，以自己的名义进行经营活动，独立承担民事责任，外国投资者对其债务不承担无限责任。

5.3.2 外资企业的设立与变更

1. 外资企业的设立

（1）外资企业的设立条件

设立外资企业，必须有利于中国国民经济的发展，能够取得显著的经济效益。国家鼓励外资企业采用先进技术和设备，从事新产品开发，实现产品升级换代，节约能源和原材料，并鼓励举办产品出口的外资企业。

（2）设立外资企业的程序

外国投资者在提出设立外资企业的申请前，应当向拟设立外资企业所在地的县级或县级以上地方人民政府提交报告。

外国投资者设立外资企业，应当通过拟设立外资企业所在地的县级或县级以上人民政府向审批机关提出申请。

设立外资企业申请，由国家对外经济贸易主管部门或者国务院授权的机关审查批准。审查批准机关应当在接到申请之日起 90 日内决定批准或不批准。

外国投资者在收到批准证书之日起 30 日内向工商行政管理机关申请登记，领取营业执照。外资企业的营业执照签发之日为该企业成立日期。

外资企业在企业成立之日起30日内向税务机关办理税务登记。

2．外资企业的变更

外资企业变更应报审批机关批准。外资企业申请变更登记，应在审批机关批准后30日内，向登记主管机关变更登记。

5.3.3　外资企业的组织形式与注册资本

1．外资企业的组织形式

外资企业的组织形式一般为有限责任公司，外国投资者对企业的责任以其认缴的出资额为限，外资企业以其全部资产对其债务承担责任。

外资企业为其他责任形式的，外国投资者对企业的责任适用中国法律、法规的规定。

拓展与提高

外商投资企业法的几种类型

类型形式 区别	合营企业	合作企业	外资企业
出资人	中国合营者与外国合营者	中国企业或其他经济组织与外国企业、其他经济组织和个人	外国投资者
法人资格	有法人资格	有或没有法人资格	有法人资格
责任承担	股权式经营方式，投资者对企业债务承担有限责任	契约式合营企业，按约定承担责任	投资人以出资额为限对企业债务承担有限责任
设立依据	《中华人民共和国中外合资经营企业法》	《中华人民共和国中外合作经营企业法》	《中华人民共和国外资企业法》

2．外资企业的注册资本

外资企业的注册资本是指为设立外资企业在工商行政管理机关登记的资本总额，即外国投资者认缴的全部出资额。外资企业的注册资本要与其经营规模相适应，注册资本与投资总额的比例应当符合中国法律的有关规定。

外资企业在经营期内不得减少其注册资本。外资企业注册资本的增加、转让，须经审批机关批准，并向工商行政管理机关办理变更登记手续。

外资企业将其财产或权利对外抵押、转让，须经审批机关批准，并向工商行政管理机关备案。

5.3.4　外国投资者的出资方式与出资期限

1．外国投资者的出资方式

外国投资者应当以可自由兑换的外币出资。经审批机关批准，外国投资者也可以用其从中国境内举办的其他外商投资企业获得的人民币利润出资。

外国投资者以机器设备作价出资的，该机器设备必须符合的要求：外资企业生产所必需；中国不能生产，或虽能生产，但在技术性能或供应时间上不能保证需要。该机器设备的作价不得高于同类机器设备当时的国际市场正常价格。

外国投资者以工业产权、专有技术作价出资时，该工业产权、专有技术必须符合的要求：外国投资者自己所有；能生产中国急需的新产品或出口适销产品。该工业产权、专有技术的作价应与国际上通常的作价原则相一致，其作价金额不得超过外资企业注册资本的 20%。

2. 外国投资者的出资期限

外国投资者可以分期缴付出资，但最后一批出资应在营业执照签发之日起 3 年内缴清。其第一期出资不得少于外国投资者认缴出资额的 15%，并应在外资企业营业执照签发之日起 90 日内缴清。

外国投资者未能在外资企业营业执照签发之日起 90 日内缴付第一期出资的，外资企业批准证书自动失效。外资企业应向工商行政管理机关办理注销登记手续，缴销营业执照；不办理注销登记手续和缴销营业执照的，由工商行政管理机关吊销其营业执照，并予以公告。

外国投资者有正当理由要求延期出资的，应经审批机关同意，并报工商行政管理机关备案。

案例分析5-3

1993 年 2 月，美国某公司在中国独立投资建立了一个玩具制造厂。企业登记注册时，该公司认缴注册资本额为 50 万美元。其中，非专利技术作价 10 万美元。第一期出资 10 万美元，其余部分由该公司分期缴纳。1994 年 4 月，该公司由于经营策略的改变，没有按期缴纳第二期出资，工商行政管理部门告知该公司如果在 30 日内仍不缴付第二期出资，玩具制造厂的批准证书即自动失效。由于该公司仍然不缴付，工商行政管理部门于是吊销了该玩具制造厂的营业执照。请问：工商行政管理部门的处理是否符合法律规定？

分析 案例中该美国公司无正当理由拒不缴纳所认缴的出资额，这是违反《中华人民共和国外资企业法》规定的，而工商行政管理部门依照《中华人民共和国外资企业法》第九条的规定，吊销玩具制造厂的营业执照的处理决定是恰当的。

5.3.5 外资企业的用地和费用

1. 外资企业用地的解决

外资企业的用地由外资企业所在地的县级或县级以上地方人民政府根据本地区的情况审核，予以安排。

外资企业应当在营业执照签发之日起 30 日内，持批准证书和营业执照到外资企业所在地的县级或县级以上地方人民政府的土地管理部门办理土地使用手续，领取土地证书。土地证书为外资企业使用土地的法律凭证。

2. 外资企业的土地使用费用

外资企业在领取土地证书时，应当向其所在地人民政府土地管理部门缴纳土地使用费。

5.3.6 外资企业的经营管理工作

1. 外资企业的物资购买

外资企业有权自行决定购买本企业所用的机器设备、原材料、燃料、零部件、配套件、元器件、运输工具和办公用品等。

外资企业在批准的经营范围内所需的原材料、燃料等物资，按照公平、合理的原则，可以在国内市场或国际市场购买。外资企业在中国购买物资，享受与中国其他企业同等待遇。

2. 外资企业的产品销售

外资企业可以在中国市场销售其产品。国家鼓励外资企业出口其生产的产品。

3. 外资企业的财务与会计制度

外资企业应当依照中国法律、法规和财政机关的规定，建立财务会计制度并报其所在地财政、税务机关备案。

4. 外资企业职工的劳动管理

外资企业在中国境内雇用职工，企业和职工双方应当依照中国的法律、法规签订劳动合同。合同中应当订明雇用、辞退、报酬、劳动保护、劳动保险等事项。外资企业不得雇用童工。

外资企业应当每月按照企业职工实发工资总额的 2% 缴付工会经费。

5.3.7 外资企业的经营期限、终止与清算

1. 外资企业的经营期限

外资企业的经营期限由外国投资者申报，由审批机关批准。期满需要延长的，应在期满 180 日以前向审批机关提出申请。审批机关应在接到申请之日起 30 日内决定批准或不批准。经批准延长经营期限的，应自收到批准延长期限文件之日起 30 日内，向工商行政管理机关办理变更登记手续。

2. 外资企业的终止和清算

外资企业有这些情形之一的应予终止：①经营期限届满；②经营不善，严重亏损，外国投资者决定解散；③因自然灾害、战争等不可抗力而遭受严重损失，无法继续经营；④破产；⑤违反中国法律、法规，危害社会公共利益被依法撤销；⑥外资企业章程规定的其他解散事由已经出现。

外资企业如果存在上述第②、③、④项所列情形，应自行提交终止申请书，报审批机关批准。审批机关作出核准的日期为企业的终止日期。

外资企业宣告终止时，应当进行清算。除企业破产或撤销清算，应当按照中国有关法律规定进行清算外，外资企业的清算应由外资企业提出清算程序、原则和清算委员会人选，报审批机关审核后进行清算。

外资企业清算结束前，外国投资者不得将该企业的资金汇出或携带出中国境外。

外资企业清算处理财产时，在同等条件下，中国的企业或其他经济组织有优先购买权。

外资企业清算结束，应办理注销登记并缴销营业执照。

案例分析5-4

美国 A 公司来中国进行投资，设立了专门经营电子产品的某外资企业，企业形式为有限责任公司。A 的投资额为 500 万美元。2003 年 11 月该外资企业取得营业执照。A 由于资金问题采取分期缴付出资的形式。请问：

（1）A 应当最迟何时缴清最后一期出资？

（2）A 的第一期出资最迟应当于何时缴清？

（3）A 的第一期出资应当不少于多少？

（4）假设 A 的第一期出资未能在规定期限内交付，将导致怎样的法律后果？

分析 （1）A应当最迟于2006年11月缴清最后一期出资。《中华人民共和国外资企业法》明确规定，外国投资者可以分期缴付出资，但最后一批出资应在营业执照签发之日起3年内缴清。

（2）A的第一期出资应在该外资企业营业执照签发之日起90日内缴清。

（3）A的第一期出资不得少于其认缴出资额的15%，即75万美元。

（4）A若未能在外资企业营业执照签发之日起90日内缴付第一期出资的，该外资企业批准证书自动失效。A外资企业应向工商行政管理机关办理注销登记手续，缴销营业执照。不办理注销登记手续和缴销营业执照，由工商行政管理机关吊销其营业执照，并予以公告。

本章小节

本章在介绍外商投资企业的概念、特征，以及立法体系的基础上，着重介绍了合营企业、合作企业及外资企业的概念、设立、组织形式、注册资本、出资方式、组织机构、经营期限、解散与清算等法律规定。

引导案例分析

该合营企业合同的内容存在众多的违法之处，具体如下。

（1）美方出资120万美元，占合营企业注册资本的20%，低于法律规定的25%的外方出资比例。

（2）美方以合营企业名义租赁机器设备作价出资是错误的。因为合营企业任何一方均不得以合营企业名义取得的贷款、租赁的设备或其他财产，以及合营者以外的他人财产作为自己的出资。

（3）中国合资经营企业合同不能有外国投资者先行回收投资的约定，外国投资者先行回收投资属于合营企业特有的规定。

（4）该合同约定以股东大会为合营企业的最高权力机构是不正确的。因为董事会是合营企业的最高权力机构。

（5）该合同约定以总经理为企业的法定代表人是不正确的。因为合营企业的法定代表人是董事长，而不是合同中约定的总经理。

（6）该合同约定选择适用外国法律是不正确的。因为在中国境内履行的合营企业合同只能适用中国法律解决争议。

实训项目

实训目的：熟练掌握外资企业设立、解散及清算的相关法律规定。

实训资料：2016年4月，某外资企业董事长提供以下情况：该企业于2014年5月在中国申请注册，主要生产木制家具，但由于经营不善，亏损达500万元，于是其决定解散该企业。但该董事长不知道这样做是否符合我国法律关于企业终止的规定，也不知道企业终止后，如何清算，于是委托××律师事务所的李律师出具一份法律意见书。

提出问题：假如你是李律师，会怎么做？

本章测试

一、单项选择题

1．某合营企业的合营企业协议与合营企业合同在内容上有部分抵触，在这种情况下应（　　）。

A．以合营企业协议为准　　B．以合营企业合同为准

C．重新签订合同　　D．确认抵触部分无效

2．合营企业在合营期内（　　）减少其注册资本。

A．可以

B．不可以，但因投资总额和生产经营规模等发生变化确需减少的，经审批机构批准可以

C．工商部门变更登记可以

D．取决于合营企业合同的规定

3．合作企业应当设立某种机构来按照合作企业合同或章程的规定，决定合作企业的重大问题。依照我国法律，该机构是（　　）。

A．董事会　　B．股东大会

C．董事会或监事会　　D．董事会或联合管理机构

4．中外合作设立的合作企业，在其协商约定的事项中，（　　）是我国法律所允许的。

A．合作企业注册为有限责任公司，中方以土地使用权和厂房出资，外方以其从国外银行所贷的300万美元出资

B．外方出资中的150万美元为现金，由外方向境外银行借贷，以公司的资产提供担保

C．外方将其提供的3个专业技术人员的技术服务作为出资的一部分

D．合作各方之间相互转让在合作企业合同中全部或部分权利，不报审查批准机关批准

5．某外商独资企业经S市人民政府批准成立。现该企业欲以其厂房作抵押，向某银行贷款1 000万元。该企业的抵押行为符合下列哪一选项才算有效？（　　）。

A．须经注册登记的工商行政管理机关批准

B．须经中国人民银行批准

C．须经国务院对外经济贸易主管部门批准

D．须经S市人民政府批准并报工商行政管理机关备案

二、多项选择题

1．关于合营企业的注册资本的说法正确的有（　　）。

A．在合资企业的注册资本中，外国合营者的比例一般不低于25%

B．合营者的投资比例在一定条件下是可以变化的

C．合营企业的注册资本需要在登记管理机关登记

D．合资企业的注册资本是按照合资企业合同、章程规定的生产规模需要投入的基本建设资金和生产流动资金的总和

2．合营企业中的合营一方向第三方转让其全部或部分出资额，必须遵守的规定有（　　）。

A．在经营期限内不得转让

B．须经董事会会议通过后，报审批机构批准

C．须经合营各方同意

D．合营他方有优先购买权

3．关于合作企业注册资本减少的说法正确的有（　　）。

A．因投资总额变化的，可以减少

B．因生产经营规模变化的，可以减少

C．须经审查批准机关批准

D．必须向债权人公告

4．合营企业的外国合作者在合作期限内先行回收投资的法定条件有（　　）。

A．双方约定在合作期满时，合作企业的全部固定财产无偿归中国合作者所有

B．税前回收投资的，应由财政税务机关依法审查批准

C．外国合作者先行回收投资的，须经财政税务机关审查同意后，报审查批准机关审批

D．外国合作者须在合作企业的亏损弥补后，才能先行回收投资

5．下列关于外商投资企业出资的说法正确的有（　　）。

A．以工业产权、专有技术出资的，其作价金额不得超过外资企业注册资本的20%

B．第一期出资不得少于外国投资者认缴出资额的15%，并应当在外资企业营业执照签发之日起90日内缴清

C．外国投资者未能在规定的期限内缴付第一期出资的，外资企业批准证书即自动失效

D．外国投资者未能在规定的期限内缴付第一期出资的，工商行政管理机关吊销其营业执照，并予以公告

三、案例分析题

1．我国某公民（简称中方）和一个日本企业（简称日方）经平等协商，拟建立一家合资企业。双方在合同中约定：企业名称为××服装公司，组织形式为有限责任公司；公司投资为400万元人民币，中方出资320万元人民币，日方出资80万元人民币；公司董事会由9名董事组成，中方派出7名，日方派出2名；由中方担任董事长、副总经理，日方担任副董事长和总经理；中日双方按照合同约定分配利润和承担风险，前3年利润全部归日方所有，作为日方的投资回收，企业解散时全部资产归中方所有；本合同如发生争议，适用中国的或美国的法律。

试分析：本案例有哪些不妥之处?

2．中国某企业与美国一公司协商决定在上海设立一家外商投资企业。双方在合同中约定：中方出资60万元，美方出资40万元；双方合作期为10年；从第3年起，美方按照80%的比例分享利润，直到回收投资后，再按中方60%、美方40%的比例分享利润；合同期满后，全部固定资产归中方所有。

试分析：这家外商投资企业是什么性质的？该企业可采用何种经营管理方式?

第6章 企业破产法

知识目标

1. 了解破产的概念及破产案件的受理程序。

2. 理解债务人财产的范围与债权申报、破产重整与和解程序。

3. 掌握破产界限、破产宣告与破产清算。

技能目标

1. 具有对破产财产分配的能力。

2. 理解破产申请受理后债务人的义务。

3. 掌握破产和解程序。

引导案例

宝红有限责任公司（以下简称“宝红公司”）被债权人甲公司诉至法院，申请宝红公司破产。宝红公司于2014年2月12日被人民法院依法宣告破产。经查，宝红公司是在A县工商行政管理局登记的企业，且公司的主要办事机构在A县。该企业在宣告破产时经营管理的全部财产变现价值为200万元。宝红公司欠甲公司到期货款为100万元，欠当地工商银行贷款100万元，其中50万元贷款是用宝红公司的设备作抵押的，其他欠债合计为200万元。3月10日，管理人又查明：在人民法院受理该企业破产案件前3个月内，该公司无偿转让作价为80万元的财产，遂向人民法院申请予以撤销，追回财产。

思考：

（1）债权人甲公司申请宝红公司破产的案件应由哪个人民法院管辖？

（2）债权人甲公司提出破产申请时应提交哪些证据材料？

（3）人民法院是否应当受理甲公司的申请？

（4）宝红公司欠当地工商银行贷款100万元应如何处理？

（5）宝红公司无偿转让财产的行为应如何处理？

6.1 企业破产法概述

6.1.1 破产概述

1. 破产是一种经济现象，也是一种法律现象

破产是指债务人以其全部资产不能清偿到期债务时，债权人通过一定程序将债务人的全部资产供其公平受偿，从而使债务人免除不能清偿的其他债务，并由法院宣告破产解散。破产是市场运行的一种必要的机制，商品经济的庞大肌体正是通过基本组织细胞的“生老病死”不断地优胜劣汰、新陈代谢而向前发展的。

破产是企业丧失其作为经济实体的基本条件，进而也必然丧失其法人主体资格。在社会主义市场经济体制下，这种经济现象是不可避免的，因此只能因势利导，“变坏事为好事”，通过法律规范和法律程序，发挥其积极的功能和作用。

2. 破产的特征

破产具有如下特征。

① 破产是债权实现的一种特殊形式。

② 破产是在特定情况下运用的一种偿债程序。

③ 破产是为了公平地清偿所欠债权人的债务。

④ 破产是在法院的监督和指挥下完成的债务清偿程序。

⑤ 破产程序具有强制性。

6.1.2 破产法的概念

破产法是指调整破产债权人、债务人、人民法院、清算组及其他破产参加人相互之间在破产过程中所发生的社会关系的法律规范的总称。

2006 年 8 月 27 日，十届全国人民代表大会常务委员会第二十三次会议审议通过了《中华人民共和国企业破产法》(以下简称《企业破产法》)，自 2007 年 6 月 1 日起施行。

6.1.3 破产界限

破产界限也称破产原因，是指认定债务人丧失清偿能力，当事人得以提出破产申请，人民法院据以启动破产程序的法律事实。破产原因也是和解与重整程序开始的原因。

关于企业法人的破产原因,《企业破产法》针对不同申请人、不同情形规定了以下 3 项内容。

① 不能清偿到期债务，并且资产不足以清偿全部债务。

② 不能清偿到期债务，明显缺乏清偿能力。

③ 明显丧失清偿能力可能。该项破产原因仅适用于提起重整申请。

对于债务人申请破产时更加强调“不能清偿到期债务”这一原因，同时考虑其他情形。例如，当债务人自身申请破产时，除了“不能清偿到期债务”外，还要提供“资产不足以清偿全部债务”的相关材料；而对于债权人申请破产时,《企业破产法》要求的就不是特别严格，只要债务人有不能清偿到期债务，客观上明显缺乏清偿能力的情形就可以了，而不必考虑债务人是否“资不抵债”。

案例分析6-1

星海制糖有限责任公司系国有企业，生产设备先进，生产条件好。近年来，由于管理不善，导致亏损，资不抵债，该厂资产共300万元，已到期外债为420万元。星海制糖有限责任公司的债权人向人民法院申请破产诉讼。请分析：星海制糖有限责任公司是否具备破产资格？

分析 根据《企业破产法》的规定，债务人不能清偿到期债务，债权人可以向人民法院提出对债务人进行重整或破产清算的申请。本案例中星海制糖有限责任公司的资产只有300万元，而已到期债务为420万元，不能清偿到期债务，并且资产不足以清偿全部债务，所以具备破产资格。

6.2 企业破产的条件和程序

6.2.1 破产的提出和受理

1. 破产申请的提出

① 债权人可以申请债务人破产。债务人不能清偿到期债务，债权人可以向人民法院提出对债务人进行重整或破产清算的申请。

② 债务人可以申请破产。债务人有《企业破产法》第二条规定的情形，可以向人民法院提出重整、和解或破产清算申请。

③ 清算负责人申请破产。企业法人已解散但未清算或未清算完毕，资产不足以清偿债务的，依法负有清算责任的人应当向人民法院申请破产清算。

破产申请应当采用书面形式，向对案件有管辖权的人民法院提出。人民法院对破产申请决定立案的，要在受理破产案件后发布通知和公告。

向人民法院提出破产申请，应当提交破产申请书和有关证据。

2. 破产申请书应当载明的事项

① 申请人、被申请人的基本情况。

② 申请目的。

③ 申请的事实和理由。

④ 人民法院认为应当载明的其他事项。

债务人提出申请的，还应当向人民法院提交财产状况说明、债务清册、债权清册、有关财务会计报告、职工安置预案，以及职工工资的支付和社会保险费用的缴纳情况。

3. 破产申请的受理

（1）破产案件的管辖

破产案件由债务人所在地人民法院管辖。个别案件可以依照《中华人民共和国民事诉讼法》第三十九条关于移送管辖的规定确定管辖的级别。

（2）破产案件的受理

债权人提出破产申请的，人民法院应当在法定期限内裁定是否受理。

人民法院裁定受理破产申请的，应当同时指定管理人并在裁定受理破产申请之日起 25 日内通知已知债权人，并予以公告。

6.2.2 管理人

1. 管理人的产生

（1）管理人的产生时间

破产法确立了管理人制度，明确了管理人的产生时间，即法院受理破产申请的同时。我国的破产程序是从破产申请受理时开始的，在破产程序开始的同时指定管理人，可使债务人财产从破产程序一开始就置于专门管理人的管理和控制之下，有效地避免了部分债务人因某种目的采取不当或非法的手段处置财产、损害债权人利益的事情发生，从而可以最大限度地保障债权人的利益。

（2）管理人的组成

管理人由人民法院指定。《破产法》规定，可以担任管理人的有以下 3 类。

① 由有关部门、机构的人员组成的清算组。

② 依法设立的律师事务所、会计师事务所、破产清算事务所等社会中介机构。

③ 具有相关专业知识并取得执业资格的人员，主要指律师和会计师。

根据世界各国破产法关于管理人的选任制度及此次我国新破产法的立法精神，对于上述 3 类组织或个人，法院在指定管理人的时候，应当以律师事务所、会计师事务所为主的中介机构为首选。

2. 管理人的报酬和管理事务

（1）管理人的报酬

根据《企业破产法》第二十八条第二款的规定，管理人的报酬由人民法院确定，同时规定，如果债权人会议对管理人的报酬有异议，可以向人民法院提出。具体如何确定管理人的报酬，新破产法将此项权力赋予了最高人民法院，由最高人民法院制定确定管理人报酬的办法。

（2）管理人的管理事务

破产法关于管理人的管理事务规定了 3 种，即破产清算事务、重整事务和和解事务。

3. 管理人应履行的职责

①接管债务人的财产、印章和账簿、文书等资料；②调查债务人的财产状况，制作财产状况报告；③决定债务人的内部管理事务；④决定债务人的日常开支和其他必要开支；⑤在第一次债权人会议召开之前，决定继续或停止债务人的营业；⑥管理和处分债务人的财产；⑦代表债务人参加诉讼、仲裁或其他法律程序；⑧提议召开债权人会议；⑨人民法院认为管理人应当履行的其他职责。

《企业破产法》对管理人的职责另有规定的，适用其规定。

6.2.3 债务人财产

1. 债务人财产的概念

债务人财产主要是指破产企业的对外债权和他人所持有的属于破产企业的财产。

《企业破产法》第三十条规定：“破产申请受理时属于债务人的全部财产，以及破产申请受理后至破产程序终结前债务人取得的财产，为债务人财产。”

债务人财产的范围如下。

① 破产申请受理时属于债务人的全部财产，包括有形财产和财产权利。有形财产包括厂房、机器设备等固定资产及流动资金；财产权利包括债权和无形财产，如以出让方式取得的土地使用权、专利权、商标权和特许权等。

② 债务人在破产申请受理后至破产程序终结前取得的财产，包括债务人投资的收益、破产财产的孳息、破产程序开始后至破产程序终止前这段时间债务人继续经营的收益和基于其他合法原因取得的财产。

2. 终结破产程序前债务人处理财产行为的撤销

破产程序中的撤销权是指在破产程序中管理人对于债务人在破产申请受理前的法定期间内，与他人进行的欺诈债权人利益的行为或损害对全体债权人公平清偿的行为有请求人民法院撤销其效力的权利。

人民法院受理破产申请前一年内，涉及债务人财产的这些行为，管理人有权请求人民法院予以撤销：①无偿转让财产；②以明显不合理的价格进行交易；③对没有财产担保的债务提供财产担保；④对未到期的债务提前清偿；⑤放弃债权。

3. 终结破产程序前债务人处理财产行为的无效

破产无效行为是指债务人在破产状态下实施的使债务人财产不当减少或违反公平清偿原则，从而使债权人的一般清偿利益受到损害，依《企业破产法》的规定被确认无效的财产处分行为。涉及债务人财产的这些行为无效：①为逃避债务而隐匿、转移财产；②虚构债务或承认不真实的债务。

6.2.4 破产费用和共益债务

1. 破产费用

破产费用是指破产过程中，为保障破产程序（包括破产清算、重整、和解）的顺利进行而支付的费用。破产费用应当从破产财产中优先支付。

人民法院受理破产申请后发生的这些费用，为破产费用：①破产案件的诉讼费用；②管理、变价和分配债务人财产的费用；③管理人执行职务的费用、报酬和聘用工作人员的费用。

2. 共益债务

共益债务是指为维护破产利害关系人的共同利益，以破产财产为基础所形成的债务。共益债务应当从破产财产中优先支付。

人民法院受理破产申请后发生的这些债务，为共益债务：①因管理人或债务人请求对方当事人履行双方均未履行完毕的合同所产生的债务；②债务人财产受无因管理所产生的债务；③因债务人不当得利所产生的债务；④为债务人继续营业而应支付的劳动报酬和社会保险费用，及由此产生的其他债务；⑤管理人或相关人员执行职务致人损害所产生的债务；⑥债务人财产致人损害所产生的债务。

3. 破产费用和共益债务的清偿

① 破产费用和共益债务的清偿顺序。一般情况下，破产费用和共益债务都属于优先支付的范畴，由债务人财产随时清偿。但当债务人财产不足以清偿所有破产费用和共益债务的，先行清偿破产费用。也就是说，虽然针对整个清偿顺序来讲，破产费用和共益债务都属于优先清偿的部分，

但在两者之间，清偿顺序也有先后，即破产费用优先于共益债务。

② 债务人财产不足以清偿所有破产费用或共益债务的，按照比例清偿。

③ 债务人财产不足以清偿破产费用的，管理人应当提请人民法院终结破产程序。人民法院应当自收到请求之日起 15 日内裁定终结破产程序，并予以公告。

6.2.5 债权申报

债权申报是指债权人或其代理人在破产程序开始后在法定期限内，向人民法院或人民法院指定的机关呈报债权，以示参加破产程序的意思表示。

1. 申报债权的期限

人民法院受理破产申请后，应当确定债权人申报债权的期限。债权申报期限自人民法院发布受理破产申请公告之日起计算，最短不得少于 30 日，最长不得超过 3 个月。由法院来确定具体申报期限。赋予了人民法院根据具体案件债权数额、债权人数量、距离远近等实际情况以自由裁量权。债权人应当在人民法院确定的债权申报期限内向管理人申报债权。

2. 债权申报的范围

① 破产案件受理前成立的对债务人的债权。包括有财产担保和无财产担保的债权。

② 未到期的债权，在破产申请受理时视为到期。附利息的债权自破产申请受理时起停止计息。

③ 附条件、附期限的债权和诉讼、仲裁未决的债权，债权人可以申报。

④ 债务人的保证人或其他连带债务人已经代替债务人清偿债务的，以其对债务人的求偿权申报债权。债务人的保证人或其他连带债务人尚未代替债务人清偿债务的，以其对债务人的将来求偿权申报债权。

⑤ 管理人依照《企业破产法》的规定解除合同的，对方当事人以因合同解除所产生的损害赔偿请求权申报债权。可申报的债权以实际损失为限，违约金不属于破产债权。

⑥ 债务人是委托合同的委托人，被裁定适用《企业破产法》规定的程序，受托人不知该事实，继续处理委托事务的，受托人以由此产生的请求权申报债权。

⑦ 债务人是票据的出票人被裁定破产，该票据的付款人继续付款或承兑的，付款人以由此产生的请求权申报债权。

此外，债务人所欠职工的工资和医疗、伤残补助、抚恤费用，所欠的应当划入职工个人账户的基本养老保险、基本医疗保险费用，以及法律、行政法规规定应当支付给职工的补偿金，不必申报，由管理人调查后列出清单并予以公示。

3. 接受债权申报的主体

接受债权申报的主体是管理人，债权人应当在人民法院确定的债权申报期限内向管理人申报债权。管理人收到债权申报材料后，应当登记造册，对申报的债权进行审查，并编制债权表。债权表和债权申报材料由管理人保存，供利害关系人查阅。

4. 逾期申报债权的法律后果

《企业破产法》第五十六条规定："在人民法院确定的债权申报期限内，债权人未申报债权的，可以在破产财产最后分配前补充申报；但是，此前已进行的分配，不再对其补充分配。为审查和确认补充申报债权的费用，由补充申报人承担。债权人未依照本法规定申报债权的，不得依照本法规定的程序行使权利。"

6.2.6　债权人会议

1. 债权人会议组成

债权人会议由申报债权的债权人参加并组成。债权人会议设主席1人，由人民法院从有表决权的债权人中指定。债权人会议主席主持债权人会议。债权人会议的成员，有权参加债权人会议，享有表决权。但对债务人的特定财产享有担保权的债权人，未放弃优先受偿权利的，不享有表决权仅享有发言权。债权尚未确定的债权人，除人民法院能够为其行使表决权而临时确定债权额的外，不得行使表决权。

2. 债权人会议的职权

债权人会议行使的职权有：①核查债权；②申请人民法院更换管理人，审查管理人的费用和报酬；③监督管理人；④选任和更换债权人委员会成员；⑤决定继续或停止债务人的营业；⑥通过重整计划；⑦通过和解协议；⑧通过债务人财产的管理方案；⑨通过破产财产的变价方案；⑩通过破产财产的分配方案；⑪人民法院认为应当由债权人会议行使的其他职权。

3. 债权人会议的召集

第一次债权人会议由人民法院召集，自债权申报期限届满之日起15日内召开。以后的债权人会议，在人民法院认为必要时，或者管理人、债权人委员会、占债权总额1/4以上的债权人向债权人会议主席提议时召开。召开债权人会议，管理人应当提前15日通知已知的债权人。

4. 债权人委员会

债权人委员会是债权人会议的常设机构，它的职权主要是监督破产过程。债权人会议可以决定设立债权人委员会。债权人委员会由债权人会议选任的债权人代表和1名债务人的职工代表或者工会代表组成。债权人委员会成员不得超过9人。债权人委员会成员应当经人民法院书面决定认可。债权人委员会行使的职权有：①监督债务人财产的管理和处分；②监督破产财产分配；③提议召开债权人会议；④债权人会议委托的其他职权。

债权人委员会执行职务时，有权要求管理人、债务人的有关人员对其职权范围内的事务作出说明或提供有关文件。

管理人、债务人的有关人员违反《企业破产法》规定拒绝接受监督的，债权人委员会有权就监督事项请求人民法院作出决定，人民法院应当在5日内作出决定。

6.2.7　重整

重整是指经利害关系人的申请，在审判机关的主持和利害关系人的参与下，对具有重整原因和重整能力的债务人进行生产经营上的整顿和债权、债务关系上的清理，以期摆脱财务困境，重获经营能力的特殊法律程序。重整的终极目的是使债务人企业能够获得重生。

1. 申请时间和申请人

债务人或债权人可以依照《企业破产法》的规定，直接向人民法院申请对债务人进行重整。

债权人申请对债务人进行破产清算的，在人民法院受理破产申请后、宣告债务人破产前，债务人或出资额占债务人注册资本1/10以上的出资人，可以向人民法院申请重整。

2. 申请重整的条件

对申请重整的条件作出了2种限制，一是符合破产清算条件的可以申请重整；二是只要单独符合有明显丧失清偿能力可能的就可以申请重整，这为申请重整设置了较低的条件，更便于操作，使企业更容易通过重整获得重生。

3．重整的受理时限

人民法院经审查认为重整申请符合法律规定的，应当裁定债务人重整，并予以公告。

但是需要注意这样 2 点：第一，受理重整申请直接以裁定的方式作出，而不是平常所采用的立案通知书，是和破产清算的立案方式相一致的；第二，没有对立案的时间作出限定，但并不是没有规定，应当适用《企业破产法》关于对破产申请的时间限制。人民法院应当自收到破产申请之日起 15 日内裁定是否受理。有特殊情况需要延长裁定受理期限的，经上一级人民法院批准，可以延长 15 日。

自人民法院裁定债务人重整之日起至重整程序终止，为重整期间。

4．重整期间债务人的财产管理和营业事务

重整期间对重整企业的财产管理和营业事务共有以下 3 种管理方式。

① 直接由专业管理人进行接管，在此阶段的管理人也可称为重整管理人。

② 由债务人向法院申请，经人民法院批准，债务人在管理人的监督下自行管理财产和营业事务。在这种情况下，管理人的责任由直接责任变为监督责任。采用这种形式的关键是考虑到债务人对企业本身更加了解，由其继续管理经营有可能会有利于企业的重生。但这样也有不利因素，虽然管理人处在监督的位置，但财产毕竟在债务人控制之下，一旦发生侵害债权人利益的情况，管理人是否要独立地承担责任又要发生一定的争议。

③ 取前 2 种方式的优点，采取由管理人直接负责财产管理和营业事务，但聘任债务人的经营管理人员负责营业事务，这种方式既明确了管理人的直接责任，又可以由熟悉企业状况的人员经营管理，更符合重整制度的设立初衷。

5．担保权和取回权的行使

债务人在重整期间原则上应当暂停行使担保权，这也符合重整的应有之意，重整本身就是一种破产保护，但同时也要保护担保权人的利益，因此在担保物有损坏或价值明显减少的可能，足以危害担保人权利时，担保权人可以请求恢复行使担保权，这样可以督促管理人或债务人尽最大的善良管理义务，促使重整程序的顺利进行。

债务人合法占有的他人财产，该财产的权利人在重整期间要求取回的，应当符合事先约定的条件。

6．重整期间收益分配和股权转让

在重整期间，债务人的出资人不得请求投资收益分配。

在重整期间，债务人的董事、监事、高级管理人员不得向第三人转让其持有的债务人的股权。但是，经人民法院同意的除外。

7．重整程序的终止

在重整期间，有这些情形之一的，经管理人或利害关系人请求，人民法院应当裁定终止重整程序，并宣告债务人破产：①债务人的经营状况和财产状况继续恶化，缺乏挽救的可能性；②债务人有欺诈、恶意减少债务人财产或其他显著不利于债权人的行为；③由于债务人的行为致使管理人无法执行职务。

8. 重整计划的制订和批准

（1）重整计划草案的提交时间和制定人

重整计划草案原则上应当在人民法院裁定重整之日起6个月内提交，特殊情况下，有正当理由的经债务人或管理人申请可以延长3个月，这里的正当理由应当严格掌握，以免利害关系人利用该规定人为地延长重整期限。

重整计划草案的制定人采用的是"谁管理财产和营业事务谁制定"的原则，责任明确，并且可以让更加了解债务人企业状况的人制定，这样更能制订出切实可行的方案。

（2）重整计划的表决

破产法根据债权的性质不同，将债权人会议原则上分为4个组分别进行表决。

① 将对特定财产享有担保权的债权分为一组，这一类债权人的债权数额一般比较大，以金融机构为数较多。

② 职工的劳动债权，主要有债务人所欠职工的工资和医疗、伤残补助、抚恤费用，所欠的应当划入职工个人账户的基本养老保险、基本医疗保险费用，以及法律、行政法规规定应当支付给职工的补偿金。

③ 所欠税款，该类债权人为国家和地方的税收部门。

④ 普通债权人，这一类债权人还可以将小额债权人另外单列一组，小额债权人单列可以减少不必要的麻烦，如果小额债权数额很小，如3 000元或5 000元的，完全可以直接清偿，而没有必要占表决名额人数。

人民法院应当自收到重整计划草案之日起30日内召开债权人会议，对重整计划草案进行表决。出席会议的同一个表决组的债权人过半数同意重整计划草案，并且其所代表的债权额占该组债权额的2/3以上的，即为通过重整计划草案。

（3）重整计划的执行

① 重整计划的执行人是债务人，这样规定主要是考虑到，重整计划的执行要求的专业技能在于如何经营债务人企业，使其起死回生。需要的是专业企业管理人员，而债务人作为企业本身就拥有大量的经营管理人才，让债务人负责执行重整计划有一定的有利条件。

② 管理人在重整计划执行期间，履行的是监督职责。要注意和《企业破产法》第七十三条规定的管理人制度有一定的区别，在重整计划通过以前，债务人的财产和经营事务可以由管理人或债务人管理经营，但在重整计划执行期间法律只规定了由债务人负责执行，排除了管理人负责执行的可能，只履行监督职责。

③ 重整计划执行中应注意如下特殊情况。

- 未按照规定申报债权的，在重整计划执行期间不能行使权利，只能在重整计划执行完毕后按照同类债权的清偿条件行使权利。
- 债务人不能执行或不执行重整计划的，法院经管理人或利害关系人请求，裁定终止重整计划的执行，但债权人因执行重整计划所受的清偿仍然有效，为重整计划的执行提供的担保继续有效。
- 重整计划执行完毕，按照重整计划减免的债务不再承担清偿责任。

6.2.8 和解

破产和解是指具备破产原因的债务人，为避免破产清算，而与债权人会议达成以让步方法了结债务的协议，协议经法院认可后生效的法律程序。

1. 和解的特征

① 和解以债务人向法院提出和解申请为必要。

② 和解的成立取决于债权人的双重多数表决同意。

③ 和解的成立必须经法院许可。

④ 和解有优先于破产程序的效力。但是当和解协议不能执行时，法院应裁定宣告债务人破产。

⑤ 和解协议无强制执行力。当债务人不履行和解协议时，法院不得强制其执行，而是依职权宣告债务人破产。

2. 和解的程序

（1）提出申请

债务人可以依照《企业破产法》的规定，直接向人民法院申请和解，也可以在人民法院受理破产申请后、宣告债务人破产前，向人民法院申请和解。债务人申请和解，应当提出和解协议草案。

（2）裁定和解

人民法院经审查认为和解申请符合法律规定的，应当裁定和解，予以公告，并召集债权人会议讨论和解协议草案。对债务人的特定财产享有担保权的权利人，自人民法院裁定和解之日起可以行使权利。经人民法院裁定认可的和解协议，对债务人和全体和解债权人均有约束力。

（3）和解的通过

债权人会议通过和解协议的决议，由出席会议的有表决权的债权人过半数同意，并且其所代表的债权额占无财产担保债权总额的2/3以上。

（4）法院裁定认可

债权人会议通过和解协议的，由人民法院裁定认可，终止和解程序，并予以公告。管理人应当向债务人移交财产和营业事务，并向人民法院提交执行职务的报告。和解协议草案经债权人会议表决未获得通过，或者已经债权人会议通过的和解协议未获得人民法院认可的，人民法院应当裁定终止和解程序，并宣告债务人破产。

3. 和解的终止

① 因债务人的欺诈或其他违法行为而成立的和解协议，人民法院应当裁定无效，并宣告债务人破产。

② 债务人不能执行或不执行和解协议的，人民法院经和解债权人请求，应当裁定终止和解协议的执行，并宣告债务人破产。

6.3 破产宣告和破产清算

6.3.1 破产宣告

破产宣告是指人民法院在确认债务人已经符合法定破产条件后，依照法定程序，以裁定形式宣告债务人破产的司法行为。债务人被宣告破产后，债务人称为破产人，债务人财产称为破产财产，人民法院受理破产申请时对债务人享有的债权称为破产债权。

人民法院依照法律规定宣告债务人破产的，应当自裁定作出之日起 5 日内送达债务人和管理人，自裁定作出之日起 10 日内通知已知债权人，并予以公告。

破产宣告前，有这些情形之一的，人民法院应当裁定终结破产程序，并予以公告：①第三人为债务人提供足额担保或为债务人清偿全部到期债务；②债务人已清偿全部到期债务。

6.3.2　破产财产的变价

人民法院宣告债务人破产后，管理人应当及时拟订破产财产变价方案，提交债权人会议讨论。管理人应当按照债权人会议通过的或人民法院裁定的破产财产变价方案，适时变价出售破产财产。变价出售破产财产应当通过拍卖进行。但是，债权人会议另有决议的除外。破产企业可以全部或部分变价出售。企业变价出售时，可以将其中的无形资产和其他财产单独变价出售。按照国家规定不能拍卖或限制转让的财产，应当按照国家规定的方式处理。

6.3.3　破产财产的分配

管理人应当及时拟订破产财产分配方案，提交债权人会议讨论。债权人会议表决通过破产财产分配方案后，由管理人将该方案提请人民法院裁定认可，经人民法院裁定认可后，由管理人执行。

1. 破产财产在优先清偿破产费用和共益债务后，依照下列顺序清偿

① 破产人所欠职工的工资和医疗、伤残补助、抚恤费用，所欠的应当划入职工个人账户的基本养老保险、基本医疗保险费用，以及法律、行政法规规定应当支付给职工的补偿金。

② 破产人欠缴的除前项规定以外的社会保险费用和破产人所欠税款。

③ 普通破产债权。

破产财产不足以清偿同一顺序的清偿要求的，按照比例分配。破产企业的董事、监事和高级管理人员的工资按照该企业职工的平均工资计算。破产财产的分配应当以货币分配方式进行。但是，债权人会议另有决议的除外。

2. 破产财产分配额的提存

① 对于附生效条件或解除条件的债权，管理人应当将其分配额提存。管理人依照前述规定提存的分配额，在最后分配公告日，生效条件未成就或解除条件成就的，应当分配给其他债权人；在最后分配公告日，生效条件成就或解除条件未成就的，应当交付给债权人。

② 债权人未受领的破产财产分配额，管理人应当提存。债权人自最后分配公告之日起满 2 个月仍不领取的，视为放弃受领分配的权利，管理人或人民法院应当将提存的分配额分配给其他债权人。

③ 破产财产分配时，对于诉讼或仲裁未决的债权，管理人应当将其分配额提存。自破产程序终结之日起满 2 年仍不能受领分配的，人民法院应当将提存的分配额分配给其他债权人。

6.3.4　破产程序的终结

破产程序的终结是指破产程序因法定事由而终止。破产程序因这些原因而终结：①因和解、重整程序顺利完成而终结；②因债务人财产不足以清偿破产费用而终结；③因破产财产分配完毕而终结。

破产人无财产可供分配的，管理人应当请求人民法院裁定终结破产程序。管理人在最后分配

完结后，应当及时向人民法院提交破产财产分配报告，并提请人民法院裁定终结破产程序。人民法院应当自收到管理人终结破产程序的请求之日起 15 日内作出是否终结破产程序的裁定。裁定终结的，应当予以公告。

管理人应当自破产程序终结之日起 10 日内，持人民法院终结破产程序的裁定，向破产人的原登记机关办理注销登记。

管理人于办理注销登记完毕的次日终止执行职务。但是，存在诉讼或仲裁未决情况的除外。

但是，自破产程序依法终结之日起 2 年内，有这些情形之一的，债权人可以请求人民法院按照破产财产分配方案进行追加分配：①发现有依照法律规定应当追回的财产；②发现破产人有应当供分配的其他财产。有上述规定情形，但财产数量不足以支付分配费用的，不再进行追加分配，由人民法院将其上缴国库。破产人的保证人和其他连带债务人，在破产程序终结后，对债权人依照破产清算程序未受清偿的债权，依法继续承担清偿责任。

案例分析6-2

绿叶服装有限责任公司，由于管理不善，导致亏损，资不抵债，被宣告破产时有固定资产 40 万元，流动资金 20 万元，所欠税款 10 万元，欠职工工资 20 万元，破产费用 2 万元，欠甲企业 14 万元，欠乙企业 42 万元，但在破产财产的分配问题上债权人和债务人产生了意见分歧，请根据《企业破产法》分析绿叶服装有限责任公司破产财产的分配顺序。

分析 破产财产的分配是指将变价后的破产财产或无须变价的破产财产，依照法定的清偿顺序公平分配给各请求权人的过程或程序。按照《企业破产法》的规定，破产财产优先拨付破产费用和公益债务后，按照下列顺序清偿：①破产人所欠职工的工资和医疗、伤残补助、抚恤费用，所欠的应当划入职工个人账户的基本养老保险、基本医疗保险费用，以及法律、行政法规规定应当支付给职工的补偿金；②破产人欠缴的除前项规定以外的社会保险费用和破产人所欠税款；③普通破产债权。

所以破产财产分配顺序为：第一，清偿破产费用 2 万元；第二，破产企业所欠职工工资和劳动保险费用 20 万元；第三，破产企业所欠税款 10 万元；第四是破产债权 56 万元。由于破产财产不足清偿同一顺序的清偿要求，按照比例分配，即甲企业 7 万元，乙企业 21 万元。

本章小节

本章阐述了破产的概念及特征、企业破产的条件和程序，以及破产宣告和破产清算。通过本章的学习重点掌握破产界限、破产案件的受理和管理、债务人财产范围、破产费用、债权申报、破产宣告和破产财产的分配顺序。破产是企业丧失其作为经济实体的基本条件，进而也必然丧失其法人主体资格。在社会主义市场经济体制下，这种经济现象是不可避免的，因此只能因势利导，“变坏事为好事”，通过法律规范和法律程序，发挥其积极的功能和作用。

引导案例分析

（1）根据《企业破产法》的规定，破产案件由债务人所在地的人民法院管辖。宝红公司是在 A 县工商行政管理局登记的企业，且公司的主要办事机构在 A 县。所以甲公司申请宝红公司破产的案件应由 A 县人民法院管辖。

（2）根据《企业破产法》的规定，债权人甲公司提出破产申请时向人民法院应提交破产申请书和证明宝红公司不能还债的有关证据材料。

（3）人民法院应当受理甲公司的申请。《企业破产法》规定了破产界限，即企业法人不能清偿到期债务，并且资产不足以清偿全部债务或明显缺乏清偿能力。本案中，宝红公司欠甲公司到期货款100万元，逾期不还；宝红公司的总资产200万元，总负债400万元，其资产已不足清偿全部债务。因此，人民法院应当受理甲公司的申请。

（4）宝红公司欠当地工商银行贷款100万元，其中50万元从抵押的财产中优先受偿，其余50万元作为普通债权，同其他债权人一起按比例受偿。

（5）《企业破产法》规定，人民法院受理破产申请前一年内，涉及债务人财产的这些行为，管理人有权请求人民法院予以撤销：①无偿转让财产的；②以明显不合理的价格进行交易的；③对没有财产担保的债务提供财产担保的；④对未到期的债务提前清偿的；⑤放弃债权的。本案中，在人民法院受理该企业破产案件前3个月内，该公司无偿转让作价为80万元的财产，管理人有权请求人民法院予以撤销。

实训项目

实训目的：通过星海有限责任公司的破产资料，熟练掌握破产的条件、程序，破产清算的法律规定。

实训资料：星海有限责任公司系国有企业，因全部资产不能清偿到期的债务，需要破产。

提出问题：

（1）说明企业破产的条件。

（2）指出企业破产的程序。

本章测试

一、单项选择题

1．债权人提出破产申请的，人民法院应当自收到申请之日起通知债务人的时间为（　　）。

A．5日内　　B．7日内　　C．10日内　　D．15日内

2．破产过程中，为保障破产程序（包括破产清算、重整、和解）的顺利进行而支付的费用称作（　　）。

A．清算费用　　B．破产费用　　C．重整费用　　D．和解费用

3．具备破产原因的债务人，为避免破产清算，而与债权人会议达成以让步方法了结债务的协议，协议经法院认可后生效的法律程序称作（　　）。

A．破产费用　　B．破产法律　　C．破产和解　　D．破产中止

4．人民法院受理破产申请后，应当确定债权人申报债权的期限。债权申报期限自人民法院发布受理破产申请公告之日起计算，最短不得少于30日，最长不得超过（　　）。

A．2个月　　B．6个月　　C．8个月　　D．3个月

5．债务人的有关人员违反《企业破产法》的规定，擅自离开住所地的，人民法院可以予以训诫、（　　），可以依法并处罚款。

A．拘留　　B．管制　　C．有期徒刑　　D．无期徒刑

二、多项选择题

1．破产法是指调整破产（　　　）、清算组，以及其他破产参加人相互之间在破产过程中所发生的社会关系的法律规范的总称。

A．债权人　　B．债务人　　C．人民法院　　D．公安机关

2．在重整期间，债务人的（　　　）、高级管理人员不得向第三人转让其持有的债务人的股权。但是，经人民法院同意的除外。

A. 董事　　B. 监事　　C. 业务主管　　D. 财务主管

3. 关于企业法人的破产原因，《企业破产法》针对不同申请人、不同情形规定了3项内容，即（　　）。

A. 不能清偿到期债务，并且资产不足以清偿全部债务

B. 不能清偿到期债务，明显缺乏清偿能力

C. 明显丧失清偿能力可能，该项破产原因仅适用于提起重整申请

D. 有清偿能力可能

4. 在重整期间，有下列情形之一的，经管理人或利害关系人请求，人民法院应当裁定终止重整程序，并宣告债务人破产，这些情形有（　　）。

A. 债务人的经营状况和财产状况继续恶化，缺乏挽救的可能性

B. 债务人有欺诈、恶意减少债务人财产或其他显著不利于债权人的行为

C. 由于债务人的行为致使管理人无法执行职务

D. 有企业帮助担保的

5. 债权人委员会成员应当经人民法院书面决定认可。债权人委员会行使的职权有（　　）。

A. 监督债务人财产的管理和处分　　B. 监督破产财产分配

C. 提议召开债权人会议　　D. 债权人会议委托的其他职权

三、案例分析题

1. 某全民所有制企业因资不抵债，拟向法院申请破产，聘请律师代理破产中的法律事务。律师经过一段时间工作后掌握了这些情况：①该企业系在省工商行政管理局注册登记的工业企业；②该企业的债权之一福润达公司因追索150万元货款而在一个月前起诉该企业，此案尚在审理过程中；③该企业欠当地中国银行贷款1 200万元，贷款时曾以该企业的一套进口设备作抵押，该套设备现值800万元；④该企业是凯瑞公司向当地信用社贷款300万元的保证人，现凯瑞公司对该笔贷款未予以偿还；⑤该企业资不抵债已达3 500万元。

试分析：

（1）该企业如申请破产，应由哪级法院受理？

（2）福瑞达公司与该企业之间尚未审结的追索货款之诉应如何处理？中国银行的1 200万元贷款应如何处理？信用社能否参加破产程序，申报破产债权？简要说明理由。

（3）应从企业破产中优先拨付的破产费用包括哪些？

2. 某汽车汽配厂实有资产3 820万元，欠债3 735万元。但是该厂以“实有资产1 280万元，欠债3 735元”的理由向当地人民法院提交了破产申请书，同时将2 540万元转移并隐蔽起来。该法院接到申请书后立即作出这些裁定：宣告该厂破产还债，并公告该厂所有债权人自公告之日起2个月内申报债权，逾期者一律视为放弃债权。禹州市工商银行看到公告后立即申请债权，并说明自己的债权是有财产担保的，因为该厂半年前向该银行借钱时以厂房作为抵押。但法院认为破产还债，所有债权人都是一样的，应该平等对待，裁定1 280万元财产由全体债权人按比例平均分配。

试分析：以上做法与我国现行破产法律制度有无不相符之处？如有，请指出并说明理由。

第7章 合同法

知识目标

1. 了解合同的概念，合同法的基本原则。

2. 掌握合同订立的程序，合同的效力。

3. 掌握合同履行抗辩权的行使、合同的保全措施、合同的变更、转让与终止。

4. 掌握违约责任的承担方式。

技能目标

1. 具有正确分析判断有效合同、无效合同及可撤销合同的能力。

2. 能够正确行使合同履行中的抗辩权。

3. 具有防范和处理合同纠纷的能力。

引导案例

甲公司于2014年6月1日与乙公司签订了一份价值为100万元的大型生产设备买卖合同。合同约定：

① 设备直接由乙公司的特约生产服务商丙机械厂于9月1日交付给甲公司。

② 甲公司于6月10日向乙公司交付定金16万元。

③ 甲公司于设备交付之日起10日内付清货款。

④ 合同履行过程中，如发生合同纠纷，向某市仲裁委员会申请仲裁。

合同签订后，丙机械厂同意履行该合同为其约定的交货义务。

合同订立后甲公司向乙公司交付了定金。

9月1日，丙机械厂未向甲公司交付设备。甲公司催告丙机械厂，限其在9月20日之前交付设备，并将履约情况告知乙公司。至9月20日，丙机械厂仍未能交付设备。因生产任务紧急，甲公司于9月30日另行购买了功能相同的替代设备，并于当天通知乙公司解除合同，要求乙公司双倍返还定金32万元，同时赔偿其他损失。乙公司以丙机械厂未能按期交付设备，致使合同不能履行，应由丙机械厂承担违约责任为由，拒绝了甲公司的要求。

思考：

（1）甲公司是否有权解除合同？说明理由。

（2）乙公司主张违约责任应由丙机械厂承担是否符合法律规定？说明理由。

（3）甲公司与乙公司之间的买卖合同解除后，合同中的仲裁协议是否仍然有效？说明理由。

（4）甲公司与乙公司约定的定金条款是否符合法律规定？说明理由。

7.1 合同法概述

7.1.1 合同与合同法

1. 合同的定义

合同又称契约。《中华人民共和国合同法》（以下简称《合同法》）第二条规定：“本法所称合同是平等主体的自然人、法人、其他经济组织之间设立、变更、终止民事权利义务关系的协议。”

2. 合同具有的法律特征

① 合同是一种民事法律行为。民事法律行为是民事主体实施的能够引起民事权利和民事义务的产生、变更或终止的合法行为。因此，只有在合同当事人所作出的意思表示符合法律要求时，合同才具有法律约束力，并受到国家法律的保护。

② 合同是双方或多方的民事法律行为。合同至少需要两个或两个以上的当事人的意思表示，并且要求当事人之间的意思表示一致。

③ 合同是以设立、变更或终止民事权利义务关系为目的民事法律行为。

3. 合同法

合同法是调整合同关系的法律规范的总称。我国现行合同法是 1999 年 3 月 15 日第九届全国人民代表大会第二次会议通过，并于 1999 年 10 月 1 日起施行的《中华人民共和国合同法》。

7.1.2 合同法的基本原则

1. 平等原则

平等原则是指合同当事人的法律地位平等，一方不得将自己的意志强加给另一方。这项原则主要表现为当事人无论具有什么样的身份，在合同关系中相互的法律地位是平等的，相互间不存在服从与命令、管理与被管理的关系。

2. 自愿原则

自愿原则是指当事人依法享有在缔结合同、选择交易伙伴、决定合同内容，以及在变更和解除合同、选择合同补救方式等方面的自由，任何单位和个人都不得非法干预。

3. 公平原则

公平原则主要表现在 2 个方面：①当事人参加民事活动的机会均等；②合同当事人的权利义务要对等。当事人应当遵循公平原则确定各方的权利和义务。任何当事人不得滥用权利，不得在合同中规定显失公平的内容，要根据公平原则确定风险与违约责任的承担。

4. 诚实信用原则

诚实信用原则是指当事人在从事民事活动时，应诚实守信，以善意的方式履行其义务，不得滥用权利及规避法律和合同规定的义务。

5. 合法原则

当事人订立、履行合同，应当遵守法律、行政法规，尊重社会公德，不得扰乱社会经济秩序，损害社会公共利益。

7.1.3 合同的分类

1. 有名合同与无名合同

根据法律是否对合同规定有确定的名称与调整规则为标准，可将合同分为有名合同与无名合同。有名合同是立法上规定了具体名称和调整规范的合同，又称典型合同。例如，《合同法》在分则中规定的买卖合同、赠与合同等15种有名合同。无名合同是立法上尚未规定具体名称和相应的调整规范的合同，又称非典型合同。

2. 单务合同与双务合同

根据合同当事人双方是否互负对待给付义务为标准，可将合同分为单务合同与双务合同。单务合同是指仅有一方当事人承担给付义务的合同，如赠与合同。双务合同是指双方当事人互负对待给付义务的合同，如买卖合同、承揽合同等。

3. 有偿合同与无偿合同

根据合同当事人取得权益是否须付相应代价为标准，可将合同分为有偿合同与无偿合同。有偿合同是指当事人一方享有合同规定的权益，须向对方当事人偿付相应代价的合同，如买卖合同、仓储保管合同等。无偿合同是指当事人一方享有合同规定的权益，不必向对方当事人偿付相应代价的合同，如赠与合同。

4. 诺成合同与实践合同

根据合同的成立是否以标的物的交付为要件，可将合同分为诺成合同与实践合同。诺成合同是指当事人意思表示一致即告成立的合同，如买卖合同、运输合同。实践合同是指除了当事人意思表示一致外，还必须实际交付标的物才能成立的合同，如保管合同、定金合同。实践中，大多数的合同是诺成合同，只有少数是实践合同。

案例分析7-1

李某是某公司的业务员，某日到杭州出差，业务完成后，买了返程车票，距开车时间还有几个小时，想趁机游览知名景点西湖，因带的物品较多，行走不方便，找到车站的寄存处，将东西寄存。双方订立保管合同，约定了保管的时间、报酬等，李某便将他的物品交给寄存处。

分析 本案例中的保管合同就称为实践合同。因为双方除了就合同内容协商达成一致外，直到李某将他的物品交给车站的寄存处时，保管合同才成立。

5. 要式合同与不要式合同

根据合同的成立是否必须符合一定的形式为标准，可将合同分为要式合同与不要式合同。要式合同是指按照法律规定或者当事人约定必须采用特定形式订立方能成立的合同，如中外合资企业合同需要经国家有关部门批准，合同才能成立。不要式合同是指对合同成立的形式没有特别要求的合同，如普通货物买卖合同。

6. 主合同与从合同

根据合同相互间的主从关系，可将合同分为主合同与从合同。主合同是无须以其他合同存在为前提即可独立存在的合同，如借款合同。从合同，又称附属合同，是以其他合同的存在为其存在前提的合同，如保证合同、抵押合同等担保合同即为从合同。

7.2　合同的订立

7.2.1　合同的订立程序

合同的订立是指 2 个或 2 个以上的当事人，依法就合同的主要条款经过协商一致达成合意的法律行为。当事人订立合同，采取要约、承诺的方式。一般情况下，承诺生效时合同即为成立。

1. 要约

要约是希望和他人订立合同的意思表示，是一方当事人向对方提出签订合同的建议和要求。发出要约的当事人称为要约人，接受要约的当事人称为受要约人。

（1）要约应具备的条件

① 要约必须是要约人向受要约人发出的意思表示。受要约人一般为特定的人，但在特殊情况下，要约人也可以向不特定人发出要约。

② 要约的内容具体确定。“具体确定”是指该要约具有足以使合同成立的主要条件与条款，如标的、数量、质量、价款或者报酬、履行期限、履行地点和履行方式等。由于要约一经受要约人承诺，合同即可成立。因此要约的内容越明确具体，越有利于受要约人了解合同内容，快速作出承诺。

③ 要约必须具有订立合同的目的。要约要表明一经受要约人承诺，要约人即受该意思表示的约束。

案例分析7-2

甲于 2014 年 5 月 10 日向乙发出一份电文称：我公司现有 100 号水泥 100 吨，每吨售价 5 000 元，如贵公司需要，请在一个星期内予以答复。该电文是否属于要约?

分析　本案例中，甲向乙发出的电文是要约。这是因为甲发出的电文的内容具体确定，包括合同的主要条款，具备要约的条件。

（2）要约邀请

要约邀请也称要约引诱，是希望他人向自己发出要约的意思表示。要约邀请是当事人订立合同的准备阶段，其目的是让他人向自己发出要约，没有法律约束力。《合同法》规定，寄送的价目表、拍买公告、招标公告、招股说明书、商业广告等为要约邀请。但商业广告的内容符合要约规定的，视为要约。在实践中要注意要约与要约邀请的区分。

案例分析7-3

甲于 2014 年 5 月 10 日向乙发出一份电文称：我公司现有 100 号水泥 100 吨，如贵公司需要，请速告知。该电文是否属于要约?

分析　本案例中，甲向乙发出的电文是要约邀请。要约邀请是希望他人向自己发出要约的意思表示。甲向乙发电文的目的是希望乙向自己发出要约，对甲没有法律约束力。

（3）要约的生效时间

要约的生效时间是指要约从何时开始对要约人和受要约人产生法律上的约束力。《合同法》采取到达主义，即要约到达受要约人时生效。要约的送达方式不同，到达时间的确定也不同。采取直接送达的，记载要约的文件交给受要约人时即为到达；采用普通邮寄方式送达的，以受要约人收到要约文件或要约送达到受要约人的信箱的时间为到达时间；采用数据电文方式发出要约的，收件人指定特定系统接收数据电文的，该数据电文进入该特定系统的时间，视为到达时间；未指定特定系统的，该数据电文进入收件人的任何系统的首次时间，视为到达时间。要约到达受要约人，并不是指要约一定实际到达受要约人（或者其代理人）手中，要约只要送达到受要约人通常的地址、住所或能够控制的地方（如信箱）即为送达。

（4）要约的撤回与撤销

① 要约的撤回。要约的撤回是指要约人在发出要约后，要约生效前，要约人可以撤回邀约，使要约不发生法律效力。但撤回要约的通知应当在要约到达受要约人之前或者与要约同时到达受要约人。

② 要约的撤销。要约的撤销是指要约生效后，受要约人承诺前，要约人取消要约使其效力归于消灭。但撤销要约的通知应当在受要约人发出承诺之前到达受要约人。为了充分保护受要约人的合法权益，《合同法》规定，有这些情形之一的，要约不得撤销：第一，要约人确定了承诺期限或以其他形式明示要约不可撤销；第二，受要约人有理由认为要约是不可撤销的，并已经为履行合同做了准备工作。

（5）要约的失效

要约失效是指要约丧失法律约束力，要约人与受要约人均不再受其约束。《合同法》规定，有这些情形之一的，要约失效：①拒绝要约的通知到达要约人；②要约人依法撤销要约；③承诺期限届满，受要约人未作出承诺；④受要约人对要约的内容作出实质性变更。实质性的变更实际上就是一个新要约，或者叫作反要约，原来的要约也就失去了效力。

案例分析7-4

2014年5月10日甲公司向乙公司发出传真称："我公司急需计算机500台，如你公司有货，请速告知，我公司有意购买。"乙公司接到该传真后回复，它们备有现货，且告知了计算机的配置、交货时间地点、价格等，同时告知履行方式是先发货后付款。甲公司接到乙公司的传真后，及时复电同意乙公司的条件。

根据上述情况及《合同法》的有关规定，回答下列问题。

（1）甲公司向乙公司发出的传真是要约还是要约邀请？

（2）乙公司的回复是要约还是承诺？为什么？

（3）甲公司接到乙公司的传真后复电同意乙公司的提出条件是要约还是承诺？

分析 （1）甲公司向乙公司发出的传真是要约邀请。要约邀请是指希望他人向自己发出要约的意思表示，不能导致合同关系的产生，只能诱导他人向自己发出要约。本案例中甲公司向乙公司发出传真不具备一个合同应该具备的主要条款，因此不是要约，而是一项要约邀请。

（2）乙公司的回复是要约。要约是希望和他人订立合同的意思表示，是一方当事人向对方提出签订合同的建议和要求。要约的内容必须具体确定，有订合同的意图，并且有足以使合同成立的条款。该要约的内容具备合同成立的条件，因此是要约。

（3）甲公司接到乙公司的传真后复电同意乙公司提出的条件是承诺。承诺是受要约人同意要约的意思表示。且承诺的内容与要约的内容一致，并送达到要约人，双方合同即告成立。

2. 承诺

承诺是受要约人同意要约的意思表示。承诺的法律效力在于，承诺一经作出，并送达到要约人，合同即告成立。

（1）承诺应具备的条件

① 承诺必须由受要约人向要约人作出。由于要约原则上是向特定人发出的，因此只有接受要约的特定人即受要约人才有权作出承诺。非受要约人向要约人作出的表示接受要约的意思表示不是承诺，而是一种要约。

② 承诺应当以通知的方式作出，但根据交易习惯或要约表明可以通过行为作出承诺的除外。

③ 承诺的内容应当与要约的内容一致。承诺是对要约的同意，只有其内容与要约的内容一致，才构成意思表示的一致即合意，从而使合同成立。受要约人对合同的内容作出实质性变更的，为新要约。有关合同的标的、数量、质量、价款或报酬、履行期限、履行地点和方式、违约责任和解决争议的方法等的变更，就是对要约的实质性变更。承诺对要约的内容作出的非实质性变更的，除要约人及时表示反对或要约表明承诺不得对要约的内容作出任何变更的以外，该承诺有效，合同的内容以承诺的内容为准。

④ 承诺必须在要约的有效期内作出。要约规定了承诺期限的，承诺即应在规定的期限内到达要约人。

承诺期限的计算方法为：要约以信件或电文作出的，承诺期限自信件载明的日期或电文交发之日开始计算；信件未载明日期的，自投寄该信件的邮戳日期开始计算；要约以电话、传真等快速通信方式作出的，承诺期限自要约到达受要约人时开始计算。

要约没有确定承诺期限的，承诺应当依照这些规定到达：要约以对话方式作出的，应当即时作出承诺，但当事人另有约定的除外；要约以非对话方式作出的，承诺应当在合理期限内到达。

受要约人超过承诺期限发出承诺的，除要约人及时通知受要约人该承诺有效的以外，为新要约。受要约人在承诺期限内发出承诺按照通常情形能够及时到达要约人，但因其他原因承诺到达要约人时超过承诺期限的，除要约人及时通知受要约人因承诺超过期限不接受该承诺的以外，该承诺有效。

（2）承诺的撤回

由于承诺在一般情况下自承诺通知到达要约人时生效，因此承诺在未生效之前可以撤回，但撤回承诺的通知应当在承诺通知到达要约人之前或与承诺通知同时到达要约人。如果撤回承诺的通知迟于承诺通知到达要约人，则不产生承诺撤回的效力。

（3）承诺的生效

承诺通知到达要约人时生效。承诺不需要通知的，根据交易习惯或要约的要求作出承诺的行为时生效。采用数据电文形式订立合同的，收件人指定特定系统接收数据电文的，该数据电文进入该特定系统的时间，视为承诺到达时间；未指定特定系统的，该数据电文进入收件人的任何系统的首次时间，视为承诺到达时间。承诺生效时合同成立。

7.2.2 合同的内容与形式

1. 合同的内容

（1）合同一般应具备的条款

合同的内容，就是合同当事人的权利与义务，具体体现为合同的各项条款。《合同法》规定，合同的内容由当事人约定，一般包括：①当事人的名称或姓名和住所；②标的；③数量；④质量；⑤价款或报酬；⑥履行的期限、地点和方式；⑦违约责任；⑧解决争议的方法。

（2）格式条款

格式条款是指当事人为了重复使用而预先拟定，并在订立合同时未与对方协商的条款。格式条款的优点在于可以节省时间，有利于事先分配风险，降低交易成本。其弊端在于提供商品或服务的一方在拟订合同条款时，往往利用其优越的经济地位，制订有利于自己的，而损害对方权利的条款。因此为了维护公平、保护弱者，《合同法》对格式条款作出了如下法律规定。

① 提供格式条款一方的一般义务。即采用格式条款订立合同的，提供格式条款的一方应当遵循公平原则确定当事人之间的权利和义务，并采取合理的方式提请对方注意免除或限制其责任的条款，按照对方的要求，对该条款予以说明。

② 确定了格式条款无效的情形。格式条款具备这些情形之一的，不发生法律效力：一方以欺诈、胁迫的手段订立合同，损害国家利益；恶意串通，损害国家、集体或第三人利益；以合法形式掩盖非法目的；损害社会公共利益；违反法律、行政法规的强制性规定。格式条款中约定了这些免责事由的无效：有造成对方人身伤害的免责条款；有因故意或重大过失造成对方财产损失；免除提供格式条款一方责任、加重对方责任、排除对方主要权利。

③ 确立了格式条款的解释规则。对格式条款的理解发生争议的，应当按照通常理的解予以解释。对格式条款有两种以上解释的，应当作出不利于提供格式条款一方的解释。格式条款和非格式条款不一致的，应当采用非格式条款。例如，张某向陈某提供格式合同，其中内容约定：陈某还欠款5万元。对"还"是"huan"还是"hai"解释不一致的，应当作出不利于张某的解释。

2．合同的形式

合同的形式是指合同当事人意思表示一致的外在表现形式，是合同内容的载体。

（1）书面形式

书面形式是指合同书、信件和数据电文（包括电报、电传、传真、电子数据交换和电子邮件）等可以有形地表现所载内容的形式。书面形式的最大优点是合同有据可查，发生纠纷时容易举证，便于分清责任。因此，对于关系复杂的合同、重要的合同，最好采取书面形式。

（2）口头形式

口头形式是指当事人只用语言不用文字为意思表示订立合同的形式，如当面交谈、电话联系等。凡合同当事人没有约定，法律未规定特定形式的合同均可采用口头形式。

（3）其他形式

其他形式是指除书面形式、口头形式之外表达合同内容的形式。其他形式主要是推定和沉默等方式。

法律、行政法规规定采用书面形式的，应当采用书面形式。当事人约定采用书面形式的，应当采用书面形式。

7.2.3　合同成立的时间和地点

1．合同成立的时间

要约、承诺是合同成立必须经过的2个阶段。一般原则是，承诺生效时合同成立。由于合同订立方式的不同，合同成立的时间也有不同：①采用口头形式的，承诺生效时即承诺到达要约人的时间为合同成立的时间；②采用合同书形式订立合同的，合同成立的时间为合同双方签字或盖章的时间；③采用数据电文形式订立合同的，则以承诺进入收件人系统的时间为合同成立的时间；④采用信件、数据电文形式订立合同的，在合同成立前要求签订确认书，签订确认书的时间为合同成立的时间。

2．合同成立的地点

承诺生效的地点为合同成立的地点。采用数据电文形式订立合同的，收件人的主营地为合同成立的地点；没有主营地的，其经常居住地为合同成立的地点；当事人另有约定的，按其约定；当事人采用合同书形式订立合同的，双方当事人签字或盖章的地点为合同成立的地点。

7.2.4 缔约过失责任

缔约过失责任是指缔约一方当事人因故意或过失违反先合同义务，而造成对方信赖利益的损失时依法承担的损害赔偿责任。

缔约过失责任的构成要件有：①缔约一方当事人有违反先合同义务的行为；②违反先合同义务一方当事人有过错；③造成了另一方信赖利益的损失；④违反先合同义务的行为与损失之间有因果关系。

《合同法》规定，当事人在订立合同过程中有这些情形之一，给对方造成损失的，应当承担损害赔偿责任：①假借订立合同，恶意进行磋商；②故意隐瞒与订立合同有关的重要事实或提供虚假情况；③当事人泄露或不正当地使用在订立合同过程中知悉的商业秘密；④有其他违背诚实信用原则的行为。

拓展与提高

缔约过失责任与违约责任存在的区别

区别 \ 责任形式	缔约过失责任	违约责任
2种责任产生的时间	缔约过失责任发生在合同成立之前	违约责任产生于合同生效之后
适用和范围不同	缔约过失责任适用于合同未成立、合同未生效等情况	违约责任适用于已生效的合同
赔偿范围不同	缔约过失赔偿的是信赖利益的损失	违约责任赔偿的是可期待利益的损失。原则上，可期待利益的损失要大于信赖利益的损失

案例分析7-5

李某和陈某两人各开一个饭店，两饭店相邻，生意都很兴隆。后李某因投身其他行业欲将饭店转让给赵某，赵某出价100万元。陈某得知此事后担心财力雄厚的赵某接手李某的饭店后，在日后竞争中自己落于下风。于是陈某积极与李某磋商，表明自己也有决心买下饭店并出价150万元。李某见陈某出价高，遂终止与赵某的磋商，转而一心一意地与陈某谈判。陈某见赵某退出，便找借口不与李某签订购买饭店合同，造成李某的饭店卖不出去，最终不得不以更低的价格转让给别人。请问：陈某应对李某承担什么责任？

分析 陈某应当承担缔约过失责任。本案例中，陈某假借订立合同的名义与李某进行恶意磋商，致使李某与第三方赵某的协商未获成功，使李某遭受了损失。陈某的行为违背了诚实信用原则，根据《合同法》的规定，陈某要承担缔约过失责任，应当就李某所遭受的损失进行赔偿。

7.3 合同的效力

7.3.1 合同的效力

合同的效力是指依法成立的合同对当事人产生的约束力。合同的成立与合同的效力不同。合同的成立是当事人之间是否就合同内容协商一致即合意，而合同的生效是成立的合同是否具有法律约束力。

7.3.2 合同的生效

1. 合同的生效要件

合同生效要件是已经成立的合同产生法律效力应当具备的条件。合同生效一般应具备的要件有：①行为人具有相应的民事行为能力；②意思表示真实；③不违反法律、行政法规的强制性规定，不损害国家和社会公共利益。

2. 合同的生效时间

① 依法成立的合同，自成立时生效。但法律、行政法规规定应当办理批准、登记等手续生效的，依照其规定。

② 附条件的合同。附生效条件的合同，自条件成就时生效。附解除条件的合同，自条件成就时失效。当事人为自己的利益不正当地阻止条件成就的，视为条件已成就；不正当地促成条件成就的，视为条件不成就。

③ 附期限的合同。当事人对合同的效力可以约定附期限。附生效期限的合同，自期限届至时生效。附终止期限的合同，自期限届满时失效。

7.3.3 合同无效

合同无效是指合同因欠缺一定生效要件，而自始、绝对、当然不发生法律效力。《合同法》规定，有这些情形之一的合同无效。

① 一方以欺诈、胁迫的手段订立合同，损害国家利益。欺诈是指当事人一方故意告知对方虚假情况，或者故意隐瞒真实情况，诱使对方当事人作出错误意思表示的行为。胁迫是指以将来要发生的损害或直接施加损害相要挟，迫使对方作出违背真实意思表示的行为。一方以欺诈、胁迫的手段订立的合同无效，仅限于损害国家利益的情形。

② 恶意串通，损害国家、集体或第三人利益。恶意串通是指当事人明知其所订立的合同将会造成国家、集体和第三人利益的损害，相互配合实施该行为。

③ 以合法形式掩盖非法目的。以合法形式掩盖非法目的是指当事人采取合法的形式实施内容违法的行为。

案例分析7-6

甲与乙签订一份商品房转让合同，甲把自己的房子卖给乙，房款一共是30万元。为了少缴契税，双方商量，签2份合同。一份合同里面写的是房款30万元，这是真实的合同，双方的权利义务以本合同为准；另外一份合同写的是房款15万元，是为了少缴契税，办理过户登记手续用的。后发生纠纷，原因是乙依据办理过户登记的合同，仅仅给付了甲15万元，余款一直不给付甲。甲多次索要无果，起诉至法院，请求法院判决乙给付余款。如何认定双方签订的房款为15万元合同的效力？如何处理此纠纷？

分析 双方签订的房款为15万元合同没有法律效力。该合同是一个典型的以合法形式掩盖非法目的合同。《合同法》规定，以合法形式掩盖非法目的的合同无效。本案例中，当事人双方为了少缴契税这一非法目的，以一个虚假的合同掩盖另一个真实的合同。违反法律、行政法规的强制性规定，并且造成国家利益的损害，因而房款为15万元的合同无效。乙应补齐15万元的房款，甲、乙双方应依照法律规定到房地产交易管理部门补缴税费。

④ 损害社会公共利益。社会公共利益体现了全体社会成员的最高利益，违反社会公共利益或公序良俗的合同无效，这是各国立法普遍确认的原则。

⑤ 违反法律、行政法规的强制性规定。

7.3.4 可撤销的合同

可撤销的合同即可变更、可撤销的合同，是指当事人在订立合同时，因意思表示不真实，一方当事人可以向法院或仲裁机构请求撤销或变更该合同，使已经生效的合同归于无效或合同内容发生变更。可撤销合同是一种相对无效的合同，合同被撤销之前仍然有效，被撤销后从合同订立时无效，其效力取决于当事人的意志。

《合同法》规定，可撤销的合同的情形主要有：①因重大误解而订立的合同。重大误解是指合同当事人对合同的内容有重大误解，使行为的后果与自己的意思相悖，并造成较大损失。这里的重大误解主要是指对合同的标的、对方当事人、数量、质量、性质等作出的误解。②在订立合同时显失公平的合同。显失公平的合同是指一方当事人利用优势或利用对方缺乏经验而订立的，合同当事人之间权利、义务明显不平等的合同。显失公平的合同违反了公平原则。③一方以欺诈、胁迫的手段或乘人之危，使对方在违背真实意思的情况下订立的合同。乘人之危是指一方当事人乘对方于危难之机，为牟取不正当利益，迫使对方作出不真实的意思表示，严重损害对方当事人利益的行为。

有这些情形之一的，撤销权消灭：①具有撤销权的当事人自知道或应当知道撤销事由之日起1年内没有行使撤销权；②具有撤销权的当事人知道撤销事由后明确表示或以自己的行为放弃撤销权。

案例分析7-7

李某继承其父亲遗留的一幅字画，误认为其是赝品，遂以1 000元价格出售给王某。1年后，李某同回家探亲的叔叔谈起此字画，方知该画系真迹，价值至少30万元。于是李某找到王某要求返还字画，王某不同意。为此，双方发生争议。李某起诉至法院，要求撤销与王某之间的交易，并要求返还字画。请问：李某是否有权要求撤销与王某之间的交易？为什么？

分析 李某有权要求撤销与王某之间的交易。因重大误解而订立的合同为可撤销的合同，受损害方有权请求撤销该合同。根据《合同法》的规定，行为人因对行为的性质、对方当事人、标的物的品种、质量、规格和数量等的错误认识，使行为的后果与自己的意思相悖，并造成较大损失的，构成重大误解的民事行为。因重大误解订立的合同，受损害方当事人有权在知道或应当知道撤销事由之日起 1 年内请求人民法院或仲裁机构予以撤销。本案例中，李某因对所出售字画的性质发生错误认识，造成较大损失，因此依法可以在知道或应当知道该情形之日起 1 年内申请人民法院予以撤销。

7.3.5 效力待定合同

效力待定合同是指合同虽然已经成立，因不符合有关生效要件的规定，其效力是否发生尚未确定，须经权利人追认才能生效的合同。效力待定合同只有经有权人的追认才生效；如果有权人在一定期限内不予承认，合同则无效。效力待定合同主要有以下几种类型。

① 限制民事行为能力人订立的合同。限制民事行为能力人订立的合同，经法定代理人追认后，该合同有效。但纯获利益的合同或与限制行为能力人的年龄、智力、精神健康状况相适应而订立的合同，不必经法定代理人追认。

相对人可以催告法定代理人在 1 个月内予以追认。法定代理人未作表示的，视为拒绝追认。合同被追认之前，善意相对人有撤销的权利。

案例分析7-8

甲有一儿子乙，12 周岁。2014 年 12 月 10 日，乙把家中一台 7 000 元的数码相机送给同学丙。甲知道后很生气，要求乙向丙要回相机。请问：乙送丙相机的行为是否有效？

分析 乙送丙相机的行为无效。根据《合同法》的规定，限制民事行为能力人订立的合同，经法定代理人追认后，该合同有效。本案例中甲的儿子 12 岁，是限制行为能力人，甲作为乙的法定代理人不追认，则乙赠送丙相机的行为无效。

② 无权代理人订立的合同。行为人没有代理权、超越代理权或者代理权终止后以被代理人名义订立的合同，未经被代理人追认，对被代理人不发生效力，由行为人承担责任。相对人可以催告被代理人在 1 个月内予以追认。被代理人未作表示的，视为拒绝追认。合同被追认之前，善意相对人有撤销的权利。撤销应当以通知的方式作出。

行为人没有代理权、超越代理权或者代理权终止后以被代理人名义订立合同，相对人有理由相信行为人有代理权的，该代理行为有效。

③ 无处分权人订立的合同。无处分权的人处分他人财产，经权利人追认或无处分权的人订立合同后取得处分权的，该合同有效。

7.3.6 合同被确认无效或被撤销的法律后果

合同被确认无效或被撤销以后，自始没有法律效力。合同部分无效，不影响其他合同的效力，其他合同仍然有效。合同无效、被撤销或终止的，不影响合同中独立存在的有关解决争议方法的条款的效力。根据《合同法》的规定，合同被确认无效或被撤销将引起以下法律后果。

① 返还财产。合同无效或被撤销后，因该合同取得的财产，应当予以返还；不能返还或没有必要返还的，应当折价补偿。

② 赔偿损失。合同无效或被撤销后，有过错的一方应当赔偿对方因此所受到的损失，双方都有过错的，应当各自承担相应的责任。

③ 追缴财产。当事人恶意串通，损害国家、集体或第三人利益的，因此取得的财产收归国家所有或返还集体、第三人。

7.4 合同的履行

7.4.1 合同履行的概念和原则

1. 合同履行的概念

合同履行是指合同当事人按照合同约定或法律规定，全面、适当地完成各自承担的合同义务，以使债权人的债权得以实现的行为。合同的履行是合同法的核心，当事人合同订立的目的必须通过当事人履行合同的行为才能实现。

2. 合同履行的原则

（1）全面履行原则

全面履行原则是指当事人按照合同约定的标的及其质量、数量、履行期限、履行方式、履行地点等全面完成自己的合同义务。全面履行原则是判断当事人是否违约的客观标准，是衡量合同履行的尺度，是制裁违约的基本依据，是合同本质要求的集中体现。

（2）协作履行原则

协作履行原则是指合同双方当事人不仅应各自严格履行自己的合同义务，而且应尽力协助对方履行其义务。协作履行原则是诚实信用在合同履行阶段的具体体现。《合同法》规定，当事人应当遵循诚实信用原则，根据合同的性质、目的和交易习惯履行通知、协助、保密等义务。

7.4.2 合同的履行规则

1. 合同条款约定不明确时的履行规则

合同条款应当明确、具体，以便合同的履行，这是各国合同法的普遍要求。然而，由于客观情况的复杂性和当事人主观认识的局限性，合同条款欠缺或约定不明的现象是不可避免的。《合同法》规定，合同生效后，当事人就质量、价款或报酬、履行地点等合同内容没有约定或约定不明确的，可以协议补充；不能达成补充协议的，按照合同有关条款或交易习惯确定。如果按前面两种方式仍不能确定的，适用下列规定。

① 质量要求不明确的，按照国家标准、行业标准履行；没有国家标准、行业标准的，按照通常标准或符合合同目的的特定标准履行。

② 价款或报酬不明确的，按照订立合同时履行地的市场价格履行；依法应当执行政府定价或政府指导价的，按照规定履行。

③ 履行地点不明确，给付货币的，在接受货币一方所在地履行；交付不动产的，在不动产所在地履行；交付其他标的的，在履行义务一方所在地履行。

④ 履行期限不明确的，债务人可以随时履行，债权人也可以随时要求履行，但应当给对方必要的准备时间。

⑤ 履行方式不明确的，按照有利于实现合同目的的方式履行。

⑥ 履行费用的负担不明确的，由履行义务一方负担。

2. 执行政府定价或政府指导价的合同的履行原则

执行政府定价或政府指导价的，在合同约定的交付期限内政府价格调整时，按照交付时的价格计价。逾期交付标的物的，遇价格上涨时，按照原价格执行；价格下降时，按照新价格执行。逾期提取标的物或逾期付款的，遇价格上涨时，按照新价格执行；价格下降时，按照原价格执行。

3. 涉及第三人的合同履行原则

（1）向第三人履行的合同

合同的当事人可以约定由债务人向第三人履行债务。当债务人未向第三人履行债务或履行债务不符合约定的，应当向债权人而不是第三人承担违约责任；债务人对债权人行使的抗辩权，对该第三人均可行使；因向第三人履行债务增加的费用，除当事人双方另有约定外，由债权人承担。

（2）第三人代为履行的合同

合同的当事人可以约定由第三人代替债务人向债权人履行债务，当第三人不履行债务或履行债务不符合约定的，应当由债务人，而不是第三人向债权人承担违约责任；债权人请求第三人履行债务时，债务人对于债权人的一切抗辩权，第三人均可行使；第三人向债权人履行债务所发生的费用，一般应由债务人承担，除非当事人双方另有约定。

4. 债务人提前履行债务或部分履行债务的处理原则

（1）债务人提前履行债务

债权人可以拒绝债务人提前履行债务，但提前履行不损害债权人利益的除外。债务人提前履行债务给债权人增加的费用，由债务人负担。

案例分析7-9

某建筑有限公司和某水泥厂订立了购买水泥的买卖合同，约定由水泥厂于 2015 年 2 月 10 日将水泥送到建筑有限公司租用的库房内。由于水泥厂提前 10 天送货，导致建筑有限公司多支付了库房租金，这部分多付的租金由谁承担?

分析 建筑有限公司多付的这部分租金应由水泥厂承担。《合同法》规定，合同生效后对当事人有约束力，债权人可以拒绝债务人提前履行债务，但提前履行不损害债权人利益的除外。债务人提前履行债务给债权人增加的费用，由债务人负担。本案例中由于债务人水泥厂提前履行债务造成建筑有限公司费用增加，对于增加的这部分费用应由债务人水泥厂负担。

（2）债务人部分履行债务

债权人可以拒绝债务人部分履行债务，但部分履行不损害债权人利益的除外。债务人部分履行债务给债权人增加的费用，由债务人负担。

7.4.3 合同履行中的抗辩权

抗辩权又称异议权，是指在双务合同中，一方当事人在对方不履行或履行不符合约定时，依法对抗对方要求或否认对方权利主张的权利。抗辩权的作用是使对方的权利受到阻碍或消灭。

1. 同时履行抗辩权

同时履行抗辩权是指当事人互负债务，没有先后履行顺序的，应当同时履行。一方在对方履行之前有权拒绝其履行要求。一方在对方履行债务不符合约定时，有权拒绝其相应的履行要求。

同时履行抗辩权的适用条件：①须由同一双务合同而互负债务；②须双方互负的债务没有先

后履行顺序且均已届清偿期；③对方当事人未履行债务或未按照约定履行债务；④对方当事人的对待给付是可能履行的。

2. 后履行抗辩权

后履行抗辩权是指合同的当事人互负债务，有先后履行顺序，先履行一方未履行的，后履行一方有权拒绝其履行要求。先履行一方履行债务不符合约定的，后履行一方有权拒绝其相应的履行要求。

后履行抗辩权的适用条件：①因同一双务合同而互负债务；②债务的履行有先后顺序；③应该先履行的一方未履行或履行债务不符合约定；④应该先履行的债务有履行的可能。

3. 不安抗辩权

不安抗辩权是指合同的当事人互负债务，有先后履行顺序，先履行债务的一方当事人有确切证据证明后履行债务的一方当事人财产状况恶化时，在后履行债务的一方未履行或未提供担保之前，有权中止履行合同义务。设立不安抗辩权的目的在于保护先履行一方当事人的合法权益不受损害，体现了公平原则。

根据《合同法》的规定，应当先履行债务的当事人，有确切证据证明对方有这些情形之一的，可以中止履行：①经营状况严重恶化；②转移财产、抽逃资金，以逃避债务；③丧失商业信誉；④有丧失或可能丧失履行债务能力的其他情形。

不安抗辩权的效力表现在两个方面。①中止合同。先履行一方有权中止履行自己承担的合同义务，但应及时通知对方。对方提供适当担保时，应当恢复履行。②解除合同。中止履行后，对方在合理期限内未恢复履行能力并且未提供适当担保的，中止履行的一方可以解除合同。

案例分析7-10

2014年3月10日甲公司和乙公司订立设备买卖合同。合同约定甲公司购买乙公司5台设备，每台10万元，总价款50万元，交货时间为同年4月20号，货到付款。合同成立后，在交货日前，甲公司有确切证据证明，乙公司经营状况严重恶化，丧失了履行债务的能力，于是通知乙公司中止履行合同，并要求乙公司提供充分担保。乙公司提供了充分担保，甲公司恢复履行。甲公司单方面通知乙公司中止履行合同行使的是什么权利?

分析 甲公司单方面通知乙公司中止履行合同行使的是不安抗辩权。根据《合同法》的规定，双务合同成立后，应当先履行债务的当事人，有确切证据证明对方不能履行债务或有不能履行债务的可能时，在对方没有履行或没有提供担保之前，有权中止履行合同义务。本案例中甲公司有乙公司丧失履行债务能力的确切证据，因此，甲公司有权行使不安抗辩权。

7.4.4 合同的保全

合同的保全是指为防止因债务人的财产不当减少而给债权人的债权带来危害，允许债权人行使代位权或撤销权，以保护其债权。

1. 代位权

代位权是指当债务人怠于行使其对第三人（次债务人）享有的到期权利而对债权人造成损害的，债权人以自己的名义代债务人行使其债权的权利。

债权人行使代位权应具备的条件有：①债权人与债务人之间必须存在合法的债权、债务关系；②债务人怠于行使其到期债权且给债权人造成损害；③债务人的债权已到期；④债务人的债权不是专属于债务人自身的债权。

债权人在行使代位权时应注意：①债权人以自己的名义行使代位权；②代位权应当通过诉讼形式行使，债权人是原告，次债务人是被告，债务人为诉讼上的第三人；③代位权行使的范围应当以债权人的债权为限；④如果债权人胜诉，次债务人承担诉讼费用，其他的必要费用由债务人负担；⑤债权人的债权就代为权行使的结果享有优先受偿权。

案例分析7-11

甲公司向乙银行贷款100万元，到期不能还本付息。丙公司欠甲公司100万元，甲公司在其债权到期后，一直不行使对丙公司的债权，致使其无力清偿对乙银行的债务。债权人乙银行作为原告向人民法院起诉，请求法院判令次债务人丙公司直接向债权人乙银行履行清偿义务。请问：人民法院是否会支持乙银行的诉讼请求？

分析　人民法院应支持乙银行的请求。根据《合同法》的规定，因债务人怠于行使其到期债权，对债权人造成损害的，债权人可以向人民法院请求以自己的名义代位行使债务人的债权，但该债权专属于债务人自身的除外。本案例中，由于甲公司怠于行使对丙公司的到期债权，损害了债权人乙银行的利益，乙银行就有权行使代位权，请求人民法院判令丙公司偿还甲公司的欠款。

2. 撤销权

撤销权是指债务人放弃其到期债权、无偿转让财产或以明显不合理的低价转让财产，对债权人造成损害的，债权人可以请求人民法院撤销债务人处分行为的权利。债权人行使撤销权应具备以下条件。

① 债权人对债务人存在有效的债权。这是行使撤销权的前提和基础。

② 债务人实施了一定的处分财产的行为，对债权人造成了损害。债务人实施的处分财产的行为包括2种情形：第一，债务人放弃其到期债权或无偿转让财产，对债权人造成损害的；第二，债务人以明显不合理的低价转让财产，并且受让人“知道”该情形的，即受让人是“恶意”的。

③ 债权人行使撤销权应以其债权为限。

④ 撤销权应在法定期间行使。《合同法》规定，撤销权自债权人知道或应当知道撤销事由之日起1年内行使。自债务人的行为发生之日起5年内没有行使撤销权的，该撤销权消灭。

撤销权的行使必须是由债权人以自己的名义通过诉讼方式请求人民法院撤销债务人不当处分财产的行为。在诉讼中，原告是债权人，被告是债务人，受益人或受让人为诉讼上的第三人。

行使撤销权的法律效果如下。

① 一旦人民法院确认债权人的撤销权成立，债务人的处分行为即归于无效。债务人的处分行为无效的法律后果则是返还财产，即受益人应当返还从债务人处获得的财产。

② 撤销权行使的目的是恢复债务人的责任财产，债权人就撤销权行使的结果并不能获得优先受偿权。

案例分析7-12

甲欠乙100万元货款，逾期未还。甲除了在某大城市的市中心有一幢房子外，无其他财产。按照市场平均价该房产价值100万元，最低也能卖到90万元。甲把这套房子卖给了他的妹妹，仅作价45万元，并办理了产权转让手续。乙向法院起诉，要求撤销甲与其妹妹之间转让房屋的行为。请问：乙的要求能得到法院的支持吗？

分析 乙的要求能得到法院的支持。《合同法》规定，因债务人放弃其到期债权或无偿转让财产，对债权人造成损害的，债权人可以请求人民法院撤销债务人的行为。债务人以明显不合理的低价转让财产，对债权人造成损害，并且受让人知道该情形的，债权人也可以请求人民法院撤销债务人的行为。在这个案例中，乙要求撤销甲与其妹妹之间转让房屋的行为，是行使撤销权，他的这一权利应该得到法院的支持。因为甲在没有其他财产的情况下，以明显不合理的低价处分财产，损害了债权人乙的利益。

7.5 合同的变更、转让及终止

7.5.1 合同的变更

1. 合同变更的概念

合同变更，即合同内容的变更，是指有效成立的合同，尚未履行或尚未完全履行之前，在合同当事人保持不变的情形下，当事人对合同的内容所进行的修改或补充。

2. 合同变更的要件

① 当事人之间存在着有效的合同关系。

② 必须有合同内容的变化。合同内容的变更主要是对合同的标的、数量、质量、价款或酬金、履行期限、履行地点、履行方式、违约责任等的变更，当事人对合同变更的内容约定不明确的，推定为未变更。

③ 合同的变更应当根据法律的规定或当事人约定。当事人可请求人民法院根据《合同法》第五十四条的规定对重大误解或显失公平的合同进行变更；或者由当事人各方协商一致，在原来合同内容的基础上达成新的协议。

④ 必须遵守法定的形式。当事人协商一致，可以变更合同。法律、行政法规规定变更合同应当办理批准、登记等手续的，依照其规定，否则合同变更不生效。

3. 合同变更的效力

合同变更后，对合同当事人具有法律约束力，当事人应该按照变更后的内容履行。未变更的权利义务继续有效，合同变更不涉及已经履行的部分。合同变更不影响当事人要求赔偿损失的权利。

7.5.2 合同的转让

合同的转让，即合同主体的变更，是指合同当事人一方依法将其合同的权利和义务全部或部分转让给第三人的法律行为。合同转让，按照其转让的权利义务的不同，可分为合同权利的转让、合同义务的转移和合同权利义务的一并转让 3 种形态。

1. 合同权利的转让

（1）合同权利的转让的概念

合同权利的转让，又称债权让与，是指合同债权人通过协议将其债权全部或部分转让给第三人的行为。原债权人为让与人，而第三人则为受让人。

《合同法》规定，债权人可以将合同的权利全部或部分转让给第三人。债权人转让权利的，应当通知债务人。未经通知，该转让对债务人不发生效力。债权人转让权利的通知不得撤销，但经受让人同意的除外。即债权转让不以债务人的同意为生效条件，但是要对债务人发生效力，则必须通知债务人。

为保护社会公共秩序和维护交易秩序，兼顾当事人各方的利益，《合同法》规定，债权人可以将合同的权利全部或部分转让给第三人，但有这些情形之一的除外：①根据合同性质不得转让；②按照当事人约定不得转让；③依照法律规定不得转让。

（2）合同权利转让的效力

① 对受让人的效力。债权人转让权利的，受让人同时取得与债权有关的从权利，但该从权利专属于债权人自身的除外。债权人转让全部权利的，受让人取代原债权人成为合同的主体；债权人转让部分权利的，则让与人与受让人为共同债权人。

② 对债务人的效力。债务人接到债权转让通知后，债务人应当向受让人履行债务；债务人对让与人的抗辩可以向受让人主张；债务人对让与人的抵销权可以向受让人行使。

2. 合同义务的转移

（1）合同义务的转移的概念

合同义务的转移，又称债务承担，是指债务人将合同的义务全部或部分转移给第三人的行为。合同义务的转移涉及新债务人的资信能力和偿还能力，将直接影响到债权人债权的实现。因此，为保护债权人利益，《合同法》规定，债务人转让合同义务的，应当经债权人同意。即债务人与第三人之间达成的转让债务的协议，只有经债权人同意，才发生转让的法律效力。

（2）合同义务转移的效力

债务的移转将发生的效力：①债务承担发生效力后，第三人将全部或部分取代债务人的地位而成为当事人；②债务人基于原债的关系而享有的对抗债权人的抗辩事由，承担人都可以用来对抗债权人；③新债务人应当承担与主债务有关的从债务，但该从债务专属于原债务人自身的除外。

3. 合同权利义务的一并转让

合同权利义务的一并转让，又称合同权利义务的概括转移，是指合同当事人一方将其权利义务一并转让给第三人承受。合同权利义务的概括移转可基于当事人之间的约定而发生，称为合同承受，但此种转移应征得合同对方当事人的同意，否则合同承受不发生效力；也可基于法律的规定而发生，此种情形最典型的表现是法人或其他组织的合并、分立所引起的合同权利义务的移转。

7.5.3 合同的终止

合同的终止是指合同关系在客观上不复存在，合同权利和合同义务归于消灭。《合同法》规定，有下列情形之一的，合同的权利义务终止。

① 债务已经按照约定履行。合同一经履行，合同权利及设立合同的目的便得以实现，合同关系也就自然终止。在实践中，履行是合同终止最为主要的原因。

② 合同解除。合同的解除是指依法成立的合同，在没有履行或没有完全履行之前，因一方当事人的意思表示或双方当事人的协议，使合同关系归于消灭的行为。合同解除分为约定解除和法定解除。

约定解除是指当事人通过协议或行使约定的解除权而进行的合同解除。约定解除又可分为2种：一是协议解除，当事人协商一致，可以解除合同；二是约定解除权的行使，当事人约定一方解除合同的条件，解除合同的条件成就时，解除权人可以解除合同。

法定解除是指依法成立的合同，在没有履行或没有完全履行之前，当事人一方行使法定的解除权而使合同关系消灭的行为。

法定解除与约定解除的区别在于：法定解除是法律直接规定解除合同的条件，在法定解除条件具备时，解除权人可直接行使解除权，将合同解除，不必征得对方当事人的同意；而约定解除是双方的法律行为，一方的行为不能导致合同解除。

《合同法》规定，有这些情形之一的，可以解除合同：因不可抗力致使不能实现合同目的；在履行期限届满之前，当事人一方明确表示或以自己的行为表明不履行主要债务；当事人一方延迟履行主要债务，经催告后在合理期限内仍未履行；当事人一方延迟履行债务或有其他违约行为，致使不能实现合同目的；法律规定的其他情形。

在上述情形中，不可抗力是法定的免责事由，因不可抗力导致的合同目的无法实现不可归责于任何一方当事人，在这种情形下，双方当事人都可行使解除权。而其他几种情形均是可归责于当事人一方的违约行为，此时只有守约的一方才能行使解除权。

案例分析7-13

甲公司和乙公司签订了100万元货物买卖合同，约定甲公司在5月15日之前向乙公司交货，乙公司在收货验收无误后3日内付款。合同签订后甲方积极组织生产为履行做准备。但是5月12日甲公司所在地突然发生了强烈的地震，甲公司变成了一片废墟。请问：甲公司如果到时不能交货能否解除合同？

分析 甲公司如果到时不能交货能解除合同。本案例中，甲公司不能交货是由于不可抗力造成的，《合同法》规定因不可抗力致使不能实现合同目的的，当事人有权解除合同。

合同解除的效力，对当事人来说，主要体现在3个方面。首先，合同解除后，尚未履行的，终止履行；已经履行的，根据履行情况和合同性质，当事人可以要求恢复原状，采取其他补救措施，并有权要求赔偿损失。其次，合同的权利义务终止，不影响合同中结算和清理条款的效力。最后，合同终止只是意味着合同上约定义务的终止，但当事人却因此产生了后合同义务，即合同的权利义务终止后，当事人应当遵循诚实信用原则，根据交易习惯履行通知、协助、保密等义务。

③ 债务抵销。债务抵销是指双方当事人互负债务时，各以其债权充当债务的清偿，而使其债务与对方的债务在对等额内相互消灭。因此，抵销也是合同的权利义务终止的原因之一。抵销分为法定抵销和约定抵销两种。

法定抵销是指当事人互负到期债务，该债务的标的物种类、品质相同的，任何一方可以将自己的债务与对方的债务抵销，但依照法律规定或按照合同性质不得抵销的除外。当事人主张抵销的，应当通知对方，通知自到达对方时生效。

法定抵销应当具备的条件：必须是双方当事人互负债务、互享债权；双方互负债务必须是给付种类相同，即标的物的种类、品质相同；必须是双方的债务均已到期；必须是双方的债务为可抵销的债务。

约定抵销是指当事人互负债务且标的物的种类、品质不相同的，经双方协商一致，也可以抵销。

案例分析7-14

甲商场欠乙公司装修款15万元，乙公司欠甲商场货款10万元。现甲商场欠款已到期，乙公司欠款也已到期。请问：甲商场能否主张抵销10万元债务？

分析 甲商场有权主张抵销。根据《合同法》的规定，当事人互负到期债务，债务标的物种类、品质相同的，任何一方均可主张抵销。本案例中双方债务都属于金钱债务可以抵销。

④ 提存。提存是指债务人将无法清偿的标的物提交给提存机关，以消灭合同债务的行为。债务的履行往往需要债权人的协助，如果债权人无正当理由而拒绝受领或不能受领，债权人虽然应负受领迟延责任，但债务人的债务却并未消灭，债务人仍要随时准备履行，为债务履行提供的担保也不能消灭，显失公平。为此法律设立了提存制度，规定在债权人拒绝受领或不能受领标的物时，债务人可以将标的物提交有关机关。提存后，合同终止。

《合同法》规定，有这些情形之一，难以履行债务的，债务人可以依法办理提存：债权人无正当理由拒绝受领；债权人下落不明；债权人死亡未确定继承人或丧失民事行为能力未确定监护人；法律规定的其他情形。

标的物提存后，毁损、灭失的风险由债权人承担。提存期间，标的物的孳息归债权人所有，提存费用由债权人负担。标的物不适于提存或提存费用过高的，债务人依法可以拍卖或变卖标的物，提存所得的价款。

标的物提存后，合同虽然终止，但债务人还负有后合同义务，除债权人下落不明的以外，债务人应及时通知债权人或债权人的继承人、监护人。

债权人领取提存物的权利，自提存之日起 5 年内不行使而消灭，提存物扣除提存费用后归国家所有。

⑤ 免除。免除是指债权人免除债务人的债务而使合同权利义务部分或全部终止的意思表示。免除是债权人的单方法律行为。

免除的效力是使合同消灭。债务全部免除的，合同债即全部消灭；债务部分免除的，合同于免除的范围内部分消灭。主债务因免除而消灭的，从债务也随之免除。但是，免除不得损害第三人的利益。

⑥ 混同。混同是指债权债务同归于一人，致使合同关系消灭的事实。《合同法》规定，债权和债务同归于一人的，合同的权利义务终止，但涉及第三人利益的除外。

⑦ 法律法规规定的或当事人约定终止的其他情形。

7.6　违约责任

7.6.1　违约责任概述

1. 违约责任的概念

违约责任，也称违反合同的民事责任，是指合同当事人不履行合同义务或履行合同义务不符合约定所应承担的民事责任。《合同法》规定，当事人一方不履行合同义务或履行合同义务不符合约定的，应当承担继续履行、采取补救措施或赔偿损失等违约责任。因此，合同当事人违约时不考虑其主观上是否存在过错，只要一方不履行合同义务或履行合同义务不符合约定的，就应承担违约责任，除非存在法定和约定的免责事由。

2. 违约责任的特点

① 违约责任以合同的有效存在为前提条件。

② 违约责任是合同当事人不履行合同义务所产生的责任。如果当事人违反的不是合同义务，而是法律规定的其他义务，则应负其他责任。

③ 违约责任具有相对性。违约责任只能在特定的当事人之间，即合同关系的当事人之间

发生。

④ 违约责任具有补偿性。违约责任的补偿性是指弥补或补偿因违约行为而给合同债权人所造成的财产损失。

7.6.2 违约行为

违约行为是指合同当事人违反合同义务的行为。即当事人一方不履行合同义务或履行合同义务不符合约定的情形。当事人承担违约责任的条件是一方在客观方面有违约行为，没有违约行为则不承担责任。

1. 不履行合同义务

不履行合同义务是指当事人不能履行或拒绝履行合同义务。

（1）不能履行

不能履行，又称给付不能，是指债务人由于某种情形导致事实上已经不可能再履行债务。

（2）拒绝履行

拒绝履行是指当事人一方明确表示或以自己的行为表明不履行合同义务。它是违约的一种形态。拒绝履行与不能履行不同，前者强调当事人有能力履行而不履行，后者则强调客观上不能履行，已没能力履行。《合同法》规定，当事人一方明确表示或以自己的行为表明不履行合同义务的，对方可以在履行期限届满之前要求其承担违约责任。

2. 履行合同义务不符合约定

履行合同义务不符合约定，又称不适当履行，是指债务人没有完全按照合同约定的内容履行合同义务，其含义很广，包括不履行以外的一切违反合同义务的情形，如迟延履行、瑕疵履行、部分履行、履行地点不当和履行方式不当等。

7.6.3 承担违约责任的方式

1. 继续履行

继续履行，又称实际履行，是指违反合同的当事人一方不论是否已经承担赔偿金或违约金责任，都必须按照对方的要求，在自己能够履行的条件下，对原合同未履行的部分进行履行。

（1）金钱债务违约的继续履行

当事人未履行金钱债务的违约行为，即未支付价款或报酬的行为，包括完全未支付价款或报酬和不完全支付价款或报酬两方面。《合同法》规定，当事人一方未支付价款或报酬的，对方可以要求其支付价款或报酬。

（2）非金钱债务违约的继续履行

非金钱债务如提供货物、提供劳务、完成工作，不同于金钱债务，其债务标的往往更具有特定性和不可替代性。因此，非金钱债务的履行更加强调实际履行原则。当事人未履行非金钱债务的违约行为，包括不履行非金钱债务和履行非金钱债务不符合约定，通常守约方都可以请求违约方实际履行。

《合同法》规定，对于非金钱债务的违约，有这些情形之一的，权利人不能再向债务人提出继续履行的请求：①法律上或事实上不能履行；②债务的标的不适于强制履行或者费用过高；③债权人在合理期限内未要求继续履行。

（3）迟延履行与继续履行

迟延履行属于不完全履行的一种，是指债务人能够履行，但在履行期限届满时未履行债务的情况。《合同法》规定，当事人就迟延履行约定违约金的，违约方支付违约金后，还应当履行债务。

2．采取补救措施

补救措施主要适用于质量不符合约定的情况。《合同法》规定，质量不符合约定的，应当按照当事人的约定承担违约责任。对违约责任没有约定或约定不明确，如果达不成协议的，受损害方根据标的的性质及损失的大小，可以合理选择要求对方承担修理、更换、重作、退货、减少价款或报酬等违约责任。补救措施包括承担修理、更换、重作、退货、减少价款或报酬等形式。

3．赔偿损失

赔偿损失是指合同当事人一方不履行合同义务或履行合同义务不符合约定，给对方造成财产损失的，应当赔偿对方所受损失。损失赔偿额应当相当于因违约所造成的损失，包括合同履行后可以获得的利益，但不得超过违反合同一方订立合同时预见到或应当预见到的因违反合同可能造成的损失。当事人可以在合同中约定因违约产生的损失赔偿额的计算方法。

4．支付违约金

违约金是指当事人在合同中约定的在一方违约时，向对方支付的一定数额的货币。为了体现公平、诚实信用的原则，《合同法》对违约金责任作了必要的限制。《合同法》规定，约定的违约金低于造成损失的，当事人可以请求人民法院或仲裁机构予以增加；约定的违约金过分高于造成的损失的，当事人可以请求人民法院或仲裁机构予以适当减少。

5．定金

定金是指合同当事人为了确保合同的履行，由一方预先给付另一方一定数额的货币。《合同法》规定，当事人既约定违约金，又约定定金的，一方违约时，对方可以选择适用违约金或定金条款。可见，定金与违约金作为2种独立的违约责任形式，不能同时并用，而只能选择其一适用。适用了定金责任就不能再适用违约金责任，适用了违约金责任就不能再适用定金责任，守约方享有选择权。

案例分析7-15

2014年7月，甲、乙双方订立买卖某设备的合同。合同约定：甲购买乙5套设备，货款为100万元；乙须于2014年10月底交货，甲收货后10内付清全部货款；甲向乙支付定金20万元；如任何一方违约应支付违约金30万元。乙违约。甲向法院起诉请求法院判令乙支付违约金30万元，同时请求乙双倍返还定金40万元。请问：法院能支持甲的诉讼请求吗？

分析 法院不会支持甲的诉讼请求。《合同法》规定，当事人既约定违约金，又约定定金的，一方违约时，对方可以选择适用违约金或定金条款。这就是说，定金和违约金不能同时并用，而只能选择其一适用，适用了定金责任就不能再适用违约金责任，适用了违约金责任就不能再适用定金责任，否则，会给违约方施以过重的责任，有失公平。因此，甲只能向法院请求选择乙双倍返还定金或支付违约金。

7.6.4 免责事由

免责事由是指当事人约定或法律规定的债务人不履行合同时可以免除承担违约责任的条件与

事项。免责事由包括法定免责事由和约定免责事由。法定的免责事由是法律规定的免除责任的事由，主要是指不可抗力。

不可抗力是指当事人订立合同时不能预见、不能避免并不能克服的客观情况。不可抗力包括：①自然灾害，如火灾、地震等；②政府行为，如政府征用、发布新政策法规等；③社会异常事件，如罢工、战争等。

《合同法》规定，因不可抗力不能履行合同的，根据不可抗力的影响，部分或全部免除责任，但法律另有规定的除外。当事人迟延履行后发生不可抗力的，不能免除责任。当事人一方因不可抗力不能履行合同的，应当及时通知对方，以减轻可能给对方造成的损失，并应当在合理期限内提供证明。

案例分析7-16

2014年6月10日甲公司与乙公司订立了买卖货物合同，双方约定由甲公司向乙公司提供10吨A货物，货到后10天内付款。7月28日，甲公司与丙运输公司订立货物运输合同，双方约定由丙公司将10吨A货物运至乙公司。8月1日，丙公司先运了7吨A货物至乙公司，乙公司收货，并于8月8日付清7吨A货物的货款。8月26日，甲公司通知丙公司将其余3吨A货物运往乙公司，丙公司在运输途中遭遇洪水，导致3吨A货物全部毁损，致使甲公司8月31日前不能按时全部交货。9月5日，乙公司要求甲公司承担违约责任。

要求：根据以上事实及《合同法》的规定，回答下列问题。

（1）乙公司9月5日要求甲公司承担违约责任的行为是否合法？说明理由。

（2）丙公司是否应对运货途中的货物毁损承担损害赔偿责任？说明理由。

分析 （1）乙公司9月5日要求甲公司承担违约责任的行为合法。根据《合同法》的规定，当事人一方因第三人的原因造成违约的，应当向对方承担违约责任。当事人一方和第三人之间的纠纷，按照法律规定或约定解决。

（2）丙公司可以不对运货途中的货物毁损承担损害赔偿责任。根据《合同法》的规定，承运人对运输过程中货物的毁损、灭失承担损害赔偿责任，但承运人证明货物的毁损、灭失是因不可抗力、货物本身的自然性质或合理损耗，以及托运人、收货人的过错造成的，不承担损害赔偿责任。本案例中，丙公司在运输货物途中遭遇洪水，致使货物毁损属于因不可抗力造成的损失，因此可以不承担损害赔偿责任。

7.6.5 违约责任和侵权责任的竞合

违约责任是违反合同的责任，侵权责任为侵犯人身权、财产权所应承担的民事责任。当某一违约行为既符合违约责任要件又符合侵权责任要件时，并且这两个责任之间相互冲突，则形成民事责任中违约责任与侵权责任的竞合。

在违约责任与侵权责任出现竞合时，对某一权利的损害，只允许当事人选择一种请求权实施权利的救济，而不能同时行使两个请求权。《合同法》规定，因当事人一方的违约行为，侵害对方人身、财产权益的，受损害方有权选择依照本法要求其承担违约责任或依照其他法律要求其承担侵权责任。

本章小节

本章重点阐述合同的概念和特征，合同的订立，合同的效力，合同的履行，合同的变更、转让和终止，违约责任等内容。合同法属于意思自治法，是市场经济的基本交易规则，对保护当事人的合法权利，维护市场交易秩序具有十分重要的意义。学生要准确地理解和掌握合同法的基本原理、具体法律制度及其相应的规范，并能够在实践中灵活地运用，分析和处理各种合同实务问题。

引导案例分析

（1）甲公司有权解除合同。根据规定，当事人一方迟延履行主要债务，经催告后在合理期限内仍未履行的，另外一方当事人可以解除合同。本案例中，甲公司催告后在合理期限内，丙机械厂仍未履行，此时甲公司可以解除合同。

（2）乙公司主张违约责任应由丙机械厂承担不符合法律规定。根据规定，由第三人履行的合同，以债权人、债务人为合同双方当事人，第三人不是合同的当事人。第三人只负担向债权人履行，不承担合同责任。本案例中，甲公司和乙公司是买卖双方的基本当事人，而丙机械厂为第三人，因此不承担买卖合同中的违约责任。

（3）甲公司与乙公司之间的买卖合同解除后，合同中的仲裁协议仍然有效。根据规定，仲裁协议具有独立性，合同的变更、解除、终止或无效，不影响仲裁协议的效力。本案例中，甲公司与乙公司的买卖合同虽然解除，但不影响其中的仲裁协议的效力。

（4）甲公司与乙公司约定的定金条款符合法律规定。根据规定，定金的数额由当事人约定，但不得超过主合同标的额的20%。本案例中，主合同标的额为100万元，其20%为20万元，约定的定金未超过该标准，因此是符合规定的。

实训项目

实训目的：通过模拟签订一份买卖合同，掌握合同订立的程序、合同的主要条款、合同效力的规定。通过交换相互审核合同，提高学生发现问题、分析问题及解决问题的能力。

实训资料：2014年8月10日，甲时代百货有限公司（买方）与乙红光服装有限公司（卖方）签订了买卖服装合同。合同约定服装数量2 000件，单价150元，总价款300 000元；同时约定卖方于2014年9月10送到买方的仓库，买方收货后10天内付清全部货款；还约定产品质量与验收方法，以双方封存样品为准，提货时抽样检查；任何一方违约，向对方支付一定数额的违约金。根据给定资料，要求学生每2人为一组，分别代表合同中的一方当事人拟签订一份买卖合同，并交换进行合同的审核。

提出问题：

（1）当事人签订合同应当注意哪些问题？

（2）根据已签订的书面合同，每2组相互交换，审查对方所订立的合同有无不妥、遗漏及错误之处，并修订。

本章测试

一、单项选择题

1．甲于3月5日向乙发出要约，乙于3月7日收到要约，然后于3月20日向甲发出承诺，甲于3月22日收到承诺。该合同于（　　）成立。

A．3月5日　　B．3月7日　　C．3月20日　　D．3月22日

2．甲与乙签订了一份买卖合同，约定由丙向甲履行债务，现丙履行债务的行为不符合合同的约定，甲有权请求（　　）承担违约责任。

A．丙承担违约责任　　B．乙承担违约责任

C. 乙和丙共同承担违约责任　　　　　　　D. 乙或丙承担违约责任

3. 甲公司欠乙公司 10 000 万元债务。但在 2013 年甲公司被乙公司兼并，此时 2 个公司的债权债务关系消灭，这种情况被称为（　　）。

A. 抵销　　　B. 混同　　　C. 免除　　　D. 解除

4. 甲、乙双方互负债务，没有先后履行顺序，一方在对方履行前有权拒绝其履行要求，一方在对方履行不符合约定时有权拒绝其相应的履行要求。此种权利为（　　）。

A. 先履行抗辩权　　　　　　B. 不安抗辩权
C. 同时履行抗辩权　　　　　D. 先诉抗辩权

5. 甲、乙公司于 2016 年 3 月 10 日签订了买卖合同。3 月 15 日甲公司发现自己对合同标的存有重大误解，遂于 3 月 20 日向法院请求撤销该合同。4 月 10 日法院依法撤销该合同。下列表述中，符合《合同法》规定的是（　　）。

A. 合同自 3 月 10 日起归于无效　　　　B. 合同自 3 月 15 日起归于无效
C. 合同自 3 月 20 日起归于无效　　　　D. 合同自 4 月 10 日起归于无效

二、多项选择题

1. 根据《合同法》的规定，下列合同中，属于无效合同的有（　　）。

A. 一方以欺诈手段使对方在违背真实意思情况下订立的合同
B. 损害社会公共利益的合同
C. 显失公平的合同
D. 以合法形式掩盖非法目的的合同

2. 可撤销的合同的原因有（　　）。

A. 重大误解　　　　　　　　B. 显失公平
C. 乘人之危　　　　　　　　D. 以合法形式掩盖非法目的

3.《合同法》规定，应当先履行债务的当事人，有确切证据证明有（　　）的，可以中止履行债务。

A. 经营状况严重恶化　　　　B. 转移财产、抽逃资产，以逃避债务
C. 丧失商业信誉　　　　　　D. 有丧失或可能丧失履行债务的其他情形

4. 甲与乙签订买卖空调的合同，乙购买甲的空调数量为 100 台。但当甲向乙交付时，乙以空调市场疲软为由，拒绝受领，要求甲返还货款。根据合同法律制度的规定，下列表述中，正确的有（　　）。

A. 甲可以向有关部门提存这批空调
B. 空调在向当地公证机关提存后，因遇火灾，烧毁 5 台，其损失应由甲承担
C. 提存费用应由乙支付
D. 若自提存之日起 5 年内乙不领取空调，则归甲所有

5. 下列哪些情形出现时合同的权利义务终止？（　　）。

A. 债务人李某归还欠王某的 1 万元钱债务
B. 甲企业欠乙企业 50 万元到期未还，后乙企业兼并甲企业
C. 甲借乙 1 万元，借款期限一年。到期后乙见甲生活困难告诉甲不用还钱了
D. 甲偿还拖欠乙的两箱啤酒，乙拒绝受领，甲便将啤酒放在乙门外，后被别人偷走

三、案例分析题

1. 某建筑公司因施工急需钢材，遂于 2015 年 4 月 8 日向四家炼钢厂发出电文称："我公司急需某型号钢材，如贵厂有此钢材现货，吨价不超过 3 000 元，请于 10 日内发货 100 吨。货到付款。"收电以后，甲炼钢厂于 4 月 11 日以吨价 2 800 元向建筑公司发运此型号钢材 100 吨。乙炼钢厂于 4 月 13 日以吨价 3 000 元发运此型号钢材 100 吨。丙炼钢厂于 4 月 15 日以吨价 3 300 元发运此型号钢材 100 吨。丁炼钢厂于 4 月 10 日回电称："我厂有贵厂所需钢材，款到后发货。"

建筑公司收到了4份订单。可建筑公司仅仅需要此钢材100吨。因此，建筑公司只同意要甲厂钢材。对其他3家钢材均拒收。这3家炼钢厂要求建筑公司承担一切损失。

试分析：

（1）建筑公司是否有理由拒收其他3家的钢材？为什么？

（2）其他3家炼钢厂的损失应由谁承担？

2. 2015年3月1日甲公司与乙公司签订了一份购销合同。合同约定：甲公司购买乙公司一套大型设备价格为人民币240万元；乙公司须于2015年9月1日之前交货并安装调试；甲公司在乙公司交货并安装调试完毕之后的30日内一次向乙公司支付全部货款；任何一方违约即向对方支付15万元的违约金。双方当事人在合同上签字盖章之后，于同日到公证机关进行公证。合同订立后，甲公司认为该设备价格过高，即要求乙公司减少部分价款。乙公司考虑到与甲公司的长期合作关系，即同意按原定价格的10%减价，即总价款减为人民币216万元，双方仅仅签订了补充协议，未到公证机关进行变更登记。乙公司按期交货并安装调试完毕，在其安装调试期间，该设备的市场价格下跌，甲公司在付款期届满前再次要求乙公司降低价格，乙公司拒不同意。为此，甲公司在付款期届满之后拒不付款，双方发生争议。乙公司多次与甲公司协商无效，遂起诉至人民法院。请求法院判令甲公司偿还货款人民币240万元及支付违约金人民币15万元。

请分析：乙公司请求甲公司偿还欠款人民币240万元及按国家有关规定支付违约金人民币15万元是否有合法依据？说明理由。

3. 甲公司与乙公司于2015年7月20日签订了一份设备买卖合同，双方约定由乙公司于10月30日前分两批向甲公司提供10台设备，每台20万元，总价款为200万元，乙公司在收到货物后10日内付清货款。同时约定任何一方迟延履行，应向另一方支付违约金30万元。

8月20日，乙公司向甲公司交付了4台设备，甲公司支付了80万元设备款。

9月，该种设备价格大幅上涨，乙公司向甲公司提出变更合同，要求将剩余的6台设备的价格提高到每台25万元，甲公司不同意，随后乙公司通知甲公司解除合同。

11月1日甲公司仍未收到剩余的6台设备，严重影响了其正常生产，并因此遭受了50万元的经济损失。于是甲公司诉至法院，要求乙公司增加违约金数额并继续履行合同。

试分析：

（1）乙公司通知甲公司解除合同是否合法？说明理由

（2）甲公司要求增加违约金数额能否成立？说明理由。

（3）甲公司要求乙公司继续履行合同依法能否成立？说明理由。

第8章　担保法

知识目标

1. 了解担保及担保法的概念。
2. 掌握保证合同、保证方式和保证责任。
3. 掌握抵押权和质权。
4. 掌握留置权和定金。

技能目标

1. 能运用本章所学知识订立担保合同。
2. 能处理合同担保中涉及的法律问题。

引导案例

甲为加入A普通合伙企业需要一笔资金，于2016年3月5日向乙借款5万元，双方以书面合同约定：借款期限为2年，借款期满时甲一次偿还全部借款。丙为甲的保证人，与乙签订保证合同，约定丙承担一般保证责任，保证期间为自借款期满之日起1年，但未就保证担保的范围作约定。乙依约向甲交付借款。不久，甲加入A合伙企业。借款期满后，乙请求甲偿还借款，并要求丙承担保证责任。甲以资金不足为由拒绝还款，丙也拒绝承担保证责任。

思考：

（1）丙承担的保证责任范围应是什么？

（2）丙拒绝承担保证责任是否符合法律规定？说明理由。

8.1 担保法概述

8.1.1 担保概述

1. 担保的定义

担保，又称债的担保，是指通过法定或约定的方式，用特定人的信用或财产保障债务人向债权人履行债务的法律措施。

2. 担保的性质，即特征

① 从属性。被担保的合同是主合同，担保合同是从合同。担保合同以主合同的存在为前提，因主合同的变更而变更，因主合同的消灭而消灭，因主合同的无效而无效。

② 补充性。合同担保一经成立，就在主债关系基础上补充了某种权利义务关系。

③ 自愿性。除留置是法定担保之外，其余的担保皆属于当事人自愿约定。

④ 保障性。担保用以保障债务的履行和债权的实现。当债务人到期不履行债务时，担保就成为债权人的救济措施。

3. 担保的分类

（1）理论上的分类

① 依据担保的标的划分，可分为人的担保、物的担保和金钱的担保。保证属于人的担保，抵押、质押和留置属于物的担保，定金属于金钱担保。

② 根据设定方式不同，可划分为法定担保和约定担保。保证、抵押、质押和定金属于约定担保，留置属于法定担保。

③ 原担保与反担保。原担保是为主合同之债而设立的担保；反担保是为担保之债而设立的担保。第三人为债务人提供担保时，可以要求债务人提供反担保。

（2）法律上的分类

我国担保法规定的担保方式有保证、抵押、质押、留置和定金。

8.1.2 担保法概述

1. 担保法的概念

担保法是指调整债务人、担保人与债权人之间所发生的民商事关系的法律规范的总称。它是对担保制度的规范化和法制化。狭义上的担保法是指 1995 年 10 月 1 日实施的《中华人民共和国担保法》（以下简称《担保法》），广义上的担保法还包括其他法律、法规和司法解释中关于担保的法律规范。

2. 我国的担保法律体系

① 1995 年 6 月 30 日第八届全国人民代表大会常务委员会第十四次会议通过、1995 年 10 月 1 日实施的《中华人民共和国担保法》。

② 1999 年 3 月颁布的《合同法》第一百一十五条进一步完善了定金这一担保方式的规定。

③ 2000 年 9 月出台的《最高人民法院关于适用〈中华人民共和国担保法〉若干问题的解释》

（以下简称《担保法司法解释》）。

④ 2007 年 3 月 16 日第十届全国人民代表大会第五次会议通过了《中华人民共和国物权法》（以下简称《物权法》）。该法第四编中的担保物权的规定进一步完善了担保法。

《担保法》及相关法律、法规和司法解释中有关担保法律的规定构成了我国的担保法律体系。

8.2 保　　证

8.2.1 保证的概念及分类

1. 保证的概念

保证是指保证人和债权人约定，当债务人不履行债务时，保证人按照约定履行债务或承担责任的担保行为。

2. 保证的分类

① 一般保证和连带责任保证。一般保证是指保证人只承担担保上的责任而不承担主债务履行责任的保证。连带责任保证是指保证人与主债务人对主合同债务承担连带责任的保证。

② 单独保证和按份保证。单独保证是指保证人与债权人可以就单个主合同分别订立保证合同，也可以协议在最高债权额限度内就一定期间连续发生的借款合同或某项商品交易合同订立一个保证合同的保证。按份保证是指在同一债务有 2 个以上保证人的情况下，保证人按照保证合同约定的保证份额承担保证责任的保证。

③ 部分保证和全部保证。只对部分债权提供保证的为部分保证，对全部债权提供的保证为全部保证。

8.2.2 保证人的资格

1. 保证人的积极资格

作为保证人的当事人必须是具有代为清偿债务能力的法人、其他组织或公民。对于自然人作为保证人的还应具有相应行为能力。

2. 保证人的消极资格

① 国家机关。经国务院批准为使用外国政府或国际经济组织贷款进行转贷的除外。

② 学校、幼儿园、医院等以公益为目的的事业单位、社会团体。

③ 企业法人的分支机构、职能部门。企业法人的分支机构有法人书面授权的，可以在授权范围内提供保证。

案例分析8-1

甲农业企业为购置设备，向乙商业银行贷款 30 万元，由某乡财政所作保证。贷款到期后，甲企业仅归还 15 万元，其余贷款及利息无法偿付，为此，乙商业银行向法院提起诉讼，要求乡财政所承担连带清偿责任。试分析：

（1）乡财政所是否应承担连带责任？为什么？

（2）如果保证人不是乡财政所，而是丙公司，但保证方式没有约定，该案应当如何处理？

分析 本案主要涉及担保人资格和保证责任承担方式问题。

（1）乡财政所不应承担连带责任，因其不具备保证人资格。根据《担保法》第八至十一条规定，国家机关和以公益为目的的事业单位、社会团体不得违反法律规定提供担保。

（2）若保证人是丙公司，丙公司应承担连带保证责任。据《担保法》第七条规定，具有代为清偿债务能力的法人、其他组织或公民，可以作保证人。另据《担保法》第十九条规定，当事人对保证方式没有约定或约定不明确的，按照连带责任保证承担保证责任。因此，丙公司应承担连带保证责任。

8.2.3 保证合同

1. 保证合同的概念

保证合同是指保证人与债权人订立的在主债务人不履行其债务时，由保证人承担保证责任的协议。保证合同应当采取书面形式。它可以是一份独立的合同书，也可以是主合同中的保证条款。

2. 保证合同成立的特殊形式

第三人单方以书面形式向债权人出具担保书，债权人接受且未提出异议的，保证合同成立；主合同中虽然没有保证条款，但是，保证人在主合同上以保证人的身份签字或盖章的，保证合同成立。

3. 保证合同的内容

① 被保证的主债权种类、数额。
② 债务人履行债务的期限。
③ 保证的方式。
④ 保证担保的范围。
⑤ 保证的期间。
⑥ 双方认为需要约定的其他事项。

8.2.4 保证方式

1. 一般保证

（1）一般保证的定义

一般保证是指保证人只承担担保上的责任而不承担主债务履行责任的保证，即当事人在合同中约定，债务人不能履行债务时，由保证人承担保证责任的保证。必须在保证合同中约定，如无约定，所成立的保证就不是一般保证。

（2）承担责任的前提

承担责任的前提有主债已经审判或仲裁；须先对主债务人的财产进行强制执行。

保证人享有先诉抗辩权。先诉抗辩权是指保证人在主合同纠纷未经审判或仲裁，并且就主债务人财产强制执行仍不能履行债务之前，有拒绝向债权人承担保证责任的权利。

有这些情形之一的，保证人不得行使先诉抗辩权：债务人住所变更，致使债权人要求其履行债务发生重大困难；人民法院受理债务人破产案件，中止执行程序；保证人以书面形式放弃先诉抗辩权。

2．连带责任保证

连带责任保证是指当事人约定债务人不履行到期债务时，保证人与债务人承担连带责任的保证方式。连带责任保证的债务人在主合同规定的债务履行期届满没有履行债务的，债权人可以要求债务人或保证人中的任何一个履行债务或承担在保证范围内的债的不履行责任。当事人对保证方式没有约定或约定不明确的，按照连带责任保证承担保证责任。

8.2.5 保证责任

1．保证担保的范围

保证担保的范围包括主债务及利息、违约金、损害赔偿金和实现债权的费用。保证合同另有约定的，按照约定。当事人对保证担保的范围没有约定或约定不明确的，保证人应当对全部债务承担责任。

2．保证责任的内容

保证责任的内容包括代为履行和承担赔偿责任两种。《担保法司法解释》第十三条的规定，保证合同中约定保证人代为履行非金钱债务的，如果保证人不能实际代为履行，对债权人因此造成的损失，保证人应当承担赔偿责任。

3．保证期间

保证期间为保证责任的存续期间，事关保证人与债权人之间的债权债务能否行使或履行，也是确定保证债务与诉讼时效关系的依据，因而保证合同应明确规定保证期间。

① 当事人约定保证期间的，依约定。

② 当事人无约定保证期间的，应自主债务履行期届满之日起 6 个月。主合同对主债务履行期限没有约定或约定不明的，保证期间自债权人要求债务人履行义务的宽限期届满之日起计算。

③ 保证合同约定的保证期间早于或等于主债务履行期限的，视为没有约定，保证期间为主债务履行期限届满之日起 6 个月。保证合同约定保证人承担保证责任直至主债务本息还清时为准等类似内容的，视为约定不明，保证期间为主债务履行期届满之日起 2 年。

4．保证责任的承担

① 债务人不履行债务时，保证人在约定或法定期间按照约定履行债务或承担赔偿责任。

② 共同担保。在同一债权上既有保证又有物的担保的，属于共同担保。《中华人民共和国物权法》（以下简称《物权法》）规定，被担保的债权既有物的担保又有人的担保的，债务人不履行到期债务或发生当事人约定的实现担保物权的情形，债权人应当按照约定实现债权；没有约定或约定不明确，债务人自己提供物的担保的，债权人应当先就该物的担保实现债权；第三人提供物的担保的，债权人可以就物的担保实现债权，也可以要求保证人承担保证责任。提供担保的第三人承担担保责任后，有权向债务人追偿。

案例分析8-2

甲公司向乙银行借款20万元，提供3辆汽车（每辆汽车价值7万元）作为抵押担保，汽车仍由公司使用。不久，在一次交通事故中一辆汽车严重受损，交汽车修配厂大修。甲公司将此情况通知乙银行，乙银行要求甲公司提供新的保证。甲公司找到丙公司作为保证人，乙银行予以确认，三方约定若甲公司不能按期偿还全部本金，由丙公司负责偿还。后甲公司到期未能还款，乙银行向丙公司索赔，丙公司主张先执行甲公司未受损的2辆汽车后，剩余债务由其偿还。试分析：丙公司的主张是否有法律依据？并说明理由。

分析 丙公司的主张有法律依据。《物权法》规定，被担保的债权既有物的担保又有人的担保的，债务人不履行到期债务或发生当事人约定的实现担保物权的情形，债权人应当按照约定实现债权；没有约定或约定不明确，债务人自己提供物的担保的，债权人应当先就该物的担保实现债权。本案例中，既有物的担保（抵押），又有保证人的保证，依据《物权法》的规定，债权人银行应当先就抵押物（2辆未受损的汽车）实现债权。两辆未受损的汽车担保的债务是14万元（每辆7万元），丙公司仅对剩余的6万元债务承担连带责任。

③ 下列情况的出现，免除保证责任。

- 在约定或法定期间，一般保证的债权人未对债务人提起诉讼或申请仲裁的，连带责任保证的债权人未要求保证人承担保证责任的，保证人免除保证责任。
- 同一债权既有保证又有物的担保的，债权人放弃物的担保的，保证人在债权人放弃权利的范围内免除保证责任。
- 一般保证的保证人在主债权履行期间届满后，向债权人提供了债务人可供执行财产的真实情况的，债权人放弃或怠于行使权利致使该财产不能被执行，保证人可以请求人民法院在其提供可供执行财产的实际价值范围内免除保证责任。

④ 下列情况的出现，保证人不再承担保证责任。

- 债权人与债务人协议变更主合同未经保证人书面同意的，保证人不再承担保证责任。
- 保证期间，保证人与债权人事先约定仅对特定的债权人承担保证责任或禁止债权转让的，债权人依法将主债权转让给第三人的，保证人不再承担保证责任。
- 保证期间，债权人许可债务人转让部分债务未经保证人书面同意的，保证人对未经其同意转让的全部或部分债务，不再承担保证责任。但是，转让部分的，保证人仍应当对未转让部分的债务承担保证责任。

⑤ 有下列情形之一的，保证人不承担民事责任（保证责任的消灭）。

- 主合同双方当事人串通，骗取保证人提供保证。
- 主合同债权人采取欺诈、胁迫等手段，使保证人在违背真实意思的情况下提供保证。
- 主合同债务人采取欺诈、胁迫等手段，使保证人在违背真实意思的情况下提供保证的，债权人知道或应当知道欺诈、胁迫事实。

8.2.6 最高额保证合同的法律规定

1. 最高额保证合同的定义

最高额保证合同是指在最高债权额限度内就一定期间连续发生的借款合同或某项商品交易合同订立的一个保证合同。

2. 责任范围

最高额保证合同的不特定债权确定后，保证人应当对在最高债权额限度内就一定期间连续发生的债权余额承担保证责任。

3. 决算期

根据《担保法》第十四条的规定，保证人与债权人可以在最高债权额限度内就一定期间连续发生的借款合同或者某项商品交易合同订立一个保证合同。这里的一定期间称为保证期间，但该期间实际上为决算期。该法第二十七条规定，保证人就上述连续发生的债权作保证，有约定保证期间的从其约定，未约定保证期间的，保证人可以随时书面通知债权人终止保证合同，但保证人对于通知到债权人前所发生的债权，承担保证责任。

4. 保证期间

保证期间有约定的从其约定，没有约定或约定不明的，如最高额保证合同约定由保证人清偿债务期限的，保证期间为清偿期限届满之日起 6 个月。没有约定债务清偿期限的，保证期间自最高额保证终止之日或自债权人收到保证人终止保证合同的书面通知到达之日起 6 个月。

8.3 抵　　押

8.3.1 抵押概述

1. 抵押的概念

抵押是指债务人或第三人不转移对自己特定财产的占有，约定将该财产作为债权的担保。债务人不履行债务时，债权人有权依法以该财产折价或以拍卖、变卖该财产的价款优先受偿。其中提供财产的一方当事人为抵押人，他既可以是债务人也可以是第三人；另一方当事人为抵押权人，也是债权人；提供担保的财产为抵押物。

2. 抵押权的概念

因抵押而产生的权利为抵押权。抵押权是抵押权人直接对抵押物享有的权利，即债务人或第三人与债权人约定将自己特定财产作为债权的担保，当债务人不履行债务时，债权人依法享有将该财产折价变卖或拍卖，并就所得价款优先受偿的权利。

3. 抵押权的特征

（1）抵押权具有从属性

抵押权以主债成立为前提，随主债的转移而转移，并随主债的消灭而消灭，即具有成立、转移、消灭上的从属性。抵押权不得与债权分离而单独转让或作为其他债权的担保。债权转让的，担保该债权的抵押权一并转让，但法律另有规定或当事人另有约定的除外。

（2）抵押权具有不可分性

抵押权的不可分性是指债权的全部及部分的担保效力及于抵押物的全部及部分。具体表现为：①主债权未受全部清偿的，抵押权人可以就抵押物的全部行使其抵押权；②担保物一部分灭失，残存部分仍担保债权全部，抵押物被分割或部分转让的，抵押权人就分割或转让后的抵押物行使抵押权；③主债务被分割或部分转让的，抵押人仍以其抵押物担保数个债务人履行债务。但是，第三人提供抵押的，债权人许可债务人转让债务未经抵押人书面同意的，抵押人对未经同意转让的债务，不再承担担保责任。

（3）抵押权具有物上代位性

担保期间，担保财产毁损、灭失或者被征收等，担保物权人可以就获得的保险金、赔偿金或者补偿金等优先受偿。被担保债权的履行期未届满的，也可以提存该保险金、赔偿金或者补偿金等。

（4）抵押权不是移转标的物占有的担保物权

是否移转标的物的占有是抵押权与质权的重要区别。抵押权的设定不需要移转的公示方法，必须采用登记或其他方法进行公示。

8.3.2 抵押物

抵押物是债务人或第三人提供抵押担保的财产，可以是不动产，也可以是动产。

1. 可以作为抵押物的财产

债务人或第三人有权处分的下列财产可以抵押。

① 建筑物和其他土地附着物。地上附着物包括尚未与土地分离的农作物，但当事人以农作物和与其尚未分离的土地使用权同时抵押的，土地使用权部分的抵押无效。因为种植农作物的土地属于耕地的范畴，根据法律规定，不属于可以抵押的财产。

② 建设用地使用权。

③ 以招标、拍卖、公开协商等方式取得的荒地等土地承包经营权。

④ 生产设备、原材料、半成品、产品。

⑤ 正在建造的建筑物、船舶、航空器。

⑥ 交通运输工具。

⑦ 法律、行政法规未禁止抵押的其他财产。

抵押人可以将上述所列财产一并抵押。

2. 不能作为抵押物的财产

① 土地所有权。

② 耕地、宅基地、自留地、自留山等集体所有的土地使用权，但法律规定可以抵押的除外。这里的例外有两处：一是以招标、拍卖、公开协商等方式取得的荒地等土地承包经营权可以抵押；二是乡镇、村企业的建设用地使用权不得单独抵押。以乡镇、村企业的厂房等建筑物抵押的，其占用范围内的建设用地使用权一并抵押。

③ 学校、幼儿园和医院等以公益为目的的事业单位和社会团体的教育设施、医疗设施和其他社会公益设施。

④ 所有权、使用权不明或有争议的财产。

⑤ 依法被查封、扣押和监管的财产。但是已经设定抵押的财产被采取查封、扣押等财产保全或执行措施的，不影响抵押权的效力。

⑥ 依法不得抵押的其他财产，如以法定程序确认为违法、违章的建筑物。

8.3.3 抵押权的设定

1. 抵押合同

抵押合同是指主债权人和主债务人或第三人以设定抵押权为目的，确定双方权利和义务的协议。当事人应当采取书面形式订立抵押合同。

（1）抵押合同的内容

抵押合同一般包括的条款：①被担保债权的种类和数额；②债务人履行债务的期限；③抵押财产的名称、数量、质量、状况、所在地、所有权权属或者使用权权属；④抵押担保的范围；⑤当事人认为需要约定的其他事项。

抵押合同不具备上述内容的，可以由当事人补正。抵押权人在债务履行期届满前，不得与抵押人约定债务人不履行到期债务时抵押财产归债权人所有。约定该内容的条款（流质条款）无效，流质条款无效不影响抵押合同其他条款的效力。

（2）抵押合同的生效

《物权法》第十五条规定："当事人之间订立有关设立、变更、转让和消灭不动产物权的合同，除法律另有规定或者合同另有约定外，自合同成立时生效；未办理物权登记的，不影响合同效力。"因此，抵押合同自合同成立时生效。

2. 抵押权的设立

① 以下列财产（不动产）抵押的，应当办理抵押登记。抵押权自登记时设立，不登记的抵押权不成立。

- 建筑物和其他土地附着物。
- 建设用地使用权。
- 以招标、拍卖、公开协商等方式取得的荒地等土地承包经营权。
- 正在建造的建筑物。

以登记作为设立条件的抵押应当注意以下这样几点。第一，对上述财产进行抵押的。必须履行登记手续，才能设立抵押权。第二，抵押物登记记载的内容与抵押合同约定的内容不一致的，以登记记载的内容为准。第三，对上述财产设定抵押，如果当事人未办理登记，虽然抵押权没有设立，但是抵押合同已经生效。这是物权法规定与担保法规定不同的地方。根据《物权法》第一百七十八条规定，担保法与物权法的规定不一致的，适用物权法。第四，以尚未办理权属证书的财产抵押的，只要当事人在一审法庭辩论终结前能够提供权利证书或补办登记手续的，法院可以认定抵押有效。

② 以下列财产抵押的，抵押权自抵押合同生效时设立。未经登记，不得对抗善意第三人。

- 生产设备、原材料、半成品、产品。
- 正在建造的船舶、航空器。
- 交通运输工具。

③ 企业、个体工商户、农业生产经营者将现有的及将有的生产设备、原材料、半成品、产品抵押的，应当向抵押人住所地的工商行政管理部门办理登记。抵押权自抵押合同生效时设立；未经登记，不得对抗善意第三人。

3. 办理抵押物登记，应当向登记部门提供的文件或其复印件

① 主合同和抵押合同。

② 抵押物的所有权或使用权证书。

8.3.4 抵押权的效力

抵押的效力是指抵押作为一种担保物权应有的效力和担保范围。

1. 抵押担保的范围

抵押担保的范围包括主债权及利息、违约金、损害赔偿金和实现抵押权的费用。抵押合同另有约定的，按照约定。

2. 抵押权的效力范围

① 抵押权的效力及于抵押物的全部及从物。《担保法司法解释》第七十一条规定，主债权未受清偿的，抵押权人可以就抵押物全部行使抵押权。抵押物被分割或者部分转让的，抵押权人可以就分割或者转让后的抵押物行使抵押权。

② 抵押权的效力及于附合物、混合物或者加工物。《担保法司法解释》第六十二条中规定，抵押物所有人为附合物、混合物或加工物的所有人的，抵押权的效力及于附合物、混合物或加工物。

③ 抵押权的效力及于抵押物的保险金、赔偿金或补偿金。

3. 抵押权当事人的权利及义务

抵押人享有占有、使用、收益和处分权，但使用权和处分权受到一定的限制。抵押人的主要义务是妥善保管抵押物。

抵押权人享有保全抵押物、优先受偿权等权利。

8.3.5　抵押权的实现

抵押权的实现是指在债权已届清偿期而没有清偿时，抵押权人就抵押物优先受偿的行为。

1. 抵押权实现的程序

① 协议。债务履行期届满抵押权人未受清偿的，可以与抵押人协议以抵押物折价或者以拍卖、变卖该抵押物所得的价款受偿。协议损害其他债权人利益的，其他债权人可以在知道或应当知道撤销事由之日起1年内请求人民法院撤销该协议。

② 提起诉讼。抵押权人与抵押人未就抵押权实现方式达成协议的，抵押权人可以请求人民法院拍卖、变卖抵押财产。

2. 抵押权受偿顺序

抵押物折价或拍卖、变卖所得的价款，当事人没有约定的，清偿顺序为：①实现抵押权的费用；②主债权的利息；③主债权。抵押物不足清偿的债权由债务人清偿。

如果在同一物上并存数个抵押权或并存数个物权（包括一项抵押权），会产生优先受偿权的位序问题。关于优先受偿权的位序，采取法定主义，由法律明确规定。

（1）多个抵押权并存时的清偿顺序

同一财产向两个以上债权人抵押的，拍卖、变卖抵押财产所得的价款依照下列规定清偿。

① 抵押权已登记的，按照登记的先后顺序清偿；顺序相同的，按债权比例清偿。

② 抵押权已登记的先于未登记的受偿。

③ 抵押权未登记的按债权比例清偿。

④ 顺序在先的抵押权与该财产的所有权归属一人时，该财产的所有权有可以以其抵押权对抗顺序在后的抵押权。

⑤ 顺序在后的抵押权所担保的债权先到期的，抵押权人只能就抵押物价值超出顺序在先的抵押担保债权的部分受偿。

（2）与其他担保并存时的清偿顺序

① 同一债权既有物的担保又有人的担保的，债务人不履行到期债务或发生当事人约定的实现担保物权的情形，债权人应当按照约定实现债权；没有约定或约定不明确，债务人自己提供物的担保的，债权人应当先就该物的担保实现债权；第三人提供物的担保的，债权人可以就物的担保实现债权，也可以要求保证人承担保证责任。提供担保的第三人承担担保责任后，有权向债务人追偿。

② 抵押权与质权并存：同一财产法定登记的抵押权与质权并存时，抵押权人优先于质权人受偿。

③ 抵押权与留置权并存：同一财产抵押权与留置权并存时，留置权人优先于抵押权人受偿。

④ 抵押权与其他权利并存：如果同一财产有抵押权与规定的优先受偿权并存时，优先受偿权优先于抵押权。

案例分析8-3

甲公司向乙银行申请贷款100万元，乙银行要求甲公司提供担保，丙公司以一套设备（价值约80万元）为该债务提供抵押担保，并签订了抵押合同，办理了抵押登记，同时，丁公司提供保证担保。当事人对保证担保和物保的范围均未作约定。现因甲公司无力还款，乙银行要求丙公司和丁公司承担责任而引起纠纷。试分析：

（1）乙银行可否任意选择丙公司或丁公司承担担保责任？为什么？

（2）若乙银行选择丁公司承担担保责任，丁公司承担责任后，可否要求丙公司承担相应的份额？为什么？

分析 （1）可以。根据《物权法》第一百七十六条的规定，同一债权既有保证人，又有第三人提供物保的，债权人可以请求保证人或物的担保人承担担保责任。本案例中，丙公司为该债务提供抵押担保，丁公司为该债务提供保证担保，且未约定担保范围，担保物权人乙银行可以选择丙或丁承担担保责任。因此乙银行可任向丙公司或丁公司，或丙公司和丁公司请求承担担保责任。

（2）不可以。根据《物权法》第一百七十六条的规定，提供担保的第三人承担担保责任后，有权向债务人追偿。因此，丁公司承担责任后，只能向债务人甲公司追偿，不可要求丙公司承担相应的份额。

8.3.6 最高额抵押

1. 最高额抵押的概念

最高额抵押是指抵押人与抵押权人协议，在最高债权额限度内，以抵押物对一定期间连续发生的债权作担保。债务人不履行到期债务或发生当事人约定的实现抵押权的情形，抵押权人有权在最高债权额限度内就该担保财产优先受偿。

2. 最高额抵押的适用

① 借款合同可以附最高额抵押合同。

② 债权人与债务人就某项商品在一定期间连续发生交易而签订的合同，可以附最高额抵押合同。

3. 最高额抵押的其他规定

最高额抵押权的设定不以已经存在的债权为前提，而是对将来发生的债权作担保。《物权法》规定，最高额抵押权设立前已经存在的债权，经当事人同意，可以转入最高额抵押担保的债权范围。

最高额抵押担保的债权确定前，部分债权转让的，最高额抵押权不得转让，但当事人另有约定的除外。

抵押权人的债权在这些情况下确定：①约定的债权确定期间届满；②没有约定债权确定期间或约定不明确，抵押权人或抵押人自最高额抵押权设立之日起满 2 年后请求确定债权；③新的债权不可能发生；④抵押财产被查封、扣押；⑤债务人、抵押人被宣告破产或被撤销；⑥法律规定债权确定的其他情形。抵押权人实现最高额抵押权时，如果实际发生的债权余额高于最高限额的，以最高限额为限，超过部分不具有优先受偿的效力；如果实际发生的债权余额低于最高限额的，以实际发生的债权余额为限对抵押物优先受偿。

8.4 质　　押

8.4.1 质押的概念及类型

1. 质押的概念

质押是指债务人或第三人将动产或权利交给债权人占有，作为债务履行的担保行为。当债务人不履行债务时，债权人有权依法以该财产变价所得优先受偿。债务人或第三人为出质人，债权人为质权人，移交的动产为质押财产（质物）。

2. 质押的类型

《担保法》规定的质押包括动产质押和权利质押 2 种。

① 动产质押。

② 权利质押（包括依法可转让的基金、股权、知识产权中的财产权，以及依法可转让的其他权利等）。

8.4.2 动产质押

1. 动产质押的设立

（1）订立质押合同

动产质押合同是债权人与债务人或第三人以保障债权实现设立动产质押为目的，签订的确认双方权利和义务的协议。当事人签订的质押合同应采用书面形式。质押合同应当包括的内容：①被担保的主债权种类、数额；②债务人履行债务的期限；③质物的名称、数量、质量、状况；④质押担保的范围；⑤质物移交的时间；⑥当事人认为需要约定的其他事项。

质押合同不完全具备前款规定内容的，可以补正。

出质人和质权人在合同中不得约定在债务履行期届满质权人未受清偿时，质物的所有权转移为质权人所有。约定该内容的为无效条款，该内容的无效不影响质押合同其他部分内容的效力。

（2）质押合同的生效

动产质押合同是诺成合同，并不以质物占有的移转作为合同的生效要件。质押合同自双方订立书面质权合同时成立并生效。

（3）质权的设立

质权自出质人交付质押财产时设立。因此，只有出质人将出质的动产移交债权人占有，债权人才能取得质权。在质押期间，质权人也必须控制质押财产的占有。

（4）动产质押的财产（标的物）

动产质押的标的物必须具备这些条件。①可让与性。法律禁止流通的物不能作为质押的标的。②特定化。动产质押的标的物必须特定化。③出质人有处分权。但出质人以其不具有所有权但占有的动产出质的，法律保护善意质权人的权利。善意质权人行使质权给动产所有人造成损失的，由出质人承担赔偿责任。

2. 动产质押的效力

（1）动产质押担保的债权范围

动产质押所担保的范围包括：①主债权及利息；②违约金；③损害赔偿金；④质物保管费用；⑤实现质权的费用。质押合同另有约定的，从其约定。

（2）动产质押效力的范围

① 动产质押的效力及于质物的全部及从物。主债权未受全部清偿的，质权人可以就质物的全部行使质权；质物被分割或部分转让的，质权人可以就分割或转让后的质物行使质权。

② 动产质押的效力及于附合物、混合物或加工物。

③ 动产质押的效力及于质物的保险金、赔偿金或补偿金。

3. 动产质押当事人的权利和义务

质权人享有收取孳息、保全优先受偿等权利，负有妥善保管质物、返还质物等义务。

出质人享有索赔、请求提前清偿、请求返还质物等权利，负有按期清偿债务的义务。

4. 质权的实现

在实现质权时，质权人可以与出质人协议以质物折价，也可以依法拍卖、变卖质物。质物折价、拍卖或变卖后，其价款超过债权数额的，超过部分归出质人所有；若价款低于所担保的债权数额的，应当按质物实现的价值进行清偿，不足部分由债务人清偿。

在实现质权时，质物折价或拍卖、变卖所得的价款，当事人没有约定清偿顺序的，按照实现债权的费用、主债权的利息、主债权顺序清偿。

案例分析8–4

甲为计算机销售商，因临时出国，将尚未出售的一批计算机委托好友乙暂时保管。乙因经商急需而向丙借款，丙要求提供担保，乙遂将甲的计算机出质于丙。丙将该计算机委托于丁保管，保管费用1 000元。后甲发现此事，遂引起纠纷。试分析：

（1）丙对该计算机是否享有质权？为什么？

（2）保管费用1 000元应由谁承担？为什么？

分析 （1）丙对该计算机享有质权。《物权法》第二百四十一条规定，质权人在质权存续期间，未经出质人同意，擅自使用、处分质押财产，给出质人造成损害的，应当承担赔偿责任。质权适用善意取得制度。本案例中，甲为财产的所有人，乙为财产的保管人，乙本无权利将甲的计算机出质于丙，但丙不知乙无权出质该计算机，乙将该计算机出质于丙，丙可因善意而取得对计算机的质权。

（2）由乙承担。当事人对质物的保管费用有约定的，依照其约定；无约定时，质权人享有费用返还请求权。依照《担保法》第六十七条的规定，在质权关系存续期间，质物需要保管的，保管费用有约定时依照其约定，无约定时由出质人承担。因此，保管费用 1 000 元由乙承担。

8.4.3　权利质押

1. 权利质押的概念

权利质押是指为了担保债权清偿，就债务人或第三人所享有的动产之外的财产权为标的设立的质押权。权利质押除了一些特殊规定外，也适用动产质押的有关规定。

2. 权利质押的法定范围

权利质押的标的只能是财产权利，在性质上必须具有的特点：必须是财产权，包括物权、债权及无形财产等可以用货币评估的权利；必须是可以让与的财产权；必须是不违背质押性质的财产，不动产物权不能设定权利质押。

根据《担保法》《担保法司法解释》及《物权法》的规定，可以质押的权利有：①汇票、支票、本票；②债券、存款单；③仓单、提单；④可以转让的基金份额、股权（股份、股票）；⑤可以转让的注册商标专用权、专利权、著作权等知识产权中的财产权；⑥应收账款；⑦法律、行政法规规定可以出质的其他财产权利，如公路桥梁、公路隧道或公路渡口等不动产收益权。

3. 权利质押的设立

（1）订立质押合同

出质人和质权人应当以书面形式订立权利质押合同。权利质押合同是诺成合同，并不以设定质押的权利标的移交作为合同的生效要件。质押合同自双方订立书面质权合同时成立并生效。

（2）权利质押的设立

权利质押因为设定质押的权利标的的不同，其生效条件也不同，主要有“交付”“登记”“记载”3 种，具体如下。

① 以汇票、支票、本票、债券、存款单、仓单、提单出质的，应当在合同约定的期限内将权利凭证交付质权人。质权自权利凭证交付质权人时设立；没有权利凭证的，质权自有关部门办理出质登记时设立。

② 以基金份额、证券登记结算机构登记的股权出质的，质权自证券登记结算机构办理出质登记时设立；以其他股权出质的，质权自工商行政管理部门办理出质登记时设立。

③ 以注册商标专用权、专利权、著作权等知识产权中的财产权出质的，质权自登记时设立。设定质权后，未经质权人同意不得转让或许可他人使用。

④ 以应收账款出质的，质权自信贷征信机构（主要有提供贷款的机构等）办理出质登记时设立。应收账款出质后，不得转让，但经出质人与质权人协商同意的除外。出质人转让应收账款所得的价款，应当向质权人提前清偿债务或提存。

8.5 留置与定金

8.5.1 留置

1. 留置、留置权的定义和特征

（1）留置的定义

留置是指债务人不履行到期债务，债权人扣留已经合法占有的债务人的动产，以担保债权得以实现的一种担保方式。

留置权是债权人扣留债务人财产，并以该财产优先受偿的权利。具体来讲，债务人不履行到期债务，债权人扣留已经合法占有的债务人的动产，经过一定的宽限期债权仍得不到实现的，债权人依法从该动产变价中优先受偿的一种担保物权。留置动产的债权人为留置权人，扣留的财产为留置物。

（2）留置的特征

① 属于担保物权。因此具有担保物权的从属性、不可分性和物上代位性等担保物权的特征。

② 属于法定的担保物权。只有在符合法律规定的条件时产生，并非依当事人约定产生，但当事人可通过合同约定排除留置权的适用。

③ 留置物属于动产。

2. 留置的适用范围与留置权所担保的范围

（1）留置的适用范围

① 与债权属于同一法律关系的留置。例如，因保管合同、运输合同和加工承揽合同发生债权，债务人不履行债务的，债权人有留置权。但当事人可以在合同中约定排除留置权。

② 企业之间的留置。债权与留置的财产不属于同一法律关系。

③ 其他债权债务的留置，如不当得利、无因管理等法律关系产生的留置权。

我国留置权的适用扩大，一方面不再局限于特定的合同关系，其他债权债务如不当得利、无因管理等法律关系也可产生留置权；另一方面对于企业之间的留置权的行使，可以不是同一债权债务关系。

（2）留置权所担保的范围

留置权所担保的范围包括原债权、利息、实行留置权的费用及因留置物的瑕疵给留置权人造成的损害赔偿请求权。

债权人可留置的动产，除留置物本身外，还包括留置物的从物、孳息和代位物。

3. 留置权的成立

留置权的成立条件包括留置权取得的积极要件和消极要件。

（1）留置权成立的积极要件

① 债权人合法占有债务人的动产。原则上，动产应当属于债务人所有。

② 占有的动产与债权属于同一法律关系。债权人留置的动产，应当与债权属于同一法律关系，但企业之间留置的除外。

③ 债权已届清偿期且债务人未按约定或法定期限（留置期）清偿债务。债权人的债权未届清偿期，其交付占有标的物的义务已届履行期的，不能行使留置权。但是，债权人能够证明债务人无支付能力的除外。

（2）留置权成立的消极要件

① 债权人对动产的占有不是因侵权行为取得。否则，债权人不得行使留置权，人民法院不予支持。

② 对动产的留置不违反公共利益，或善良风俗。否则，债权人不得行使留置权，人民法院不予支持。

③ 对动产的留置不得与债权人的义务相抵触。否则，债权人不得行使留置权，人民法院不予支持。

4. 留置期的确定

① 约定的留置期。约定的留置期应在债权人留置财产后不少于 2 个月的期限。

② 当事人未约定留置期的，债权人留置财产后，应当确定 2 个月以上的期限，但鲜活易腐等不易保管的动产除外。

5. 留置权人的权利和义务

留置权人享有留置（扣留）标的物、收取留置物的孳息、请求偿还保管留置物的费用、就变价款优先受偿等权利，负有妥善保管留置物、通知债务人履行义务、债务依约履行的返还留置物等义务。

6. 留置权的实行

① 债务人到期不履行债务，债权人依法留置债务人的财产。

② 超过留置期限，债务人仍未履行债务的，债权人可以与债务人协议以留置物折价，也可以依法拍卖、变卖留置物，所得价款超过债权数额的部分归债务人所有，不足部分由债务人清偿。

7. 留置权的消灭

① 主债权消灭。

② 留置权实现。

③ 留置物灭失。

④ 债务人另行提供担保并被债权人接受。

⑤ 丧失占有。

⑥ 放弃。

案例分析8-5

2015 年 3 月甲的电视机因出现故障被送至乙处修理。由于甲逾期未支付修理费，乙将电视机留置，并通知甲应在 30 日内支付其应付的费用，但甲仍未能按期支付，乙遂将该电视机变价受偿。试分析：

（1）乙是否有权将电视机留置？为什么？

（2）甲未能在乙通知的 30 日内支付其应付修理费，乙是否有权将电视机变价受偿？为什么？

分析 该案例主要涉及留置权取得的要件和效力问题。

（1）乙有权将电视机留置。依《合同法》第二百五十一、一百零七条的规定，承揽合同是承揽人按照定作人的要求完成工作，交付工作成果，定作人给付报酬的合同；当事人一方不履行合同义务或履行合同义务不符合约定的，应当承担违约责任。另据《担保法》第八十四条的规定，因保管合同、运输合同、加工承揽合同发生的债权，债务人不履行债务的，债权人有留置权。乙修理甲的电视机应属于承揽合同。甲逾期未支付修理费，因此，乙有权将电视机留置。

（2）甲未能在乙通知的 30 日内支付其应付修理费，乙无权将电视机变价受偿。根据《物权法》的规定，债权人留置债务人财产后，应当确定 2 个月以上的期限，通知债务人在该期限内履行债务。本案例中，乙只确定了 1 个月的留置期，少于法律规定的 2 个月以上的期限。因此，乙无权将电视机变价受偿。

8.5.2 定金

1. 定金的定义和特征

（1）定金的定义

定金是合同当事人约定一方在合同订立前、合同订立时或在合同履行前预先给付对方一定数量的金钱，以保障合同订立或债权实现的一种担保方式。

（2）定金的特征

① 定金属于金钱担保。

② 定金的所有权自约定的定金处罚条件满足时，即发生转移。

③ 定金作为一种担保方式，是一种双方担保，对定金的交付方和收受方均有约束力。

2. 定金的种类

（1）立约定金和违约定金

立约定金是当事人约定以交付定金作为订立主合同的担保。违约定金是当事人约定一方向对方给付定金作为债权的担保。

（2）成约定金和解约定金

成约定金是当事人约定以交付定金作为主合同成立或生效要件的担保。解约定金是保留解除权代价的定金。它是在定金交付后，一方按照约定以丧失定金或双倍返还定金为代价而解除主合同的担保。

3. 定金合同

定金合同是要式合同、实践性合同。

（1）定金合同的条款

① 定金担保的范围（是对合同订立的担保还是对合同履行的担保等）。

② 定金的数额。当事人约定的定金数额不得超过主合同标的额的 20% 。超过的部分，人民法院不予支持。

③ 定金交付的时间。

（2）定金合同的生效

① 定金合同从定金实际交付之日起生效。

② 当事人交付留置金、担保金、保证金、订约金、押金或订金等，但没有约定定金性质的，当事人主张定金权利的，人民法院不予支持。

③ 实际交付的定金数额多于或少于约定数额，视为变更定金合同；收受定金一方提出异议并拒绝接受定金的，定金合同不生效。

当事人签订了定金合同，且交付了不违反法律规定数额的约定的定金后，定金合同生生效。

4. 定金的效力

（1）立约定金的效力

当事人约定以交付定金作为订立主合同担保的，给付定金的一方拒绝订立主合同的，无权要求返还定金；收受定金的一方拒绝订立合同的，应当双倍返还定金。

（2）成约定金的效力

当事人约定以交付定金作为主合同成立或生效要件的，给付定金的一方未支付定金，但主合同已经履行或已经履行主要部分的，不影响主合同的成立或生效。

（3）违约定金的效力

① 不履行的定金罚则。给付定金的一方不履行债务的，无权要求返回定金；接受定金的一方不履行债务的，应当双倍返还定金。

② 定金罚则按比例适用。当事人一方不完全履行合同的，应当按照未履行部分所占合同约定内容的比例，适用定金罚则。

③ 迟延履行的定金罚则。因当事人一方迟延履行或其他违约行为，致使合同目的不能实现，可以适用定金罚则。但法律另有规定或者当事人另有约定的除外。

④ 因合同关系以外第三人的过错，致使主合同不能履行的，适用定金罚则。受定金处罚的一方当事人，可以依法向第三人追偿。

⑤ 免责。因不可抗力、意外事件致使主合同不能履行的，不适用定金罚则。

⑥ 选择适用。如果在同一合同中，当事人既约定违约金，又约定定金的，在一方违约时，当事人只能选择适用违约金条款或定金条款，不能同时要求适用 2 个条款。

（4）解约定金的效力

定金交付后，交付定金的一方可以按照合同的约定以丧失定金为代价而解除主合同，收受定金的一方可以双倍返还定金为代价而解除主合同。对解除主合同后责任的处理，适用《合同法》的规定。

本章小节

本章首先阐述了担保的定义、分类及担保法律体系，接着阐述了保证、抵押、质押，以及留置和定金。其中，保证是人的担保，定金是金钱的担保，抵押、质押和留置属于物的担保。物权法对物的担保形成的担保物权规定与担保法对物的担保规定有许多不一致的地方。根据《物权法》第一百七十八条的规定，担保法与物权法的规定不一致的，适用物权法。在学习本章时，一定要注意这个问题。在当今这个市场经济诚信体系正在构筑的社会，当事人之间通过确立担保不失为保障债权的实现、加强交易安全、促进资金融通和商品流通，以及维护市场秩序的一个较好措施。

引导案例分析

（1）依照担保法的规定，保证人在约定的保证范围内承担保证责任。当事人对保证担保的范围没有约定或约定不明确的，保证人应当对全部债务承担责任。因此，丙承担的保证责任范围应是主债权及利息、违约金、损害赔偿金和实现债权的费用。

（2）丙拒绝承担保证责任符合法律规定。丙作为甲的保证人与乙签订保证合同约定丙承担的是一般保证责任。一般保证的保证人在主合同纠纷未经审判或仲裁，并就债务人财产依法强制执行仍不能履行债务前，对债权人可以拒绝承担保证责任。

实训项目

实训目的：通过模拟起草一份保证合同，掌握担保法中有关保证人的资格、保证方式、保证担保的范围及保证期间等规定，并熟练运用。

实训资料：甲向乙借款 50 000 万元人民币从事商品买卖，乙要求甲找人提供担保。乙找到了个体工商户丙。丙同意为其提供担保，约定到时甲不能按约偿还 50 000 万元本金时，由丙代为偿还。但他们不知道如何拟订保证合同，请你给予帮助。

提出问题：请为他们拟写一份担保书（保证合同）。

本章测试

一、单项选择题

1．根据《担保法》的规定，当事人之间对保证方式没有约定或约定不明确的，按照（　　）承担保证责任。

A. 连带保证　　B．一般保证　　C．特殊保证　　D．普通保证

2．郑某与甲公司签订商品房购销合同，约定甲公司将一套商业用房销售给郑某，由郑某预付部分房款，余款由乙银行以按揭贷款方式支付。甲公司为郑某的贷款提供连带责任保证。郑某并将所购得商业用房设定抵押于乙银行，并约定抵押合同自签订之日起生效。后乙银行按约发放了贷款，但郑某却一直未能依约按期偿还贷款。乙银行提起诉讼，甲公司所售商品房尚未完工。对此，下列表述正确的是（　　）。

A．乙银行既可以主张抵押权，也可以主张甲公司承担保证责任

B．乙银行只能主张甲公司承担保证责任，不能主张抵押权

C．乙银行应先主张抵押权，后主张甲公司承担保证责任

D．乙银行应先主张甲公司承担保证责任，后主张抵押权

3．抵押物拍卖的价款，当事人没有约定的，其清偿顺序是（　　）。

A．实现抵押权的费用、主债权的利息、主债权

B．主债权的利息、主债权、实现抵押权的费用

C．主债权、实现抵押权的费用、主债权的利息

D．实现抵押权的费用、主债权、主债权的利息

4．周某以公司债券出质，债券上未进行任何记载。周某按约定将债券交付给了质权人。下列说法正确的是（　　）。

A．质押合同成立但不生效　　B．质押合同不成立

C．质押合同生效，但不具有对抗效力　　D．质押合同生效且具有对抗效力

5．甲公司向银行贷款，并以所持有的乙上市公司股份用于质押。根据《物权法》的规定，该质押合同生效的时间是（　　）。

A．借款合同签订之日　　B．质押合同签订之日

C．向证券登记机构申请办理出质登记之日　　D．证券登记机构办理出质登记之日

二、多项选择题

1．甲向乙借款5万元，乙要求甲提供担保，于是甲分别找到了友人丙、丁、戊、己，他们各自作出了以下表示，其中哪些构成保证？（　　）

A. 丙在甲向乙出具的借据上签署“保证人丙”。

B. 丁向乙出具字据称“如甲到期不向乙还款，本人愿代还3万元”。

C. 戊向乙出具字据称“如甲到期不向乙还款，由本人负责”。

D. 己向乙出具字据称“如甲到期不向乙还款，由本人以某处私房抵债”。

2. 甲将自己的一批货物出质给乙，但乙将这批货物放置在露天地里风吹日晒，甲可以主张的权利有（　　　　）。

A. 要求乙妥善保管该批货，如果乙不妥善保管，则该质押关系解除

B. 要求乙承担保管不善致这批货物损失的民事责任

C. 要求将这批货物提存

D. 提前清偿债权而请求返还质物

3. 南燕大学要进行新校区建设，为此向甲银行申请贷款，并请乙单位提供保证担保。下列单位中，可以作为提供保证担保的乙单位的有（　　　　）。

A. 某合伙企业　　　　B. 某中外合资经营企业

C. 某出版社　　　　D. 某公司

4. 甲向乙借款20万元，甲的朋友丙以自己的轿车为乙的债权设定抵押担保并依法办理了抵押登记，甲的朋友丁与债权人乙签订了保证合同，但二人都未约定所担保的债权份额及顺序，轿车价值均为15万元。若甲到期未履行债务，下列哪些表述是正确的？（　　　　）

A. 乙应先就丙的轿车行使抵押权。

B. 乙可以先让丁承担保证责任。

C. 乙可以先要求实现抵押权，然后再让丁承担保证责任。

D. 丁承担保证责任后可以向甲求偿。

5. 甲先后向乙、丙、丁、戊银行各借款1 000万元，并以自有价值3 000万元的大楼分别进行抵押。甲、乙之间的抵押合同签订于2015年5月10日，但未办理抵押登记；丙的抵押权的登记日期为2015年6月10日；丁的抵押权的登记日期为2015年7月10日；戊的抵押权的登记日期为2015年8月10日。设甲到期不能偿还上述贷款，抵押的大楼拍卖所得为2 000万元，对该2 000万元应当如何清偿？（　　　　）

A. 优先偿还乙、丙各1 000万元。　　　　B. 优先偿还丙、丁各1 000万元。

C. 乙、丙、丁、戊各500万元。　　　　D. 丙的抵押权优先于丁。

三、案例分析题

1. 2015年3月初，某企业下岗职工张某急需一笔资金从事服装批发和零售业务，找到邻居李某，想借款人民币6万元，李某同意。双方于3月13日签订了借款合同，合同约定：张某向李某借款人民币6万元，从3月23日起，借款期限为6个月。

2015年3月23日李某将钱交给张某后，感觉不放心，遂要求张某提供担保，张某便找到从事汽车服务业的朋友王某，要其向李某担保，王某立即写了一份担保书：如果张某到期不还款，我愿承担全部的还款责任，并在担保书上签了字。2015年9月23日，李某按约定向张某要求还款6万元，并要求支付利息。张某妻子称张某生意做得不顺，去深圳打工了，要过年才能回来。李某遂找到王某要求其承担担保责任，王某称李某没有在担保书上签字，担保合同无效，其不应承担还款责任，李某遂诉至法院，要求王某承担还款责任并支付利息。

试分析：

（1）该担保合同是否有效？

（2）根据王某写的担保书内容，其担保责任是何种担保责任？

（3）李某在向王某要求其承担担保责任未果的情况下，遂诉至法院，能否获得法院的支持？

（4）李某如何主张自己的债权实现？

2. 甲公司为了扩大经营规模，向乙银行贷款。银行要求甲公司提供担保。甲公司同意拿公司的一块土地使用权、轿车3辆、几间厂房、公司附设的幼儿园、医院，以及从丙公司租赁的10台机器作抵押，与乙银行签订了抵押和贷款合同。

试分析：

（1）甲公司提供的财产全部可以用来抵押吗？为什么？

（2）甲公司在与银行签订了抵押和贷款合同后，应向哪些部门办理抵押登记？

（3）抵押财产担保的范围包括哪些？

第9章 工业产权法

知识目标

1. 了解商标及专利的概念。

2. 理解并掌握商标构成要素、商标注册程序及法律保护。

3. 掌握专利权的内容及法律保护。

技能目标

1. 能运用所学知识申请注册一个商标或申请一项专利。

2. 能处理商标或专利申请、使用中涉及的法律问题。

引导案例

2006年8月1日，甲公司以“雨露”牌为其生产的果冻申请注册商标，在申请注册过程中发现，乙公司曾于1995年3月1日在相同商品上取得了该商标的商标权，但迄今未提出该注册商标的续展申请，商标局作出了不予核准的决定。后甲公司于2007年1月1日改用了“雪花”牌商标进行生产，丙公司于同年3月1日开始使用相同商标生产果冻。甲、丙公司均于2007年5月28日向商标局提出注册申请。2008年12月，甲公司被核准注册取得“雪花”牌商标权。

思考：

（1）商标局为何对甲公司的“雨露”商标注册申请不予核准？

（2）乙公司可以继续使用“雨露”商标生产果冻吗？

（3）“雪花”牌商标权为何授予了甲公司？

（4）甲公司取得“雪花”商标权后，丙公司能否继续使用“雪花”商标？

9.1 商标法

9.1.1 商标法概述

1. 商标的概念

商标，俗称“牌子”，是商品生产者或经营者为其生产、经营的商品或提供的服务使用的一种专用标记，以区别于他人生产、经营的商品或提供的服务。它可以是文字、图形、字母、数字、三维标志、颜色组合和声音等，以及上述要素的组合。

商标作为区别商品或服务的标记，对于生产者或经营者来说，是其商品、服务质量和信誉的标志；对于消费者来说，是指导他们消费行为的向导。

2. 商标的分类

根据不同的划分标准，商标可以分为不同的种类。

（1）根据商标的结构进行分类

根据商标的结构进行分类，可分为文字商标、图形商标和组合商标。

① 文字商标：由相对规范的数字、字母和文字组成的商标，具有显著性的特征，如单纯由数字组成的555，单纯由文字组成的“搜狐”形成的商标等。

② 图形商标：由平面或立体图构成的商标，如德国奔驰汽车的外环内Y图形商标，壳牌国际石油有限公司的贝壳图形商标等。

③ 组合商标：由数字、字母、文字、图形及颜色组合形成，如Windows98，国家电网公司的由圆形电网图标和中英文组成的商标等。

（2）根据商标的用途进行分类

根据商标的用途进行分类，可分为商品商标和服务商标。

① 商品商标，是指商品的生产者或经营者为了将自己的商品与他人的商品相区别而使用的标记，用在特定商品上标明商品来源的标志。

② 服务商标，是指提供服务的经营者在其服务项目上所使用的，用以区别于其他服务者所提供的服务项目的显著性标志。

（3）根据商标的特殊性进行分类

根据商标的特殊性进行分类，可分为联合商标、防御商标、集体商标和证明商标。

① 联合商标，是指同一个商标所有人在同一种或类似商品和服务中注册的2个或2个以上近似的商标。主要目的在于保护商标，防止他人仿冒影射。

② 防御商标，是指商标所有人将已为公众知晓的商标，在该商标核定使用的商品和服务类别之外的其他类别上注册的相同的商标，以防止其他经营者恶意注册使用。

③ 集体商标，是指以团体、协会或其他组织名义注册，供该组织成员在商事活动中使用，以表明使用者在该组织中的成员资格的标志。

④ 证明商标，是指由对某种商品或服务具有监督能力的组织所控制，而由该组织以外的单位或个人用于其商品或服务上，以证明该商品或服务的原产地、原料、制造方法、质量或其他特定品质的标志。

（4）根据是否进行商标注册分类

根据是否进行商标注册进行分类，可分为注册商标和未注册商标。

① 注册商标，是指向国家商标主管机关申请注册并获得核准使用的商标。注册商标所有人对其依法取得的注册商标，在法定有效期内享有独占的权利，受法律保护。

② 未注册商标，是指使用者没有向国家商标管理机关申请注册，自行在商品上使用的商品标记。未注册商标不享有商标专用权，不受法律保护。

3．商标法

商标法是指调整商标注册、使用、管理和商标专用权的保护过程中发生的社会关系的法律规范的总称。

1982 年 8 月 23 日，第五届全国人民代表大会常务委员会第二十四次会议通过了《中华人民共和国商标法》（以下简称《商标法》）并先后在 1993 年、2001 年和 2013 年对商标法作了 3 次修改。

9.1.2　商标注册制度

商标注册是指商标的使用人为了取得商标专用权，将其使用或准备使用的商标，依照法律规定的条件和程序，向商标主管机关提出注册申请，经商标主管机关审核批准，授予注册申请人商标专用权的制度。

1．商标注册的原则

（1）自愿注册与强制注册并用的原则

我国对绝大多数商品和服务使用的商标采用自愿注册原则。商标是否申请注册，由当事人自主决定。但国家规定必须使用注册商标的商品，必须申请商标注册，未经核准注册的，不得在市场上销售，如烟草制品。《烟草专卖法》规定："卷烟、雪茄烟和有包装的烟丝必须申请商标注册，未经核准注册的，不得生产、销售。"

（2）申请在先与使用在先相结合的原则

2 个或 2 个以上商标注册申请人，在同一或类似商品或服务上，以相同或类似的商标申请注册的，商标权授予申请在先的人。申请先后的确定以申请日为准。商标注册的申请日期，以商标局收到申请文件的日期为准。同一天申请的，商标权授予使用在先的人。同日使用或均未使用的，由各申请人进行协商；不愿协商或协商不成的，商标局通知各申请人以抽签的方式确定一个申请人，驳回其他人的注册申请。

（3）优先权原则

根据《商标法》的规定，商标注册申请程序中优先权表现在 2 个方面。一是商标注册申请人自其商标在外国第一次提出商标注册申请之日起 6 个月内，又在中国就相同商品以同一商标注册申请的，依照该外国同中国签订的协议或共同参加的国际条约，或者按照相互承认优先权原则，可以享有优先权。申请人依照上述情形要求优先权的，应当在提出商标注册申请的时候提出书面声明，并且在 3 个月内提交第一次提出的商标注册申请文件的副本；未提出书面声明或逾期未提交商标注册申请文件副本的，视为未要求优先权。二是商标在中国政府主办的或承认的国际展览会展出的商品上首次使用的，自该商品展出之日起 6 个月内，该商标的注册申请人可以享有优先权。申请人依照上述情形要求优先权的，应当在提出商标注册申请的时候提出书面声明，并且在 3 个月内提交展出其商品的展览会名称、在展出商品上使用该商标的证据、展出日期等证明文件；未提出书面声明或逾期未提交证明文件的，视为未要求优先权。

案例分析9-1

甲于2006年5月1日开始使用“葵花”牌商标，乙于同年6月1日开始使用相同的商标。甲、乙均于2007年7月1日向商标局寄出注册“葵花”商标的申请文件。甲的申请文件于7月8日寄至，乙的申请文件于7月5日寄至。请问：商标权应授予给谁？

分析 应授予乙商标权，这是因为乙申请在先。根据《商标法》的有关规定，2个或2个以上商标注册申请人，在同一或类似商品或服务上，以相同或类似的商标申请注册的，商标权授予申请在先的人。申请先后的确定以申请日为准。商标注册的申请日期，以商标局收到申请文件的日期为准。

2. 商标注册的条件

（1）申请注册的商标应当是与他人的商品或服务相区别的标志

根据《商标法》的规定，任何能够将自然人、法人或其他组织的商品与他人的商品区别开的标志，包括文字、图形、字母、数字、三维标志、颜色组合和声音等，以及上述要素的组合，均可以作为商标申请注册。

（2）申请注册的商标应具备显著性

申请注册的商标，应当具有显著特征，便于识别，并不得与他人在先取得的合法权利相冲突。《商标法》规定，不得作为商标注册的标志有：①仅有本商品的通用名称、图形、型号的；②仅仅直接表示商品的质量、主要原料、功能、用途、重量、数量及其他特点的；③缺乏显著特征的。上述所列标志经过使用取得显著特征，并便于识别的，可以作为商标注册。

（3）申请注册的商标不得是法律禁止作为商标使用的标志

根据《商标法》的规定，不得作为商标使用的标志有：①同中华人民共和国的国家名称、国旗、国徽、国歌、军旗、军徽、军歌、勋章等相同或近似的，以及同中央国家机关的名称、标志、所在地特定地点的名称或标志性建筑物的名称、图形相同的；②同外国的国家名称、国旗、国徽、军旗等相同或近似的，但经该国政府同意的除外；③同政府间国际组织的名称、旗帜、徽记等相同或近似的，但经该组织同意或不易误导公众的除外；④与表明实施控制、予以保证的官方标志、检验印记相同或近似的，但经授权的除外；⑤同“红十字”“红新月”的名称、标志相同或近似的；⑥带有民族歧视性的；⑦带有欺骗性，容易使公众对商品的质量等特点或产地产生误认的；⑧有害于社会主义道德风尚或有其他不良影响的。

县级以上行政区划的地名或公众知晓的外国地名，不得作为商标，但是，地名具有其他含义或作为集体商标、证明商标组成部分的除外；已经注册的使用地名的商标继续有效。

3. 商标注册的程序

（1）注册申请

申请商标注册时，应按规定的商品与服务分类表的分类确定填报使用商标的商品或服务的类别和名称。目前，《商标法》执行的是商品国际分类，把1万余种的商品和服务项目分为45类。其中，商品34类，服务项目11类。每一件商标注册申请应当向商标局提交商标注册申请书1份、商标图样5份；指定颜色的，应当提交着色图样5份、黑白稿1份。申请人应当提交能够证明其身份的有效证件的复印件。

商标注册申请人应当按规定的商品分类表填报使用商标的商品类别和商品名称，提出注册申请。商标注册申请人可以通过1份申请就多个类别的商品申请注册同一商标。商标注册申请等有关文件，可以以书面方式或数据电文方式提出。注册商标需要在核定使用范围之外的商品上取得商标专用权的，应当另行提出注册申请。注册商标需要改变其标志的，应当重新提出注册申请。注册商标需要变更主注册人的名称、地址或其他注册事项的，应当提出变更申请。

（2）审查

商标局收到商标注册申请文件后，首先应当进行形式审查。形式审查的内容主要包括：申请手续是否齐全；申请人是否具备申请资格；申请文件是否齐全，填写是否正确；是否按规定缴纳了申请注册费等。凡符合规定的，商标局予以受理；不符合的，予以退回。

商标注册申请通过形式审查即进入实质审查程序。实质审查的内容主要包括：申请注册的商标是否具有显著特征，便于识别；申请注册的商标是否与已注册在相同或类似商品或服务上的商标相同或近似；申请注册的商标是否违背《商标法》的禁止规定等。

对申请注册的商标，商标局应当自收到商标注册申请文件之日起9个月内审查完毕。

（3）公告

申请注册的商标，凡符合《商标法》规定的，由商标局初步审定，予以公告。凡不符合规定的，由商标局驳回申请，不予公告。

（4）异议

对初步审定，予以公告的商标，自公告之日起3个月内，在先权利人、利害关系人认为违反《商标法》第十三条第二款和第三款、第十五条、第十六条第一款、第三十条、第三十一条、第三十二条规定的，或者任何人认为违反《商标法》第十条、第十一条、第十二条规定的，可以向商标局提出异议。

（5）核准注册

公告期满无异议的，予以核准注册，发给商标注册证，并予以公告。

（6）复审裁定

对驳回申请、不予公告的商标，商标局应当书面通知商标注册申请人。商标注册申请人不服的，可以自收到通知之日起15日内向商标评审委员会申请复审。商标评审委员会应当自收到申请之日起9个月内作出决定，并书面通知申请人。有特殊情况需要延长的，经国务院工商行政管理部门批准，可以延长3个月。当事人对商标评审委员会的决定不服的，可以自收到通知之日起30日内向人民法院起诉。

对初步审定公告的商标提出异议的，商标局应当听取异议人和被异议人陈述事实和理由，经调查核实后，自公告期满之日起12个月内作出是否准予注册的决定，并书面通知异议人和被异议人。有特殊情况需要延长的，经国务院工商行政管理部门批准，可以延长6个月。

案例分析9-2

2005年5月，同心县灯具厂向商标局申请为其灯具产品注册“同心”牌商标。6月，商标局审查后认为“同心”系县级以上行政区划名称而驳回申请。灯具厂收到驳回通知后不服，向商标评审委员会申请复审。请问：该灯具厂能否申请注册“同心”牌商标？如果复审结果维持初审决定，灯具厂可以通过什么途径解决？

分析　灯具厂可以申请注册“同心”牌商标。根据《商标法》的规定，县级以上行政区划的地名不得作为商标。但是，地名具有其他含义的除外。本案例中，同心虽是县级行政区划名称，但文字本身显然具有其他含义。如果复审结果维持初审决定，灯具厂可以向人民法院起诉。根据《商标法》的规定，当事人对商标评审委员会的决定不服的，可以自收到通知之日起30日内向人民法院起诉。

9.1.3 注册商标的续展、转让和使用许可

1. 注册商标的续展

根据《商标法》的规定，注册商标的有效期为10年，自核准注册之日起计算。注册商标有效期满，需要继续使用的，商标注册人应当在期满前12个月内按照规定办理续展手续；在此期间未能办理的，可以给予6个月的宽展期。宽展期满未办理续展手续的，注销其注册商标。每次续展注册的有效期为10年，自该商标上一届有效期满次日起计算。商标局应当对续展注册的商标予以公告。

2. 注册商标的转让

注册商标的转让是指注册商标所有人依法将其注册商标转让给他人的行为。根据《商标法》的规定，转让注册商标的，转让人和受让人应当签订转让协议，并共同向商标局提出申请。受让人应当保证使用该注册商标的商品质量。转让注册商标的，商标注册人对其在同一种商品上注册的近似的商标，或者在类似商品上注册的相同或近似的商标，应当一并转让。转让注册商标经商标局核准后，发给商标注册人相应证明，予以公告。受让人自公告之日起享有商标专用权。

3. 注册商标的使用许可

注册商标的使用许可是指注册商标所有人通过签订商标使用许可合同，许可他人使用其注册商标，同时收取一定的许可使用费。

根据《商标法》的规定，商标注册人可以通过签订商标使用许可合同，许可他人使用其注册商标。许可人应当监督被许可人使用其注册商标的商品质量。被许可人应当保证使用该注册商标的商品质量。经许可使用他人注册商标的，必须在使用该注册商标的商品上标明被许可人的名称和商品产地。商标使用许可合同应当报商标局备案。商标使用许可未经备案不得对抗善意第三人。

9.1.4 商标使用的管理和注册商标专用权的保护

1. 商标使用的管理

（1）对注册商标使用的管理

使用注册商标，有这些行为之一的，由商标局责令限期改正或撤销其注册商标：①自行改变注册商标；②自行改变注册商标的注册人名义、地址或他注册事项；③注册商标成为其核定使用的商品的通用名称或没有正当理由连续3年不使用的，任何单位或个人可以向商标局申请撤销该注册商标。商标局应当自收到申请之日起9个月内作出决定。有特殊情况需要延长的，经国务院工商行政管理部门批准，可以延长3个月。

（2）对未注册商标使用的管理

使用未注册商标，有这些行为之一的，由地方工商行政管理部门予以制止，限期改正，并可以予以通报，违法经营额5万元以上的，可以处违法经营额20%以下的罚款，没有违法经营额或违法经营额不足5万元的，可以处1万元以下的罚款：①冒充注册商标；②违反不得作为商标使用的标志的规定。

2. 注册商标专用权的保护

（1）侵权行为的界定

注册商标的专用权，以核准注册的商标和核定使用的商品为限。

为保护注册商标的专用权，有这些行为之一的，均属侵犯注册商标专用权：①未经商标注册

人的许可，在同一种商品上使用与其注册商标相同的商标；②未经商标注册人的许可，在同一种商品上使用与其注册商标近似的商标，或者在类似商品上使用与其注册商标相同或近似的商标，容易导致混淆；③销售侵犯注册商标专用权的商品；④伪造、擅自制造他人注册商标标识或销售伪造、擅自制造的注册商标标识；⑤未经商标注册人同意，更换其注册商标并将该更换商标的商品又投入市场；⑥故意为侵犯他人商标专用权行为提供便利条件，帮助他人实施侵犯商标专用权行为；⑦给他人的注册商标专用权造成其他损害。

这些行为不视为商标侵权行为：①注册商标中含有的本商品的通用名称、图形、型号，或者直接表示商品的质量、主要原料、功能、用途、重量、数量及其他特点，或者含有的地名，注册商标专用权人无权禁止他人正当使用。②三维标志注册商标中含有的商品自身的性质产生的形状、为获得技术效果而需有的商品形状或使商品具有实质性价值的形状，注册商标专用权人无权禁止他人正当使用。③商标注册人申请商标注册前，他人已经在同一种商品或类似商品上先于商标注册人使用与注册商标相同或近似并有一定影响的商标的，注册商标专用权人无权禁止该使用人在原使用范围内继续使用该商标，但可以要求其附加适当区别标识。

（2）商标侵权争议的解决

上述侵犯注册商标专用权行为之一，引起纠纷的，由当事人协商解决；不愿协商或协商不成的，商标注册人或利害关系人可以向人民法院起诉，也可以请求工商行政管理部门处理。

（3）侵犯商标权的法律责任

① 民事责任。因商标侵权给商标权人造成损失的，权利人可以向人民法院提起诉讼，要求侵权人赔偿损失。侵犯商标专用权的赔偿数额，按照权利人因被侵权所受到的实际损失确定；实际损失难以确定的，可以按照侵权人因侵权所获得的利益确定；权利人的损失或侵权人获得的利益难以确定的，参照该商标许可使用费的倍数合理确定。对恶意侵犯商标专用权，情节严重的，可以在按照上述方法确定数额的 1 倍以上 3 倍以下确定赔偿数额。赔偿数额应当包括权利人为制止侵权行为所支付的合理开支。

人民法院为确定赔偿数额，在权利人已经尽力举证，而与侵权行为相关的账簿、资料主要由侵权人掌握的情况下，可以责令侵权人提供与侵权行为相关的账簿、资料；侵权人不提供或提供虚假的账簿、资料的，人民法院可以参考权利人的主张和提供的证据判定赔偿数额。

权利人因被侵权所受到的实际损失，侵权人因侵权所获得的利益，注册商标许可使用费难以确定的，由人民法院根据侵权行为的情节判决给予 300 万元以下的赔偿。

权利人以注册商标专用权人未使用注册商标提出抗辩的，人民法院可以要求注册商标专用权人提供此前 3 年内实际使用该注册商标的证据。注册商标专用权人不能证明此前 3 年内实际使用过该注册商标，也不能证明因侵权行为受到其他损失的，被控侵权人不承担赔偿责任；销售不知道是侵犯注册商标专用权的商品，能证明该商品是自己合法取得并说明提供者的，不承担赔偿责任。

② 行政责任。工商行政管理部门处理商标侵权时，认定侵权行为成立的，责令立即停止侵权行为，没收、销毁侵权商品和主要用于制造侵权商品、伪造注册商标标识的工具，违法经营额 5 万元以上的，可以处违法经营额 5 倍以下的罚款，没有违法经营额或违法经营额不足 5 万元的，可以处 25 万元以下的罚款。对 5 年内实施 2 次以上商标侵权行为或者有其他严重情节的，应当从重处罚。销售不知道是侵犯注册商标专用权的商品，能证明该商品是自己合法取得并说明提供者的，由工商行政管理部门责令停止销售。

③ 刑事责任。未经商标注册人许可，在同一种商品上使用与其注册商标相同的商标，构成犯罪的，除赔偿被侵权人的损失外，依法追究刑事责任。

伪造、擅自制造他人注册商标标识或销售伪造、擅自制造的注册商标标识，构成犯罪的，除赔偿被侵权人的损失外，依法追究刑事责任。

销售明知是假冒注册商标的商品，构成犯罪的，除赔偿被侵权人的损失外，依法追究刑事责任。

案例分析9-3

甲公司在纸手帕等纸制产品上注册了“茉莉花”文字及图形商标。乙公司未经许可在其制造的纸手帕包装上突出使用“茉莉花”图形。丙商场将假冒的“茉莉花”牌纸手帕作为赠品进行促销活动。丁公司长期制造茉莉花香型的纸手帕，并在包装上标注“茉莉花香型”。戊公司购买甲公司的“茉莉花”纸手帕后，擅自将“茉莉花”改为“山茶花”重新包装后销售。请问：乙、丙、丁、戊公司的行为对甲公司注册商标专用权构成侵权吗?

分析 乙、丙、戊公司构成侵权，丁公司不构成。乙公司未经商标注册人的许可，在同一种商品上使用与其注册商标相同的商标，属于侵权行为。丙商场属于销售侵犯注册商标专用权的商品的侵权行为。戊公司属于未经商标注册人同意，更换其注册商标并将该更换商标的商品又投入市场的侵权行为。

9.2 专利法

9.2.1 专利概述

1. 专利的概念

专利，是专利权的简称。是指一项发明创造向国家专利行政部门提出专利申请，经依法审查合格后向专利申请人授予的在规定的时间内对该项发明创造享有的专有权。

1984 年 3 月 12 日，第六届全国人民代表大会常务委员会第四次会议通过了《中华人民共和国专利法》（以下简称《专利法》），并于 1985 年 4 月 1 日开始实施。《专利法》分别在 1992 年、2000 年和 2008 年进行了 3 次大的修正。新修正的《专利法》自 2009 年 10 月 1 日起施行。

2. 专利权的主体

专利权的主体是指具体参加特定的专利权法律关系，享有专利权并承担与此相适应的义务的人。专利权的主体既可以是个人，也可以是单位。根据《专利法》的规定，发明人或设计人、职务发明创造的单位、合法受让人、外国人和外国企业或外国其他组织都可以成为专利权的主体。

（1）发明人或设计人

专利法所称发明人或设计人，是指对发明创造的实质性特点作出创造性贡献的人。在完成发明创造过程中，只负责组织工作的人、为物质技术条件的利用提供方便的人或从事其他辅助工作的人，不是发明人或设计人。

（2）职务发明创造的单位

职务发明创造是指执行本单位的任务或者主要是利用本单位的物质技术条件所完成的发明创造。职务发明创造申请专利的权利属于该单位；申请被批准后，该单位为专利权人。

非职务发明创造，申请专利的权利属于发明人或设计人；申请被批准后，该发明人或设计人为专利权人。

利用本单位的物质技术条件完成的发明创造，单位与发明人或设计人订有合同，对申请专利的权利和专利权的归属作出约定的，从其约定。

（3）合法受让人

合法受让人是指以转让、继承方式取得专利权的人。专利申请权和专利权可以转让，专利权中的财产权可以继承。专利权经合法受让后，受让人就成为专利权的主体。但发明人身份权不因专利权的转让而转移，它永远属于发明人或设计人。

（4）外国人、外国企业或外国其他组织

根据《专利法》的规定，在中国有经常居所或营业场所的外国人、外国企业或外国其他组织在中国申请专利的，根据《巴黎公约》的规定和国际惯例，享有与我国公民同等待遇；在中国没有经常居所或营业场所的外国人、外国企业或外国其他组织在中国申请专利的，依照其所属国同中国签订的协议或共同参加的国际条约，或者依照互惠原则依法处理。

案例分析9-4

陈某现为甲公司的工程师。在调入甲公司之前，陈某曾完成一项技术方案，但一直没有机会实施。调入甲公司后，该公司在陈的指导下大量实施该项技术，取得了很好的效益。请问：该项技术成果的专利权属于谁?

分析　属于陈某个人所有。因为陈某的技术方案是在利用本单位物质技术条件之前已经完成的，属于非职务发明创造。根据《专利法》的规定，非职务发明创造，申请专利的权利属于发明人或设计人；申请被批准后，该发明人或设计人为专利权人。陈某的行为属于主要利用本单位的物质技术条件“实施”发明创造的情形，不属于职务发明创造。

3. 专利权的客体

专利权的客体，又称专利法保护的对象，是指依法可以取得专利权的发明创造。《专利法》所称的发明创造是指发明、实用新型和外观设计。

（1）发明

发明是指对产品、方法或者其改进所提出的新的技术方案。发明分为产品发明和方法发明。产品发明是指人们通过研究开发出来的关于各种新产品、新材料、新物质等的技术方案。方法发明是指人们为制造产品或解决某个技术课题而研究开发出来的操作方法、制造方法及工艺流程等技术方案。

（2）实用新型

实用新型是指对产品的形状、构造或者其结合所提出的适于实用的新的技术方案。因实用新型专利的技术水平较低，更注重实用性，有些国家将其称为“小发明”。实用新型仅限于产品，不包括方法。实用新型只涉及有一定形状或结构的产品，气态、液态、凝胶状或颗粒粉末状的物质或材料，不属于实用新型的产品范围。

（3）外观设计

外观设计是指对产品的形状、图案或者其结合，以及色彩与形状、图案的结合所作出的富有美感并适于工业应用的新设计。外观设计只涉及商品的外表，不涉及其制造技术。

9.2.2　专利权的取得

1. 专利权申请的原则

（1）单一性原则

单一性原则是指一份专利申请文件只能就一项发明创造提出专利申请，即“一申请一发明”。

《专利法》规定，一件发明或实用新型专利申请应当限于一项发明或实用新型。属于一个总的发明构思的两项以上的发明或实用新型，可以作为一件申请提出。一件外观设计专利申请应当限于一种产品所使用的一项外观设计。用于同一类别并且成套出售或者使用的产品的两项以上的外观设计，可以作为一件申请提出。

（2）先申请原则

先申请原则是指两个以上的申请人分别就同样的发明创造申请专利的，专利权授予最先申请的人。判断先申请的标准是专利申请日。根据《专利法》的规定，国务院专利行政部门收到专利申请文件之日为申请日。如果申请文件是邮寄的，以寄出的邮戳日为申请日。两个以上的申请人在同一日分别就同样的发明创造申请专利的，应当在收到国务院专利行政部门的通知后自行协商确定申请人。

（3）优先权原则

申请人自发明或实用新型在外国第一次提出专利申请之日起 12 个月内，或者自外观设计在外国第一次提出专利申请之日起 6 个月内，又在中国就相同主题提出专利申请的，依照该外国同中国签订的协议或共同参加的国际条约，或者依照相互承认优先权的原则，可以享有优先权。申请人自发明或实用新型在中国第一次提出专利申请之日起 12 个月内，又向国务院专利行政部门就相同主题提出专利申请的，可以享有优先权。申请人要求优先权的，应当在申请的时候提出书面声明，并且在 3 个月内提交第一次提出的专利申请文件的副本；未提出书面声明或逾期未提交专利申请文件副本的，视为未要求优先权。

2. 专利权的取得条件

（1）发明和实用新型授予专利权的条件

《专利法》规定，授予专利权的发明和实用新型，应当具备新颖性、创造性和实用性。

① 新颖性，是指在申请日以前没有同样的发明或实用新型在国内外出版物上公开发表过、在国内公开使用过或以其他方式为公众所知，也没有同样的发明或实用新型由他人向国务院专利行政部门提出过申请并且记载在申请日以后公布的专利申请文件中。是否公开是判断一项发明创造是否丧失新颖性的标准。但申请专利的发明创造在申请日以前 6 个月内，有这些情形之一的，不丧失新颖性：在中国政府主办或承认的国际展览会上首次展出的；在规定的学术会议或技术会议上首次发表的；他人未经申请人同意而泄露其内容的。

② 创造性，是指同申请日以前已有的技术相比，该发明有突出的实质性特点和显著的进步，该实用新型有实质性特点和进步。创造性的衡量标准可以从该发明或实用新型是否存在“实质性特点”和“进步”来判断。

③ 实用性，是指该发明或实用新型能够制造或使用，并且能够产生积极效果。实用性一般具备 3 个条件：具有可实施性，即能够在生产中应用；具有再现性，即能够重复制造或重复使用；具有有益性，即能够在经济、技术和社会等领域产生积极和有益的效果。

（2）外观设计授予专利权的条件

授予专利权的外观设计，应当同申请日以前在国内外出版物上公开发表过或国内公开使用过的外观设计不相同和不相近似，并不得与他人在先取得的合法权利相冲突。由于外观设计本身不涉及技术上的创造，因此，对于外观设计授予专利权的条件更多地体现在与同类产品的比较上是否具有新颖性。

并非所有的发明创造都能成为专利。《专利法》规定，下列各项发明创造不授予专利权：①违反法律、社会公德或妨害公共利益的发明创造；②违反法律、行政法规的规定获取或利用遗传资源，并依赖该遗传资源完成的发明创造；③科学发现；④智力活动的规则和方法；⑤疾病的诊断和治疗方法；⑥动物和植物品种（但产品的生产方法可以授予专利权）；⑦用原子核变换方法获得的物质；⑧对平面印刷品的图案、色彩或二者的结合作出的主要起标识作用的设计。

案例分析9-5

朱某是机械厂车工，经过潜心思索和多次实验，终于研制出很容易打开各种锁的一套工具。这套类似“万能钥匙”的工具设计方案独特，结构精巧，便于携带，能快速又没有声响地打开各种明锁及暗锁。于是他向专利局申请专利。专利局经审查认为，朱某的发明虽然具备新颖性、创造性、实用性，但不能授予专利权。请问：这是为什么？

分析 “万能钥匙”这一发明本身是一项技术方案，能为丢失钥匙的人提供方便。发明创造本身并不违法，但其实施却可能破坏社会公德或妨碍社会公共利益。根据《专利法》的规定，这样的发明创造不能被授予专利权。

3. 专利权的取得程序

专利权的取得必须履行《专利法》规定的专利申请手续，即申请人向国务院专利行政部门提出专利申请，经国务院专利行政部门依照法定程序审查批准后，才能取得专利权。

（1）专利的申请

根据《专利法》的规定，申请发明或实用新型专利的，应当提交请求书、说明书及其摘要和权利要求书等文件。申请外观设计专利的，应当提交请求书及该外观设计的图片或照片等文件，并且应当写明使用该外观设计的产品及其所属的类别。

（2）专利申请的审查批准

① 发明专利申请的审查批准。

初步审查。国务院专利行政部门收到发明专利申请后，应当进行初步审查。初步审查主要包括：发明专利申请是否具备《专利法》规定的请求书、说明书及其摘要和权利要求书等文件，这些文件是否符合规定的格式；申请内容是否明显违反国家法律、社会公德或妨害公共利益；申请专利的发明是否明显属于不授予专利权的范围；专利申请人是否符合申请人主体资格；专利申请是否明显不符合申请单一性原则，等等。

申请公布。国务院专利行政部门收到发明专利申请后，经初步审查认为符合《专利法》要求的，自申请日起满18个月，即行公布。国务院专利行政部门可以根据申请人的请求早日公布其申请。

实质审查。这是对申请专利的发明的新颖性、创造性、实用性等实质性条件进行的审查。发明专利申请自申请日起3年内，国务院专利行政部门可以根据申请人随时提出的请求，对其申请进行实质审查；申请人无正当理由逾期不请求实质审查的，该申请即被视为撤回。国务院专利行政部门认为必要的时候，可以自行对发明专利申请进行实质审查。国务院专利行政部门对发明专利申请进行实质审查后，认为不符合《专利法》规定的，应当通知申请人，要求其在指定的期限内陈述意见，或者对其申请进行修改；无正当理由逾期不答复的，该申请即被视为撤回。发明专利申请经申请人陈述意见或进行修改后，国务院专利行政部门仍然认为不符合《专利法》规定的，应当予以驳回。

批准授权。发明专利申请经实质审查没有发现驳回理由的，由国务院专利行政部门作出授予发明专利权的决定，发给发明专利证书，同时予以登记和公告。发明专利权自公告之日起生效。

② 实用新型和外观设计专利申请的审查批准。实用新型和外观设计专利申请经初步审查没有发现驳回理由的，由国务院专利行政部门作出授予实用新型专利权或外观设计专利权的决定，发给相应的专利证书，同时予以登记和公告。实用新型专利权和外观设计专利权自公告之日起生效。

此外，《专利法》还规定，国务院专利行政部门设立专利复审委员会。专利申请人对国务院专利行政部门驳回申请的决定不服的，可以自收到通知之日起 3 个月内，向专利复审委员会请求复审。专利复审委员会复审后，作出决定，并通知专利申请人。专利申请人对专利复审委员会的复审决定不服的，可以自收到通知之日起 3 个月内向人民法院起诉。

9.2.3 专利权人的权利和义务

1. 专利权人的权利

专利权人的权利是指专利权人在专利有效期内依法对其获得专利权的发明创造所享有的权利。根据《专利法》的规定，专利权人主要有以下几方面的权利。

（1）独占权

专利权人对其专利享有独占权。任何单位或个人未经专利权人许可，都不得实施其专利，即不得以生产经营为目的制造、使用、销售、进口其专利产品或使用其专利方法。

（2）许可实施权

专利权人有权许可其他单位或个人实施其专利。专利权人许可他人实施其专利时，应当订立书面实施许可合同，并向专利权人支付使用费。被许可人无权允许合同规定以外的任何人实施该专利。

（3）转让权

专利权人有权将其专利权通过买卖、赠予、交换等方式转让给他人。专利权的转让原则是自由的。转让专利权必须订立书面合同，并经国务院专利行政部门登记、公告。专利权的转让自登记之日起生效。

（4）标记权

专利权人有权在其专利产品或该产品的包装上标明专利标记和专利号。

（5）放弃权

专利权人有权通过向专利局提交书面申请或以不缴纳年费的方式放弃其专利权。专利权被放弃后，其专利技术即成为全社会共同财富，任何单位或个人均可自由无偿使用。

（6）请求保护权

未经专利权人许可，擅自实施其专利而构成的侵权行为，专利权人有权请求专利管理机关予以处理或向人民法院起诉，以便获得法律保护。专利权人有权要求侵犯人停止侵权行为并赔偿经济损失。

2. 专利权人的义务

专利权人在专利权有效期间主要承担以下义务。

（1）缴纳年费的义务

根据《专利法》的规定，专利权人应当自被授予专利权的当年开始缴纳年费。专利权人如果不按规定缴纳年费，专利权即告终止。

（2）充分公开发明创造内容的义务

充分公开发明创造是指专利权人应当在专利申请文件中将发明、实用新型或外观设计的内容详细、清楚、准确、完整地加以阐述，使本专业技术领域的普通技术人员能够独立实现。

（3）对职务发明人与设计人给予奖酬的义务

专利权人是单位的，应对职务发明人或设计人依法支付奖金和报酬。专利法实施细则对此有明确规定。

9.2.4　专利权的期限、终止和无效

1. 专利权的期限

专利权是有时间性的，超过了法定保护期限，专利权终止。《专利法》规定，发明专利权的期限为 20 年，实用新型专利权和外观设计专利权的期限为 10 年，均自申请日起计算。专利权期限届满不能续展。

2. 专利权的终止

根据《专利法》的规定，有这些情形之一的，专利权终止：专利权期限届满；没有按照规定缴纳年费；专利权人以书面声明放弃其专利权；专利权人死亡，无继承人或受遗赠人。专利权在期限届满前终止的，由国务院专利行政部门登记和公告。

专利权终止后，被授予专利权的发明创造成为人类共同财富，任何单位和个人都可以无偿使用。

3. 专利权的无效

《专利法》规定，自国务院专利行政部门公告授予专利权之日起，任何单位或个人认为该专利权的授予不符合《专利法》有关规定的，可以请求专利复审委员会宣告该专利权无效。宣告专利权无效的决定，由国务院专利行政部门登记和公告。宣告无效的专利权视为自始即不存在。对专利复审委员会宣告专利权无效或维持专利权的决定不服的，可以自收到通知之日起 3 个月内向人民法院起诉。

9.2.5　专利实施的强制许可

1. 专利实施的强制许可的概念

专利实施的强制许可是指国务院专利行政部门依照法律规定的条件和程序，不经专利权人的同意实施其专利的一种强制性许可方式。它是国务院专利行政部门的行政措施之一，是对专利权人专利权的一种限制。其根本目的是促使获得专利的发明创造得以实施，防止专利权人滥用专利权，维护国家利益和社会公共利益。

2. 强制许可的条件

《专利法》规定，专利实施强制许可的情况有以下几种。

① 具备实施条件的单位以合理的条件请求发明或实用新型专利权人许可实施其专利，而未能在合理长的时间内获得这种许可时，国务院专利行政部门根据该单位的申请，可以给予实施该发明专利或实用新型专利的强制许可。

② 在国家出现紧急状态或非常情况时，或者为了公共利益，国务院专利行政部门可以给予实施发明专利或实用新型专利的强制许可。所谓“国家出现紧急状态或非常情况时”，一般是指战争、社会动乱、自然灾害等情况。

③ 一项取得专利权的发明或实用新型比前已经取得专利权的发明或实用新型具有显著经济意义的重大技术进步，其实施又有赖于前一发明或实用新型的实施的，国务院专利行政部门根据后一专利权人的申请，可以给予实施前一发明或实用新型的强制许可。在依照上述规定给予实施强制许可的情形下，国务院专利行政部门根据前一专利权人的申请，也可以给予实施后一发明或实用新型的强制许可。

根据《专利法》的规定，强制许可的对象仅限于发明专利和实用新型专利，对外观设计专利

不实施强制许可。

3．强制许可的程序

专利权人以外的任何单位或个人，要申请强制许可，必须遵守法定程序：申请人必须向国务院专利行政部门提交强制许可请求书，说明理由并附有关证明文件各一式两份；并应当提出未能以合理条件与专利权人签订实施许可合同的证明。国务院专利行政部门收到请求书及有关证明文件后，应将强制许可申请书的副本送交专利权人，并通知专利权人在指定的期限内陈述意见。专利权人是否陈述意见，不影响国务院专利行政部门作出关于强制许可的决定。对申请人申请强制许可的请求进行审查后，认为不符合强制许可实施条件的可以驳回请求；认为符合条件的，应当作出决定给予强制许可。国务院专利行政部门作出的给予实施强制许可的决定，应当及时通知专利权人，并予以登记和公告。

给予实施强制许可的决定，应当根据强制许可的理由规定实施的范围和时间。强制许可的理由消除并不再发生时，国务院专利行政部门应当根据专利权人的请求，经审查后作出终止实施强制许可的决定。

9.2.6 专利权的保护

1．专利侵权行为的认定

专利侵权行为是指在专利权有效期限内，行为人未经专利权人许可而实施其专利的行为。

根据《专利法》的规定，专利侵权行为主要有以下几类。

（1）未经权利人许可，实施他人专利的行为

具体包括：①未经专利权人许可，为生产经营目的制造、使用、许诺销售、销售、进口其专利产品，或者使用其专利方法，以及使用、许诺销售、销售、进口依照该专利方法直接获得的产品；②未经专利权人许可，为生产经营目的制造、销售、进口其外观设计专利产品。

（2）假冒他人专利的行为

具体包括：①未经许可，在其制造或销售的产品、产品的包装上标注他人的专利号；②未经许可，在广告或其他宣传材料中使用他人的专利号，使人将所涉及的技术误认为是他人的专利技术；③未经许可，在合同中使用他人的专利号，使人将合同涉及的技术误认为是他人的专利技术；④伪造或变造他人的专利证书、专利文件或专利申请文件。

（3）以非专利产品冒充专利产品、以非专利方法冒充专利方法的行为

具体包括：①制造或销售标有专利标记的非专利产品；②专利权被宣告无效后，继续在制造或销售的产品上标注专利标记；③在广告或其他宣传材料中将非专利技术称为专利技术；④在合同中将非专利技术称为专利技术；⑤伪造或变造专利证书、专利文件或专利申请文件。

根据《专利法》的规定，有这些情形之一的，不视为侵犯专利权：①专利权人制造、进口或者经专利权人许可而制造、进口的专利产品，或者依照专利方法直接获得的产品售出后，使用、许诺销售或者销售该产品；②在专利申请日前已经制造相同产品、使用相同方法或者已经做好制造、使用的必要准备，并且仅在原有范围内继续制造、使用；③临时通过中国领陆、领水、领空的外国运输工具，依照其所属国同中国签订的协议或共同参加的国际条约，或者依照互惠原则，为运输工具自身需要而在其装置和设备中使用有关专利；④专为科学研究和实验而使用有关专利。

为生产经营目的使用或销售不知道是未经专利权人许可而制造并售出的专利产品，或者依照专利方法直接获得的产品，能证明其产品合法来源的，不承担赔偿责任。

案例分析9-6

甲公司将生产饮料的配方作为商业秘密予以保护。乙通过化验方法破解了该饮料的配方，并将该配方申请获得了专利。不久后丙公司自行研制出相同的饮料配方并投入生产。乙认为甲、丙公司侵犯了其专利权而诉至法院。请问：甲、丙公司是否构成了对乙专利权的侵犯？

分析 甲公司不构成侵权行为，而丙公司构成了侵权行为。根据《专利法》的规定，即使发明人获得了专利权，但如果其他人在其专利申请日前已经制造相同产品、使用相同方法或已经做好制造、使用的必要准备，并且仅在原有范围内继续制造、使用的，专利权人不得主张侵权责任，也不得阻止他人在原有范围内继续使用。本案例中，甲公司在乙申请专利前就已使用相同方法进行生产，因此不承担侵权责任，并有权在原有范围内继续使用该配方。根据《专利法》的规定，专利权被授予后，除另有规定的以外，未经专利权人许可，任何单位或个人都不得实施其专利。因此丙公司构成侵权行为。

2. 专利侵权行为的处理

未经专利权人许可，实施其专利，即侵犯其专利权，引起纠纷的，由当事人协商解决；不愿协商或协商不成的，专利权人或利害关系人可以向人民法院起诉，也可以请求管理专利工作的部门处理。侵犯专利权的诉讼时效为 2 年，自专利权人或利害关系人得知或应当得知侵权行为之日起计算。

专利权人或利害关系人有证据证明他人正在实施或即将实施侵犯其专利权的行为，如不及时制止将会使其合法权益受到难以弥补的损害的，可以在起诉前向人民法院申请采取责令停止有关行为的措施。

根据《专利法》的规定，专利侵权行为的法律责任包括以下几项。

① 民事责任。民事责任主要表现为停止侵害、赔偿损失、消除影响、恢复名誉等。

② 行政责任。行政责任主要表现为责令改正并予以公告、没收违法所得、罚款、给予相关责任人员行政处分等。

③ 刑事责任。刑事责任只限于假冒他人专利且情节严重构成犯罪的情形。

本章小节

本章商标法部分主要阐述了商标的概念、商标注册制度及注册商标的续展、转让和使用许可及注册商标的保护。专利法部分主要阐述了专利的概念、专利权的取得情况及专利权人的权利义务，专利权的期限、终止和无效及专利实施的强制许可及专利权的保护。

引导案例分析

（1）根据《商标法》的规定，注册商标的有效期为 10 年，自核准注册之日起计算。注册商标有效期满，需要继续使用的，应当在期满前 12 个月内申请续展注册；在此期间未能提出申请的，可以给予 6 个月的宽展期。宽展期满仍未提出申请的，注销其注册商标。注册商标期满不再续展的，自注销之日起 1 年内，商标局对与该商标相同或近似的商标注册申请，不予核准。本案例中，乙公司注册的“雨露”商标虽已期满，且未提出续展申请而被注销，但自注销之日起还未满 1 年。

（2）乙公司可以继续使用“雨露”商标生产果冻，但不再享有该商标专用权。

（3）我国在商标注册申请问题上，采取申请在先原则，即2个或2个以上商标注册申请人，在同一或类似商品或服务上，以相同或类似的商标申请注册的，商标权授予申请在先的人。申请先后的确定以申请日为准。同一天申请的，商标权授予使用在先的人。

（4）丙公司须经甲公司许可后再使用“雪花”商标。甲公司取得该商标权后，就享有了对该商标的专用权，任何人或单位未经商标注册人许可，在同一种商品或类似商品上使用与其注册商标相同或近似的商标的，均属侵犯注册商标专用权行为，因此丙公司只有经过甲公司同意许可后才可使用该商标。

实训项目

实训目的：通过帮助某公司生产的产品申请注册商标的模拟训练，掌握商标注册的原则、商标注册的条件及商标注册的程序等法律规定。

实训资料：某公司想为自己公司的产品申请注册商标，但不清楚商标注册申请需要准备哪些材料及办理什么手续。该公司得知同学们学习了《商标法》，于是向同学们提出咨询。现请同学们出谋划策，帮助该公司合法取得注册商标权。

提出问题：

（1）提出商标注册申请的程序，以及应注意的问题。

（2）说明商标注册申请人应向商标局提交的各种申请文件。

本章测试

一、单项选择题

1．下列商品中必须使用注册商标的是（　　）。

A．护肤用品　　B．服装

C．雪茄烟　　D．儿童糖果

2．注册商标的有效期为10年，其起算点是（　　）。

A．商标使用之日　　B．商标注册申请之日

C．商标核准注册之日　　D．商标公告之日

3．2014年3月，研究员李某将其最新研究成果在一国际会议上发表。同年6月，李某将该项科研成果申请发明专利。依照专利法，李某的专利申请（　　）。

A．视为2014年3月提出的　　B．不丧失新颖性

C．已丧失了新颖性　　D．应予驳回

4．根据《专利法》的规定，发明专利权的期限为________年，实用新型专利权和外观设计专利权的期限为________年。（　　）

A．10年　5年　　B．15年　10年

C．20年　10年　　D．10年　20年

5.某公司为攻克某项技术难关，成立了以张某为核心的技术工程小组。在该小组中，刘某负责购买原材料，陈某负责后勤服务工作，张某攻克了该技术难题，并发明了该产品的制造方法。该产品制造方法的发明人是（　　）。

A．刘某　　B．陈某

C．张某　　D．张某、刘某和陈某

二、多项选择题

1．在我国，申请商标注册实行（　　　）。

A．自愿注册与强制注册并用原则　　B．申请在先与使用在先相结合的原则

C. 多类商品一件商标一份申请的原则　　D. 优先权原则

2. 依据《商标法》的规定，商标局应依法驳回的商标注册申请有（　　）。

A. 美利坚合众国果汁　　B. 奥林匹克运动衣

C. 英雄牌钢笔　　D. 红新月牌健身器

3. 两面针牙膏所使用的注册商标“两面针”，是中药牙膏的主要原料，在疗效上起主要作用。对该商标的认识，下列表述正确的有（　　）。

A. 表示商品主要原料的标志不得作为商标注册，因此“两面针”作为牙膏的商标应予撤销

B. 两面针为中草药名称，是药物牙膏的主要原料，该标志不具有显著特征

C. 两面针牙膏的标志经长期独家使用，已产生了识别性，因此具备了商标的显著特征

D. 其他牙膏厂未经“两面针”商标注册人的同意，不得在其产品上使用该商标

4. 某企业使用“好朋友”牌注册商标生产床上用品，因其具有（　　）情形，商标局可以撤销或注销其注册商标。

A. 商品粗制滥造，以次充好，欺骗消费者

B. 自行转让该商标

C. 宽展期满未提出续展注册申请

D. 自行在注册商标上添加图形

5. 依据《专利法》的有关规定，下列哪些情况不应授予专利权？（　　）。

A. 甲发明了仿真伪钞机　　B. 乙发明了对糖尿病特有的治疗方法

C. 丙发现了某植物新品种　　D. 丁发明了某植物新品种的培育方法

6. 工程师王某发明了一种制造饼干的方法并获得专利。下列哪些行为侵害了王某的专利权？（　　）。

A. 甲企业未经允许为了经营以该方法制造饼干

B. 乙企业未经允许为了销售以该方法制造饼干

C. 丙企业未经允许为了出口以该方法制造饼干

D. 丁研究所为了试验使用该方法制造少量饼干

7. 根据《专利法》的规定，专利权人对其发明创造享有（　　）。

A. 制造权　　B. 使用权

C. 许诺销售权、销售权　　D. 进口权

三、案例分析题

1. 河南省洛阳市某纺织厂设计了一款式新颖的短衫，在牡丹节期间投放市场，销路很好，许多服装厂家相继仿制，对该纺织厂的产品销路影响很大。为了维护工厂利益和把握市场前景，该厂向国家商标局提出“洛阳”牌商标的注册申请。在其申请注册期间，其他服装厂仍继续生产与纺织厂样式完全相同的短衫，并使用了“洛阳”商标。不久，商标局经审查后驳回了纺织厂的商标注册申请。

试分析：

（1）商标局驳回纺织厂的商标注册申请是否正确？说明理由。

（2）服装厂在纺织厂的商标注册申请被驳回后是否可以继续生产带有该种商标的产品？说明理由。

2. 2005年2月甲公司技术人员乙研制出一种节能装置，完成了该公司的技术攻坚课题，并达到攻坚领先水平。2005年3月甲公司将该装置样品提供给我国政府承认的某国际技术展览会展出。同年4月，乙未经单位同意，在向某国外杂志的投稿论文中透露了该装置的核心技术，该杂志将论文全文刊载，引起甲公司不满。同年7月，丙公司依照该杂志的报道很快研制了样品，并

做好了批量生产的必要准备。甲公司于2005年8月向专利局递交了专利申请书。2006年1月丁公司也根据该杂志开始生产该装置。2008年6月7日国务院专利行政部门授予甲公司发明专利，2008年8月甲公司向法院提起诉讼，要求丙公司和丁公司停止侵害并赔偿损失。

试分析：

（1）在丙公司已研制出样品，丁公司已开始生产的情况下，甲公司的发明为何仍能被授予专利权？

（2）甲公司能否要求丙公司停止侵害并赔偿损失？说明理由。

（3）丁公司实施甲公司发明的行为是否构成侵权？说明理由。

（4）甲公司在起诉前可以向法院申请采取哪些措施以保护自己的合法权益？

第 10 章 反不正当竞争法

知识目标	技能目标
1. 掌握不正当竞争行为的概念和种类。 2. 熟悉不正当竞争行为的法律责任。 3. 理解不正当竞争行为的监督检查部门。	1. 能运用所学知识判断现实生活中的不正当竞争行为。 2. 当出现不正当竞争行为时，能明确知道该如何处理。

引导案例

2011 年 10 月 1 日，张某独资设立了安心食品机械有限公司（以下简称“安心公司”），在公司运营期间，该公司采取了以下行为。

① 至 2013 年 4 月，安心公司在经营活动中，先后以返点、会务费、促销费、赞助费等名义给予当事人财产共计 256 540.98 元。

② 市场上有一家知名企业，其生产的“鸿享”牌豆浆机质量好，价格便宜，占据了主要市场份额。公司为扩大经营，于 2012 年 1 月也生产了一款同“鸿享”牌豆浆机外形、包装非常类似的豆浆机，消费者误认为是“鸿享”牌豆浆机，销售火爆。

③ 2013 年 12 月底，为了回笼资金，安心公司以低于成本价销售其生产的五彩豆腐机 500 台。

思考：

安心公司的经营行为是否合法？

10.1 反不正当竞争法概述

10.1.1 反不正当竞争法的概念和调整对象

竞争是商品经济的产物，是市场经济的灵魂。不能保证充分竞争状态的市场不是完整的市场，人为消除市场中应有的竞争，是典型的反竞争行为，是有违市场经济的根本的。为了阻止这些行为，国家必须通过立法对该类行为予以制止，方能维护市场秩序的正常运转。

1. 反不正当竞争法的概念

一般而言，反不正当竞争法是制止经营者采用欺骗、胁迫、利诱，以及其他违背诚实信用原则的手段从事市场交易的各种不正当竞争行为，维护公平竞争的商业道德和交易秩序的法律制度。

反不正当竞争法有广义和狭义两个层面的含义。广义的反不正当竞争法调整 3 类不正当竞争行为：一是“垄断行为”，主要是指经营者自己或通过企业兼并等方式形成的对一定市场的独占式控制；二是“限制竞争行为”，主要是指经营者滥用经济优势或几个经营者通过协议等联合方式损害竞争对手的行为；三是“不正当竞争行为”，主要是指经营者采用欺骗、胁迫、利诱及其他违背诚实信用和公平竞争的手段从事市场经济活动。狭义的反不正当竞争法主要是调整上述第三种不正当竞争行为。1993 年 9 月 2 日全国人民代表大会常务委员会通过的《中华人民共和国反不正当竞争法》（以下简称《反不正当竞争法》）是在广义上使用反不正当竞争法的概念的。由于《中华人民共和国反垄断法》已由第十届全国人民代表大会常务委员会第二十九次会议于 2007 年 8 月 30 日通过，并于 2008 年 8 月 1 日起施行，是一部专门调整上述“垄断行为”和“限制竞争行为”的法律，因此本书所称的“不正当竞争行为”仅指狭义的不正当竞争行为。

2. 反不正当竞争法的调整对象

反不正当竞争法的调整对象就是在制止不正当竞争行为的过程中发生的社会关系。主要包括市场竞争者之间的竞争关系、不正当竞争行为的受害人与不正当竞争行为人之间的损害赔偿关系，以及不正当竞争行为的监督检查机关在行使查处不正当竞争过程中与不正当竞争行为人之间发生的关系。

10.1.2 反不正当竞争法的基本原则和作用

1. 反不正当竞争法的基本原则

《反不正当竞争法》第二条第一款规定：“经营者在市场交易中，应当遵循自愿、平等、公平、诚实信用的原则，遵守公认的商业道德。”该款规定了反不正当竞争法的基本原则。具体内容如下。

（1）自愿、平等和公平原则

任何参与市场经济活动的经营者均享有平等的权利和义务，在所从事的市场经济活动中，能根据自己的意愿，设立、变更和终止民商事法律关系。任何经营者都只能以市场交易规则为准则，享受公平合理的对待，既不享有特权，也不履行任何不公平的义务，权利与义务相一致。

（2）诚实信用原则

经营者在市场经济活动中，应当善意、诚实、恪守信用，反对任何通过欺诈或恶意串通等手段获取非法利益。

（3）遵守公认的商业道德原则

公认的商业道德是指在长期的市场交易活动中形成的，为社会所普遍承认和遵守的商事行为准则。平等、自愿、公平和诚信原则，实际上都是最主要的、公认的、法律化了的商业道德。但有限的法律条文不可能囊括所有的商业道德的内容，因此确立“遵守公认的商业道德”这一原则，对于发挥市场本身的调节功能，弥补制定法的不足，具有重要意义。

2. 反不正当竞争法的作用

《反不正当竞争法》第一条明确规定：“为保障社会主义市场经济健康发展，鼓励和保护公平竞争，制止不正当竞争行为，保护经营者和消费者的合法权益，制定本法。”该条既是反不正当竞争法的立法宗旨，也体现了反不正当竞争法的作用。

10.2 不正当竞争行为

10.2.1 欺骗性市场交易行为

1. 欺骗性市场交易行为的概念

欺骗性市场交易行为，又称商业混同行为，是指经营者采用假冒、仿冒等欺骗性手段从事市场交易，使自己的商品或服务与特定的竞争对手的商品或服务相混淆，造成或足以造成购买者误认或误购的不正当竞争行为。

2. 欺骗性市场交易行为的种类

根据《反不正当竞争法》第五条的规定，下列行为属于欺骗性市场交易行为。

① 假冒他人注册商标的行为。假冒注册商标俗称“冒牌”，包括未经注册商标所有人许可，在同一种商品或同类商品上使用与他人注册商标相同或近似的商标；销售明知是仿冒注册商标的商品；伪造、擅自制造他人注册商标。

② 擅自使用知名商品特有的名称、包装、装潢，或者使用与知名商品近似的名称、包装、装潢，造成和他人的知名商品相混淆，使购买者误认为是该知名商品的行为。具体认定时应注意以下要点。

- 在中国境内具有一定的市场知名度，为相关公众所知悉的商品，应当认定为“知名商品”。
- 具有区别商品来源的显著特征的商品的名称、包装、装潢，应当认定为“特有的名称、包装、装潢”。
- 由经营者营业场所的装饰、营业用具的式样、营业人员的服饰等构成的具有独特风格的整体营业形象，构成“装潢”。
- 足以使相关公众对商品的来源产生误认，包括误认为与知名商品的经营者具有许可使用、关联企业关系等特定联系的，应当认定为“造成和他人的知名商品相混淆，使购买者误认为是该知名商品”。

③ 擅自使用他人的企业名称或姓名，引人误认为是他人的商品的行为。企业名称及自然人的姓名，是其拥有者最基本的识别性符号，也是区分商品生产者、经营者或服务者的重要标志。它代表了企业或生产经营者极具商业价值的商品名誉和信誉。他人无论出于何种目的

使用，都应征得所有人的书面同意。擅自使用行为不仅对他人合法权益构成侵犯，也构成了对市场竞争规则的破坏。

④ 在商品上伪造或冒用认证标志、名优标志等质量标志，伪造产地，对商品质量作引人误解的虚假表示的行为。这类不正当竞争行为与前 3 项行为不同，它并不侵犯哪个特定经营者的知识产权，它或者虚构事实，或者隐瞒事实真相，是对商品的质量、信誉作引人误解的虚假表示的欺诈性交易行为。

案例分析10-1

小王欲购买两瓶贵州“茅台”酒赠送友人，可在名酒专卖店误购了商标不同、外包装十分近似，但显著标明名称为贵州“芽台”的白酒，遂向贵州“茅台”酒厂投诉。“茅台”酒厂经调查发现，“芽台”牌白酒的价格仅为“茅台”酒的一半。请问：“芽台”酒厂的行为是一种什么行为?

分析 这是一种与知名商品相混淆的不正当竞争行为。“芽台”酒厂擅自使用与知名商品“茅台”酒近似的名称、包装、装潢，使购买者误认为购买的是茅台酒，构成不正当竞争。

10.2.2 引人误解的虚假宣传行为

1. 引人误解的虚假宣传行为的概念

引人误解的虚假宣传行为是指经营者利用广告或其他方法，对商品作引人误解的虚假宣传，致使其他经营者、消费者受骗的行为。《反不正当竞争法》第九条规定：“经营者不得利用广告或者其他方法，对商品的质量、制作成分、性能、用途、生产者、有效期限、产地等作引人误解的虚假宣传。广告的经营者不得在明知或者应知的情况下，代理、设计、制作、发布虚假广告。”

2. 引人误解的虚假宣传行为的认定

据《最高人民法院关于审理不正当竞争民事案件应用法律若干问题的解释》第八条的规定，经营者具有下列行为之一，足以造成相关公众误解的，可以认定为引人误解的虚假宣传行为。

① 对商品作片面的宣传或对比。

② 将科学上未定论的观点、现象等当作定论的事实用于商品宣传。

③ 以歧义性语言或其他引人误解的方式进行商品宣传的。

以明显的夸张方式宣传商品，不足以造成相关公众误解的，不属于引人误解的虚假宣传行为。

案例分析10-2

江苏的 A 保温瓶厂在新闻发布会上，公布了一条消息，称我国几十年来一直使用的保温瓶胆存在着砒霜渗透的问题。为了弥补这一缺陷，A 企业经过几年的研制，生产出了无毒“金胆”——安全、可靠，是保温瓶生产的一次革命。后来 A 企业又开展“金胆”换“银胆”的销售活动——消费者只要交两元人民币就可以用一个“银胆”换一个“金胆”，这使其大发财。与此同时，全国各地的“银胆”销售受到影响，厂家大量积压产品。另外，很多外国商人闻听此讯，也纷纷发出退货、解除合同等电文和传真。后经江苏省技术监督部门技术鉴定发现：普通的保温瓶所使用的“银胆”根本不存在砒霜渗透的问题；所谓的“金胆”和普通保温瓶使用的“银胆”在原材料、设计方法、外形、制造工艺等方面都完全一样。当地的工商行政部门经过调查还发现该 A 企业生产的所谓的“金胆”实际上就是用换来的“银胆”冒充的。请问：A 保温瓶厂的行为是一种什么行为?

分析 本案例涉及A保温瓶厂宣传其他保温瓶存在着砒霜渗透的问题，并声称自己所生产的保温瓶已经克服了该缺陷，实际上就是对其产品的性能作引人误解的虚假宣传，已经构成了不正当竞争。

10.2.3 侵犯商业秘密的行为

1. 商业秘密的定义和特征

商业秘密是指不为公众所知悉、能为权利人带来经济利益、具有实用性并经权利人采取保密措施的技术信息和经营信息。其特征如下。

（1）秘密性

这是商业秘密的本质特征。判断信息是否具有“秘密性”，可从以下2个方面着手。

一是“不为公众所知悉”。“不为公众所知悉”是不能从公开渠道直接获取的，这意味着“不为公众所知悉”并不要求有关信息具有绝对保密性，而只要求具有相对的秘密性。

二是“采取保密措施”。判断信息是否具有秘密性的关键因素，就是看权利人主观上是否具有保密意思，客观上是否采取了保密措施。即便一项信息具有实用性、价值性，如果所有者未将其妥善保管，也不再是商业秘密。所谓“保密措施”，即权利人为防止信息泄露所采取的与其商业价值等具体情况相适应的合理保护措施。

具有下列情形之一，在正常情况下足以防止涉密信息泄露的，应当认定权利人采取了保密措施：①限定涉密信息的知悉范围，只对必须知悉的相关人员告知其内容；②对于涉密信息载体采取加锁等防范措施；③在涉密信息的载体上标有保密标志；④对于涉密信息采用密码或代码等；⑤签订保密协议；⑥对于涉密的机器、厂房、车间等场所限制来访者或提出保密要求；⑦确保信息秘密的其他合理措施。

（2）价值性或实用性

有关信息具有现实的或潜在的商业价值，能为权利人带来竞争优势的，即为“能为权利人带来经济利益、具有实用性”。

价值性是指商业秘密具有经济价值或商业价值。实用性是指信息具有客观的有用性，即权利人通过使用或转让商业秘密可以获得经济上的利益。

（3）信息性

商业秘密指具有信息性质的技术信息和经营信息。技术信息和经营信息，包括设计、程序、产品配方、制作工艺、制作方法、管理诀窍、客户名单、货源情报、产销策略、招投标中的标底及标书内容等信息。

2. 侵犯商业秘密行为的种类

侵犯商业秘密的不正当竞争行为有以下情形。

① 以盗窃、利诱、胁迫或其他不正当手段获取权利人的商业秘密。

② 披露、使用或允许他人使用以前项手段获取权利人的商业秘密。

③ 与权利人有业务关系的单位和个人违反约定或违反权利人有关保守商业秘密的要求，披露、使用或允许他人使用其所掌握的商业秘密。

④ 权利人的职工违反合同约定或违反权利人保守商业秘密的要求，披露、使用或允许他人使用其所掌握的权利人的商业秘密。

第三人明知或应知前4项所列违法行为，获取、使用或披露他人的商业秘密，视为侵犯商业秘密。

通过自行开发研制或反向工程等方式获得的商业秘密，不认定为《反不正当竞争法》上述①②两项规定的侵犯商业秘密行为。“反向工程”是指通过技术手段对从公开渠道取得的产品进行拆卸、测绘、分析等而获得该产品的有关技术信息。当事人以不正当手段知悉了他人的商业秘密之后，又以反向工程为由主张获取行为合法的，不予支持。

案例分析10-3

王某，乌鲁木齐人，原是通用电气（中国）公司（GE）CT设备维修工程师。离开通用电气之后，他自己开设了西安九翔电子科技有限责任公司，并对外开设GE CT维修技术培训班，传授有关GE CT的技术项目。该项目是通用电气在全球范围内销售一款名为GE CT的计算机断面医用扫描设备的核心技术。因为该设备是通用电气的重要产品，所以对产品的技术保护也非常重视。针对该产品的内在结构，通用电气共有3套保密级别不同的数据资料。3套资料分别使用白、黄、红3色区分：给医疗单位的，只有白色资料；另外两色资料，则由公司内部使用。其中，红色资料只有内部特定维修工程师有权使用。请问：王某是否侵犯了通用电气公司的商业秘密?

分析 王某“披露”了通用公司经过严格保密、具有商业价值的信息，侵犯了通用电气公司的商业秘密，构成不正当竞争。

10.2.4 不正当有奖销售行为

1. 有奖销售的概念

有奖销售是指经营者销售商品或提供服务，附带性地向购买者提供物品、金钱或其他经济上的利益的行为。有奖销售作为一种行之有效的促销手段，能在一定程度上激发消费者的消费欲望，刺激消费增长。但是有奖销售作为一种利诱性的竞争行为，也会导致产生不良市场导向，危及正常的市场竞争秩序和容易欺骗或误导消费者等消极后果。因此，对其进行适当的法律规制成为必需。

2. 不正当有奖销售行为的种类

根据相关规定，不正当有奖销售行为主要有以下3种。

① 欺骗性有奖销售行为。经营者采用谎称有奖或故意让内定人员中奖的欺骗方式进行的有奖销售。

② 利用有奖销售手段推销质次价高的商品。“质次价高”由工商行政管理机关根据同期市场同类商品的价格、质量和购买者的投诉进行认定，必要时会同有关部门认定。

③ 抽奖式的有奖销售，最高奖的金额不得超过5 000元，但是经政府或政府有关部门依法批准的有奖募捐及其他彩票销售活动除外。

案例分析10-4

张某在2003年年底购买了深圳市南山区一处住宅楼，开发商特地举行了一次开盘的抽奖活动，张某参加后，幸运地抽得了特等奖，奖品为价值8万元的车位一个。特等奖兑奖券注明：“本券解释权归公司所有。”张某兴冲冲地在当天晚上就到领奖处领奖，但由于开发商没有办法提供车位的所有权证明，且对车位大小、种类、性质等产生歧义，故张某拒绝领奖。后双方经长时间的多次协商都没有结果，张某只好于2005年将开发商告至法院。请问：开发商的有奖销售行为是否违规？张某是否有权获得价值8万元的车位一个？

分析 根据《反不正当竞争法》第十三条的规定，经营者不得从事最高奖的金额超过5 000元的抽奖式的有奖销售。开发商的抽奖活动是违法的，依照规定，应予以依法处罚。但是，这并不能因此否定其在举办有奖销售活动中所作出的兑奖的公开承诺。不管被告公司所举办的有奖销售活动是否无效，是否应当处罚，都不能因此影响张某获得车位的权利或要求作出相应赔偿的民事权利等。被告应当根据自愿、公平、诚实信用的原则，履行已经作出的承诺，为中奖者即原告实施兑奖义务，否则，应当赔偿原告可得利益的损失，即车位价值8万元。

10.2.5 压价排挤竞争对手行为

1. 压价排挤竞争对手行为的概念

压价排挤竞争对手是指经营者以排挤竞争对手为目的，以低于成本的价格销售商品的行为。经营者不得为排挤竞争对手或独占市场，以低于成本的价格倾销。

2. 压价排挤竞争对手行为的构成要件

① 行为主体是经营者。现实生活中多是在特定市场上具有优势地位的企业或大型企业。

② 经营者在客观上实施了以低于成本价销售商品的行为。

③ 经营者以低于成本价销售商品的目的是排挤竞争对手，以便独占市场。因此，并非一时就某一商品低于成本价销售，而是较长时间以较大的市场投放量低价倾销。

在某些特定情况下，降价销售并不是为了侵害他人利益，而是符合经济规律的，此时的低于成本销售，法律是允许的。《反不正当竞争法》规定这些情形是符合规定的：①销售鲜活商品；②处理有效期限即将到期的商品或其他积压的商品；③季节性降价；④因清偿债务、转产、歇业降价销售商品。

案例分析10-5

2011年3月，A纸厂以每箱30元的价格推出“精致”牌餐巾纸，该产品以物美价廉赢得广大消费者的青睐。与此同时，B纸厂的“苏云”牌餐巾纸在市场上无人问津。B纸厂面对严峻的市场形势，于2011年5月将“苏云”牌餐巾纸以每箱28元的价格投放市场。因“苏云”牌餐巾纸的产品质量也不错，很快就赢得了一定的市场份额。2011年6月，A纸厂将“精致”牌餐巾纸的价格降为每箱25元。于是，双方打起了价格大战。2011年7月，B纸厂为了彻底击垮对手，作出了大胆决定，以低于成本价的每箱18元的价格投放市场，并同时优化纸质。2011年10月，B纸厂凭借其雄厚的实力终于将对手击垮。2012年2月15日，A纸厂因产品滞销、财政困难而停产。2012年3月13日，A纸厂向人民法院提起诉讼，状告B纸厂的不正当竞争行为，并要求赔偿损失。

分析 本案例涉及以低于成本价格销售商品以排挤竞争对手的不正当竞争行为及其应承担的法律后果。第一，B纸厂的行为构成不正当竞争行为。《反不正当竞争法》第十一条规定：“经营者不得以排挤竞争对手为目的，以低于成本的价格销售商品。”本案例中B纸厂以明显低于成本价（每箱18元）的价格销售餐巾纸，其目的是击垮其竞争对手A纸厂，且不属于《反不正当竞争法》第十一条规定的4种例外情形，由此认定其行为构成不正当竞争。第二，根据《反不正当竞争法》第二十条的规定，B纸厂应当承担其行为给A纸厂所造成的损失及其因此应支付的合理费用。

10.2.6 商业诽谤行为

1. 商业诽谤行为的定义

商业诽谤行为是指经营者自己或利用他人，通过捏造、散布虚假事实等手段，对竞争对手的商业信誉进行恶意的诋毁、贬低，以削弱其市场竞争能力，从而为自己谋取不正当利益的行为。

2. 商业诽谤行为的种类

根据商业诽谤的具体手段的不同，大体有以下几类。

① 在产品附属资料中的商业诽谤。这是指行为人在自己的产品说明书及其他文字说明资料中，故意贬低他人的产品质量。

② 商品交易中的商业诽谤。这是指在具体的产品交易过程中，向自己的客户攻击他人，贬低他人信誉，吹嘘自己。例如，某产品雇用促销人员向消费者推销自己的产品，在消费者问询时，故意贬低其他同类产品。

③ 新闻、广告中的商业诽谤。此类在现实生活中最为常见。由于借助于媒体，因此影响范围更广，危害更大。

④ 组织、唆使、利用他人进行商业诽谤。这种行为的特点是自己不出面，躲在背后进行操纵。

案例分析10-6

A公司生产的“华风”牌电扇样式好、质量高，很受市场欢迎，很快占据了市场大部分份额。T公司生产的“雅园”牌电扇由于质量存在问题，销量不好。为了打开销路开拓市场，T公司在当地报纸上发表了一篇“郑重声明”。该声明称：“最近市场上出现的‘华风’牌电扇由于质量问题受到消费者投诉，不少消费者找到我厂要求退换。我厂郑重声明此种电扇不是我厂产品，请消费者认准我厂‘雅园牌’商标，以免误购，遭受损失。”此声明刊登后，A公司电扇产品销售量大量下降，以前已销出的货也遭到退货。A公司向法院提起诉讼，要求T公司停止侵权，恢复名誉，并赔偿损失。请问：A公司的诉讼请求能否得到法院的支持?

分析 A公司的诉讼请求能够得到法院的支持。本案例中T公司为了占据市场份额，故意通过制造和散布损害竞争对手A公司的商业信誉和商品声誉的虚假事实，使竞争对手丧失或减弱了市场竞争能力。根据《反不正当竞争法》,T公司行为属于商品诽谤，构成不正当竞争。

10.2.7 商业贿赂行为

1. 商业贿赂的概念

商业贿赂是指经营者为销售或购买商品而采用以财物或其他手段贿赂对方单位或个人的行为。在我国当前的经济生活中，商业贿赂的表现形式主要是人们所说的“回扣”。“回扣”是指经营者为了不正当地获取利益、优惠条件而直接地或间接地向缔约方或有关方面及其工作人员暗中提供的金钱或有价证券。

2. 商业贿赂与“折扣”“佣金”的区别

“折扣”也称“让利”，是指经营者在销售商品时，以明示并如实入账的方式给予对方的价格优惠。“佣金”是指经营者在市场交易中给予为其提供服务的具有合法经营资格中间人的劳务报酬。“回扣”与“折扣”和“佣金”相比较，最大的区别在于是公开明示的，还是秘密给付的。

3. 商业贿赂行为的种类

① 在账外暗中给予或收受对方单位或个人回扣的。

② 经营者销售或购买商品，非以明示方式给中间人佣金。给予者和收受者均不如实入账。

③ 经营者在商品交易中向对方单位或其个人附赠现金或物品。当然，按照商业惯例赠送小额广告礼品的除外。

案例分析10-7

2005年4月15日、2005年8月4日，倍耀科技有限公司与徐州医学院附属医院签订了销售血凝仪和分析仪协议书，分别以5.6万美元、39.6万元价格成交。该成交价除了血凝仪和分析仪外，还包括联想品牌计算机1台、中文报告处理软件1套、激光打印机、彩色喷墨打印机等物品。倍耀科技有限公司将增加的物品明确写入销售协议，并如实记入了发票、会计账册。建邺工商分局认为倍耀科技有限公司在与徐州医学院附属医院多次谈判过程中，为击败竞争对手，超出血凝仪、分析仪标准套配置范围，以承诺免费赠送计算机、电源、打印机等方式获得交易机会，影响了市场交易秩序，遂依法对其按照商业贿赂，对倍耀科技有限公司处以没收违法所得11.2万元、罚款10万元的行政处罚。请问：你是否同意建邺工商分局的做法？

分析 不同意。倍耀科技有限公司与徐州医学院附属医院之间不存在商业贿赂行为。因为：第一，计算机、电源、打印机、试剂等是血凝仪、分析仪正常使用需要的设备，倍耀科技有限公司将其作为赠品赠送而未作为配套设备销售，属于正常；第二，倍耀科技有限公司将增加的物品明确写入销售协议，并如实记入了发票、会计账册，且增加物品的价值与血凝仪、分析仪的价值相比微不足道。

10.2.8 搭售商品或附加其他不合理交易条件的行为

1. 搭售商品或附加其他不合理交易条件的行为的概念

搭售商品或附加其他不合理交易条件，是指经营者利用经济优势，违背购买者的意愿，在销售一种商品或提供服务时，要求购买者以购买另一种商品或接受另一种服务为条件，或者就商品或服务的价格、销售对象、销售地区等附加不合理的条件。此行为通常是经营者利用经济优势来实现的。如果经营者利用贿赂、强制等手段来实施搭售或附加不合理条件，则可能会构成商业贿赂或强制性交易等不正当竞争行为。

2. 搭售商品或附加其他不合理交易条件的行为的认定

判断交易中是否存在搭售或附加不合理条件，应从以下几方面认定。

① 主体方面，行为主体必须是市场交易的主体——经营者。

② 主观方面，经营者的行为是故意的，其违背了购买者的真实意愿。如果购买者自愿接受经营者的附加条件，那么这些附加条件就是合法的，属于当事人之间协议的组成部分，不存在不正当的问题。

③ 客观方面，经营者利用自身经济优势，实施了搭售或附加不合理条件的行为。至于采取其他不正当方法，如胁迫、强制等手段进行的交易行为带有一定的暴力的性质，属强制性交易行为范畴。

④ 行为后果方面，经营者的搭售或附加不合理条件的行为损害了同行竞争者和广大消费者的利益。

案例分析10-8

2011年11月，桂林市工商局接到消费者袁某的投诉信，反映桂林市一家汽车销售公司在销售汽车时，强行搭售车载DVD导航仪等配件，要求该公司给予退货。经调查，该公司在销售紧俏的车型时，违背购车者意愿，搭售DVD、导航设备等汽车装饰用品的行为，属于《反不正当竞争法》和《广西壮族自治区反不正当竞争条例》规定的强制搭售商品行为。桂林市工商局责令该公司改正违法行为，并对其作出了行政处罚。请分析：这家汽车销售公司强行搭售车载DVD、导航仪等配件的行为是否合法?

分析 本案例中经营者利用自身经济优势，违背了购买者的真实意愿，实施了搭售或附加不合理条件的行为，构成《反不正当竞争法》中的搭售商品或附加其他不合理交易条件的行为，是违法的。

10.2.9 串通投标招标行为

1. 串通投标招标行为的概念

串通招标投标是指招标者与投标者之间或者投标者与投标者之间采用不正当手段，对招标投标事项进行串通，以排挤竞争对手或损害招标者利益的行为。在招标投标过程中，如果招标者与投标者之间或者投标者与投标者之间相互串通，便会使招标投标的竞争性降低或丧失，从而也就完全失去了招标投标制度的意义和作用。招标者与投标者或者投标者与投标者之间进行串通招标投标的，中标无效。

2. 串通投标行为的种类

根据国家工商总局《关于禁止串通招标投标行为的暂行规定》，串通投标行为主要包括以下几种。

① 招标者在公开开标前，开启标书，并将投标情况告知其他投标者，或者协助投标者撤换标书，更改报价。

② 招标者向投标者泄露标底；投标者与招标者，在招标投标时压低或抬高标价，中标后再给投标者额外补偿。

③ 招标预选内定中标者，在确定中标者时以此决定取舍。

④ 招标者和投标者之间其他串通招标投标的行为。

案例分析10-9

2006年年初，某市决定兴建一条连接本市两河岸交通的大桥，采取招标方式选择承包商。某建筑公司为保证能以最低的标价中标，多方寻找能获得其他建筑公司投标价的机会。在得知负责本次招标的张某是本公司一职员李某的大学同学后，该公司领导让李某去说情，并承诺如果该公司能够获得承包权的话，就给李某1万元的好处费，张某10万元的好处费。后张某于投标截止日前一天把其他建筑公司的投标价和投标文件等信息泄露给了该公司，据此该建筑公司以低于上述最低投标价1.5万元和其他更优惠的条件在投标截止最后期限前递交了投标书。在评标、决标过程中，张某利用其负责人的地位对评标委员会其他成员施加影响，致使该建筑公司最终获得了该大桥的施工合同。

分析 该建筑公司违反了《反不正当竞争法》第十五条“投标者不得串通投标，抬高标价或者压低标价。投标者和招标者不得相互勾结，以排挤竞争对手的公平竞争”的规定，属于违法行为。

10.3 不正当竞争行为的监督检查

10.3.1 不正当竞争行为的监督检查部门

1. 监督检查部门

根据《反不正当竞争法》，县级以上人民政府工商行政管理部门是对不正当竞争行为进行监督检查的主管机关；其他部门，如质量技术监督部门、物价部门、卫生行政管理部门、文化部、知识产权局等依法对相关行业系统内的不正当竞争行为进行监督检查，并采取相应措施。

2. 监督检查部门的职权

根据《反不正当竞争法》第十七条的规定，监督检查部门有以下职权。

① 询问权。监督检查部门有权按照规定程序询问被检查的经营者、利害关系人、证明人，并要求提供证明材料或者与不正当竞争行为有关的其他资料。

② 查询、复制权。监督检查部门有权查询、复制与不正当竞争行为有关的协议、账册、单据、文件、记录、业务函电和其他资料。

③ 检查权。监督检查部门有权检查与商品假冒欺骗行为有关的财物，必要时可以责令被检查的经营者说明该商品的来源和数量，暂停销售，听候检查，不得转移、隐匿、销毁财物。

④ 处罚权。对不正当竞争行为，监督检查部门有权对行为人进行相应的处罚，包括责令停止违法行为、消除影响、没收违法所得、吊销营业执照和处以罚款等。

监督检查部门在监督行使检查不正当竞争行为的职权时，应当出示检查证件，被检查的经营者、利害关系人和证明人应当如实提供有关资料或情况。

10.3.2 不正当竞争行为应承担的法律责任

1. 经营者违反《反不正当竞争法》的法律责任

（1）民事责任

经营者违反《反不正当竞争法》的规定，给被侵害的经营者造成损害的，应当承担损害赔偿责任，被侵害的经营者的损失难以计算的，赔偿额为侵权人在侵权期间因侵权所获得的利润；并应当承担被侵害的经营者因调查该经营者侵害其合法权益的不正当竞争行为所支付的合理费用。被侵害的经营者的合法权益受到不正当竞争行为损害的，可以向人民法院提起诉讼。

（2）行政责任

① 假名冒牌。经营者假冒他人的注册商标，擅自使用他人的企业名称或姓名，伪造或冒用认证标志、名优标志等质量标志，伪造产地，对商品质量作引人误解的虚假表示的，依照《商标法》《产品质量法》的规定处罚。

经营者擅自使用知名商品特有的名称、包装、装潢，或者使用与知名商品近似的名称、包装、装潢，造成和他人的知名商品相混淆，使购买者误认为是该知名商品的，监督检查部门应当责令停止违法行为，没收违法所得，可以根据情节处以违法所得 1 倍以上 3 倍以下罚款；情节严重的，可以吊销营业执照。

② 贿购贿销。经营者采用财物或其他手段进行贿赂以销售或购买商品，不构成犯罪的，监督检查部门可以根据情节处以 1 万元以上 20 万元以下的罚款，有违法所得的，予以没收。

③ 虚假广告。经营者利用广告或其他方法，对商品作引人误解的虚假宣传的，监督检查部门应当责令其停止违法行为，消除影响，并可以根据情节处以 1 万元以上 20 万元以下的罚款。广告的经营者，在明知或应知的情况下，代理、设计、制作、发布虚假广告的，监督检查部门应当责令停止违法行为，没收违法所得，并依法处以罚款。这里的“依法”主要是指《中华人民共和国广告法》(以下简称《广告法》)。《广告法》第三十七条规定的罚款是指广告费用 1 倍以上 5 倍以下的罚款；情节严重的，依法停止其广告业务。

④ 侵犯商业秘密。侵犯他人商业秘密的，监督检查部门应当责令停止违法行为，可以根据情节处以 1 万元以上 20 万元以下的罚款。

⑤ 不正当有奖销售。经营者进行不正当有奖销售的，监督检查部门应当责令停止违法行为，可以根据情节处以 1 万元以上 10 万元以下的罚款。

⑥ 串通投标。投标者串通投标，抬高标价或压低标价；投标者和招标者相互勾结，以排挤竞争对手的公平竞争的，其中标无效。监督检查部门可以根据情节处以 1 万元以上 20 万元以下的罚款。

⑦ 抗拒检查。经营者有违反被责令暂停销售，不得转移、隐匿、销毁与不正当竞争行为有关的财物的行为的，监督检查部门可以根据情节处以被销售、转移、隐匿、销毁财物价款 1 倍以上 3 倍以下的罚款。

（3）刑事责任

经营者实施不正当竞争行为，情节严重构成犯罪的，依法追究刑事责任。

2. 政府部门及国家工作人员的法律责任

① 监督检查不正当竞争行为的国家机关工作人员滥用职权、玩忽职守，构成犯罪的，依法追究刑事责任；不构成犯罪的，给予行政处分。

② 监督检查不正当竞争行为的国家机关工作人员徇私舞弊，对明知有违反《不正当竞争法》规定构成犯罪的经营者故意包庇不使他受追诉的，依法追究刑事责任。

本章小节

本章首先阐述了反不正当竞争法的概念和调整对象，以及反不正当竞争法的基本原则和作用，接着重点阐述了反不正当竞争法中的 9 种不正当竞争行为，最后阐述了不正当竞争行为的监督检查部门及其相应的职权，以及不正当竞争行为应承担的法律责任。

引导案例分析

安心公司的经营行为违反了《反不正当竞争法》的规定。

（1）其“以返点、会务费、促销费、赞助费等名义给予当事人财产”的行为违反《反不正当竞争法》第八条的规定，构成商业贿赂 。

（2）其生产和推销与“鸿亨”牌豆浆机外形、包装非常类似的豆浆机的行为违反《反不正当竞争法》第五条的规定，属于欺骗性市场交易行为。

（3）其以低于成本价销售其生产的五彩豆腐机违反《反不正当竞争法》第十一条的规定，属于以低于成本的价格倾销。

实训项目

实训目的：通过分析给出的实训资料，掌握不正当竞争行为的表现形式，并能运用所学的法律分析判断现实中的不正当竞争行为，维护自身的合法相益。

实训资料：甲厂为某县一白酒生产企业，生产的产品质量不高，销路不畅。该厂在市场调查中发现，同市乙厂生产的“洪仙”牌白酒远比本厂的“洪河”牌白酒更受欢迎。为占领市场，该厂遂在本厂低档白酒上使用了与“洪仙”牌白酒完全相同的酒瓶、装潢和标签，在市场上销售。此行为使乙厂声誉大跌，消费者纷纷投诉，指责乙厂，乙厂降价但产品仍然滞销，造成了严重经济损失。

提出问题：

（1）甲厂的行为属什么性质？法律依据是什么？

（2）对甲厂依法应如何处理？

本章测试

一、单项选择题

1. 为排挤竞争对手，某商店在销售中向购买电冰箱的顾客赠送一套餐具。对此，下列说法正确的是（　　）。

A. 如果电冰箱的价格减去餐具的价值小于电冰箱的成本价，则商店构成不正当竞争

B. 商店的行为构成违法搭售的不正当竞争

C. 如果赠送餐具违背顾客意愿则构成不正当竞争，否则不构成

D. 如果餐具质量不合格则构成不正当竞争，否则不构成

2. 甲期货交易所章程规定，对日交易量超过一百手的客户，可以将手续费的2%作为折加费退还给他们，有完整的财务手续。其他交易所对此规定提出异议。下列说法正确的是（　　）。

A. 甲交易所的行为构成不正当竞争

B. 甲交易所的行为构成行贿

C. 甲交易所的行为既构成行贿，又构成不正当竞争

D. 甲交易所的行为不构成不正当竞争

3. 经营者以低于成本的价格销售商品时，以下行为属于不正当竞争行为的是（　　）。

A. 经营者为清偿债务而销售商品的行为

B. 经营者销售季节性的商品的行为

C. 经营者销售有效期将至的商品的行为

D. 经营者销售非积压商品的行为

4. 某啤酒厂在其产品的瓶颈上挂一标签，上印有“获1990年柏林国际啤酒博览会金奖”字样和一个带外文的徽章。此奖项和徽章均属子虚乌有。对这一行为应当如何认定？（　　）。

A. 根据《反不正当竞争法》，该行为构成虚假宣传行为

B. 根据《反不正当竞争法》，该行为构成虚假表示行为

C. 根据《中华人民共和国民法通则》，该行为构成欺诈的民事行为

D. 该行为违反商业道德，但不违反法律

5. 甲酒厂生产的“太岁康”高粱酒，在本省市场上颇有名气。后来，乙酒厂推出“状元乐”高粱酒，其酒瓶形态和瓶贴标签的图样、色彩与“太岁康”几近一致，但使用的注册商标、商品名称及厂名、厂址均不同。对此，下列表述中哪一个是正确的？（　　）。

A. 因注册商标、商品名称及厂名、厂址均不相同，乙厂对甲厂不构成侵权

B. “太岁康”商标仅属省内知名，其标签又未获得专利，甲厂不能起诉乙厂侵权
C. 2种商品装潢外观近似，足以造成购买者发生误认，因此乙厂的行为构成不正当竞争
D. 2种商品装潢虽外观近似，但常喝“太岁康”的人仔细辨认可以加以区别，因此乙厂的行为不受法律禁止

二、多项选择题

1. 企业在竞争中采取的下列哪些行为不属于不正当竞争？（　　）。
A. 季节性降价，用低于成本的价格销售
B. 因歇业用低于成本的价格销售
C. 以低于成本的价格在特定地区销售特定商品
D. 用低于对手但高于成本的价格销售商品

2. 某商厦开展有奖销售活动，其公告中称：本次活动分两次抽奖，第一次一等奖8名，各奖彩电一台（价值4 500元）；第二次一等奖3名，各奖录音机一台（价值2 300元）；第一次获奖者还可参加第二次抽奖。对此事的以下判断中，哪些不正确？（　　）。
A. 开奖不允许分两次进行，该商厦构成不正当有奖销售
B. 可以两次开奖，但最高奖的总值不得超过5 000元，该商厦构成不正当有奖销售
C. 可以两次开奖，因每次的最高奖励额未超过5 000元，属正当的有奖销售
D. 是不是正当有奖销售，应取决于最后抽奖结果是否出现一人连续两次中一等奖

3. 以下行为，哪些构成不正当竞争行为？（　　）。
A. 甲厂产品发生质量事故，舆论误指为乙厂产品，乙厂公开说明事实真相
B. 甲汽车厂不满乙钢铁厂起诉其拖欠货款，散布乙厂产品质量低劣的虚假事实
C. 甲冰箱厂散布乙冰箱厂售后服务差的虚假事实，虽未指名，但一般人可以推知
D. 甲灯具厂捏造乙灯具厂偷工减料的事实，但只告诉了乙厂的几家客户

4. 某电器销售公司甲与某电视机厂乙因货款纠纷而产生隔阂，甲不再经销乙的产品。当客户询问甲的营业人员是否有乙厂的电视机时，营业人员故意说道：“乙厂的电视机质量不好，价格又贵，所以我们不再卖他们的产品了。”下列有关该事例的哪些表述是不正确的？（　　）。
A. 甲侵犯了乙的名誉权
B. 甲的行为属于诋毁乙的商业信誉的不正当竞争行为
C. 甲的行为因未通过宣传媒介诋毁乙的商业信誉，因此不构成诋毁商业信誉
D. 甲侵犯了乙的荣誉权

5. 监督检查部门在监督检查不正当竞争行为时，有权行使的职责是（　　）。
A. 按照规定程序询问被调查的经营者、利害关系人、证明人
B. 要求提供证明材料或与不正当竞争行为有关的其他资料
C. 查询、复制与不正当竞争行为有关的协议、账册、单据、文件、记录、业务函电和其他资料
D. 检查与《反不正当竞争法》第五条规定的不正当竞争行为有关的财务资料

三、案例分析题

1. 某家具店某日在向消费者分发的传单上宣传道：“本店经销意大利木制家具，豪华典雅，贵族风范。”一些比较富有的消费者认为外国造的家具要更好些，遂纷纷购买。但家具使用不到一年便开始变形、开裂。经工商部门调查，才知原来家具所用木材只有一小部分是从意大利进口的，完全是由国内厂家制造的。

试分析：

（1）家具店的行为是一种什么性质的行为？为什么？

（2）应对家具店处以何种行政处罚？

2. A、B、C、D、E五人系某市药店职工。该药店系集体所有制企业，2003年决定将其所有的资产和经营权由本企业职工竞买。2003年1月26日，药店经理夏某（甲方）与A、B、C、D、E五人（乙方）达成协议，载明：一、乙方志愿与单位解除劳动合同，甲方补贴乙方每人工龄补贴费1.5万元；二、甲方返还乙方上岗集资款8万元；三、甲方补贴乙方每人1.3万元，计6.5万元，乙方不与甲方抬标；以上三项合计22万元。”协议签订后，夏某共向五人支付22万元。之后，五人中仅有一人与夏某竞标，最终夏某以15万元的价格获得该药店资产和经营权。

试分析：该案例中的五人与夏某之间的行为应如何加以认定？

第11章 产品质量法

知识目标

1. 了解产品质量与产品质量法的概念和我国产品质量监督和管理制度。

2. 理解生产者、销售者的产品质量义务。

3. 掌握产品质量瑕疵担保责任和产品责任。

技能目标

1. 能独立处理因产品质量问题而引起的法律纠纷。

2. 能在自己从事经营时了解法律规定的义务。

引导案例

张某于展览会上向一皮衣厂购得2 100元的皮衣，并看到“当面检验，概不退货”8个字。回来后发现皮衣脱皮，质量不合格。张某要求退货，被拒绝。张某于是向电视台公布，并对皮衣厂进行曝光，使得皮衣厂销售量大减。皮衣厂告张某侵犯其名誉权，要求赔礼道歉，并赔偿经济损失。

思考：

（1）皮衣厂声明的8个字是否有效？

（2）皮衣厂告张某的侵权行为是否成立？为什么？

（3）张某是否承担违约责任？为什么？

（4）皮衣厂是否承担产品责任？

11.1 产品质量法概述

11.1.1 产品质量与产品质量法

1. 产品与产品质量

（1）产品的概念

广义上的产品是指除自然物之外的一切通过劳动生产的用于交换的物品，但在法律上的产品的范围要小于广义上的。我国产品质量法所称的产品，是指经过加工、制作，用于销售的产品。因此，天然的物品、非用于销售的物品，不属于该法所说的产品。另外，建设工程形成的房屋、桥梁、其他建筑物等不动产和军工产品，它们被排除在产品范围之外，另由专门的法律予以调整；但建设工程所用的建筑材料、建筑构配件和设备、军工企业生产的民用产品，适用《中华人民共和国产品质量法》（以下简称《产品质量法》）的规定。由此可见，这些物品不适用《产品质量法》：①天然物品，如煤、油、水等；②农副产品；③初级加工品；④建筑工程；⑤专门用于军事的物品；⑥人体的器官及其组织体。

案例分析11-1

刘某与某机械厂的王某是好朋友，一日李某到机械厂办事，顺便找王某聊天。刘某走时发现自行车没气了，就问王某有无气筒，王某顺手拿起一个气筒递给刘某说："这是我们厂新出的一批气筒的样品，你用吧。"当刘某拿起气筒打气时，气筒栓塞脱落，栓塞飞到刘某脸上造成了伤害。刘某花去医疗费1 600元，要求机械厂予以赔偿。请问：机械厂是否应当承担《产品质量法》的损害赔偿责任？刘某如何保护自己的合法权益？

分析 气筒确实存在缺陷，但该气筒只是机械厂的样品，未投入流通，刘某并非消费者或用户，因此，气筒因缺陷给刘某造成的损害不适用产品质量法解决而应依民法的规定进行处理。

（2）产品质量的含义与分类

《产品质量法》所称"产品质量"，是指产品满足需要的适用性、安全性、可用性、可靠性、维修性、经济性和环境等所具有的特征和特性的总和。具体有产品的安全性、可维修性、经济适用性、可靠性、有效性、卫生性等质量指标，它们共同反映、代表了产品的质量状况。产品质量的内容随着经济、科技的发展及人们需要的变化，也在不断丰富和发展。

根据"需要"是否符合法律的规定，是否满足用户、消费者的要求，以及符合、满足的程度，产品质量可分为合格与不合格两大类。其中，合格又分为符合国家质量标准、符合部级质量标准、符合行业质量标准和符合企业自订质量标准4类。不合格产品包括以下4种。

① 瑕疵。瑕疵是指产品质量不符合用户、消费者所需的某些要求，但不存在危及人身、财产安全的不合理危险，或者未丧失原有的使用价值。产品瑕疵可分为表面瑕疵和隐蔽瑕疵2种。

② 缺陷。缺陷是指产品存在危及人体健康，人身、财产安全的不合理的危险。包括设计上的缺陷、制造上的缺陷和未预先通知的缺陷。

③ 劣质。劣质是指其标明的成分的含量与法律规定的标准不符，或已超过有效使用期限的产品。

④ 假冒。假冒是指该产品根本未含法律规定的标准的内容，以及非法生产、已经变质的而根本不能作为某产品使用的产品。在学习和理解产品质量不合格这一概念时，很多学者习惯用假冒伪劣来指产品质量不合格，这是十分错误的。产品质量不合格的范围要比假冒伪劣大得多。

（3）产品标准

产品标准是对产品所做的技术规定，是判断产品合格与否的主要依据。

根据《产品质量法》第十二条的规定，产品质量应当检验合格。所谓合格，是指产品的质量状况符合标准中规定的具体指标。我国现行的标准分为国家标准、行业标准、地方标准和经备案的企业标准。凡有国家标准、行业标准的，必须符合该标准；没有国家标准、行业标准的，允许适用其他标准，但必须符合保障人体健康及人身、财产安全的要求。同时，国家鼓励企业赶超国际先进水平。对不符合国家标准、行业标准的产品，不符合保障人体健康和人身、财产安全标准和要求的产品，禁止生产和销售。

2. 产品质量法

（1）产品质量法的概念

产品质量法是指调整在产品的生产、流通、使用及监督管理过程中，因为产品质量问题而发生的各种社会关系的法律规范的总称。这表明其调整的对象为：第一，产品质量监督管理关系，这一关系是发生在行政机关在履行产品监督管理职能的过程中与生产经营者之间的关系，是管理、监督与被管理、被监督的关系；第二，产品质量责任关系，这一关系是发生在生产经营者与消费者，用户及其相关第三人之间的、因产品质量问题引发的损害赔偿责任关系，是一种在商品交易关系中发生的平等主体间的经济关系。

狭义的产品质量法是指1993年2月22日第七届全国人民代表大会常务委员会第三十次会议讨论通过的《产品质量法》，自1993年9月1日起正式实施。2000年7月8日第九届全国人民代表大会常务委员会第十六次会议对其进行了第一次修订，修订后的《产品质量法》共有6章74条。2009年8月27日第十一届全国人民代表大会常务委员会第十次会议对其进行了第二次修订。《产品质量法》的修订，标志着我国适应社会主义市场经济发展需要的、比较完整的产品质量法律体系已经建立起来。

（2）我国《产品质量法》的价值取向

① 加强质量监督管理，提高产品质量水平，引导并促使企业树立强烈的质量意识。现代市场经济条件下，企业主要借助“产品”这一媒介与社会保持沟通与联系。因此，产品这一媒介作用，决定了在激烈的市场竞争中企业的生存。“质量就是生命”应成为企业经营管理的目标，尤其是市场竞争已经扩及国际市场，产品质量便上升为一个国际性问题。竞争主体经济实力的对比，完全取决于产品质量。在商品经济尚不够发达的我国，企业要想提高产品质量，仅仅依靠企业自身的力量和经济手段是不够的，还必须借助法律、法规这一国家强制性手段，才能真正、有效地帮助企业树立质量意识。

② 切实保护消费者合法权益。有效保护消费者、用户与相关第三人的合法权益，是产品质量法立法的生命之本。各国有关产品的立法均由最初侧重于维护生产经营者的利益，以期他们能为社会提供更多的产品，逐渐发展到愈加侧重维护消费者用户及相关第三人的利益，这即是有关产品立法的价值重心的转移，又是产品质量立法发展中的一个自我矫正过程。大多数产品质量问题都是在设计、制造、销售等环节中产生的，消费者、购买者在接受该产品或服务时是难以知晓并对此加以有效控制的。因而，如何维护其权益便成为产品立法的宗旨。

③ 维护健康、有序的社会市场经济秩序。市场秩序规制法旨在维护交易秩序，进而达到交易安全，促使生产、消费、再生产的良性循环，保障社会经济的正常秩序。而交易安全在市场交易中的一个决定因素，是交易客体是否“货真价实”，其安全性如何。产品质量高低是市场交易优劣的一个基本尺度。《产品质量法》必须体现这一价值。因此，依法规制产品，是保证市场健康发展的最有效的手段。

11.1.2　产品质量监督和管理

1. 政府对产品质量的宏观管理

修改后的《产品质量法》对政府宏观管理产品质量的职能提出了明确具体的要求。

（1）加强统筹规划和组织领导

《产品质量法》第七条要求各级人民政府应当把提高产品质量纳入国民经济和社会发展规划，加强对产品质量工作的统筹规划和组织领导，引导、督促生产者、销售者加强产品质量管理，提高产品质量，组织各有关部门依法采取措施，制止产品生产、销售中违反《产品质量法》规定的行为，保障该法的实施。

（2）鼓励与奖励

《产品质量法》第六条明确规定，国家鼓励推行科学的质量管理方法，采用先进的科学技术，鼓励企业产品质量达到并超过行业标准、国家标准和国际标准；对质量管理先进和产品质量达到国际先进水平、成绩显著的单位和个人，给予奖励。

（3）运用法律手段，强化个人责任。《产品质量法》第九条规定，各级人民政府工作人员和其他国家机关工作人员不得滥用职权、玩忽职守或徇私舞弊，包庇、放纵本地区、本系统发生的产品生产、销售中违反该法规定的行为，或者阻挠、干预依法对这些行为进行查处。各级地方人民政府和国家机关包庇、放纵产品生产、销售中违反《产品质量法》规定的行为的，依法追究其主要负责人的法律责任。

2. 产品质量行政监督

（1）产品质量行政监督部门

《产品质量法》规定，国务院产品质量监督管理部门主管全国产品质量监督管理工作。国务院有关部门在各自的职责范围内负责产品质量监督管理工作。县级以上地方人民政府管理产品质量监督工作的部门主管本行政区域内的产品质量监督管理工作。这里的产品质量监督管理部门是指国家及地方各级技术质量监督局；有关部门是指各级卫生行政部门、劳动部门、商品检验部门等，它们依相关法律授予各自的职权，对某些特定产品的质量进行监督管理。

（2）产品质量行政监督部门的职权

为增强产品质量法的刚性，使产品质量监督部门有职有权依法行政，有效扭转假冒伪劣产品屡打不绝的严重局面，《产品质量法》规定，县级以上产品质量监督部门根据已经取得的违法嫌疑证据或举报，对涉嫌违反该法规定的行为进行查处时，可以行使这些职权：①对当事人涉嫌从事违反本法的生产、销售活动的场所实施现场检查；②向当事人的法定代表人、主要负责人和其他有关人员调查、了解与涉嫌从事违反本法的生产、销售活动有关的情况；③查阅、复制当事人有关的合同、发票、账簿及其他有关资料；④对有根据认为不符合保障人体健康和人身、财产安全的国家标准、行业标准的产品或有其他严重质量问题的产品，以及直接用于生产、销售该项产品的原辅材料、包装物、生产工具，予以查封或扣押。

县级以上工商行政管理部门按照国务院规定的职责范围，对涉嫌违反该法规定的行为进行查处时，可以行使上述职权。

（3）产品质量监督管理制度的主要内容

根据《产品质量法》的规定，产品质量的监督管理有以下主要制度。

① 产品质量抽查制度。该制度是国家对产品质量监管的基本制度之一。监督的主要方式是抽查，根据监督抽查的需要，可对产品进行检验。抽查的重点，是可能危及人体健康和人身、财产安全的产品，影响国计民生的重要工业产品及消费者、有关组织反映有质量问题的产品。对抽查的要求，《产品质量法》规定，为检验的公正，法律规定抽查的样品应当在待销产品中随机抽取；为防止增加企业的负担，不得向被检查人收取检验费用，抽取样品的数量也不得超过检验的合理需要。生产者、销售者对抽查结果有异议的，可以在规定的时间内向监督抽查部门或上级产品质量监督部门申请复检。为避免重复抽查，国家监督抽查的产品，地方不得另行重复抽查；上级监督抽查的产品，下级不得另行重复抽查。

② 质量状况信息发布制度。为使质量监督管理工作公开、透明，使社会公众及时了解产品质量状况，引导和督促市场经营主体切实提高产品质量，《产品质量法》规定，国务院和省、自治区、直辖市人民政府的产品质量监督部门应当定期发布其监督抽查的产品的质量状况公告。政府质量信息发布是消费者知情权的基本要求，也是行使监督权的前提条件，政府有关部门必须依法履行该项职责。

③ 企业质量体系认证制度及产品质量认证制度。企业质量体系认证是由独立的认证机构对企业的质量保证和质量管理能力所作的综合评定。它是由企业自愿申请，由认证机构依据国家颁布的标准依法进行的（该标准与国际通用的ISO9000质量管理与质量保证系列标准等同）。产品质量认证是依据产品标准和相应的技术要求，由独立的认证机构确认某一产品符合相应标准和相应技术要求的活动。对于认证合格的企业和产品，认证机构发给相应的标志和证书，企业可在产品标识、包装或广告宣传中使用，使产品对消费者更具竞争力，并为进入国际市场提供通行证。

案例分析11-2

2004年4月上旬，有群众举报，四川省宜宾川雄酒业有限公司生产的无标识瓶装52%浓香型优质白酒在成都市成华区销售。接报后，成华区工商局立即组织执法人员进行市场检查和案件调查工作。经查，当事人四川宜宾川雄酒业有限公司于2004年1月生产无标识瓶装52%浓香型优质白酒1 100余件（每件6瓶），以每瓶35元的价格销售给成都民航保安服务站1 100件，获销货款231 000元。执法人员对该批次白酒随机抽样后送检，经检测，判定为不合格。当事人的上述行为违反了《产品质量法》第三十二条的规定，成华区工商局依照《产品质量法》第五十条的规定，决定对当事人处罚款22万元。

分析 根据《产品质量法》规定，我国县级以上地方产品质量监督部门主管本行政区域内的产品质量监督工作，县级以上工商行政管理部门按照国务院规定的职责范围，对涉嫌违反该法规定的行为进行查处时，可以行使产品质量监督部门的职权，任何单位和个人有权对违反本法规定的行为，向产品质量监督部门或其他有关部门检举。本案例中群众行使了检举监督权，工商行政管理部门按照法律的规定行使了相应的职权。

3. 产品质量的社会监督

产品质量社会监督是指消费者及其他社会组织对产品质量进行监督的制度。

（1）消费者的监督权

消费者有权就产品质量问题，向产品的生产者、销售者查询；有权向产品质量监督部门、工商行政管理部门及有关部门申诉，接受申诉的部门应当负责处理。

（2）社会组织的监督权

保护消费者权益的社会组织可以就消费者反映的产品质量问题建议有关部门负责处理，支持消费者对因产品质量造成的损害向人民法院起诉。

（3）公众的检举权

任何单位和个人有权对违反《产品质量法》规定的行为，向产品质量监督部门或其他有关部门检举。产品质量监督部门和有关部门应当为检举人保密，并按照省、自治区、直辖市人民政府的规定给予奖励。

4. 产品质量检验、认证机构

（1）产品质量检验机构

产品质量检验机构是指专门承担产品质量检验工作的法定技术机构。产品质量检验机构分为2类：一类是依法设置的县级以上政府技术监督部门所属的产品质量检验所；另一类是经授权依法从事产品质量检验的机构，如由省级以上技术监督部门授权的国家级产品质量监督检验中心、产品质量监督检验站等。

（2）产品质量认证机构

产品质量认证工作应由专门的机构进行，我国的产品质量认证是由专门的认证委员会完成的。认证委员会在国务院标准化行政主管部门统一管理下，以独立于生产者、销售者的第三方身份开展认证活动。

（3）对产品质量检验、认证机构的基本要求

① 从事产品质量检验、认证的社会中介机构必须依法设立，不得与行政机关和其他国家机关存在隶属关系或其他利益关系。

② 产品质量检验机构必须具备相应的检测条件和能力，经省级以上人民政府产品质量监督部门或其授权的部门考核合格后，方可承担产品质量检验工作。

③ 产品质量检验、认证机构必须依法按照有关标准，客观、公正地出具检验结果或认证证明。认证机构还应对准许使用认证标志的产品进行认证后的跟踪检查，对不符合标准的，可要求其改正；情节严重的，取消其使用认证标志的资格。

11.2 生产者、销售者的产品质量责任和义务

产品质量责任和义务，是指法律、法规规定的生产者、销售者在产品质量方面应当承担的为一定行为和不为一定行为的责任。

11.2.1 生产者的产品质量责任和义务

1. 生产者的产品质量义务

生产者应当对其生产的产品质量负责。具体要求有以下几项。

① 不存在危及人体健康，人身、财产安全的不合理危险，有保障人体健康，人身、财产安全的国家标准、行业标准的应当符合该标准。

② 具备产品应当具备的使用性能，但是对产品存在使用性能的瑕疵作出说明的除外。

③ 符合在产品或其包装上注明采用的产品标准，符合以产品说明、实物样品的方式表明的质量状况，即产品应该符合明示担保。

案例分析11-3

某炒货厂在制作“开口松子”时用片碱对粒小、表面发暗的松子进行漂白，在炒制过程中还添加了滑石粉、焦亚硫酸钠等化学物质对其进行抛光美容。经过这些特殊加工后，质量差的松子就和优质的东北松子外表没有什么区别了。请问：该炒货厂的行为是否违反了产品质量义务？

分析 依据《产品质量法》第二十六条“生产者应当对其生产的产品质量负责。产品质量应当符合下列要求：（一）不存在危及人身、财产安全的不合理的危险，有保障人体健康和人身、财产安全的国家标准、行业标准的，应当符合该标准”的规定，某炒货厂在制作“开口松子”时明知加入的片碱存在危急人身健康的情况下，还生产存在产品质量的“开口松子”，违反了生产者的产品质量义务。

2．生产者对产品或其包装上的标识应当符合要求的义务

产品或其包装上的标识必须真实，并符合这些要求：①有产品质量检验合格证明；②有中文标明的产品名称、生产厂厂名和厂址；③根据产品的特点和使用要求，需要标明产品规格、等级、所含主要成分的名称和含量的，用中文相应予以标明；需要事先让消费者知晓的，应当在外包装上标明，或者预先向消费者提供有关资料；④限期使用的产品，应当在显著位置清晰地标明生产日期和安全使用期或失效日期；⑤使用不当，容易造成产品本身损坏或可能危及人身、财产安全的产品，应当有警示标志或中文警示说明。裸装的食品和其他根据产品的特点难以附加标识的裸装产品，可以不附加产品标识。

3．对特殊产品的要求

易碎、易燃、易爆的物品，有毒、有腐蚀性、有放射性的物品和其他危险物品，储运中不能倒置的物品和其他有特殊要求的产品，其包装质量必须符合相应要求，依照国家有关规定作出警示标志或中文警示说明，标明储运注意事项。

4．生产者的禁止性义务

生产者在必须履行积极义务的同时，还必须承担禁止性义务，生产者违反这些禁止性规定，不仅要对用户、消费者承担民事责任，还要向国家承担行政责任，构成犯罪的还要承担刑事责任。具体而言，不作为义务包括：①不得生产国家明令淘汰的产品；②不得伪造产地，不得伪造或冒用他人的厂名、厂址；③不得伪造或冒用认证标志、名优标志等质量标志；④不得掺杂、掺假，不得以假充真、以次充好，不得以不合格产品冒充合格产品。

案例分析11-4

2004年，安徽阜阳市发生了震惊全国的“大头娃娃”事件。阴影未散，2008年中国奶制品污染事件又是一起食品安全事件。事件起因是很多食用三鹿集团生产的婴幼儿奶粉的婴儿被发现患有肾结石，随后在这种奶粉中检测出化工原料三聚氰胺。根据公布数字，截至2008年9月21日，因食用婴幼儿奶粉而接受门诊治疗、咨询且已康复的婴幼儿累计39965人，正在住院的有12892人，此前已治愈出院1579人，死亡4人。另截至9月25日，香港有5人、澳门有1人确诊患病。事件引起各国的高度关注和对乳制品安全的担忧。中国国家质检总局

公布对国内的乳制品厂家生产的婴幼儿奶粉的三聚氰胺检验报告后，事件迅速恶化，包括伊利、蒙牛、光明、圣元及雅士利在内的多个厂家的奶粉都检出了三聚氰胺。该事件亦重创中国制造商品信誉，多个国家禁止了中国乳制品进口。9月24日，中国国家质检总局表示，牛奶事件已得到控制，9月14日以后新生产的酸乳、巴氏杀菌乳、灭菌乳等主要品种的液态奶样本的三聚氰胺抽样检测中均未检出三聚氰胺。

新华社报道，三鹿毒奶粉事件事态扩大的主要是由于三鹿集团公司和石家庄市政府在获悉三鹿奶粉造成婴幼儿患病情况后隐瞒实情、不及时上报所致。

2009年1月22日，河北省石家庄市中级人民法院一审宣判，三鹿前董事长田文华被判处无期徒刑，三鹿集团高层管理人员王玉良、杭志奇、吴聚生则分别被判有期徒刑15年、8年及5年。三鹿集团作为单位被告，犯了生产、销售伪劣产品罪，被判处罚款人民币4937余万元。涉嫌制造和销售含三聚氰胺的奶农张玉军、高俊杰及耿金平三人被判处死刑，薛建忠无期徒刑，张彦军有期徒刑15年，耿金珠有期徒刑8年，萧玉有期徒刑5年。

2014年，72岁高龄的田文华改判有期徒刑18年。

请分析：本案例中生产者违反了什么义务？

分析　根据《产品质量法》的规定，生产者在从事生产时不得掺杂、掺假，不得以假充真、以次充好，不得以不合格产品冒充合格产品。本案例中，生产者违反了《产品质量法》对生产者的禁止性义务。他们的行为不仅违反了《产品质量法》，而且触犯了《刑法》，具有极大的社会危害性，他们自己也受到了刑事处罚。这两起食品安全事故造成了严重的后果，为我们的食品安全敲响了警钟，对我国的奶制品市场产生了严重的冲击。

11.2.2　销售者的产品质量责任和义务

1. 销售者作为义务

（1）进货验收义务

销售者应当建立并执行进货检查验收制度，验明产品合格证明和其他标志。该制度相对消费者及国家市场管理秩序而言是销售者的义务，相对供货商而言则是销售者的权利。严格执行进货验收制度，既可以防止不合格产品进入市场，也可以为准确判断和区分生产者及销售者的产品质量责任提供依据。

（2）保持产品质量的义务

销售者进货后应对保持产品质量负责，以防止产品变质、腐烂，丧失或降低使用性能，产生危害人身、财产的瑕疵等。如果进货时的产品符合质量要求，销售时发生了质量问题，销售者应当承担相应的责任。

（3）销售产品的标识应该符合法定要求

销售者应保证其销售商品的标识符合《产品质量法》的要求，符合进货时验收的状态，更不得更改、覆盖、涂抹产品标志，保证产品标识的真实性。同时，销售者对于用户、消费者更负有直接的告知产品警示标志和说明的义务。

2. 销售者不作为义务

销售者不作为义务包括：①不得销售国家明令淘汰并停止销售的产品和失效、变质的产品；②不得伪造产地，不得伪造或冒用他人的厂名、厂址；③不得伪造或冒用认证标志、名优标志等质量标志；④不得掺杂、掺假，不得以假充真、以次充好，不得以不合格产品冒充合格产品。

11.3 产品质量责任

11.3.1 产品瑕疵担保责任

1. 产品瑕疵、产品瑕疵担保责任的概念

产品瑕疵是指产品不具备应具有的使用性能，不符合在产品或其包装上注明采用的产品标准，或者不符合以产品说明、实物样品等方式表明的质量状况。产品瑕疵担保责任，也称瑕疵责任或产品质量的合同责任，是指在产品存在不符合法定或约定的品质标准时销售者对消费者应当承担的违约责任。其实质是一种合同责任。

2. 产品瑕疵担保责任的情形

出售的产品有这些情形的，即构成承担瑕疵担保责任的条件：①不具备产品应当具备的使用性能而事先未作说明；②不符合在产品或其包装上注明采用的产品标准；③不符合以产品说明、实物样品等方式表明的质量状况。前一项为默示担保，后两项为明示担保。

3. 产品瑕疵担保责任的承担方式

售出的产品有产品瑕疵的，销售者应当负责修理、更换、退货；给购买产品的消费者造成损失的，销售者应当赔偿损失。概括地说是“三包”加“赔偿”。赔偿的损失是指在消费者要求销售者进行修理、更换、退货过程中，所发生的运输费、交通费、误工费等损失。

案例分析11-5

宋某在商场购买一台彩色电视机，并附有产品合格证。宋某使用2个多月后，电视机出现图像不清的现象，后来音像全无。宋某去找商场要求更换，商场言称电视机不是他们生产的，让宋某找电视机厂进行交涉。请问：销售者应当承担怎样的责任？

分析 宋某购买的电视机出现严重质量问题，销售者与生产者或供货者在订立买卖合同时又未明确地约定事后处理纠纷的方式，则销售者依法负有产品瑕疵担保责任，应根据消费者宋某的要求予以修理、更换或退货。因为本案中宋某所购电视机已经达不到使用的要求，商场应予以更换；如宋某要求退货，商场也不得拒绝。

4. 产品瑕疵担保责任的承担主体

产品瑕疵担保责任实质上是违约责任，是买卖合同的一方当事人（卖方即销售者）违反产品质量担保所应承担的民事责任。仅仅是产品自损，而没有造成其他损害，一般适用违约责任。违约责任的承担主体只能是合同的一方当事人，通常是销售者。

5. 承担瑕疵担保责任的损失追偿

销售者依照法律规定负责修理、更换、退货、赔偿损失后，属于生产者的责任或属于向销售者提供产品的其他销售者（以下简称“供货者”）的责任的，销售者有权向生产者、供货者追偿。同时，为了充分尊重合同当事人的权利，《产品质量法》规定，生产者之间，销售者之间，生产者与销售者之间订立的买卖合同、承揽合同有不同约定的，合同当事人按照合同约定执行。

案例分析11-6

2013年7月，张某在某空调专卖店购买了一台空调。使用一周后，发现其制冷效果差，又不能正常停机，为此，找到商家要求退货，经协商达成口头协议，更换另一品牌的空调，但需3天后报请厂家批准后才可办理手续。但3天后，商家又拒绝更换空调。请问：空调专卖店是否应承担产品质量责任？为什么？

分析 《产品质量法》规定销售者必须保证所出售的产品质量，应当符合产品的使用性能。本案中张某在空调专卖店买的空调，使用一周后，发现其制冷效果差，又不能正常停机，这明显不符合空调应有的质量保证和使用性能，因此空调专卖店应该承当商品的瑕疵担保责任，需要给张某更换合格的空调。

11.3.2 产品责任

1. 产品责任的概念

产品责任是指因产品存在缺陷造成人身、缺陷产品以外的其他财产损害的，产品的生产者、销售者应当承担损害赔偿责任。其实质是一种侵权责任。

2. 产品责任的归责原则

归责原则是指确定行为人承担法律责任的理由和根据。

关于产品缺陷责任的归责原则，过去一般采取主观主义标准，以主观过错作为承担责任的依据；现代多采取客观主义标准，只要因产品缺陷造成人身、他人财产损害的，不论有无过错，均应负赔偿责任。归责原则由过错原则发展为严格责任原则，反映了经营者与消费者在社会经济领域里力量消长的变化轨迹，更多地体现了对于经营者的法律约束。

我国产品质量法对生产者、销售者的产品缺陷责任分别作了不同的规定。

（1）生产者的严格责任

根据《产品质量法》的规定，因产品存在缺陷造成人身、他人财产损害的，生产者应当承担赔偿责任。因此，生产者因其生产的缺陷产品致他人人身、财产损害的，应当承担无过错责任。无过错责任又称严格责任，也就是说，不论生产者有无过错，只要产品存在缺陷而使他人造成损害，就必须承担损害赔偿责任。

但严格责任不同于绝对责任，它仍然是一种有条件的责任。“产品质量法”同时规定了法定免责条件，即生产者能够证明有这些情形之一的，不承担赔偿责任：①未将产品投入流通的；②产品投入流通时，引起损害的缺陷尚不存在；③将产品投入流通时的科学技术水平尚不能发现缺陷的存在。但是对于这些情形的存在，生产者负有举证责任，即体现了举证责任倒置的原则。

（2）销售者的过错责任

销售者承担产品责任有2种情况。

① 销售者因过错使产品存在缺陷，造成人身、他人财产损害的，应当承担赔偿责任。过错是行为人实施行为的某种主观意志状态，包括故意和过失。例如，销售者在出售的商品种掺杂使假，或以假充真。

② 销售者不能指明缺陷产品的生产者，也不能指明缺陷产品的供货者的，应当承担赔偿责任。销售者在进货时应当依照法律的要求执行检查验收制度，验明产品合格证明和其他标识，包括生产厂名和厂址。如果销售者不能指明该缺陷产品的生产者和供货者，销售者就不能以证明自己没有过错而主张免责。这就是民法上的过错推定原则。

拓展与提高

产品瑕疵担保责任与产品缺陷责任（产品责任）的区别

区别 \ 责任形式	产品瑕疵担保责任	产品缺陷责任（产品责任）
性质	违约责任	侵权责任
损害事实	产品自身价值的损失	人身伤害缺陷产品以外的财产损害
责任主张人	买受人	买受人或其他受害人
责任承担者	销售者（仅限出卖人）	销售者或生产者
免责	瑕疵担保的明示免责	3 种
诉讼时效	1 年	2 年

3. 损害赔偿

因产品责任引起的损害赔偿，归纳起来，主要有下列几方面的内容。

（1）产品缺陷责任的求偿对象

为便于消费者行使权利，《产品质量法》给予消费者选择起诉对象的权利，并规定了生产者和销售者之间的连带责任。《产品质量法》规定，因产品存在缺陷造成人身、他人财产损害的，受害人可以向产品的生产者要求赔偿，也可以向产品的销售者要求赔偿。属于产品的生产者的责任，产品的销售者赔偿后，有权向产品的生产者追偿。属于产品的销售者的责任，产品的生产者赔偿后，有权向产品的销售者追偿。

（2）赔偿范围

① 人身伤害的赔偿范围分为以下 3 种情况。

- 产品缺陷造成受害人人身伤害的，侵害人应当赔偿医疗费、治疗期间的护理费、因误工减少的收入等费用。
- 造成残疾的，还应支付残疾者的生活自助具费、生活补助费、残疾赔偿金、由其扶养的人所必需的生活费等。
- 造成受害人死亡的，并应当支付丧葬费、死亡赔偿金、由死者生前扶养的人所必需的生活费等。由此可见，现行《产品质量法》规定的人身伤害的赔偿范围与《中华人民共和国消费者权益保护法》完全一致。

② 财产损害的赔偿范围。对于因产品缺陷造成受害人财产损失的，侵害人应当恢复原状或折价赔偿。受害人因此遭受重大损失的，侵害人应当赔偿损失。因此，侵害人对受害人所造成的财产损失，应赔偿直接损失和间接损失。

案例分析11-7

刘某于 2011 年 5 月在商场买了一个电暖气，当年冬天没有使用。到了 2012 年冬天使用时，因漏电被电伤，为此花去医疗费 4 000 余元。于是，刘某找到商场进行交涉，提出电暖气有质量问题，商场在出售时也没有声明，因此要求赔偿。商场答复说，产品质量有问题，应当去找生产厂家，他们不负责赔偿。请问：这个说法对吗？刘某有权提出赔偿吗？若有，应该向谁要求赔偿？可获得哪些赔偿？

分析　在本案例中，刘某因电暖气漏电被电伤，为此花去医疗费 4 000 余元，因明显存在质量问题而找销售者要求赔偿，得到的答复是产品质量有问题去找生产厂家，他们不负责，这是推卸责任的托词，不符合法律规定。刘某因为产品质量问题而受伤花去医疗费 4 000 余元，有权向商场或该电暖气的生产厂家要求赔偿，二者是连带责任。刘某可以获得医疗费、治疗期间的护理费、因误工减少的收入等费用的赔偿。

4．产品责任的诉讼时效

诉讼时效是指权利人在法定期间不行使权利就丧失请求人民法院予以保护的权利，即丧失胜诉权。

《产品质量法》规定，因产品缺陷造成损害要求赔偿的诉讼时效期间为 2 年，自当事人知道或应当知道其权益受到损害时起计算。因产品存在缺陷造成损害要求赔偿的请求权，在造成损害的缺陷产品交付最初消费者满 10 年丧失；尚未超过明示的安全使用期的除外。

案例分析11-8

丁某于 1995 年 6 月从市场买回一个高压锅。一开始高压锅能正常使用，未有异常。1996 年 9 月 6 日，丁某做饭时，高压锅发生爆炸，锅盖飞起，煤气灶被损坏，天花板被冲裂，玻璃震碎。事故发生后，丁某找高压锅的生产厂家某日用品厂要求赔偿。日用品厂提出，丁某是于 1995 年买的锅，已经过去一年多了，早已过了规定的保修期，因此对发生的损害不负责任。丁某与日用品厂进行多次交涉未果。请问：日用品厂是否应该赔偿丁某的损失？

分析 《产品质量法》规定的产品质量诉讼时效期间为 2 年，产品责任的 2 年诉讼时效从当事人知道或应当知道其权利受到损害时起计算，即因产品存在缺陷，造成人身伤害和财产损失后，受害人必须在2年的期限内向人民法院提起诉讼，否则就丧失了损害赔偿的胜诉权。《中华人民共和国民法通则》规定的产品致人伤害的诉讼时效为 1 年。由于产品质量法是特别法，根据特别法优于普通法的原则，产品责任的诉讼时效应依《产品质量法》的规定。

本案例中，丁某购买的高压锅虽然超过了保修期，但并不影响产品的诉讼时效。丁某购买的高压锅仍然在诉讼时效期内，有权就高压锅出现的产品质量问题要求日用品厂赔偿损失，日用品厂应当赔偿其全部经济损失。

11.3.4 产品质量争议处理

《产品质量法》规定了解决产品质量纠纷的法律方式，即因产品质量发生民事纠纷时，当事人可以通过协商或调解解决。当事人不愿通过协商、调解解决或协商、调解不成的，可以根据当事人各方的协议向仲裁机构申请仲裁；当事人各方没有达成仲裁协议的，可以向人民法院起诉。

本章小节

本章阐述了产品质量法的基本概念，产品质量的监督管理，生产者、销售者的产品质量责任和义务和产品质量责任。通过本章的学习使学生对我国的产品质量法有一个全面系统的掌握，特别是对产品质量责任的承担主体、承担方式、诉讼时效等能熟练掌握并能运用于具体案例的分析。

引导案例分析

（1）皮衣厂声明的 8 个字属于格式条款，也就是霸王条款，肯定是无效的。这条条款免除了商家的质量保证义务，排除了消费者进行补救的权利，根据《合同法》的规定，属于无效的格式条款。

（2）不成立。张某的行为从表面上看造成了皮衣厂的销量减少，但是并不属于侵权行为，而是维护自己权益的合法行为，他有权利采取社会监督的方法来维护自己的权益；从本质上来说，造成皮衣厂销量下降的原因是其产品确实存在质量问题，而张某的行为与其销量下降并没有本质的因果关系。而且张某主观上并没有过错，不存在侵害他人权益的故意或过失，这种行为是值得鼓励的行为。由于张某的行为不符合侵权行为的构成要件，因此侵权不成立。

（3）张某也无须承担违约责任。因为张某与皮衣厂的买卖合同中，并没有规定张某不得向媒体公布这样的义务，也就不存在违约的问题。

（4）由于皮衣厂对其生产的产品负有质量保证责任，因此应当承担产品责任。当售出的产品不具备产品应当具备的使用性能时，它应当负责修理、更换或退货。

实训项目

实训目的：通过一次小组讨论，掌握生产者和销售者应有的义务和产品质量责任的承担。要求各组长先提交讨论提纲，在讨论结束后上交一篇1500字的小论文。

实训资料：2008年，"三鹿"奶粉事件引出了一起特大食品卫生事件，奶粉受到三聚氰胺（低毒性化工产品）人为污染，导致婴幼儿患肾病。截至2008年9月17日8时，患病儿童6 244例，3例死亡。最终"三鹿"因这起事故而停产，相关人员得到法律的制裁。

提出问题：

（1）生产者和销售者的义务及应承担的产品质量责任有哪些?

（2）我们为什么要重视食品的安全，企业应该采取什么措施保证食品安全?

本章测试

一、单项选择题

1．下列产品属于《产品质量法》调整范围的是（　　）。

A.药品质量　　B.建筑工程质量

C.食品卫生质量　　D.建筑材料质量

2．下列不属于产品质量监督部门的职权的是（　　）。

A．对当事人涉嫌从事违反《反不正当竞争法》的生产、销售活动的场所实施现场检查

B．羁押当事人的法定代表人、主要负责人和其他有关人员

C．查阅、复制当事人有关的合同、发票、账簿及其他有关资料

D．查封或扣押有严重质量问题的产品

3．有关我国产品责任的归责原则的表述不正确的是（　　）。

A．产品缺陷责任的归责原则，我国曾经采取主观主义标准，以主观过错作为承担责任的依据

B．由于销售者的过错使产品存在缺陷，造成人身、他人财产损害的，销售者应当承担赔偿责任

C．因产品存在缺陷造成人身、他人财产损害的，生产者应当承担赔偿责任

D．生产者和销售者只要因产品缺陷造成人身、他人财产损害的，不论有无过错，均应负赔偿责任

4．根据《产品质量法》的规定，因产品缺陷造成损害要求赔偿的诉讼时效期间为（　　）。

A．1年　　B．2年　　C．3年　　D．5年

5．一日，李女士在家中做饭时高压锅突然爆炸，李女士被炸飞的锅盖击中头部，因抢救无效死亡。后据质量检测专家鉴定，高压锅发生爆炸的直接原因是设计不尽合理，使用时造成排气

孔堵塞而发生爆炸。本案中，可以以（　　）判定生产者承担责任。

A. 产品存在的缺陷　　B. 产品买卖合同约定

C. 产品默示担保条件　　D. 产品明示担保条件

6. 某厂2013年生产了一种治疗腰肌劳损的频谱治疗仪投放市场。消费者甲购买了一部，用后腰肌劳损大大减轻，但却患上了偏头疼症。甲询问了这种治疗仪的其他用户，很多人都有类似反应。甲向某厂要求索赔。某厂对此十分重视，专门找专家作了鉴定，结论是：目前科学技术无法断定治疗仪与偏头疼之间的关系。以下观点正确的是（　　）。

A. 本着公平原则，某厂应予适当赔偿

B. 因出现不良反应的用户众多，应将争议搁置，待科技发展到能够作出明确结论时再处理

C. 该治疗仪的功能是治疗腰肌劳损，该功能完全具备，至于其他副作用是治疗中不可避免的，该厂可不负责任

D. 由于治疗仪投入流通时的科学技术水平不能发现缺陷的存在，某厂不能承担赔偿责任

二、多项选择题

1. 张某从甲商场购买一条电热毯，电热毯为乙厂所产。使用中电热毯发生漏电，致使房间着火，烧毁价值5 000元的财产，张某本人也被烧伤致残。下列何种表述是正确的？（　　）

A. 甲商场和乙厂应对张某的损失承担连带责任

B. 张某因身体伤害要求赔偿的诉讼时效为1年

C. 张某可以向被告请求精神损害赔偿

D. 张某遭受的财产损失不属于产品责任，而属于违约责任

2. 下列关于产品责任的表述哪些是正确的？（　　）。

A. 缺陷产品的生产者应对因该产品造成的他人人身、财产损害承担无过错责任

B. 缺陷产品造成他人人身、财产损害的，该产品的销售者和生产者承担连带责任

C. 因缺陷产品造成损害要求赔偿的诉讼时效为1年

D. 销售者不能指明缺陷产品的生产者也不能指明其供货者的，应承担赔偿责任

3. 甲从国外低价购得一项未获当地政府批准销售的专利产品“近视治疗仪”。甲将产品样品和技术资料提交给我国某市卫生局指定的医疗产品检验机构。该机构未作任何检验，按照甲书写的文稿出具了该产品的检验合格报告。随后，该市退休医师协会的秘书长乙又以该协会的名义出具了该产品的质量保证书。该产品投入市场后，连续造成多起青少年因使用该产品致眼睛严重受损的事件。现除要求追究甲的刑事责任外，受害者还可以采用哪些民事补救方法？（　　）

A. 要求甲承担损害赔偿责任　　B. 要求该市卫生局承担连带赔偿责任

C. 要求该检验机构承担连带赔偿责任　　D. 要求该退休医师协会承担连带赔偿责任

4. 产品质量必须符合的要求有（　　）。

A. 不存在危及人身、财产安全的不合理的危险，有保障人体健康和人身、财产安全的国家标准、行业标准的应当符合该标准

B. 不具备产品应当具备的使用性能，但是，对产品存在使用性能的瑕疵作出说明的除外

C. 符合在产品或其包装上注明采用的产品标准

D. 符合以产品说明、实物样品等方式表明的质量状况

5. 下列关于产品责任的表述哪些是正确的？（　　）。

A. 缺陷产品的生产者应对因该产品造成的他人人身、财产损害承担无过错责任

B. 缺陷产品造成他人人身、财产损害的，该产品的销售者和生产者承担连带责任

C. 因缺陷产品造成损害要求赔偿的诉讼时效为1年

D. 销售者不能指明缺陷产品的生产者也不能指明其供货者的，应承担赔偿责任

三、案例分析题

1．2004年7月28日，北京市气候炎热异常，于某为招待来访的朋友，从某商场买了几瓶冰镇的啤酒来喝。于某在打开一瓶啤酒时，“砰”的一声，瓶体爆炸，泡沫及玻璃碎片满地都是，于某的双手被划破，脸部被刺了一道很深的切口，送医院缝了8针，花掉医药费2 000元。之后，于某向法院起诉，要求维护其合法权益。经过法院调查，于某开瓶没有过错，而是厂家的啤酒瓶质量不合格，因气温高而发生爆炸。

试分析：

（1）于某在本案中获得救济的前提条件是什么？

（2）于某的损失由谁来赔偿？简述理由。

2．2006年某日的一天，段某点燃了刚从单位拿回的卡式炉，正打算给来宾露一手，谁知，“轰”的一声，卡式炉爆炸，段某的手被炸伤。事后，段某找到有关部门，有关部门对此进行调查。原来该型卡式炉是某市一家电器公司的新产品，出事前几天送到段某单位（电子产品检验所）请求测试，段某认为该电器公司的产品质量一直不错，于是就顺手拿回了一台，准备送人，谁想竟发生事故。

试分析：若段某起诉卡式炉制造公司（即某市电器公司），能否胜诉？为什么？

第12章 消费者权益保护法

知识目标

1. 了解消费者权益保护法的概念和特点。
2. 掌握消费者的权利和经营者的义务。
3. 理解消费者权益争议的解决办法和法律责任的确定。

技能目标

1. 熟知国家与社会对消费者合法权益的保护。
2. 能够利用本章所学的法律知识解决实践中的具体问题。

引导案例

张女士在某百货商店购买了一件纯羊毛大衣，售价1 280元，机构作商店标明“换季商品，概不退换”。她穿了3天后衣服起满毛球，于是到市质量监督检验机构作鉴定，结果证明羊毛大衣所用原料为100% 腈纶。随后她到购买衣服的百货商店要求退货并赔偿因此而造成的损失，商店营业员回答说：“当时标明‘换季商品，概不退换’，再说店内该柜是出租给个体户的，现在他已破产，租借柜台的费用尚未付清，人也找不到，你只好自己倒霉。”

思考：

（1）商店（经营者）违反了《消费权益保护法》的哪些内容？

（2）商店对张女士应负哪些责任？

12.1 消费者权益保护法概述

12.1.1 消费者概述

1. 消费者的概念

消费者是社会消费的主体，包括生产性消费和生活性消费2种。消费者权益保护法中所涉及的“消费者”，主要是指生活资料的消费者，在特殊情况下也包括生产资料的消费者，如农民的生产性消费活动等。2013年12月25日新修改的《消费者权益保护法》(以下简称《消费者权益保护法》)第二条规定:“消费者为生活消费需要购买、使用商品或者接受服务，其权益受本法保护。”

理解消费者的概念不仅仅限定在满足自己消费的范围内，事实上，消费者的含义比较广泛。它既包括为自己生活需要购买物品的人，又包括为了收藏、保存、送人等需要而购买商品，以及替家人、朋友购买物品，代理他人购买生活用品的人。消费者购买或接受某种商品或服务不是为了交易，而是为了自己利用。因此消费者是指以非营利为目的购买商品或接受服务的人。对于该定义可表述为以下几个方面。

① 消费者是指购买商品、使用商品或接受服务的人。首先，消费者是个人，不是单位和政府；其次，消费者既可能是亲自购买商品的个人，也可能是使用和消费他人购买的商品的人；既可能是有关服务合同中接受服务的一方当事人，也可能是接受服务的非合同当事人。

② 消费者购买商品、使用商品或接受服务时不得以营利为目的。消费者购买商品或接受服务，并不是为了将这些商品转让给他人从而营利，消费者购买使用商品或接受服务的目的主要是用于个人与家庭的消费。

③ 消费者的消费行为是生活消费。消费者购买商品、使用商品、或接受服务的目的主要是用于个人或家庭需要而不是经营或销售的需要。

2. 消费者权益

消费者权益是指消费者在购买、使用商品或接受服务时依法享有的权利及该权利受到保护而给消费者带来的利益。其核心是消费者的权利。

12.1.2 消费者权益保护法

1. 消费者权益保护法的概念

消费者权益保护法是调整在保护消费者权益过程中所发生的社会关系的法律规范的总称。它旨在保护消费者的各项基本权利，不使消费者因购买或使用商品或接受服务而遭受损害。现行《消费者权益保护法》于1994年1月1日开始正式实施，并于2013年10月25日第十二届全国人民代表大会常务委员会第五次会议修订，于2014年3月15日起实施。

2. 消费者权益保护法的宗旨和原则

(1) 消费者权益保护法的宗旨

《消费者权益保护法》第一条开宗明义，明确规定了该法的立法宗旨是保护消费者的合法权益，维护社会经济秩序，以促进社会主义市场经济的健康发展。

（2）消费者权益保护法的基本原则

《消费者权益保护法》第四条规定："经营者与消费者进行交易，应当遵循自愿、平等、公平、诚实信用的原则。"

12.1.3 消费者权益保护法的特点

①《消费者权益保护法》以专章规定消费者的权利，却没有规定相应的义务（当然不等于说消费者没有义务），表明该法以保护消费者权益为己任，有向消费者利益适当倾斜的特点。

②《消费者权益保护法》强调经营者与消费者处于平等地位。该法第四条特别规定，经营者与消费者进行交易，应当遵守自愿平等、公平、诚实信用的原则。

③《消费者权益保护法》列举的消费者权利有9项之多，体现出较高的保护水平，即使与一些发达国家相比，也丝毫不逊色。

④ 法律规范的综合性。消费者权益保护问题涉及的范围很广，包括产品质量、商品检验、价格、广告、安全、卫生和计量等方面，因而法律规范调整的范围涉及国家对经济活动管理的许多方面。

⑤ 法律责任的社会性。保护消费者合法权益是全社会的共同责任。国家鼓励、支持一切组织和个人对损害消费者合法权益的行为实行社会监督。

12.2 消费者的权利与经营者的义务

《消费者权益保护法》规定消费者有九大权利，即安全权、知情权、自主选择权、公平交易权、求偿权、结社权、获得有关知识权、受尊重权及信息得到保护权和批评监督权。

12.2.1 消费者的权利

消费者权利是消费者在消费生活中所享有的权利，是消费者利益在法律上的表现。从美国总统肯尼迪1962年向国会提出赋予消费者4项具体公民权，即获得商品的安全保障权利、获得商品信息资料的权利、对商品有自由选择的权利和提出消费意见的权利，消费者保护就成为全世界共同倡导推进的运动。国际社会和世界各国在保障公民权的同时，注重对消费者在消费行为中公民权的实现，并相应制定了具有实际操作性和法律保障性的具体规定。

1. 安全权

安全权是指消费者在购买、使用商品和接受服务时享有人身、财产安全不受损害的权利。安全权是消费者最重要的权利，也是宪法赋予公民的人身权、财产权在消费领域的体现。为了使这一权利真正得到体现，消费者有权要求经营者提供的商品和服务符合保障人身、财产安全的要求。有国家标准、行业标准的，消费者有权要求商品和服务符合国家标准或行业标准，如食品、药品、家用电器等；对于没有国家标准、行业标准的，如某些新开发的商品和服务项目，消费者有权要求经营者保证其购买、使用的商品或接受的服务，不具有危害人身、财产安全的缺陷存在。

在现实生活中，经营者侵犯消费者人身、财产安全的事件屡见不鲜，如美发、美容不成反被毁发、毁容，就餐、购物时钱包被盗，农民购买的假劣种子导致庄稼减产甚至绝产等。

对于消费者安全权的保护，台湾地区有一个案例，是关于麦当劳的。在一家麦当劳店，有给小朋友玩的滑梯。几个小朋友在滑梯上张望，结果掉下来摔伤，家长告到了法院。麦当劳对此的抗辩是：其提供的服务没有缺陷；其在滑梯那里有警示牌，敬告小朋友游乐应有家长陪同或在家长的监护之下进行。但法院审理后发现，该麦当劳平时有“义工”担任护理人员来照顾小朋友，但事故发生时“义工”没有来。于是，法院认为麦当劳提供的服务有缺陷。麦当劳又提出另一项抗辩，即他们提供的这种游乐服务是免费的，不应该承担这么重的注意义务。法院认为，该游乐设施是麦当劳用来吸引儿童的，属于其经营中的一部分，而不属于免费的服务。因此法院认定，麦当劳应承担赔偿责任。

2. 知情权

消费者享有知悉其购买、使用的商品或接受服务的真实情况的权利，简称知情权。该项权利表明：消费者在购买、使用商品或接受服务时，有权询问、了解商品或服务的有关真实情况；提供商品或服务的经营者有义务真实地向消费者说明有关情况。消费者此项权利的现实问题是：知情权内容的确定标准是以国家相关法律规定的内容为依据，还是以消费者应知的内容为依据。

3. 自主选择权

消费者享有自主选择商品或服务的权利，简称自主选择权，主要包括这几方面的内容：①有权自主选择提供商品或服务的经营者；②有权自主选择商品品种或服务方式；③有权自主决定购买或不购买任何一种商品，接受或不接受任何一项服务；④在自主选择商品或服务时，有权进行比较、鉴别和挑选。

4. 公平交易权

消费者享有公平交易的权利，简称公平交易权。市场交易的基本规则是：自由、公平、诚实信用、遵守法律规范、不得违反公认的商业道德。因此，消费者和经营者都享有公平交易的权利。但由于在市场交易中，消费者往往处于弱者的地位，更需要突出强调享有公平交易的权利以便从法律上给予保护。根据《消费者权益保护法》的规定，这项权利主要体现在这 2 个方面：①有权获得质量保障、价格合理、计量正确等公平交易条件；②有权拒绝经营者的强制交易行为。

现实生活中侵犯消费者公平交易权的事例比比皆是。例如，消费者吴某在导游张女士带领、推荐下，在一家工艺品商店以打折后 1 500 元的价格买了一件宝石项链。回家后，经专业检测机构鉴定，这条项链只值 200 元。事实上是旅游公司事先与各旅游商店达成利益分配协议，然后把旅游者带到这些商店选购商品，在消费者购买时进行假意的杀价，实际上这些都是做给消费者看的。消费者在不知道内情的情况下，以为自己买到了便宜的商品，实际上却上了当。旅游公司与旅游商店恶意串通欺骗消费者的行为侵害了消费者的知情权、公平交易权。

5. 求偿权

获得赔偿权是指消费者因购买、使用商品或接受服务受到人身、财产损害的，享有依法获得赔偿的权利。享有求偿权的主体是因购买、使用商品或接受服务而受到人身、财产损害的消费者，包括这几种类型：①商品的购买者；②商品的使用者；③服务的接受者；④第三人。第三人是指除商品的购买者、使用者或服务的接受者之外的，因为偶然原因而在事故现场受到损害的其他人。

6. 结社权

消费者享有依法成立维护自身合法权益的社会团体的权利，简称结社权。赋予消费者以结社权，使消费者通过有组织的活动，维护自身合法权益是非常必要的，也是国家鼓励全社会共同保护消费者合法权益的体现。

7. 获得有关知识权

消费者享有获得有关消费和消费者权益保护方面的知识的权利，简称获得有关知识权。这一权利包括两方面的内容：①获得有关消费方面的知识，如有关消费观的知识，有关商品和服务的基本知识，有关市场的基本知识；②获得有关消费者权益保护方面的知识，如消费者权益保护的法律、法规和政策，以及保护机构和争议解决途径等方面的知识。

8. 受尊重权及信息得到保护权

受尊重权及信息得到保护权是指消费者在购买、使用商品和接受服务时，享有人格尊严、民族风俗习惯得到尊重的权利，享有个人信息依法得到保护的权利。

人格尊严是消费者人身权的重要组成部分，包括姓名权、名誉权、荣誉权、肖像权等。消费者的人格尊严受到尊重是消费者最起码的权利之一。在实践中，侵犯消费者人格尊严权大量表现为侮辱消费者，即侵犯消费者名誉权的行为，此外还有搜查消费者的身体及其携带物品，甚至限制消费者人身自由的行为。

尊重民族风俗习惯，是党和国家民族政策的重要内容。我国是统一的多民族国家，各民族都有不同的风俗习惯，与消费密切相关，因此，尊重少数民族的风俗习惯，对于保护少数民族消费者的合法权益，贯彻党和国家的民族政策，都有极其重要的意义。

9. 批评监督权

批评监督权是指消费者享有对商品和服务及保护消费者权益工作进行监督的权利。这一权利具体表现为：消费者有权检举、控告侵害消费者权益的行为和国家机关及其工作人员在保护消费者权益工作中的违法失职行为，有权对保护消费者权益工作提出批评和建议。

12.2.2 经营者的义务

《消费者权益保护法》以专章的形式明确规定了经营者的义务。经营者的义务是与消费者的权利对立统一的，不规定经营者的义务，消费者的权利就难以实现；不规定消费者的权利，经营者的义务就失去了存在的意义。

1. 依法定或约定履行义务

这是对经营者的经营义务的一般性、概括性规定。要求经营者向消费者提供商品或服务，应当依照《产品质量法》和其他有关法律、法规的规定履行义务。经营者和消费者有约定的，应当按照约定履行义务，但双方的约定不得违背法律、法规的规定，特别是法律、法规的强制性规定。

2. 听取意见，接受监督的义务

这是与消费者享有的批评、监督权相对应的经营者的义务。经营者应当听取消费者对其提供的商品或服务的意见，接受消费者的监督。

3. 安全保障的义务

经营者应当保证其提供的商品或服务符合保障人身、财产安全的要求。对可能危及人身、财产安全的商品和服务，应当向消费者作出真实的说明和明确的警示，并说明和标明正确使用商品或接受服务的方法及防止危害发生的方法。经营者发现其提供的商品或服务存在严重缺陷，即使正确使用商品或接受服务仍然可能对人身、财产安全造成危害的，应当立即向有关行政部门报告和告知消费者，并采取防止危害发生的措施。

4. 对其提供缺陷的产品或服务有及时采取措施的义务

经营者发现其提供的商品或服务存在缺陷，有危及人身、财产安全危险的，应当立即向有关行政部门报告和告知消费者，并采取停止销售、警示、召回、无害化处理、销毁、停止生产或服务等措施。

5. 提供真实、全面信息的义务

经营者向消费者提供有关商品或服务的质量、性能、用途、有效期限等信息，应当真实、全面，不得作虚假或引人误解的宣传。经营者对消费者就其提供的商品或服务的质量和使用方法等问题提出的询问，应当作出真实、明确的答复。

经营者提供商品或服务应当明码标价。

6. 应当标明其真实名称和标记的义务

经营者应当标明其真实名称和标记。租赁他人柜台或场地的经营者，应当标明其真实名称和标记。

7. 出具购物凭证的义务

经营者提供商品或服务，应当按照国家有关规定或商业惯例向消费者出具发票等购货凭证或服务单据；消费者索要发票等购货凭证或服务单据的，经营者必须出具。

8. 保证商品和服务质量的义务

经营者应当保证在正常使用商品或接受服务的情况下其提供的商品或服务应当具有的质量、性能、用途和有效期限；但消费者在购买该商品或接受该服务前已经知道其存在瑕疵，且存在该瑕疵不违反法律强制性规定的除外。

经营者以广告、产品说明、实物样品或其他方式表明商品或服务的质量状况的，应当保证其提供的商品或服务的实际质量与表明的质量状况相符。

经营者提供的机动车、计算机、电视机、电冰箱、空调器、洗衣机等耐用商品或装饰装修等服务，消费者自接受商品或服务之日起 6 个月内发现瑕疵，发生争议的，由经营者承担有关瑕疵的举证责任。

9. 履行退货、更换、修理等补救措施的义务

经营者提供的商品或服务不符合质量要求的，消费者可以依照国家规定、当事人约定退货，或者要求经营者履行更换、修理等义务。没有国家规定和当事人约定的，消费者可以自收到商品之日起 7 日内退货；7 日后符合法定解除合同条件的，消费者可以及时退货，不符合法定解除合同条件的，可以要求经营者履行更换、修理等义务。依照此规定进行退货、更换、修理的，经营者应当承担运输等必要费用。

10. 无理由退货义务

经营者采用网络、电视、电话、邮购等方式销售商品，消费者有权自收到商品之日起 7 日内退货，且无须说明理由，但这些商品除外：①消费者定做的；②鲜活易腐的；③在线下载或消费者拆封的音像制品、计算机软件等数字化商品；④交付的报纸、期刊。其他根据商品性质并经消费者在购买时确认不宜退货的商品，不适用无理由退货。

消费者退货的商品应当完好。经营者应当自收到退回商品之日起 7 日内返还消费者支付的商品价款。退回商品的运费由消费者承担；经营者和消费者另有约定的，按照约定。

11. 格式条款的限制

经营者在经营活动中使用格式条款的，应当以显著方式提请消费者注意商品或服务的数量和质量、价款或费用、履行期限和方式、安全注意事项和风险警示、售后服务、民事责任等与消费者有重大利害关系的内容，并按照消费者的要求予以说明。

经营者不得以格式条款、通知、声明、店堂告示等方式，作出排除或限制消费者权利、减轻或免除经营者责任、加重消费者责任等对消费者不公平、不合理的规定，不得利用格式条款并借助技术手段强制交易。格式条款、通知、声明、店堂告示等含有前款所列内容的，其内容无效。

12. 不得侵犯消费者人身权的义务

经营者不得对消费者进行侮辱、诽谤，不得搜查消费者的身体及其携带的物品，不得侵犯消费者的人身自由。

13. 合法收集、使用消费者个人信息的义务

经营者收集、使用消费者个人信息，应当遵循合法、正当、必要的原则，明示收集、使用信息的目的、方式和范围，并经消费者同意。经营者收集、使用消费者个人信息，应当公开其收集、使用规则，不得违反法律、法规的规定和双方的约定。经营者及其工作人员对收集的消费者个人信息必须严格保密，不得泄露、出售或非法向他人提供。经营者应当采取技术措施和其他必要措施，确保信息安全，防止消费者个人信息泄露、丢失。在发生或可能发生信息泄露、丢失的情况时，应当立即采取补救措施。

12.3 消费者合法权益的保护

12.3.1 国家对消费者合法权益的保护

国家对消费者合法权益的保护主要包括以下几个方面。

1. 立法保护

国家在制定有关消费者权益的法律法规时，应当听取消费者的意见和要求。

2. 行政保护

各级人民政府应当加强领导，组织、协调、督促有关行政部门做好保护消费者合法权益的工作；预防和及时制止危害消费者人身、财产安全的行为。

各级人民政府及各级工商行政管理部门，物价、质量技术监督、卫生、食品检验、商检等行政管理机关，均应在各自的职责范围内采取各种措施，保护消费者的合法权益。有关行政管理部门应当听取消费者及其社会团体对经营者的交易行为、商品和服务质量问题的意见，并及时调查处理。

3. 司法保护

对于经营者侵害消费者合法权益的违法犯罪行为应当严厉惩处，切实保护消费者的合法权益。人民法院应当采取措施，方便消费者诉讼，及时审判，以使消费者权益尽快得以解决。

12.3.2 社会对消费者合法权益的保护

保护消费者的合法权益是全社会的共同责任，国家鼓励、支持一切组织和个人对损害消费者合法权益的行为进行社会监督。社会对消费者权益的保护，主要是通过各种消费者组织来实现的、如消费者协会。它是依法成立的对商品和服务进行社会监督的保护消费者合法权益的社会团体。目前，各个市、县均设立消费者协会。在我国消费者协会是主要的对消费者合法权益进行社会保护的消费者组织。

《消费者权益保护法》第三十七条规定了消费者协会的职能包括以下 8 个方面。

① 向消费者提供消费信息和咨询服务，提高消费者维护自身权益的能力，引导文明、健康、节约资源和保护环境的消费方式。

② 参与制定有关消费者权益的法律、法规、规章和强制性标准。

③ 参与有关行政部门对商品和服务的监督、检查。

④ 就有关消费者合法权益的问题，向有关行政部门反映、查询，提出建议。

⑤ 受理消费者的投诉，并对投诉事项进行调查、调解。

⑥ 投诉事项涉及商品和服务质量问题的，可以委托具备资格的鉴定人鉴定，鉴定人应当告知鉴定意见。

⑦ 就损害消费者合法权益的行为，支持受损害的消费者提起诉讼或依照本法提起诉讼。

⑧ 对损害消费者合法权益的行为，通过大众传播媒介予以揭露、批评。

12.4 消费者权益争议的解决

12.4.1 争议的解决途径

消费者权益争议是经营者与消费者之间产生的民事纠纷，《消费者权益保护法》第三十四条规定了解决争议的 5 种途径。

① 与经营者协商和解。争议发生后，消费者可以直接向经营者交涉索赔，达成和解协议，解决消费纠纷。这是解决争议最简便的途径。

② 请求消费者协会调解。

③ 向有关行政部门申诉。争议发生后，消费者可以根据商品或服务的性质及侵害事由向工商行政管理机关、产品质量监督部门及各有关专业行政管理部门申诉。有关行政管理部门对消费者的申诉，应予接受，并及时答复和处理。

④ 根据与经营者达成的仲裁协议提请仲裁机构仲裁。

⑤ 向人民法院提起诉讼。争议不符合仲裁条件的，不论是否经过了协商、调解、申诉，消费者都可以向人民法院起诉，通过诉讼程序来解决争议。

12.4.2 损害赔偿责任主体的确定

当消费者的合法权益受到损害时，消费者可以依法要求经营者承担损害赔偿责任。确定承担损害赔偿责任的主体，一般按以下原则进行。

① 消费者在购买、使用商品时，其合法权益受到损害的，可以向销售者要求赔偿。销售者赔偿后，属于生产者的责任或属于向其提供商品的其他销售者的责任的，销售者有权向他们追偿。

消费者或其他受害人因商品缺陷造成人身、财产损害的，可以向销售者索赔，也可以向生产者索赔。销售者赔偿后，属于生产者责任的，有权向生产者赔偿。生产者赔偿的，属于销售者责任的，有权向销售者追偿。

消费者在接受服务时，其合法权益受到损害的，可以向提供服务者要求赔偿。

② 消费者在展览会、租赁柜台购买商品或接受服务，其合法权益受到损害的，可以向销售者或服务者要求赔偿。展览会结束或柜台租赁期满后，也可以向展览会的举办者、柜台的出租者要求赔偿。展览会的举办者、柜台的出租者赔偿后有权向销售者或服务者追偿。

③ 消费者在购买、使用商品或接受服务时，其合法权益受到损害，因原企业分立、合并的，可以向变更后承受其权利义务的企业要求赔偿。

④ 使用他人营业执照的违法经营者提供商品或服务，损害消费者合法权益的，消费者可以向其要求赔偿，也可以向营业执照的持有人要求赔偿。

⑤ 经营者利用虚假广告提供商品或服务，损害消费者合法权益的，消费者可以向经营者要求赔偿。广告的经营者发布虚假广告的，消费者可以请求行政主管部门予以惩处。广告的经营者不能提供经营者的真实名称、地址的，应当承担赔偿责任。

⑥《产品质量法》第五十八条规定："社会团体、社会中介机构对产品质量作出承诺、保证，而该产品又不符合其承诺、保证的质量要求，给消费者带来损失的，与产品的生产者、销售者承担连带责任。"

12.5 法律责任

12.5.1 民事责任

1. 承担民事责任的条件

经营者提供商品或服务有这些情形之一的，应依照《消费者权益保护法》《产品质量法》和其他有关法律、法规的规定承担民事责任：①商品存在缺陷；②不具备商品应当具备的使用性能而在出售时未作说明；③不符合在商品或包装上注明采用的商品标准；④不符合商品说明、实物样品等方式表明的质量状况；⑤生产国家明令淘汰的商品或销售失效、变质的商品；⑥销售的商品数量不足；⑦服务的内容和费用违反约定；⑧对消费者提出的修理、重作、更换、退货、补足商品数量、退还货款和服务费用或赔偿损失的要求，故意拖延或无理拒绝；⑨法律、法规规定的其他损害消费者权益的情形。

2. 侵犯消费者人身权的民事责任

① 经营者提供商品或服务，造成消费者或其他受害人人身伤害的，应当支付医疗费、治疗期间的护理费、因误工减少的收入等费用，造成残疾的，还应当支付残疾者生活自助具费、生活补助费、残疾赔偿金及由其扶养的人所必需的生活费用。

② 经营者提供商品或服务，造成消费者或其他受害人死亡的，应当支付丧葬费、死亡赔偿金及由死者生前扶养的人所必需的生活费用。

③ 经营者侵害消费者的人格尊严或人身自由的，应当停止侵害、恢复名誉、消除影响、赔礼道歉并赔偿损失。

3．侵害消费者财产权的民事责任

① 经营者提供商品或服务，造成消费者财产损害的，应当按照消费者的要求，以修理、重作、更换、退货、补足商品数量、退还货款和服务费用或赔偿损失等方式承担民事责任。消费者与经营者另有约定的，按照约定履行。

② 对国家规定或经营者与消费者约定包修、包换、包退的商品，经营者应当负责修理、更换或退货。在保修期内两次修理仍不能正常使用的，经营者应当负责更换或退货。对包修、包换、包退的大件商品，消费者要求经营者修理、更换、退货的，经营者应当承担运输等合理费用。

③ 经营者以邮购方式提供商品的，应当按照约定提供。未按照约定提供的，应当按照消费者的要求履行约定或退回货款，并应当承担消费者必须支付的合理费用。

④ 经营者以预收款方式提供商品或服务的，应按照约定提供。未按照约定提供的，应当按照消费者的要求履行约定或退回预付款，并应当承担预付款的利息和消费者必须支付的合理费用。

⑤ 依法经有关行政部门认定为不合格的商品，消费者要求退货的，经营者应当退货。

⑥ 经营者提供商品或服务有欺诈行为的，应当按照消费者的要求增加赔偿其受到的损失，增加赔偿的金额为消费者购买商品的价款或接受服务的费用的 3 倍；增加赔偿的金额不足 500 元的，为 500 元。法律另有规定的，依照其规定。适用惩罚性赔偿必须是经营者提供商品或服务时存在欺诈的情形，如利用虚假广告、价格虚假标示、冒用他人注册商标或质量标志等。凡是以故意使消费者产生错误认识而购买商品、接受服务作为目的的行为，都属于欺诈行为。

12.5.2 行政责任

经营者侵害消费者合法权益除了承担民事责任，根据《消费者权益保护法》第五十条的规定和《产品质量法》及其他法律、法规中有关保护消费者权益方面的规定，还应承担行政责任。工商行政管理部门及其他法定行政管理部门对违法经营者，可以责令改正，依情节单处或并处警告、没收违法所得、处以 1 万元以下的罚款；情节严重的，责令停业整顿、吊销营业执照。

12.5.3 刑事责任

① 经营者提供商品或服务，造成消费者或其他受害人人身伤害或死亡，构成犯罪的，依法追究其刑事责任。

② 以暴力、威胁等方法阻碍有关行政部门工作人员依法执行职务，构成犯罪的，依法追究其刑事责任。

③ 国家机关工作人员有玩忽职守或包庇经营者侵害消费者合法权益的行为，构成犯罪的，依法追究其刑事责任。

本章小节

本章主要介绍了消费者权益保护法的概念和特点；消费者的权利，经营者的义务；国家与社会对消费者合法权益的保护；争议的解决办法和法律责任的确定等问题。通过本章的学习，能够利用所学的法律知识解决实践中的具体问题。

引导案例分析

（1）商店标明“换季商品、概不退换”，违反了《消费者权益保护法》第二十三条的规定。经营者提供商品或服务，应当按照国家规定或与消费者的约定，承担包修、包换、包退或其他责任的，应当履行，不得故意拖延或无理拒绝。商店侵犯了知情权、以店堂告示排除消费者的权利。

"三包"是《消费者权益保护法》对商品经营者的强制性规定，商品经营者无权单方面声明免责，本案中商店规定"概不退换"显然违法。

（2）《消费者权益保护法》明确规定，消费者在展销会、租赁柜台购买商品或接受服务，其合法权益受到损害的，可以向销售者或服务者要求赔偿。展销会结束或柜台租赁期满后，可以向展销会的举办者、柜台的出租者要求赔偿。展销会的举办者、柜台的出租者赔偿后，有权向销售者或服务者追偿。可见，柜台出租者应当对其出租的柜台的商品质量承担责任，这是法律的强制拟制，是对处于弱势地位的消费者的特殊保护。本案中，商店抗辩所认为的"店内该柜是出租给个体户的，现在他已破产，租借柜台的费用尚未付清，人也找不到，你只好自己倒霉"显然不能成立，其应当赔偿消费者张女士购买假羊毛大衣的损失。

商店应承担欺诈消费者的责任，赔偿张女士3 840元。

实训项目

实训项目：通过分析给出的实训资料，熟练掌握消费者的权利和经营者的义务，熟知国家与社会对消费者合法权益的保护。在消费过程中权利受到侵害时能够运用法律武器维护自身合法权益。

实训资料：幸福家电销售有限责任公司，在销售彩电时，告诉消费者，彩电外壳存在质量问题，因外壳不是主要部件，不影响正常使用，彩电原价6 500元，现价6 000元。

提出问题：学习了《消费者权益保护法》后，请说明企业的这种做法是否合法。

本章测试

一、单项选择题

1．消费者是社会消费的主体，包括生产性消费和（　　）。

A．生活性消费　　B．经营者消费　　C．建设性消费　　D．服务性消费

2．消费者在购买、使用商品或接受服务时依法享有的权利及该权利受到保护而给消费者带来的利益称作（　　）。

A．经营者的权益　　B．消费者权益　　C．生产者的权益　　D．销售者的权利

3．消费者在购买、使用商品和接受服务时享有人身、财产安全不受损害的权利称作（　　）。

A．经营权　　B．保密权　　C．安全权　　D．知情权

4．消费者享有依法成立维护自身合法权益的社会团体的权利，简称（　　）。

A．维护权　　B．维法权　　C．集会权　　D．结社权

5．经营者提供商品或服务有欺诈行为的，应当按照消费者的要求增加赔偿其受到的损失，增加赔偿的金额为消费者购买商品的价款或接受服务的费用的（　　）。

A．1倍　　B．2倍　　C．3倍　　D．4倍

二、多项选择题

1．消费者和经营者发生消费者权益争议的，可以通过以下哪几种途径解决？（　　　）。

A．与经营者协商和解

B．请求消费者协会调解

C．根据与经营者达成的仲裁协议提请仲裁机构仲裁

D．向有关行政部门申诉

2. 某些商店、饭店的下列规定或标语中，属于侵犯消费者合法权益的是（　　）。
A. 顾客至上，信誉第一　　B. 商品一经出售，概不退还
C. 存包丢失，概不负责　　D. 谢绝自带酒水入内
3. 消费者在购买、使用商品和接受服务时，享有其（　　）得到尊重的权利。
A. 人格尊严　　B. 个人性格
C. 民族风俗习惯　　D. 作为名人的特殊身份
4. 消费者在购买、使用商品时，享有（　　）的权利。
A. 自主选择　　B. 索要购货凭证
C. 公平交易　　D. 没收经营者的不合格商品
5. 经营者采用网络、电视、电话、邮购等方式销售商品，消费者有权自收到商品之日起7日内退货，且无须说明理由，但下列哪些商品除外？（　　）。
A. 消费者定做的
B. 鲜活易腐的
C. 在线下载或消费者拆封的音像制品、计算机软件等数字化商品
D. 交付的报纸、期刊

三、案例分析题

1. 2014年2月20日，赵某在本市某商场购买了由A厂生产的冰箱一台，同年同月24日又购得一部B公司生产的多功能电源保护器，并于次日在家中将冰箱和电源保护器安装好。半个月后，一日赵某下班回家发现，因冰箱电路出现故障，高温下导致冰箱起火，烧毁部分家具及用品，因发现及时幸未发生重大火灾。为此，赵某向法院起诉，状告某商场、A厂和B公司，要求维护消费者权益，赔偿损失，由3个单位负连带责任。

某商场辩称，该冰箱是本商场销售的商品，赔偿责任应由产品的制造者承担，销售者不应承担责任。

A厂辩称，本厂生产的产品均符合国家标准，以往从未发生过此种情况，无证据证明生产者有过错，无法认定生产者应承担责任。B公司的电源保护器失灵可能是事故的主要原因。

B公司辩称，赵某违反有关安装说明的要求，违章安装，无视说明书的警示说明，导致电源器失效酿成事故，冰箱电源线路有问题使冰箱起火是根本原因。

法院在调查过程中，经技术监督局对A厂的冰箱和B公司的电源保护器进行质量鉴定，认定：①该品牌和型号的电冰箱线路连接上存在某些缺陷，一般情况下不会出故障，在特定的情况下会产生高温；②电源保护器已经被烧毁无法鉴定，但对同样商品检测，没有发现质量问题；③原先赵某在安装电源保护器与冰箱时，未按说明书正确安装，使保护器无法发挥正常作用，导致冰箱等物品被烧毁。

试分析：谁该为此承担责任?

2. 2015年1月1日，王丽在某超市购物时，赶上了超市搞促销活动，一款促销的新疆大枣，原价120元/千克，促销价70元/千克，于是购买了1千克。结账回家后，王丽发现超市是按原价120元/千克进行结算的，于是她找到超市要求赔偿。

试分析：超市应该赔偿王丽多少元?

第13章 支付结算法律制度

知识目标

1. 了解支付结算、票据的概念及银行结算账户的内容。

2. 掌握填写票据及结算凭证的基本要求。

3. 掌握票据法的有关规定。

技能目标

1. 能正确使用票据。

2. 能模拟支付结算的实际操作。

3. 具有运用所学的支付结算法律知识解决实际问题的能力。

引导案例

甲企业3月25日银行存款账户余额为2万元。当天，甲企业的原材料供应商乙公司上门到甲企业催要金额为18万元的材料货款。甲企业为了尽快将供应商打发走，就向材料供应商乙公司开出了一张18万元的转账支票。

思考：

（1）乙公司有权要求甲企业赔偿其多少元的损失？

（2）甲企业开出的这张支票属于什么支票？

（3）针对甲企业的行为，银行可以对甲企业进行罚款，具体应罚多少元？

13.1 支付结算

13.1.1 支付结算概述

1. 支付结算的概念

支付结算是指单位、个人在社会经济活动中使用现金、票据、信用卡和结算凭证进行货币给付及其资金清算的行为。其主要功能是完成资金从一方当事人向另一方当事人的转移。银行（银行、城市信用合作社、农村信用合作社，以下统称银行）、单位（含个体工商户）和个人是办理支付结算的主体。银行是支付结算和资金清算的中介机构。

2. 支付结算的原则

支付结算的基本原则是单位、个人和银行在进行支付结算活动时所必须遵循的行为准则，共有以下 3 项。

（1）恪守信用、履约付款原则

当各单位之间、单位与个人之间发生交易往来，通过银行办理结算时，结算当事人必须依照共同约定的民事法律关系内容享受权利和承担义务，严格遵守信用，依约履行付款义务，特别是应按照约定的付款金额和付款日期进行支付。

（2）谁的钱进谁的账、由谁支配原则

即银行作为资金结算的中介机构，在办理结算时必须按照存款人的委托，将款项支付给其指定的收款人；对存款人的资金，除国家法律另有规定外，必须由其自主支配。这一原则主要在于维护存款人对存款资金的所有权，保证其对资金的自主支配权。

（3）银行不垫款原则

即银行在办理结算过程中，只负责将结算款项从付款单位账户划转到收款单位账户，银行不承担垫付任何款项的责任。这一原则主要在于划清银行资金和存款人资金的界限，保护银行资金的所有权和安全，有利于促使单位和个人直接对自己的债权债务负责。

3. 办理支付结算的基本要求

① 单位、个人和银行办理支付结算，必须使用按中国人民银行统一规定印制的票据凭证和统一规定的结算凭证。票据和结算凭证是办理支付结算的工具。未使用按中国人民银行统一规定印制的票据，票据无效；未使用中国人民银行统一规定格式的结算凭证，银行不予受理。

② 单位、个人和银行应当按照《人民币银行结算账户管理办法》的规定开立、使用账户。

银行不得为任何单位或个人查询账户情况，不得为任何单位或个人冻结、扣划款项，不得停止单位、个人存款的正常支付。

③ 票据和支付结算凭证上的签章和其他记载事项必须真实，不得伪造、变造。伪造是指无权限人假冒他人或虚构他人名义签章的行为；变造是指无权更改票据内容的人，对票据签章以外的记载事项加以改变的行为。

票据和结算凭证上的签章，为签名、盖章或签名加盖章；单位、银行在票据和结算凭证上的签章，为该单位、银行的盖章加其法定代表人或其授权的代理人的签名或盖章。个人在票据和结算凭证上的签章，为个人本名的签名或盖章。

④ 填写票据和结算凭证应当规范，做到要素齐全，数字正确，字迹清晰，不错不漏，不潦草，防止涂改。

票据和结算凭证的金额、出票或签发日期、收款人名称不得更改，更改的票据无效；更改的结算凭证，银行不予受理。

4. 填写票据和结算凭证的基本要求

① 票据和结算凭证金额以中文大写和阿拉伯数字同时记载，二者必须一致，二者不一致的票据无效；二者不一致的结算凭证，银行不予受理。

② 中文大写金额数字应用正楷或行书填写，不得自造简化字。如果金额数字书写中使用繁体字，也应受理。

③ 中文大写金额数字到“元”为止的，在“元”之后，应写“整”（或“正”）字；大写金额数字到“角”为止的，在“角”之后可以不写“整”（或“正”字）；大写金额数字有“分”的，“分”后面不写“整”（或“正”字）。

④ 中文大写金额数字前应标明“人民币”字样，大写金额数字应紧接“人民币”字样填写，不得留有空白。大写金额数字前未印“人民币”字样的，应加填“人民币”三字。在票据凭证和结算凭证大写金额栏内不得预印固定的“仟、佰、拾、万、仟、佰、拾、元、角、分”字样。

⑤ 阿拉伯小写金额数字中有0时，中文大写应按照汉语语言规律、金额数字构成和防止涂改的要求进行书写。

⑥ 票据的出票日期必须使用中文大写。为防止变造票据的出票日期，在填写月、日时，月为壹、贰和壹拾的，日为壹至玖和壹拾、贰拾和叁拾的，应在其前加“零”；日为拾壹至拾玖的，应在其前面加“壹”。例如，2月12日，应写成零贰月壹拾贰日；票据出票日期使用小写填写的，银行不予受理。大写日期未按要求规范填写的，银行可予受理，但由此造成损失的，由出票人自行承担。

案例分析13-1

某出票人于10月30日签发一张现金支票。根据《支付结算办法》的规定，对该支票“出票日期”中“月”“日”的下列填法中，符合规定的是（　　）。

A. 拾月叁拾日　　B. 零拾月零叁拾日

C. 壹拾月叁拾日　　D. 零壹拾月零叁拾日

分析　符合规定的是D。根据《支付结算办法》的规定，月为壹、贰和壹拾的，应当在其前加“零”；日为壹至玖和壹拾、贰拾和叁拾的，应当在其前加“零”；日为拾壹至拾玖的，应当在其前加“壹”。所以D项是正确的。

13.1.2 银行结算账户

1. 银行结算账户的定义和种类

（1）银行结算账户的定义

银行结算账户，又称人民币银行结算账户，是指存款人在经办银行开立的办理资金收付结算的人民币活期存款账户。

（2）银行结算账户的种类

银行结算账户按存款人不同，可分为单位银行结算账户和个人银行结算账户。

① 单位银行结算账户是存款人以单位名称开立的银行结算账户。银行结算账户按照用途不同，分为基本存款账户、一般存款账户、专用存款账户和临时存款账户。

② 个人银行结算账户是指存款人凭个人身份证件以自然人名称开立的银行结算账户。个人因使用借记卡、信用卡在银行或邮政储蓄机构开立的银行结算账户，纳入个人银行结算账户管理。个体工商户凭营业执照以字号或经营者姓名开立的银行结算账户纳入单位银行结算账户管理。

2．银行结算账户的开立、变更和撤销

（1）银行结算账户的开立

存款人开立银行结算账户时，应填写开户申请书，并将开立账户所需要的证明材料和盖有存款人印章的印鉴卡片送交开户银行。银行与存款人须签订银行结算账户管理协议，明确双方的权利和义务。开户银行对申请人的资格条件、所提供的证明材料进行审查，经审查后符合开立条件的，即可办理开户手续，并履行向人民银行当地支行备案的义务，需核准的应及时报送核准。

（2）银行结算账户的变更

银行结算账户变更是指存款人名称、单位法定代表人或主要负责人、住址，以及其他开户资料发生的改变。

存款人更改名称，但不改变开户银行及账号的，应于5个工作日内向开户银行提出银行结算账户的变更申请，并出具有关部门的证明文件。单位的法定代表人或主要负责人、住址，以及其他开户资料发生变更时，应于5个工作日内书面通知开户银行并提供有关证明。银行接到存款人的变更通知后，应及时办理变更手续，并于2个工作日内向中国人民银行报告。

（3）银行结算账户的撤销

存款人有这些情形之一的，应向开户银行提出撤销银行结算账户和申请：①被撤并、解散、宣告破产或关闭；②注销、被吊销营业执照；③因迁址需要变更开户银行；④其他原因需要撤销银行结算账户。

存款人撤销存款账户，必须与开户银行核对银行结算账户存款余额，经开户银行审核同意后，办理销户手续，并交回各种重要空白票据及结算凭证和开户登记证。存款人尚未清偿其开户银行债务的，不得申请撤销该账户。开户银行对已开户的但一年内未发生任何业务的账户，应通知存款人自发出通知30日内到开户银行办理销户手续，逾期视同自愿销户。

3．基本存款账户

（1）基本存款账户的定义

基本存款账户是存款人因办理日常转账结算和现金收付需要开立的银行结算账户。基本存款账户是存款人的主要账户。

（2）基本存款账户的使用范围

这些存款人可以申请开立基本存款账户：企业法人、非法人企业、机关、事业单位、团级（含）以上军队、武警部队及分散执勤的支（分）队、社会团体、民办非企业组织、异地常设机构、外国驻华机构、个体工商户、居民委员会、村民委员会、社区委员会、单位设立的独立核算的附属机构、其他组织。该账户主要办理存款人日常经营活动的资金收付及其工资、奖金和现金的支取。

（3）基本存款账户的开户要求

开立基本存款账户应按照规定的程序办理并提交有关证明文件。单位结算账户的存款人只能在一家金融机构开立一个基本存款账户。

4. 一般存款账户

（1）一般存款账户的定义

一般存款账户是指存款人因借款或其他结算需要，在基本存款账户开户银行以外的银行营业机构开立的银行结算账户。

（2）一般存款账户的使用范围

一般存款账户主要用于办理存款人借款转存、借款归还和其他结算的资金收付。该账户可以办理现金缴存，但不得办理现金支取。存款人开立一般存款账户没有数量限制，可自主选择不同经营理念的银行，既能充分享受多家银行的特色服务，又能适应不同的经济往来对象，更为方便地使用不同银行提供的支付结算工具和手段。

（3）一般存款户的开户要求

存款人申请开立一般存款账户，应向银行出具其开立基本存款账户规定的证明文件、基本存款账户开户登记证和这些证明文件：①存款人因向银行申请贷款需要，应出具借款合同；②存款人因其他结算需要，应出具有关证明。

5. 专用存款账户

（1）专用存款账户的定义

专用存款账户是存款人按照法律、行政法规和规章，对其特定用途的资金进行专项管理和使用而开立的银行结算账户。

（2）专用存款账户的使用范围

对这些资金的管理与使用，存款人可以申请开立专用存款账户：基本建设资金，更新改造资金，财政预算外资金，粮、棉、油收购资金，证券交易结算资金，期货交易保证金，信托基金，金融机构存放同业资金，政策性房地产开发资金，单位银行卡备用金，住房基金，社会保障基金，收入汇缴资金，业务支出资金，党、团、工会设在单位的组织机构经费等需要专项管理和使用的资金。

（3）专用存款户的开立要求

存款人开立专用存款账户时，应当向开户银行出具有关证明文件。

6. 临时存款账户

（1）临时存款账户的定义

临时存款账户是指存款人因临时需要并在规定期限内使用而开立的银行结算账户。

（2）临时存款账户的使用范围

临时存款账户用于办理临时机构及存款人临时经营活动发生的资金收付。临时存款账户支取现金，应按照国家现金管理的规定办理。注册验资的临时存款账户在验资期间只收不付。临时存款账户有效期最长不得超过2年。

（3）临时存款账户的开户要求

应向银行出具的证明文件：①临时机构，应出具其驻在地主管部门同意设立临时机构的批文；②异地建筑施工及安装单位，应出具其营业执照正本或其隶属单位的营业执照正本，以及施工及安装地建设主管部门核发的许可证或建筑施工及安装合同；③异地从事临时经营活动的单位，应出具其营业执照正本及临时经营地工商行政管理部门的批文；④注册验资资金，应出具工商行政管理部门核发的企业名称预先核准通知书或有关部门的批文。

临时存款账户支取现金应按照国家现金管理规定办理。

案例分析13-2

根据支付结算法律制度的规定，存款人日常经营活动的资金收付，以及工资、奖金和现金的支取，只能通过规定的账户办理。该账户是（　　）。

A．基本存款账户　　B．一般存款账户　　C．专用存款账户　　D．临时存款账户

分析　该账户是A。根据支付结算法律制度的规定，基本存款账户的使用范围包括存款人日常经营活动的资金收付，以及存款人的工资、奖金等现金的支取。

7．个人银行结算账户

（1）个人银行结算账户的概念

个人银行结算账户是指自然人因投资、消费、结算等需要，凭个人身份证以自然人名称开立的银行结算账户。邮政储蓄机构办理银行卡业务开立的账户纳入个人银行账户管理。自然人可根据需要申请开立个人银行结算账户，也可以从自己开立的储蓄账户中选择并向开户银行申请确认为个人银行结算账户。储蓄账户仅限于办理现金存取业务，不得办理转账结算。

（2）个人银行结算账户的使用范围

个人银行结算账户用于办理个人转账收付和现金支取，储蓄账户仅限于办理现金存款业务，不得办理转账结算。

（3）个人银行结算账户的开户要求

使用支票、信用卡等信用支付工具的；办理汇兑、定期借记、定期贷记、借记卡等结算业务的，可以申请开立个人银行结算账户。

8．异地银行结算账户

（1）异地银行结算账户的概念

异地银行结算账户是指存款人符合法定条件，根据需要在异地开立的账户。单位或个人只要符合相关条件，均可根据需要在异地开立相应的单位银行结算账户或个人银行结算账户。存款人在营业执照注册地未开立基本存款账户的，可以在经营地开立基本存款账户；存款人在异地取得借款和有其他结算需要的可在异地开立一般存款账户；存款人有回笼异地货款、支付异地营销开支需要的，如企业驻外的非独立核算单位，可以异地开立收入汇缴和业务支出专用存款账户；在异地有短期的临时经营活动，如有文艺团体在异地的演出活动，生产厂家在异地的展销活动等，可以异地开立临时存款账户。

（2）异地银行结算账户的使用范围

存款人有这些情形之一的，可以在异地开立有关银行结算账户：①营业执照注册地与经营地不在同一行政区域（跨省、市、县）需要开立基本存款账户；②办理异地借款和其他结算需要开立一般存款账户；③存款人因附属的非独立核算单位或派出机构发生的收入汇缴或业务支出需要开立专用存款账户；④异地临时经营活动需要开立临时存款账户；⑤自然人根据需要在异地开立个人银行结算账户。

（3）异地银行结算账户的开立要求

存款人需要在异地开立单位银行结算账户，除出具属地账户管理规定的有关证明文件外，还应出具这些相应的证明文件：①经营地与注册地不在同一行政区域的存款人，在异地开立基本存款账户的，应出具注册地中国人民银行分支行的未开立基本存款账户的证明；②异地借款的存款人，在异地开立一般存款账户的，应出具在异地取得贷款的借款合同；③因经营需要在异地办理收入汇缴和业务支出的存款人，在异地开立专用存款账户的，应出具隶属单位的证明。

13.2　票据法

13.2.1　票据和票据法概述

1. 票据概述

（1）票据的概念

广义的票据，泛指代表一定权利义务关系的书面凭证，如汇票、本票、支票、提单、仓单、保单、记账凭证等。有时甚至把日常生活中使用的一些书面凭证，如乘车、乘船的票证等，也称为票据。狭义的票据，仅指依照法定格式签发和流通的汇票、本票和支票。

票据是出票人依票据法签发的，由自己或委托他人于到期日或见票时无条件支付一定金额给收款人或持票人的一种有价证券。票据有以下基本特征。

① 票据是设权证券，其签发旨在创设一种权利。

② 票据是要式证券，必须具备法定形式才能发生效力。

③ 票据是无因证券，票据有效作成后便与其赖以产生的原因关系相分离。

④ 票据是文义证券，其一切权利与义务都依票据上记载的文义来确定。

（2）票据的功能

票据的功能是指票据在社会经济生活中的作用。票据主要有以下功能。

① 汇兑功能。汇兑是票据最初的功能，作为异地输送现金和兑换货币的工具，票据可以解决现金支付在空间上的障碍。

② 支付功能。票据最简单、最基本的功能就是作为支付手段，代替现金的使用。用票据代替现金作为支付工具，具有便携、快捷、安全等优点。在现代经济中，票据支付在货币支付中占有越来越大的比重。

③ 结算功能。这是指票据作为货币支付的手段，可以用它在同城或异地的经济往来中，抵销不同当事人之间相互收款、欠款或相互的支付关系。通过票据交换，使各方收付相抵，相互冲减债务。票据结算方式比使用现金更便捷、安全、经济。票据结算成为现代经济中银行结算的主要方式。

④ 信用功能。票据可作为信用工具，在商业和金融中发挥融资等作用。在商品交易中，票据可作为预付货款或延期付款的工具，发挥商业信用功能；在金融活动中，企业可以通过将尚未到期的票据向银行进行贴现，取得货币资金，以解决企业一时发生的资金周转困难问题。票据能发挥银行信用的作用。

票据的以上功能，使票据制度成为现代市场经济的一项基本制度。商业信用、银行信用的票据化和结算手段的票据化，是市场经济高度发展的重要标志之一。

2. 票据法概述

票据在各国及在国际经济交流中被广泛采用，其作为信用工具和支付手段的双重职能得到了不同程度的发挥，为票据立法的双边及多边国际合作提供了前提与机遇，因而票据法是国际上通用程度很高的一种法律。我国的票据立法在近年来取得了实质性进展，1995 年 5 月 10 日第八届全国人民代表大会常务委员会第十三次会议通过了《中华人民共和国票据法》（以下简称《票据法》），2004 年 8 月 28 日第十届全国人民代表大会常务委员会第十一次会议通过了《关于修改

〈中华人民共和国票据法〉的决定》。我国票据法所称的票据是汇票、支票和本票 3 种。

13.2.2 汇票

1. 汇票概述

汇票是出票人签发的，委托付款人在见票时或在指定的日期无条件支付确定的金额给收款人或持票人的票据。汇票是委付证券，涉及三方当事人，即出票人、收款人和付款人。按照出票人的不同，汇票可分为商业汇票和银行汇票。按照付款日期的不同，汇票可分为见票即付、定日付款、出票后定期付款和见票后定期付款 4 种形式。

汇票的作成必须具有法定的形式要件。根据《票据法》的规定，汇票的法定记载事项分为绝对应记载事项和相对应记载事项。绝对应记载事项是指《票据法》规定必须在票据上记载的事项，若欠缺记载，汇票无效，主要包括 7 项内容：①表明“汇票”的字样；②无条件支付的委托；③确定的金额；④付款人名称；⑤收款人名称；⑥出票日期；⑦出票人签章。相对应记载事项是指如果未在汇票上记载，并不影响汇票本身的效力，其含义可依法律规定推定的事项，主要包括 3 项内容。①付款日期。汇票上未记载该事项的，视为见票即付。②付款地。若汇票上未记载，以付款人的营业场所、住所或经常居住地为付款地。③出票地。汇票上未记载的，以出票人的营业场所、住所或经常居住地为出票地。除上述法定记载事项外，汇票上还可以记载非法定事项，但该记载事项不具有汇票上的效力。

2. 出票

出票是指出票人签发票据并将其交付给收款人的票据行为。

出票包括 2 个行为：一是出票人依据《票据法》的规定做成票据，即在原始票据上记载法定事项并签章；二是将做成的票据交付收款人。根据《票据法》的规定，就票据的实质内容而言，汇票的出票人在为出票行为时，必须与付款人具有真实的委托付款关系，并且具有支付汇票金额的可靠资金来源；除因税收、继承、赠与可以依法无偿取得票据外，汇票的出票人不得签发无对价的汇票。汇票的出票还应满足《票据法》关于汇票形式要件的基本要求，票据金额以中文大写和阿拉伯数字同时记载的，两者必须一致，不一致时，票据无效。

出票人在完成出票行为之后，即产生票据上的效力，表现如下。

① 对收款人的效力。收款人在接受出票人交付的汇票后，即取得包括付款请求权和追索权在内的票据权利。

② 对付款人的效力。付款人依法具有承兑人的地位，但并不当然负有付款的义务，只有在其对汇票进行承兑之后，才成为汇票上的主债务人。

③ 对出票人的效力。出票人签发汇票后，即承担保证该汇票承兑和最终付款的责任。

3. 背书

持票人在将汇票权利转让给他人或将一定的汇票权利授予他人行使时，应当背书并交付汇票。背书应作成记名背书的形式并按照规定记载在汇票的背面和粘单上。背书的法定记载事项包括：两项绝对应记载事项，即背书人的签章和被背书人的名称；一项相对应记载事项，即背书日期，如果未记载，则视为在汇票到期日前背书。背书不得记载的内容有两项：一是附条件背书，二是部分背书。背书时附有条件的，所附条件不具有汇票上的效力；而背书人将汇票金额的一部分转让或将汇票金额分别转让给两人以上的背书，则导致背书无效。

汇票当事人可以以自己的意思在汇票上作出禁止背书的约定，以阻止汇票的无限制流通。根据作出禁止背书当事人的不同，可以分为出票人的禁止背书和背书人的禁止背书。前者应记载在汇票的正面，如果收款人或持票人将出票人作此约定的汇票转让，则该转让只相当于普通债权让与，不具有《票据法》上的效力，出票人对受让人不承担票据责任。后者应记载在汇票的背面，若其后手再背书转让，原背书人对其直接被背书人以后通过背书方式取得汇票的一切当事人，不负担保责任。同时，《票据法》又规定了法定禁止背书情形，即汇票被拒绝承兑、被拒绝付款或超过付款提示期限的，不得背书转让，否则，背书人应当承担汇票责任。

汇票的背书应当连续，以表明汇票上的一切权利实现了由背书人向被背书人的转移，并起到票据权利担保的效力。当汇票不获承兑或不获付款时，背书人对于被背书人及其所有后手均负有偿还票款的义务。

4. 承兑

就汇票的有效作成而言，它是出票人的一种单方法律行为。付款人没有直接参与汇票的制作过程，付款人与出票人之间存在的具体委托关系又游离于票据关系之外，无法在票面上得到体现，因此付款人并不负有当然的付款义务。为此，必须在出票之外设定一个新的票据程序，以补足票据的整体效力，其基本功能在于使付款人的付款责任得以确认。由于本票与支票都不具有这样的特性，因此承兑便成为汇票所独有的制度。

根据《票据法》的规定，除见票即付的汇票外，其他汇票都必须提示承兑。但由于付款日期的不同，各种汇票的提示承兑期限也不尽相同。定日付款或出票后定期付款的汇票，持票人应当在汇票到期日前向付款人提示承兑，见票后定期付款的汇票，持票人应当自出票日起 1 个月内向付款人提示承兑。

对于付款人而言，承兑是一种权利。《票据法》第四十一条规定，付款人对向其提示承兑的汇票，应当自收到提示承兑的汇票之日起 3 日内承兑或拒绝承兑。接受承兑应按照规定在汇票的正面记载承兑事项，主要包括 3 项，即承兑文句、承兑日期和承兑人签章。其中，承兑文句和承兑人签章是绝对应记载事项，承兑日期属于相对应记载事项，但见票后定期付款的汇票，则必须记载付款日期。承兑应坚持单纯承兑的原则，不得附有条件，附条件的承兑视为拒绝承兑。接受承兑意味着付款人向持票人作出了到期无条件付款的承诺，否则应承担法律责任。

5. 保证

票据保证是指票据债务人以外的第三人以担保特定债务人履行票据债务为目的，而在票据上所为的一种附属票据行为。保证人必须在汇票或粘单上记载法定事项，其中绝对应记载事项包括保证文句和保证人签章 2 项，相对应记载事项主要包括保证人的名称和住所、被保证人的名称、保证日期。缺少保证人的名称和住所，保证人的名称可由其签章认定，保证人的住所可以推定为保证人的营业场所、住所；被保证人的名称没有记载的，已承兑的汇票，承兑人为被保证人，未承兑的汇票，出票人为被保证人；保证日期没有记载的，出票日期为保证日期。

票据保证从性质上认定，属于债的担保范畴，因此应该受到《担保法》的调整，但是与合同担保相比，它又存在着鲜明的特点，主要表现在 2 个方面。一是被保证的汇票，保证人应当与被保证人对持票人承担连带责任。这也就意味着保证人的加入，使其成为票据流通链条中的一个环节。在责任承担上，保证人已突破了对特定债权人负责的局限。同时，保证人向持票人清偿债务后，取得票据而成为持票人，享有票据上的权利，有权对被保证人及其前手行使追索权。二是在保证责任免除的问题上，如果被保证人的债务因形式要件欠缺而无效，保证人的保证责任归于无效；如果被保证人的债务因实质原因导致无效，保证人的保证责任则不能免除。

6. 付款

付款是指付款人依据票据文义，支付票据金额并收回票据，以消灭票据关系的行为。它不属于票据行为，在程序上包括提示与支付。

付款的提示是票据权利的保全和行使，如果持票人不按照法定期限提示付款的，则丧失对其前手的追索权，但经作出说明后，承兑人或付款人仍应对持票人承担付款责任。法定的提示付款期限为：见票即付的汇票，自出票日起 5 个月内向付款人提示付款；定日付款、出票后定期付款或见票后定期付款的汇票，自到期日起 10 日内向承兑人提示付款。

持票人在法定期限内提示付款的，付款人必须在当日足额付款，可以由付款人亲自支付，也可由付款代理人代为支付。汇票获得付款后，应当由持票人在汇票上签收，并将汇票交给付款人。付款人或付款代理人在付款时，必须承担审查义务：一是审查提示付款人的合法身份证明或有效证件，二是审查汇票上的背书是否连续。

7. 追索权

追索权是指持票人因票据到期未获付款或期前不获承兑或有其他法定原因，并在实施行使或保全票据上的权利的行为后，可以向其前手请求偿还票据金额、利息及其他法定款项的一种票据权利。在追索法律关系中，追索权人包括最后的持票人和已为清偿的票据债务人。偿还义务人、出票人、背书人、承兑人、保证人，他们共同对持票人承担连带责任。

追索权的行使必须具有实质条件和形式条件。实质条件因期前追索与到期追索而有所不同，根据《票据法》的规定，在汇票到期日前，有这些情况之一的，持票人可以行使追索权：①汇票被拒绝承兑；②承兑人或者付款人死亡、逃匿；③承兑人或者付款人依法宣告破产或者因违法被责令终止业务活动。

汇票到期后被拒绝付款的，持票人可以行使追索权。形式条件是持票人行使追索权必须履行一定的保全手续而不致使追索权丧失。保全手续包括：①在法定提示期限内提示承兑或提示付款；②在不获承兑或不获付款时，在法定期限内作成绝对证明。

为维护被追索人的合法权益，《票据法》规定了追索权人的追索通知义务。持票人应当自收到被拒绝承兑或被拒绝付款的有关证明之日起 3 日内，将被拒绝事由书面通知其前手；其前手应当自收到通知之日起 3 日内书面通知其再前手。持票人也可以同时向各汇票债务人发出书面通知。持票人未按照规定期限通知的，仍可以行使追索权。因延期通知给其前手或出票人造成损失的，由没有按照规定期限通知的汇票当事人承担对该损失的赔偿责任，但所赔偿的金额以汇票金额为限。

追索权人向偿还义务人请求偿还的金额包括：①被拒绝付款的汇票金额及汇票金额自到期日或提示付款日起至清偿日止，按照中国人民银行规定的利率计算的利息；②取得有关拒绝证明和发出通知书的费用。

持票人在行使追索权时可以不按照汇票债务人的先后顺序，对其中任何一人、数人或全体行使追索权。持票人对汇票债务人中的一人或数人已经进行追索的，对其他汇票债务人仍可以行使追索权。持票人为出票人的，对其前手无追索权；持票人为背书人的，对其后手无追索权。

13.2.3 本票

本票是出票人签发的，承诺自己在见票时无条件支付确定的金额给收款人或持票人的票据。根据《票据法》的规定，我国的本票仅指银行本票，并限于见票即付，银行本票分为定额银行本票和不定额银行本票。按照现行立法体例，《票据法》总则中的内容，汇票中关于出票、背书、保证、付款、追索权等有关规定，除法律有明确规定的以外，都适用于本票。

本票的绝对应记载事项有：①表明“本票”的字样；②无条件支付的承诺；③确定的金额；④收款人名称；⑤出票日期；⑥出票人签章。相对应记载事项有：①付款地，本票上未记载付款地的，出票人的营业场所为付款地；②出票地，本票上未记载出票地的，出票人的营业场所为出票地。

本票自出票之日起，付款期限最长不得超过2个月。本票的出票人在持票人提示见票时，必须承担付款的责任。持票人未按规定期限提示见票的，丧失对出票人以外的前手的追索权。

13.2.4 支票

支票是出票人签发的，委托办理支票存款业务的银行或其他金融机构在见票时无条件支付确定的金额给收款人或持票人的票据。支票的基本当事人有3个：出票人、付款人和收款人。其中，出票人为在经中国人民银行当地分行批准办理支票业务的银行机构开立可以使用支票的存款账户的单位或个人。我国的支票分为现金支票和转账支票。

支票的绝对应记载事项有：①表明“支票”的字样；②无条件支付的委托；③确定的金额；④付款人名称；⑤出票日期；⑥出票人签章。支票上未记载前述6项规定事项之一的，支票无效。支票的金额、收款人名称可以由出票人授权补记，未补记前，不得背书转让和提示付款。

支票的相对应记载事项有：①付款地。未记载付款地的，以付款人的营业场所为付款地；②出票地，未记载出票地的，以出票人的营业场所、住所或经常居住地为出票地。《票据法》规定，禁止签发空头支票、与预留签章不符的支票和远期支票。签发空头支票或印章与预留签章不符的支票，按票面的金额对其处以5％但不低于1 000元的罚款，同时处以2％的赔偿金，赔偿收款人。

支票限于见票即付，不得另行记载付款日期。持票人应当自出票日起10日内提示付款；异地使用的支票，其提示付款的期限由中国人民银行另行规定。超过提示付款期限的，付款人可以不予付款；付款人不予付款的，出票人仍应当对持票人承担票据责任。

本章小节

支付结算法律制度主要介绍办理支付结算的基本要求，重点介绍银行结算账户的种类、开立及结算法律的有关规定。票据法主要介绍了票据种类即汇票、支票和本票，以及有关票据行为、票据记载事项等法律规定。通过本章的学习要准确地理解和掌握其规定，并能够在实践中用于分析和处理各种支付结算中的问题。

引导案例分析

（1）乙公司有权要求甲企业赔偿其3 600元的损失。根据《票据法》的规定，出票人签发空头支票或签发与预留银行签章不符的支票，不以骗取财物为目的的，处以票面金额5％但不低于1 000元的罚款；持票人有权要求出票人赔偿支票金额2％的赔偿金，即3 600（180 000×2％）元。

（2）甲企业开出的这张支票属于空头支票。空头支票是指支票的出票人签发支票的金额超过付款时在付款人处实有的存款金额。甲企业的银行存款账户余额为2万元，开出了18万元的支票，因此属于空头支票。

（3）应罚9 000（180 000×5％）元。

实训项目

实训目的：通过对有关单位的实地调研，让学生对支付结算法律制度有感性认识，并能正确填写票据及结算凭证，掌握支付结算法律制度的相关规定。

实训方式： 由任课教师给学生布置任务，给出问题，让学生到有关单位实地调研，做到理论与实践相结合。

实训要求：

（1）说明填写票据和结算凭证的基本要求。

（2）分组讨论写出调研报告。

本章测试

一、单项选择题

1. 票据是出票人依《票据法》签发的，由自己或委托他人于到期日或见票时无条件支付一定金额给收款人或持票人的一种（　　）。

A．有价证券　　B．无价证券　　C．一般证券　　D．价格证券

2. 本票是出票人签发的，承诺自己在见票时（　　）支付确定的金额给收款人或持票人的票据。

A．有条件　　B．无条件　　C．设定条件　　D．约定条件

3. 某公司签发一张商业汇票。根据《票据法》的规定，该公司的下列签章行为中，正确的是（　　）。

A. 公司法定代表人李某签名加盖章

B. 公司法定代表人李某盖章

C. 公司盖章

D. 公司盖章加公司法定代表人李某盖章

4. 根据《支付结算办法》的规定，出票日期“3月20日”的规范写法是（　　）。

A. 零叁月零贰拾日　　B. 零叁月贰拾日

C. 叁月零贰拾日　　D. 叁月贰拾日

5. 根据《支付结算办法》的规定，下列属于票据和结算凭证上可以更改的项目是（　　）。

A. 金额　　B. 出票日期　　C. 收款人名称　　D. 付款人名称

二、多项选择题

1. 根据票据法律制度的规定，下列各项中，属于票据基本当事人的有（　　）。

A. 出票人　　B. 收款人　　C. 付款人　　D. 保证人

2. 下列行为中，属于《票据法》规定的票据行为的有（　　）。

A. 出票　　B. 背书　　C. 承兑　　D. 保证

3. 根据《人民币银行结算账户管理办法》的规定，下列各项中，属于一般存款账户使用范围的有（　　）。

A. 办理借款转存　　B. 办理借款归还

C. 办理现金支取　　D. 办理现金缴存

4. 下列银行账户中，需要报中国人民银行当地分支行核准的有（　　）。

A. 个人银行结算账户　　B. 基本存款账户

C. 一般存款账户　　D. 临时存款账户

5. 根据票据法律制度的规定，支票的下列记载事项中，可由出票人授权补记的有（　　）。

A. 付款人名称　　B. 支票金额　　C. 收款人名称　　D. 出票人签章

三、案例分析题

1. 被告某玩具厂供销员刘某遗失一张已盖好单位及有关人员印章的空白转账支票，立即报告了厂方，厂方当即通知了开户银行，并于当晚在当地电台和电视台播出了遗失声明。事隔4天，原告某商店持银行退回的支票到该厂要求支付8 500元货款。厂方以该支票已声明作废为由予以拒绝。商店遂诉至法院。

试分析：法院该如何处理？

2. 甲公司从乙公司购买一批货物，于8月20日签发一张转账支票给乙公司用于支付货款，但甲公司在支票上未记载收款人名称，约定由乙公司自行填写，乙公司在取得支票后，在支票收款人处填写上了自己公司名称，并于8月26日将该支票背书转让给丙公司。丙公司于9月1日向付款银行提示付款。已知，甲公司在付款银行的存款足以支付支票金额。

试分析：

（1）甲公司签发的未记载收款人名称的支票是否有效？简要说明理由。

（2）甲公司签发的支票能否向付款银行支取现金？简要说明理由。

（3）银行能否拒绝向丙公司付款？简要说明理由。

第14章 税法

知识目标

1. 了解税收的定义、特征及税法构成要素。

2. 掌握现行主要税种的计算。

3. 掌握《中华人民共和国税收征收管理法》的主要规定。

技能目标

1. 能正确计算主要税种。

2. 能按要求办理税务登记和进行纳税申报。

3. 能够处理违反税收征管法行为及承担法律后果。

引导案例

2014年5月10日某县税务局在实施税务检查中，发现宏达汽配修理厂（普通合伙）于2014年4月20日领取营业执照，但未申请办理税务登记。据此，该税务局于2014年5月11日作出责令该企业必须在2014年5月18日前办理税务登记，逾期不办理的，将按《中华人民共和国税收征收管理法》（以下简称《税收征管法》）有关规定处以罚款的决定。

思考：本处理决定是否有效？为什么？

14.1 税法概述

14.1.1 税收的定义、特征及分类

1. 税收的定义

税收是国家为了实现其职能，凭借政治权利参与社会产品和国民收入分配，按照法律规定的标准，强制、无偿地取得财政收入的一种分配形式。

2. 税收的特征

① 强制性。它是指税收以法律形式规定，任何负有纳税义务的单位和个人都必须依法纳税，否则将受到法律的制裁。

② 无偿性。它是指国家取得税收收入不承担偿还义务，也不需要支付任何代价。无偿性是税收的主要特征。

③ 固定性。它是指国家征税以法律形式预先规定征税范围和征收比例等，这些标准一经确定，在一定时期内是相对稳定的，征纳双方都必须共同遵守。

3. 税收的分类

（1）按征税对象划分

按征税对象划分，税收可分为流转税、所得税、资源税、财产税和行为税。这是最常见的税收分类方法。流转税是以商品、劳务的流转额为征税对象的一类税，包括增值税、消费税和关税；所得税是以纳税人的纯所得为征税对象的一类税，包括企业所得税、个人所得税；资源税是对我国境内从事资源开发的单位和个人为征税对象的一类税，包括资源税、城镇土地使用税、土地增值税、耕地占用税；财产税是以纳税人所拥有或支配的财产为征税对象的一类税，包括房产税、契税、车船税等；行为税是以纳税人某些特定行为为征税对象的税收，包括印花税、城市维护建设税等。

（2）按税收负担能否转嫁划分

按税收负担能否转嫁划分，税收可分为直接税和间接税。直接税是指税负不能转嫁，直接对纳税人课征的一类税，如所得税和财产税；间接税是指税负能够转嫁，对商品或劳务交易课征的一类税，如增值税、消费税、关税。

（3）按照税收管理权限划分

按税收管理权限划分，税收可分为中央税、地方税、中央和地方共享税。凡是收入归中央政府所有的税种，属于中央税，如消费税、关税；凡是收入归地方政府所有的税种，属于地方税，如城市维护建设税、城镇土地使用税；凡是收入按一定比例分别归中央和地方政府所有的税种，属于中央和地方共享税，如增值税。

（4）按税收的计税依据划分

按税收的计税依据划分，税收可分为从价税、从量税和复合税。从价税是以征税对象价格为计税依据，按一定比例计征的一类税，如增值税、关税和企业所得税等税种；从量税是以征税对象的数量、重量、体积等作为计税依据，按固定税额征收的一类税，如我国现行的车船税、土地使用税及消费税中的啤酒、黄酒等应税消费品以销售数量为计税依据均属从量税；复合税是对某

一进出口货物或物品征税对象采用从价和从量相结合的计税方法征收的一种税，如消费税中的卷烟、白酒（粮食白酒和薯类白酒）等。

14.1.2 税法的概念和构成要素

1. 税法的概念

税法是国家制定的用以调整国家与纳税人之间在征纳税方面的权利及义务关系的法律规范的总称。目的是保障国家利益和纳税人合法权益，维护正常税收秩序，保证国家财政收入。

2. 税法的构成要素

税制构成要素一般包括纳税人、征税对象、计税依据、税率、税目、纳税环节、纳税地点、纳税期限和税收优惠等。其中，纳税人、征税对象和税率是税收制度的 3 个基本要素。

（1）纳税义务人

纳税义务人即纳税主体，是税法规定的直接负有纳税义务的法人、自然人及其他组织。

（2）征税对象

征税对象即课税对象，对什么征税，是区别不同税种的主要标志。不同的征税对象构成不同的税种。

（3）计税依据

计税依据是税法规定的计算应纳税额的依据或标准，是征税对象量的具体化。计税依据分为从价计征、从量计征和复合计征 3 种。

（4）税率

税率是应纳税额与征税对象数额的法定比例，是计算税额的尺度。税率高低直接关系国家财政收入和纳税人负担水平，是税收制度的核心要素。我国现行税率有以下几种。

① 比例税率。对同一征税对象，不论数额大小，规定一个比例的税率。采用比例税率的有增值税、企业所得税等。

② 定额税率。是按纳税对象的一定计量单位规定固定的税额，而不采用百分比形式。采用定额税率的有资源税、车船税等。

③ 累进税率。是将征税对象数额划分为若干等级，从低到高每一等级规定一个适用税率，税率依次提高，各个等级的征税对象数额分别按本级适用税率计算，然后加总计算应纳税额的税率。个人所得税使用超额累进税率。

④ 税目。税目是征税对象的具体化，是各税种规定的具体征税项目，体现征税范围。例如，消费税规定了烟、酒等 14 个税目。

⑤ 纳税环节。纳税环节是指税法规定的征税对象在从生产到消费的流转过程中应当缴纳税款的环节。例如，流转税在生产和流通环节纳税，所得税在分配环节纳税等。

⑥ 纳税地点。纳税地点是指税法规定的纳税人缴纳税款的地点。

⑦ 纳税期限。纳税期限是指纳税人按照税法规定缴纳税款的期限。纳税期限分为 2 种情况：一是实行按期纳税；二是实行按次纳税。

⑧ 减免税。给予鼓励或照顾的一种特别规定。第一，减税和免税，减税是从应征数额中减征部分税款；免税是对规定应征收的税款全部免除。第二，起征点，到了这个点全征，达不到这个点一分不征，即未达到不纳税，达到全额纳税。第三，免征额，免征额部分不纳税，只对超过免征额的部分征税。

⑨ 法律责任。法律责任是指对违反国家税法规定的行为人采取的处罚措施。

14.1.3 现行税制的主要内容

1. 增值税

（1）增值税的定义和分类

① 增值税的定义。增值税是以商品（含应税劳务）在流转过程中产生的增值额作为计税依据而征收的一种流转税。

② 增值税的分类。根据对外购固定资产所含税金扣除方式的不同，增值税分为以下 3 类。

- 生产型增值税是指在征收增值税时，只能扣除属于非固定资产项目的那部分生产资料的税款，不允许扣除固定资产价值中所含有的税款。
- 收入型增值税是指在征收增值税时，只允许扣除固定资产折旧部分所含的税款，未提折旧部分不得计入扣除项目金额。
- 消费型增值税是指在征收增值税时，允许将固定资产价值中所含的税款全部一次性扣除。实行消费型增值税可以彻底消除重复征税问题。我国现行增值税属于消费型增值税。

（2）增值税的征税范围

① 销售或进口的货物。货物是指有形动产，包括电力、热力、气体在内，销售货物是指有偿转让货物的所有权。

② 提供的加工、修理修配劳务。加工是受托加工货物，即委托方提供原料及主要材料，受托方按照委托方的要求制造货物并收取加工费的业务；修理修配是指接受委托对损伤和丧失功能的货物进行复原，使其恢复原状和功能的业务。

③ 提供的销售服务。按照《财政部 国家税务总局关于全面推开营业税改征增值税试点的通知》（财税〔2016〕36 号）的规定，销售服务包括提供交通运输服务、邮政服务、电信服务、建筑服务、金融服务、现代服务、生活服务。

④ 销售无形资产或不动产。

（3）增值税的纳税人

增值税纳税人是指税法规定负有缴纳增值税义务的单位和个人。根据《营业税改征增值税试点实施办法》第三条规定，纳税人分为一般纳税人和小规模纳税人。应税行为的年应征增值税销售额（以下简称“应税销售额”）超过财政部和国家税务总局规定标准的纳税人为一般纳税人，未超过规定标准的纳税人为小规模纳税人。财政部和国家税务总局规定的应税行为年销售额标准为 500 万元（含本数）。

一般纳税人的特点是增值税进项税额可以抵扣销项税额。

（4）增值税一般纳税人税率

① 税率为 17%，适用于纳税人销售货物或进口货物及提供加工、修理修配劳务及提供有形动产租赁服务。

② 税率为 13%，适用于粮食、食用植物油；自来水、暖气、冷气、热水、煤气、石油液化气、天然气、沼气、居民用煤炭制品；图书、报纸、杂志；饲料、化肥、农药、农机、农膜；国务院规定的其他货物。

③ 税率为 11%，适用于提供交通运输、邮政、基础电信、建筑、不动产租赁服务，销售不动产，转让土地使用权。

④ 税率 6%，适用于提供现代服务业服务（有形动产租赁服务除外）。

⑤ 零税率，适用于境内单位和个人发生的跨境应税行为。具体范围由财政部和国家税务总局另行规定。

（5）征收率

增值税小规模纳税人采用简易征收办法，适用 3% 的征收率。

（6）增值税应纳税额的计算

增值税的计税方法，包括一般计税方法和简易计税方法。

① 一般计税方法下增值税应纳税额的计算。

一般计税方法的应纳税额，是指当期销项税额抵扣当期进项税额后的余额。

应纳税额计算公式为：

应纳税额 = 当期销项税额 − 当期进项税额

销项税额是指纳税人发生应税行为按照销售额和增值税税率计算并收取的增值税额。销项税额计算公式为：

销项税额 = 销售额 × 税率

一般计税方法的销售额不包括销项税额，纳税人采用销售额和销项税额合并定价方法的，按照下列公式计算销售额：

销售额＝含税销售额 ÷（1+ 税率）

销售额是指纳税人发生应税行为取得的全部价款和价外费用，财政部和国家税务总局另有规定的除外。

案例分析14–1

A 企业为一般纳税人，销售钢材一批，含增值税的价格为 46 800 元。适用的增值税税率为 17%。计算其销项税额。

分析　不含税售价 =46 800 ÷（1+17%）=40 000（元）

销项税额 =40 000×17% =6 800（元）

进项税额是指纳税人购进货物、加工修理修配劳务、服务、无形资产或不动产，支付或负担的增值税额。准予从销项税额中抵扣的进项税额如表 14.1 所示。

表14.1　进项税额的抵扣方法

抵扣方法	法律规定
凭票抵扣	从销售方取得的增值税专用发票注明税额
	从海关取得的海关进口增值税专用缴款书上注明的增值税税额
计算抵扣	购进免税农产品，准予按照买价和 13% 的扣除率计算进项税额。其计算公式是：买价 ×13%
	购进或销售货物以及在生产经营过程中支付运输费用，按照运输费用结算单据（普通发票）上注明的运输费用金额和 7% 的扣除率计算进项税额。（不含装卸费和保险费）。其计算公式是 = 运输费用 ×7%

案例分析14–2

某商店为一般纳税人。

① 本月销售化肥开具增值税专用发票金额为 100 000 元，销售面粉开具普通发票，金额为 40 000 元，销售日用品，含税价为 60 000 元。

② 本月购进日用品，取得增值税专用发票，金额为 90 000 元，支付运费取得运费发票，金额为 4 000 元。计算某商店当月应缴纳的增值税税额。

分析　① 销项税额=100 000×13%+40 000÷（1+13%）×13%+60 000÷（1+17%）×17%

=13 000+4 601.77+8 717.95

=26 319.72（元）

② 进项税额 =90 000×17% +4 000×7%
=15 300+280=15 580（元）
③ 应交增值税税额 = 销项税额 － 进项税额 =26 319.72−15 580=10 739.72（元）

② 简易计税方法下增值税应纳税额的计算。

简易计税方法的应纳税额，是指按照销售额和增值税征收率计算的增值税额，不得抵扣进项税额。应纳税额计算公式为：

应纳税额 = 销售额 × 征收率

简易计税方法的销售额不包括其应纳税额，纳税人采用销售额和应纳税额合并定价方法的，按照下列公式计算销售额：

销售额＝含税销售额 ÷（1 ＋征收率）

案例分析14-3

某商店为小规模纳税人，本月销售化肥开具普通发票金额为 100 000 元，本月购进日用品 30 000 元。计算某商店当月应缴纳的增值税税额。

分析 应纳增值税税额 =100 000÷（1+3%）×3% =2 912.62（元）

拓展与提高

一般纳税人和小规模纳税人的区别

项 目	一般纳税人	小规模纳税人
税率	适用 17%、13%、11%、6% 和 0	适用 3% 的征收率
使用发票	销售货物可以开具增值税发票；购进货物可以取得增值税专用发票	销售货物可以开具增值税发票
应交税金的计算	按销项税额和进项税额的差额计算	按照销售额和增值税征收率计算的增值税额，不得抵扣进项税额

2．消费税

消费税是指对特定消费品和消费行为按消费流转额征收的一种税。

（1）纳税人

在我国境内生产、委托加工和进口应税消费品的单位和个人，以及国务院确定的销售规定消费品的其他单位和个人，为消费税纳税人。

（2）税目与税率

消费税税目有 14 种，包括烟、酒及酒精、化妆品、贵重首饰及珠宝玉石、鞭炮及焰火、成品油、汽车轮胎、摩托车、小汽车、高尔夫球及球具、高档手表、游艇、木制一次性筷子和实木地板。

消费税税率采用比例税率和定额税率 2 种。

（3）消费税应纳税额

① 从价定率计算征收

应纳税额＝应税消费品销售额 × 比例税率

② 从量定额征收

应纳消费税＝应税消费品销售数量 × 定额税率

③ 从价定率和从量定额征收

应纳税额＝应税消费品销售额 × 比例税率＋应税消费品销售数量 × 定额税率

我国目前对卷烟、白酒实行定额税率和比例税率复合征收方法。

案例分析14–4

某酒厂为增值税一般纳税人。2014 年 4 月销售粮食白酒 4 000 斤，取得销售收入 12 000 元（不含增值税）。已知粮食白酒消费税定额税率为 0.5 元 / 斤，比例税率为 20% 。该酒厂 4 月应缴纳的消费税税额为（　　）元。

A．4 051　　B．2 000　　C．2 400　　D．4 400

分析　该酒厂 4 月应缴纳的消费税税额＝ 12 000×20% ＋ 4 000×0.5 ＝ 4 400（元）。

3．营业税

在我国境内提供应税劳务、转让无形资产、销售不动产的单位和个人，就其所取得的营业额征收的一种税。

自 2016 年 5 月 1 日起，在全国范围内全面推开营业税改征增值税试点，将建筑业、房地产业、金融业、生活服务业等全部营业税纳税人纳入试点范围，由缴纳营业税改为缴纳增值税。至此，营业税退出历史舞台。

4．企业所得税

企业所得税是对在我国境内的企业的生产经营所得和其他所得征收的一种税。

（1）纳税人及征税对象

在我国境内的企业和其他取得收入的组织（以下统称企业）为企业所得税的纳税人。但不包括个人独资企业、合伙企业等非法人企业。企业所得税的纳税人包括居民企业和非居民企业，如表 14.2 所示。

表14.2　居民企业和非居民企业及征税对象

纳税人	企业注册地	判定标准	征收对象
居民企业	在中国注册	依照中国法律、法规在中国境内成立的企业	来源于中国境内、境外的所得
居民企业	在国外注册	依照外国（地区）法律成立，但实际管理机构在中国境内的企业	来源于中国境内、境外的所得
非居民企业	在国外注册	依照外国（地区）法律成立，实际管理机构不在中国境内，但在中国境内设立机构、场所的	来源于中国境内的所得及与所设机构、场所有实际联系的境外所得
非居民企业	在国外注册	依照外国（地区）法律成立，实际管理机构不在中国境内，在中国境内未设立机构、场所，但有来源于中国境内所得的企业	只有来源于境内的所得才纳税

（2）税率

① 基本税率为 25% 。适用于居民企业和在中国境内设有机构、场所且所得与机构、场所有关联的非居民企业。

② 优惠税率。对符合条件的小型微利企业，其所得减按 20% 征收企业所得税；对于在中国境内未设立机构、场所的，或者虽设立机构、场所但取得的所得与其所设机构、场所没有实际联系的非居民企业，减按 20% 的税率征收企业所得税；对国家需要重点扶持的高新技术企业，减按 15% 的税率征收企业所得税。

（3）企业所得税应纳税所得额

应纳税所得额是企业所得税的计税依据。应纳税所得额为企业每一纳税年度的收入总额减去不征税收入、免税收入、准予扣除项目金额、允许弥补的以前年度亏损之后的余额，其采用 2 种计算方法。

采用直接计算的公式为：

应纳税所得额 = 收入总额 − 不征税收入 − 免税收入 − 各项扣除 − 以前年度亏损

采用间接计算的公式为：

应纳税所得额 = 利润总额 + 纳税调整项目金额

① 收入总额。收入总额是指以货币形式和非货币形式从各种来源取得的收入为收入总额，包括销售货物收入、提供劳务收入、转让财产收入、股息、红利等权益性投资收益、利息收入、租金收入、特许权使用费收入、接受捐赠收入等。

② 不征税收入。不征税收入是指从性质和根源上不属于企业营利性活动带来的经济利益，不负有纳税义务并不作为应纳税所得额组成部分的收入，主要有财政拨款、依法收取并纳入财政管理的行政事业性收费、政府性基金及国务院规定的其他不征税收入。

③ 免税收入。免税收入是属于企业的应税所得但按照税法规定免予征收企业所得税的收入。免税收入包括国债利息收入，符合条件的居民企业之间的股息、红利收入，在中国境内设立机构、场所的非居民企业从居民企业取得与该机构、场所有实际联系的股息、红利收入，符合条件的非营利公益组织的收入等。

④ 准予扣除项目。企业实际发生的与企业收入有关的、合理的支出，包括成本、费用、税金、损失和其他支出等，准予在计算应纳税所得额时扣除。

⑤ 不得扣除项目。向投资者支付的股息、红利等权益性投资收益款项；企业所得税税款；税收滞纳金；罚金、罚款和被没收财物的损失；超过规定标准的捐赠支出；与生产经营无关的各种非广告性质的赞助支出；未经核定的准备金支出等，在计算应纳税所得额时，不得扣除。

⑥ 部分扣除项目的具体标准，如表 14.3 所示。

表14.3 部分扣除项目的标准

项　目	扣 除 标 准	超标准处理
职工福利费	不超过工资薪金总额 14% 的部分准予扣除	当年不得扣除
工会经费	不超过工资薪金总额 2% 的部分准予扣除	当年不得扣除
职工教育经费	不超过工资薪金总额 2.5% 的部分准予扣除	当年不得扣除；但超过部分准予结转以后纳税年度扣除
利息费用	不超过金融企业同期同类贷款利率计算的利息	当年不得扣除
业务招待费	按照发生额的 60% 扣除，但最高不得超过当年销售（营业）收入的 5 ‰	当年不得扣除
广告费和业务宣传费	不超过当年销售（营业）收入 15% 以内的部分，准予扣除	当年不得扣除；但超过部分，准予结转以后纳税年度扣除
公益性捐赠支出	不超过年度利润总额 12% 的部分，准予扣除	当年不得扣除

案例分析14-5

某企业本年利润总额为 20 万元，全年的销售收入为 100 万元，工资总额为 10 万元，全年支付的职工福利费为 2.4 万元，向工会支付工会费 0.2 万元，全年的业务招待费为 10 万元，对外捐赠支出为 6.6 万元，本年发生广告费 5 万元。企业所得税税率为 25% 。计算本年企业应交的所得税。

分析　（1）企业允许扣除项目金额为：

① 允许扣除福利费 =10×14% =1.4（万元），实际扣除是 2.4 万元，多扣 2.4−1.4=1（万元）；允许扣除的工会费 =10×2% =0.2（万元），实际扣除 0.2 万元符合规定。

② 业务招待费允许抵扣的限额 =100×5‰ =0.5（万元），业务招待费发生额的 60% = 10×60% =0.6（万元），所以只能扣 0.5 万元，多扣 10−0.5=9.5 万元。

③ 对外捐赠支出可以扣除的限额 =20×12% =2.4（万元），实际扣除 6.6 万元，多扣 6.6−2.4=4.2（万元）。

④ 广告费可以扣除的限额 =100×15% =15（万元），本年发生广告费 5 万元，符合规定。

（2）企业应纳税所得额 =20+1+9.5+4.2=34.7（万元）。

（3）企业应交的所得税 =34.7×25% =8.675（万元）。

⑦ 亏损弥补。纳税人发生年度亏损的，可以用下一纳税年度的所得弥补；下一纳税年度的所得不足弥补的，可以逐年延续弥补，但是延续弥补期限最长不得超过 5 年。5 年内不论是盈利或亏损，都作为实际弥补期限计算。

5. 个人所得税

个人所得税是以个人（自然人）取得的各项应税所得为征税对象所征收的一种税。

（1）个人所得税的纳税人

个人所得税的纳税人依住所和居住时间，可分为居民纳税人和非居民纳税人，具体如表 14.4 所示。

表14.4　居民纳税人和非居民纳税人

纳税人	住所	判定标准	征收对象
居民企业	在中国有住所	在中国境内有住所的个人	来源于中国境内、境外的全部所得纳税
	在中国无住所	在中国境内无住所，但在中国境内居住满一年的个人	
非居民企业		在中国境内无住所且居住不满一年的个人	仅就其来源于中国境内的所得，在中国纳税
		在中国境内无住所且不居住的个人	

（2）征税对象

征税对象包括：① 工资、薪金所得；②个体工商户的生产、经营所得；③对企事业单位的承包经营、承租经营所得；④劳务报酬所得；⑤稿酬所得；⑥特许权使用费所得；⑦利息、股息、红利所得；⑧财产租赁所得；⑨财产转让所得；⑩偶然所得；⑪ 经国务院财政部门确定征税的其他所得。

（3）税率

个人所得税实行分类税率，对不同所得项目分别采用超额累进税率和比例税率 2 种形式。具体税率形式如下。

① 工资、薪金所得适用 3% ~45% 的五级超额累进税率，如表 14.5 所示。

表14.5　工资、薪金个人所得税税率

级　数	全月应纳税所得额	税　率 /（%）	速算扣除数 / 元
1	不超过 1 500 元的部分	3	0
2	超过 1 500 元至 4 500 元的部分	10	105
3	超过 4 500 元至 9 000 元的部分	20	555
4	超过 9 000 元至 35 000 元的部分	25	1 005
5	超过 35 000 元至 55 000 元的部分	30	2 755
6	超过 55 000 元至 80 000 元的部分	35	5 505
7	超过 80 000 元的部分	45	13 505

② 个体工商户生产、经营所得和对企事业单位的承包经营、承租经营所得，适用 5%–35% 的五级超额累进税率，如表 14.6 所示。

表14.6 个体工商户生产、经营所得和对企事业单位的承包经营、承租经营所得个人所得税税率

级 数	年应纳税所得额	税 率 /（%）	速算扣除数 / 元
1	不超过 5 000 元的部分	5	0
2	超过 5 000 元至 10 000 元的部分	10	250
3	超过 10 000 元至 30 000 元的部分	20	1 250
4	超过 30 000 元至 50 000 元的部分	30	4 250
5	超过 50 000 元的部分	35	6 750

③ 稿酬所得适用 20% 的比例税率，并按应纳税额减征 30%，实际税负为 14%，即 20% ×（1–30%）。

④ 劳务报酬所得适用 20% 的比例税率。但对劳务报酬所得一次收入畸高的，可以实行加成征收。每次收入不超过 4 000 元的，定额减除费用 800 元；每次收入超过 4 000 元的，定率减除 20% 的费用，余额为应纳税所得额。

劳务报酬所得个人所得税税率如表 14.7 所示。

表14.7 劳务报酬所得个人所得税税率

级 数	每次应纳税所得额	税 率 /（%）	速算扣除数 / 元
1	不超过 20 000 元的部分	20	0
2	超过 20 000 元至 50 000 元的部分	30	2 000
3	超过 50 000 元的部分	40	7 000

⑤ 特许权使用费所得，利息、股息、红利所得，财产租赁所得，财产转让所得，偶然所得和其他所得适用 20% 的比例税率。但国债和国家发行的金融债券利息免纳个人所得税。

（4）应纳税额计算

① 工资、薪金所得。按月计征，以每月收入减除费用 3 500 元或 4 800 元后的余额为应纳税所得额。应纳个人所得税的计算公式为：

应纳税额 = 应纳税所得额 × 适用税率 − 速算扣除数

=（每月收入额 −3 500 或 4 800 元）× 适用税率 − 速算扣除数

② 个体工商户生产、经营所得。以每一纳税年度的收入总额，减除成本、费用及损失后的余额为应纳税所得额。应纳个人所得税的计算公式为：

应纳税额 = 应纳税所得额 × 适用税率 − 速算扣除数

应纳税所得额 = 收入总额 −（成本 + 费用 + 损失 + 准予扣除的税金）

③ 对企事业单位承包经营、承租经营所得。以每一纳税年度的收入总额，减除必要费用后的余额，为应纳税所得额。减除必要费用，是指按月减除 3 500 元。应纳个人所得税的计算公式为：

应纳税额 = 应纳税所得额 × 适用税率 − 速算扣除数

应纳税所得额 = 收入总额 − 必要费用

④ 劳务报酬所得。应纳个人所得税的计算公式：

每次收入不超过 4 000 元的，应纳税额 =（每次收入额 −800）× 20%

每次收入超过 4 000 元的，应纳税额 = 每次收入额 ×（1−20%）× 20%

每次收入超过 20 000 元的，应纳税额 = 每次收入额 ×（1−20%）× 30% −2 000

每次收入超过 20 000 元的，应纳税额 = 每次收入额 ×（1−20%）× 40% −7 000

案例分析14-6

张某为某公司开发一软件，获得了60 000元收入。计算其应交纳的个人所得税。

分析 应纳税额 =（60 000−60 000×20%）×30% −2 000 = 12 400（元）。

⑤ 稿酬所得。稿酬所得适用比例税率，税率为20%，并按应纳税额减征30%，所以实际税率是14%。稿酬所得应纳所得税计算公式为：

每次收入不超过4 000元的：

应纳税额 =（每次收入额 −800）×20% ×（1−30%）

每次收入超过4 000元的：

应纳税额 = 每次收入额 ×（1−20%）×20% ×（1−30%）

案例分析14-7

李先生发表了一篇文章，获得了3 000元稿酬。计算他应缴纳多少个人所得税。

分析 应纳税额 =（每次收入额 −800）×20% =（3 000−800）×20% ×（1−30%）= 308（元）。

14.2 税收征收管理

14.2.1 税务管理

1. 税务登记

税务登记是税务机关依据税法规定，对纳税人的生产、经营活动进行登记管理的一项法定制度，也是纳税人依法履行纳税义务的法定手续。

① 开业登记。企业，企业在外地设立的分支机构和从事生产、经营的场所，个体工商户和从事生产、经营的事业单位（以下统称从事生产、经营的纳税人）自领取营业执照之日起30日内，持有关证件，向税务机关申报办理税务登记。税务机关应当于收到申报的当日办理登记并发给税务登记证件。

② 变更登记。纳税人在办理税务登记后，因登记内容发生变化须对原有登记内容进行更改，应向原税务机关申报办理变更税务登记。纳税人自工商行政管理机关或其他机关办理变更登记之日起30日内，申报办理变更登记。

③ 注销登记。纳税人发生解散、破产、撤销及其他情形，依法终止纳税义务的，应当在向工商行政管理机关或其他机关办理注销登记前，持有关证件向原税务登记机关申报办理注销税务登记；按照规定不需要在工商行政管理机关或其他机关办理注册登记的，应当自有关机关批准或宣告终止之日起15日内，持有关证件向原税务登记机关申报办理注销税务登记。

④ 停业、复业登记。实行定期定额征收方式的纳税人，需要停业的，应当向税务机关提出停业登记，说明停业理由、时间、停业前的纳税情况和发票的领、用、存情况。税务机关经过审核（必要时可实地审查），应当责成申请停业的纳税人结清税款并收回税务登记证件、发票领购簿和发票，办理停业登记。纳税人应当于恢复生产、经营之前，向税务机关提出复业登记申请，经确认后，办理复业登记，领回或启用税务登记证件和发票领购簿及其领购的发票，纳入正常管理。

2. 发票

发票是指单位和个人在购销商品、提供或接受服务及从事其他经营活动中，所开具和收取的业务凭证，是会计核算的原始依据，也是审计机关、税务机关执法检查的重要依据。

常见的发票有以下 3 种。

① 增值税专用发票。增值税专用发票是指专门用于结算销售货物和提供加工、修理修配劳务使用的一种发票。增值税专用发票只限于增值税一般纳税人领购使用，增值税小规模纳税人不得领购使用。

② 普通发票。普通发票主要由增值税小规模纳税人使用，增值税一般纳税人在不能开具专用发票的情况下也可使用普通发票。

③ 专业发票。专业发票是指国有金融、保险企业的存贷、汇兑、转账凭证、保险凭证；国有邮政、电信企业的邮票、邮单、话务、电报收据；国有铁路、国有航空企业和交通部门、国有公路、水上运输企业的客票、货票等。

3. 纳税申报

纳税申报是指纳税人、扣缴义务人按照税法规定的期限和内容向税务机关提交有关纳税事项书面报告的法律行为。纳税申报方式主要有直接申报、邮寄申报、数据电文和简易申报。

14.2.2　税款征收

税款征收是指税务机关依照法律、行政法规的规定将纳税人应纳税款及扣缴义务人代扣代缴、代收代缴税款组织入库的一系列活动的总称。它是税收征收管理工作的中心环节。

1. 税款征收方式

税款征收方式是指税务机关根据各税种的不同特点、征纳双方的具体条件确定的计算征收税款的方法和形式，主要包括以下内容。

① 查账征收，是指税务机关对财务健全的纳税人，依据其报送的纳税申报表、财务会计报表和其他有关纳税资料，计算应纳税款，填写缴款书或完税证明，由纳税人到银行划解税款的征收方式。一般适用于财务会计制度较为健全，能够认真履行纳税义务的纳税单位。

② 查定征收，是指税务机关对纳税人的从业人员、生产设备、采用原材料等因素，在正常生产经营情况下，对纳税人生产的应税产品查实核定产量、销售额并据以征收税款的方式。查定征收仅适用于生产经营规模较小、产品零星、会计账册不健全的小型厂矿和作坊。

③ 查验征收，是指税务机关对纳税人应税商品通过查验数量，按市场一般销售单价计算销售收入并据以征税的方式。一般适用于经营品种比较单一，经营地点、时间和商品来源不固定的纳税单位。

④ 核定征收，是指由于纳税人的会计账簿不健全，资料残缺难以查账，或者其他原因难以准确确定纳税人应纳税额时，由税务机关采用合理的方法依法核定纳税人应纳税款的一种征收方式。核定征收适用于依照法律、行政法规规定可以不设置账簿的；依照法律、行政法规应当设置但未设置账簿的；擅自销毁账簿或拒不提供纳税资料的；虽设置账簿，但账目混乱或成本资料、收入凭证、费用凭证残缺不全，难以查账的；发生纳税义务，未按照规定期限办理纳税申报，经税务机关责令限期申报，逾期仍不申报的；纳税人申报的计税依据明显偏低，又无正当理由的。

⑤ 代扣代缴，是指按照税法规定，负有扣缴税款义务的法定义务人，在向纳税人支付款项时，从所支付的款项中直接扣收税款的方式。

⑥ 代收代缴，是指负有代收代缴义务的法定义务人，对纳税人应纳的税款进行代收代缴的

方式。

2. 责令缴纳和加收滞纳金

纳税人未按照规定期限缴纳税款的，扣缴义务人未按照规定期限解缴税款的，税务机关可责令限期缴纳，并从滞纳税款之日起，按日加收滞纳税款万分之五的滞纳金。

3. 税收保全措施

税务机关有根据认为从事生产、经营的纳税人有逃避纳税义务行为的，可以在规定纳税期之前，责令限期缴纳应纳税款；在限期内发现纳税人有明显的转移、隐匿其应纳税的商品、货物及其他财产或应纳税的收入的迹象的，税务机关可以责成纳税人提供纳税担保。纳税人不能提供纳税担保，经县以上税务局（分局）局长批准，税务机关可以采取下列税收保全措施。

① 书面通知纳税人开户银行或其他金融机构冻结纳税人的金额相当于应纳税款的存款。

② 扣押、查封纳税人的价值相当于应纳税款的商品、货物或其他财产。

纳税人在税务机关规定的期限内缴纳税款的，税务机关必须立即解除税收保全措施。纳税人超过规定的期限仍不履行缴纳税款的，经县以上税务局（分局）局长批准，终止保全措施，转入强制执行。

4. 税收强制执行

从事生产、经营的纳税人、扣缴义务人未按照规定的期限缴纳或解缴税款，纳税担保人未按照规定的期限缴纳所担保的税款，由税务机关责令限期缴纳，逾期仍未缴纳的，经县以上税务局（分局）局长批准，税务机关可以采取下列强制执行措施。

① 书面通知其开户银行或其他金融机构从其存款中扣缴税款。

② 扣押、查封、依法拍卖或变卖其价值相当于应纳税款的商品、货物或其他财产，以拍卖或变卖所得抵缴税款。

拓展与提高

税收保全措施和税收强制执行的区别

种类 内容	税收保全措施	税收强制执行
适用对象不同	仅适用于纳税人	适用于纳税人、扣缴义务人、纳税担保人
实施条件不同	对当期应纳税款实施税收保全措施的条件是责令限期缴纳在前，提供纳税担保居中，税收保全措施在后	是责令限期缴纳在前，强制执行措施在后
	注意此处的“责令限期缴纳”对2种措施而言有所不同，税收保全措施的“限期”是指纳税期限；强制执行措施的“限期”是指纳税期限结束后由税务机关规定的限期	
实施时间不同	税收保全措施是对当期的纳税义务在《税法》规定的纳税期限届满之前实施的	强制执行措施是在《税法》规定的纳税期限届满并且责令限期届满之后实施的
执行金额不同	采取税收保全措施时仅以纳税人当期应纳税款为执行金额	强制执行措施应以纳税人应纳税款连同滞纳金一并作为执行金额
采取方式不同	是书面通知金融机构冻结存款或扣押、查封商品、货物或其他财产	是书面通知金融机构从其存款扣缴税款，或以依法拍卖或变卖商品、货物及其他财产所得抵缴税款

5．税款追征

因税务机关的责任，致使纳税人、扣缴义务人未缴或少缴税款的，税务机关在 3 年内可以要求纳税人、扣缴义务人补缴税款，但是不得加收滞纳金。因纳税人、扣缴义务人计算错误等失误，未缴或少缴税款的，税务机关在 3 年内可以追征税款、滞纳金；有特殊情况的，追征期可以延长到 5 年。对偷税、抗税、骗税的，税务机关追征其未缴或少缴的税款、滞纳金或所骗取的税款，不受前款规定期限的限制。

14.2.3　税务检查

税务检查是指税务机关依据税法和财务会计制度规定，对纳税人履行纳税义务和扣缴义务人履行扣缴义务情况进行审查和监督活动。税务检查范围如下。

① 检查纳税人的账簿、记账凭证、报表和有关资料，检查扣缴义务人代扣代缴、代收代缴税款账簿、记账凭证和有关资料。

② 到纳税人生产、经营场所和货物存放地检查纳税人应纳税的商品、货物或其他财产，检查扣缴义务人与代扣代缴、代收代缴税款有关的经营情况。

③ 责成纳税人、扣缴义务人提供与纳税或代扣代缴、代收代缴税款有关的文件、证明材料和有关资料。

④ 询问纳税人、扣缴义务人与纳税或代扣代缴、代收代缴税款有关的问题和情况。

⑤ 到车站、码头、机场、邮政企业及其分支机构检查纳税人托运、邮寄应纳税商品、货物或其他财产的有关单据、凭证和有关资料。

⑥ 经县以上税务局（分局）局长批准，凭全国统一格式的检查存款账户许可证明，查询从事生产、经营的纳税人、扣缴义务人在银行或他金融机构的存款账户。税务机关在调查税收违法案件时，经设区的市、自治州以上税务局（分局）局长批准，可以查询案件涉嫌人员的储蓄存款。税务机关查询所获得的资料，不得用于税收以外的用途。

14.2.4　税收法律责任

税收法律责任是指税收法律关系的主体因违反税收法律规范所应承担的法律后果。税收法律责任分为行政责任和刑事责任。

① 税收违法的行政处罚种类主要有责令限期改正，罚款，没收财产，收缴未用发票和暂停供应发票，停止出口退税权。

② 税务违法刑事处罚主要有拘役，判处徒刑，罚金，没收财产。

③ 税务行政复议。当事人（纳税人、扣缴义务人、纳税担保人及其他税务当事人）不服税务机关及其工作人员做出的具体行政行为，依法向上一级税务机关（复议机关）提出申请，复议机关经审理对原税务机关具体行政行为依法做出维持、变更、撤销等决定的活动。

本章小节

本章首先讲述了税法的概念和构成要素，接着介绍了我国现行税制的主要内容，最后系统阐述了税收征收管理法的内容。其中重点介绍了我国现行税制的主要内容和税收征收管理的措施。税收是财政收入的重要形式。

引导案例分析

本处理决定无效。根据《税收征管法》的规定，企业，企业在外地设立的分支机构和从事生产、经营的场所，个体工商户和从事生产、经营的事业单位自领取营业执照之日起30日内，持有关证件，向税务机关申报办理税务登记。税务机关应当于收到申报的当日办理登记并发给税务登记证件。本案例中，宏达汽配修理厂（普通合伙）自2014年4月20日领取营业执照到2014年5月10日还不到30日，尚未违反上述规定，因此，税务局对其作出责令限期改正的处理决定是错误的。

实训项目

实训目的：通过分析给出的实训资料，掌握主要税种的计算及税收征管法的主要规定，并掌握税务行政复议的程序。

实训资料：2015年5月10日，某县税务局以违法开具发票为由，向该县纳税人甲企业送达罚款3 000元的“税务处罚决定书”。

提出问题：如果该企业对税务机关作出的具体行政行为不服，请同学们帮忙处理一下。

本章测试

一、单项选择题

1．下列税种中属于流转税类的是（　　）。

A．资源税　　B．房产税　　C．个人所得税　　D．增值税

2．下列各项中，适用我国企业所得税法律制度的是（　　）。

A．有限责任公司　　B．合伙企业　　C．个人独资企业　　D．个体工商户

3．我国消费税对不同应税消费品采用了不同的税率形式。下列应税消费品中，适用复合计税方法计征消费税的是（　　）。

A．粮食、白酒　　B．酒精　　C．成品油　　D．摩托车

4．个人对企事业单位的承包、承租经营所得，在计算其应纳税所得额时要扣除必要费用，其必要费用是指（　　）。

A．按月减除3 500元　　B．承包者的工资

C．企业所得税　　D．上交的承包费

5．同一计税依据，不论数额大小，只规定统一的法定比例的税率，被称为（　　）。

A．比例税率　　B．定额税率　　C．累进税率　　D．法定税率

二、多项选择题

1．根据增值税法律制度规定，下列各项中，属于增值税征收范围的有（　　）。

A．进口货物　　B．出售自建房屋　　C．修理汽车　　D．服装加工

2．下列各项中，属于税收特征的有（　　）。

A．无偿性　　B．固定性　　C．强制性　　D．自愿性

3．下列各情形，税务机关有权核定应纳税额的有（　　）。

A．纳税人按税法规定可以不设置账簿的

B．纳税人按税法规定应当设置账簿但未设置账簿的

C．纳税人设置账簿但账目混乱，难以查账的

D．纳税人曾有偷漏税行为的

4. 实行从量定额和从价定率复合征收方式征收消费税的消费品有(　　　　)。

A. 酒精　　B. 粮食、白酒　　C. 卷烟　　D. 柴油

5. 税款征收的方式包括(　　　　)。

A. 查定征收　　B. 查验征收　　C. 核定征收　　D. 代扣代缴

三、案例分析题

1. 某企业为增值税一般纳税人，某月销售应税货物取得不含增值税的销售收入500 000元，当月购进货物400 000元，增值税专用发票上注明的进项税额为34 000元，增值税适用税率为17%。

试分析：该企业当月应缴纳的增值税税额。

2. 北京某企业高级工程师王某2014年12月份收入如下。

① 工资收入7 000元。

② 一次取得建筑工程设计费40 000元。

③ 取得到期的国库券利息收入2 000元。

④ 获得稿费收入5 000元。

⑤ 取得北京市政府颁发的科技奖20 000元。

⑥ 购买体育彩票，一次性中奖收入50万元。

试分析：王某12月份须缴纳的个人所得税。

第 15 章 会计法律制度

知识目标

1. 了解会计法律制度的构成。

2. 理解会计核算的要求、会计工作管理体制及会计监督。

3. 掌握会计机构和会计人员的有关问题及违反会计法律制度所应承担的法律责任。

技能目标

1. 能处理会计人员回避制度和会计人员工作交接中涉及的问题。

2. 能运用所学的知识解决实际案例。

引导案例

2013 年 3 月 10 日，某国有企业绿洲公司经过公开招聘，决定录用本企业财务经理章强的女儿——刚刚毕业于某大学会计专业的章莉莉在本企业财务部门做出纳工作，但章莉莉尚未取得会计从业资格证书。2014 年 3 月 12 日，财务经理章强根据人员变化及工作需要，对财务科部分会计岗位进行了调整：原出纳员王芬改为从事成本、费用核算工作，原该岗位人员胡刚协助稽核员王一民，加强单位内部的稽核工作。上述岗位变动人员均按规定办理了移交手续，并由稽核员王一民进行监交。

思考：

（1）绿洲公司录用章莉莉从事会计工作是否符合规定？说明理由。

（2）财务经理章强对财务部部分会计岗位进行调整，是否符合规定？说明理由。

（3）财务经理章强安排自己的女儿从事出纳工作，是否符合规定？说明理由。

（4）原从事成本、费用核算工作的胡刚协助稽核员王一民从事稽核工作，是否符合规定？说明理由。

（5）岗位变动人员的手续移交工作，是否符合规定？说明理由。

15.1　会计法律制度的构成

15.1.1　会计法律制度的概念

会计法律制度是指国家权力机关和行政机关制定的各种会计规范性文件的总称，包括会计法律、会计行政法规、国家统一的会计制度和地方性会计法规。会计法律制度是我国财经法规的重要组成部分，是调整会计关系的法律规范。

15.1.2　会计法律制度的构成

我国的会计法律制度包括以下 4 个层次。

1. 会计法律

会计法律是指由全国人民代表大会及其常务委员会经过一定立法程序制定的有关会计工作的法律。《中华人民共和国会计法》(以下简称《会计法》)是调整我国经济生活中会计关系的总规范，是会计法律制度中层次最高的法律规范，是指导和规范会计工作的准则，也是制定其他会计法规的依据。《会计法》于 1985 年 1 月 21 日，经第六届全国人民代表大会常务委员会第九次会议通过，这是新中国的第一部会计法律。现行的《会计法》是 1999 年 10 月 31 日经第九届全国人民代表大会常务委员会第十二次会议修订，自 2000 年 7 月 1 日起施行。

我国国家机关、社会团体、公司、企业、事业单位和其他组织都必须依照《会计法》办理会计事务。

2. 会计行政法规

会计行政法规是指由国务院制定并发布，或者国务院有关部门拟订并经国务院批准发布，调整经济生活中某些方面会计关系的法律规范，如 1990 年 12 月 31 日国务院发布的《总会计师条例》，2000 年 6 月 21 日国务院发布的《企业财务会计报告条例》等。会计行政法规的制定依据是《会计法》。

3. 国家统一的会计制度

国家统一的会计制度是指国务院财政部门根据《会计法》制定的关于会计核算、会计监督、会计机构和会计人员及会计工作管理的制度，包括规章和规范性文件。国家统一的会计制度的法律效力仅次于《会计法》和会计行政法规。

4. 地方性会计法规

地方性会计法规是指省、自治区、直辖市人民代表大会及其常务委员会在与宪法、会计法律、会计行政法规不相抵触的前提下，根据本地区情况制定、发布的会计规范性文件，如《四川省会计管理条例》《山东省实施〈中华人民共和国会计法〉办法》等。根据规定，实行计划单列管理的计划单列市、经济特区的人民代表大会及其常务委员会在宪法、法律、行政法规允许的范围内制定的会计规范性文件，也属于地方性会计法规，如《深圳市会计条例》等。

15.2　会计工作管理体制

15.2.1　会计工作的主管部门

《会计法》规定国务院财政部门主管全国会计工作，县级以上地方各级人民政府财政部门管理本行政区域内的会计工作。它明确了会计工作由财政部门主管，并在管理体制上遵循“统一领导，分级管理”的原则。

15.2.2　会计制度的制定权限

《会计法》规定，国家实行统一的会计制度，统一的会计制度由国务院财政部门根据《会计法》制定并公布。国务院有关部门对会计核算和会计监督有特殊要求的行业，可以依照《会计法》和国家统一的会计制度制定具体办法或补充规定，报国务院财政部门审核批准。

15.2.3　会计人员的管理

1. 会计人员的基本要求

从事会计工作的人员，必须取得会计从业资格证书。担任单位会计机构负责人（会计主管人员）的，除取得会计从业资格证书外，还应当具备会计师以上专业技术职务资格或从事会计工作3年以上经历。

2. 会计人员管理的部门

财政部门负责会计从业资格管理、会计专业技术职务资格管理、会计人员评优表彰奖惩及会计人员继续教育等。

15.2.4　单位内部的会计工作管理

1. 单位内部会计工作管理的责任主体

《会计法》规定单位负责人对本单位的会计工作和会计资料的真实性、完整性负责。这一规定明确了单位负责人是本单位会计行为的负责主体。单位负责人是指单位法定代表人或法律、行政法规规定代表单位行使职权的主要负责人。主要包括以下2类人员。

① 单位法定代表人，是指依法代表单位行使职权的负责人，如公司制企业的董事长（执行董事或经理）、国有企业的厂长（经理）、国家机关的最高行政长官等。

② 法律、行政法规规定代表单位行使职权的主要负责人，是指依法代表非法人单位行使职权的负责人，如代表合伙企业事务的合伙人、个人独资企业的投资人等。

2. 单位负责人的会计责任

单位负责人负责单位内部的会计工作管理，应当保证会计机构、会计人员依法履行职责，不得授意、指使、强令会计机构和会计人员违法办理会计事项，并对本单位的会计工作和会计资料的真实性、完整性负责。

案例分析15-1

王强与做会计的朋友李刚聊天，认为现在会计人员的工作、心理压力小多了，是因为单位负责人是单位内部会计责任主体，所以应由其承担全部责任。王强的观点对吗？

分析 不对。《会计法》规定单位负责人对本单位的会计工作和会计资料的真实性、完整性负责。这一规定明确了单位负责人是本单位会计行为的负责主体，负责单位内部的会计工作管理，应当保证会计机构、会计人员依法履行职责，不得授意、指使、强令会计机构和会计人员违法办理会计事项，并对本单位的会计工作和会计资料的真实性、完整性负责，但并不是指要承担全部责任。

15.3 会计核算

15.3.1 会计核算的内容

会计核算的内容是指应当进行会计核算的经济业务事项。《会计法》规定，下列经济业务事项应当办理会计手续，进行会计核算。

① 款项及有价证券的收付。

② 财务的收发、增减和使用。

③ 债权债务的发生和结算。

④ 资本、基金的增减。

⑤ 收入、支出、费用、成本的计算。

⑥ 财务成果的计算和处理。

⑦ 其他需要办理会计手续、进行会计核算的事项。

15.3.2 会计核算的一般要求

1. 依法建立账册

建立账册是如实记录和反映经济活动情况的前提。各单位应当按照《会计法》和国家统一的会计制度的规定建立会计账册，进行会计核算，及时提供合法、真实、完整的会计信息。不具备建账条件的，应当实行代理记账。

2. 根据实际发生的经济业务事项进行会计核算

各单位必须根据实际发生的经济业务事项进行会计核算，填制会计凭证，登记会计账簿，编制财务会计报告。任何单位不得以虚假的经济业务事项或资料进行会计核算。

3. 保证会计资料的真实和完整

会计资料是在会计核算过程中形成的、记录和反映实际发生的经济业务事项的资料，包括会计凭证、会计账簿、财务会计报告和其他会计资料。会计资料是会计核算的重要成果，是投资者作出投资决策、经营者进行经营管理、国家有关部门进行宏观调控的重要依据。因此，会计资料的基本要求如下。

① 会计资料必须符合国家统一的会计制度的规定，保证会计资料的真实性和完整性。

② 任何单位和个人不得伪造、变造会计凭证、会计账簿和其他会计资料，不得提供虚假的财务会计报告。

4．正确采用会计处理方法

《会计法》规定各单位采用的会计处理方法，前后各期应当一致，不得随意变更；确有必要变更的，应当按照《企业会计准则第 28 号——会计政策、会计估计变更和差错更正》的规定变更，并将变更的原因、情况及影响在财务会计报告中说明。

满足这些条件之一的，可以变更会计政策：一是法律、行政法规或国家统一的会计制度等要求变更；二是会计政策变更能够提供更可靠、更相关的会计信息。

案例分析15-2

某单位会计人员按照单位领导的要求，在无正当理由的情况下将一台正常使用的机器的折旧方法由原来的平均年限法改为双倍余额递减法，致使当年的利润减少了 76 008 元。请问：该单位的做法是否合法？说明理由。

分析 不合法。根据我国《会计法》的规定，各单位采用的会计处理方法，前后各期应当一致，不得随意变更；确有必要变更的，应当按照国家统一的会计制度的规定变更，并将变更的原因、情况及影响在财务会计报告中说明。该单位折旧方法的变更无正当理由，属于随意变更会计处理方法，其结果使利润虚减，少交税款。

5．以公历年度为会计年度

会计年度是指人为划分的以年度为单位进行会计核算的时间区间。我国规定的会计年度自公历 1 月 1 日起至 12 月 31 日止。

6．以人民币为记账本位币

记账本位币是指日常填制凭证、登记账簿和编制财务会计报告时用以计量的货币。我国规定会计核算以人民币为记账本位币。

业务收支以人民币以外的货币为主的单位，可以选定其中一种货币作为记账本位币，但是编报的财务会计报告应当折算为人民币。境外单位向国内有关部门报送的会计报表，应当折算为人民币反映。

7．会计电算化必须符合国家统一的会计制度规定

使用电子计算机进行会计核算的，即会计电算化，其软件及其生成的会计凭证、会计账簿、财务会计报告和其他会计资料，也必须符合国家统一的会计制度规定。

实行会计电算化的单位，有关电子数据、会计软件等资料等应当作为会计档案进行管理。

8．正确使用会计文字记录

我国境内所有国家机关、社会团体、公司、企业、事业单位和其他组织的会计记录文字都应当使用中文。在民族自治地方，会计记录可以同时使用当地通用的一种民族文字。在中华人民共和国境内的外商投资企业、外国企业和其他外国组织的会计记录可以同时使用一种外国文字。

案例分析15-3

某外国企业采用了由母公司统一配置的以日语为文字界面的会计系统软件，于是，该企业以母公司的规定为由，以日语作为会计记录的唯一文字，并且向我国政府报送的会计报表也采用日语。请问：该企业的做法是否合法？说明理由。

分析　该企业的做法不合法。根据我国相关会计法律制度的规定，我国境内所有的会计记录都应当使用中文，外国企业可以在使用中文的同时使用一种外国文字。实行会计电算化的单位，其会计软件应当使用中文提示。本案例中，该企业只使用日语作为会计记录文字显然不合法。

9. 对财务会计报告的要求

①各单位的财务会计报告应当根据经过审核的会计账簿记录和有关资料编制，并符合《会计法》和国家统一的会计制度关于财务会计报告的编制要求、提供对象和提供期限的规定；其他法律行政法规另行规定的，从其规定。

② 各单位向不同的会计资料使用者提供的财务会计报告，其编制依据应当一致。财务会计报告须经注册会计师审计的，企业应当将注册会计师及其会计师事务所出具的审计报告随同财务会计报告一并对外提供。

③ 财务会计报告应当由单位负责人和主管会计工作的负责人、会计机构负责人（会计主管人员）签名并盖章；设置总会计师的单位还须由总会计师签名并盖章。单位负责人应当保证财务会计报告真实、完整。

④ 单位提供的担保、未决诉讼等或有事项，应当按照国家统一的会计制度的规定，在财务会计报告中予以说明。

案例分析15-4

振风贸易公司于2013年3月份经董事会批准对外报送了上年度财务会计报告。封面上有单位负责人、总会计师的签名。请问：该公司在财务会计报告上的签章是否符合规定？说明理由。

分析　不符合规定。根据我国相关会计法律制度的规定，企业报送的财务会计报告应当由单位负责人和主管会计工作的负责人、会计机构负责人（会计主管人员）签名并盖章；设置总会计师的还应有总会计师的签名、盖章。该企业报送的财务会计报告没有会计机构负责人（会计主管人员）的签名、盖章，并且已签名人也没有盖章。

15.4　会计监督

15.4.1　单位内部会计监督

1. 单位内部会计监督的概念

单位内部会计监督是指为了保护单位资产的安全、完整，保证其经营活动符合国家法律、法规和内部有关管理制度的规定，提高经营管理水平和效率，而在单位内部采取的一系列相互制约、相互监督的制度和方法。建立、健全单位内部会计监督制度，是贯彻执行国家统一的会计法律制度，保证会计工作健康有序，完善会计监督体系，提高会计信息质量的重要保证。

2. 单位内部会计监督的主体和对象

单位内部会计监督的主体是各单位的会计机构和会计人员。单位内部会计监督的对象是单位的经济活动。

3. 单位内部会计监督制度的基本要求

各单位应当建立、健全本单位的内部会计监督制度。单位内部会计监督制度应当符合以下要求。

① 记账人员与经济业务事项或会计事项的审批人员、经办人员、财务保管人员的职责权限应当明确，并相互分离、相互制约。

② 重大对外投资、资产处置、资金调度和其他重要经济业务事项的决策和执行的相互监督、相互制约的程序应当明确。

③ 财产清查的范围、期限和组织程序应当明确。

④ 对会计资料定期进行内部审计的办法和程序应当明确。

4. 单位负责人、会计机构和会计人员在单位内部会计监督中的职权

（1）单位负责人在单位内部会计监督中的职权

单位负责人应当保证会计机构、会计人员依法履行职责，不得授意、指使、强令会计机构、会计人员违法办理会计事项。

（2）会计机构和会计人员在单位内部会计监督中的职权

① 对违反《会计法》和国家统一的会计制度规定的会计事项，有权拒绝办理或按照职权予以纠正。

② 发现会计账簿记录与实物、款项及有关资料不相符的，按照国家统一的会计制度的规定有权自行处理的，应当及时处理；无权处理的，应当立即向单位负责人报告，请求查明原因，作出处理。

15.4.2 会计工作的政府监督

1. 会计工作的政府监督的概念

会计工作的政府监督主要是指财政部门代表国家对单位和单位中相关人员的会计行为实施的监督检查，以及对发现的违法会计行为实施的行政处罚，这是一种外部监督。

2. 会计工作的政府监督的主体

县级以上人民政府财政部门为各单位会计工作的监督检查部门，对各单位会计工作行使监督权，对违法会计行为实施行政处罚。审计、税务、人民银行、证券监管、保险监管等部门依照有关法律、行政法规规定的职责和权限，可以对有关单位的会计资料实施监督检查。例如，《税收征收管理法》规定，税务机关有权检查纳税人的账簿、记账凭证、报表和有关资料。

案例分析15-5

市财政部门到辖区内某公司进行检查，公司领导以“单位最近很忙”为由，予以拒绝。请问：该公司领导的做法是否符合规定？说明理由。

分析　不符合规定。根据我国相关会计法律制度的规定，县级以上人民政府财政部门为各单位会计工作的监督检查部门，对各单位会计工作行使监督权。各单位必须依照有关法律和行政法规的规定接受有关监督检查部门依法实施的监督检查。因此，任何单位不得以各种理由予以拒绝。

3. 财政部门实施会计监督的对象和范围

财政部门实施会计监督检查的对象是会计行为，并对发现的有违法会计行为的单位和个人实施行政处罚。违法会计行为是指公民、法人和其他组织违反《会计法》和其他有关法律、行政法规、国家统一的会计制度的行为。

财政部门对各单位下列事项实施监督。

① 是否依法设置会计账簿。

② 会计凭证、会计账簿、财务会计报告和其他会计资料是否真实、完整。

③ 会计核算是否符合《会计法》和国家统一的会计制度的规定。

④ 从事会计工作的人员是否具备会计从业资格。

此外，国务院财政部门和省、自治区、直辖市人民政府财政部门，依法对注册会计师、会计师事务所和注册会计师协会进行监督、指导。

15.4.3　会计工作的社会监督

1. 会计工作的社会监督的概念

会计工作的社会监督主要是指由注册会计师及其所在的会计师事务所依法对委托单位的经济活动进行审计、鉴证的一种监督制度。

① 注册会计师。注册会计师是指依法取得注册会计师证书并接受委托从事审计、会计咨询和会计服务业务的执业人员。注册会计师可以申请设立合伙会计师事务所或有限责任会计师事务所。

② 会计师事务所。会计师事务所是指依法设立并承办注册会计师业务的机构。设立会计师事务所，应当由全体合伙人或全体股东提出申请，由拟设立的会计师事务所所在地的省级财政部门批准。注册会计师执行业务，应当加入会计师事务所。

单位和个人检举违反《会计法》和国家统一的会计制度规定的行为，也属于会计工作的社会监督的范畴。

2. 注册会计师及其所在的会计师事务所的业务范围

注册会计师及其所在的会计师事务所依法承办审计业务、会计咨询和会计服务业务。其中，审计业务的内容主要包括以下几点。

① 审查企业财务会计报告，出具审计报告。

② 验证企业资本，出具验资报告。

③ 办理企业合并、分立、清算事宜中的审计业务，出具有关的报告。

④ 法律、行政法规规定的其他审计业务。

注册会计师依法执行审计业务所出具的报告具有证明效力。

15.5 会计机构和会计人员

15.5.1 会计机构的设置

会计机构是指单位内部设置的办理会计事务的职能部门。各单位应当根据会计业务的需要，设置会计机构，或者在有关机构中设置会计人员并指定会计主管人员；不具备设置条件的，应当委托经批准设立从事会计代理记账业务的中介机构代理记账。

一个单位是否需要设置会计机构，一般取决于3个方面的因素：一是单位规模的大小；二是经济业务和财务收支的繁简；三是经营管理的要求。

15.5.2 会计机构负责人（会计主管人员）的任职资格

1. 会计机构负责人（会计主管人员）的概念

会计机构负责人是指在一个单位内具体负责会计工作的中层领导人员。不设置会计机构的单位应设置会计人员并指定会计主管人员。会计主管人员是指在一个单位内负责组织管理会计事务、行使会计机构负责人职权的负责人。与通常所说的“会计主管”“主管会计”和“主办会计”等不同。

2. 会计机构负责人（会计主管人员）的任职资格

根据《会计法》的规定，担任会计机构负责人（会计主管人员）的，除取得会计从业资格证书外，还应当具备会计师以上专业技术职务资格或从事会计工作3年以上经历。会计机构负责人（会计主管人员）也是会计人员，所以应当同从事会计工作的其他普通人员一样，必须取得会计从业资格证书。而对专业技术资格等级或工作经历提出要求，则是由会计机构负责人（会计主管人员）岗位职责所决定的。

案例分析15-6

某企业的财务科长退休后，单位领导决定任命具有会计从业资格和注册会计师资格，且在公司内部审计部门工作了4年的陈某担任财务科长。请问：该单位的做法是否符合规定？说明理由。

分析 不符合规定。根据我国《会计法》的规定，担任会计机构负责人的，除应取得的会计从业资格证书外，还应当具备会计师以上专业技术职务资格或从事会计工作3年以上的经历。注册会计师资格不是会计专业技术职务资格，不能代替会计师以上专业技术职务资格，且内部审计工作不属于会计工作，即陈某也没有从事会计工作3年以上的经历，因此其不具备担任会计机构负责人的条件。

15.5.3 总会计师

1. 总会计师的概念

总会计师是组织领导本单位的财务管理、成本管理、预算管理、会计核算和会计监督等方面的工作，参与本单位重要经济问题分析和决策的单位行政领导人员。总会计师协助单位主要行政领导工作，直接对单位主要行政领导人负责。所以，总会计师不是一种专业技术职务，也不是会计机构负责人或会计主管人员，而是一种行政职务。总会计师的任职资格、任免程序、职责权限依照《总会计师条例》的规定执行。

2. 总会计师的设置

国有的和国有资产占控股地位或主导地位的大中型企业必须设置总会计师。凡设置总会计师的单位，在行政领导成员中，不再设与总会计师职权重叠的副职。

3. 总会计师的任免

企业的总会计师由本单位主要行政领导人提名，政府主管部门任命或聘任；免职或解聘程序与任命或聘任程序相同。

4. 总会计师必须具备的条件

总会计师除了必须具备政治、思想、政策理论水平、业务知识和身体等方面规定的条件外，还必须具备取得会计师任职资格后，主管一个单位或单位内一个重要方面的财务工作时间不少于3年这一条件。

5. 总会计师在会计人员、会计机构负责人（会计主管人员）任用上的权限

会计人员的任用、晋升、调动、奖惩，应当事先征求总会计师的意见；会计机构负责人或会计主管人员的人选，应当由总会计师进行业务考核，依照有关规定审批。

案例分析15-7

某国有控股大型企业为加强会计工作，决定增设1名副经理主管财会工作，现任总会计师配合其工作。请问：该企业的做法是否符合规定？说明理由。

分析 不符合规定。根据我国相关会计法律制度的规定，已经设置总会计师的单位，不应当再设置与总会计师职权重叠的行政副职。

15.5.4 会计从业资格

1. 会计从业资格的概念

会计从业资格是指进入会计职业，从事会计工作的一种法定资质，是进入会计职业的“门槛”。从事会计工作的人员必须取得会计从业资格证书才能上岗工作，否则，不能从事会计工作，这是保证会计工作质量的重要前提。

2. 会计从业资格证书的适用范围

国家机关、社会团体、公司、企业、事业单位和其他组织从事这些会计工作的人员（包括我国香港特别行政区、澳门特别行政区、台湾地区人员，以及在中国境内从事会计工作的外籍人员），必须取得会计从业资格，持有会计从业资格证书：①会计机构负责人（会计主管人员）；②出纳；③稽核；④资本、基金核算；⑤收入、支出、债权债务核算；⑥工资、成本费用、财务成果核算；⑦财产物资的收发、增减核算；⑧总账；⑨财务会计报告编制；⑩会计机构内会计档案管理。

3. 会计从业资格证书的取得

（1）会计从业资格的取得实行考试制度

会计从业资格考试大纲由财政部统一制定并公布。考试科目为：财经法规与会计职业道德、会计基础、初级会计电算化（或珠算五级）。

（2）会计从业资格考试的报名条件

申请参加会计从业资格考试的人员，应当符合这些基本条件：①遵守会计和其他财经法律、法规；②具备良好的道德品质；③具备会计专业基本知识和技能。

（3）会计从业资格部分考试科目免试条件

申请人符合基本报名条件且具备国家教育行政主管部门认可的中专以上（含中专，下同）会计类专业学历（或学位）的，在毕业之日起2年内（含2年），免试会计基础、初级会计电算化（或珠算五级）。

会计类专业包括会计学、会计电算化、注册会计师专门化、审计学、财务管理和理财学。

4. 会计从业资格证书的管理

会计从业资格证书是具备会计从业资格的证明文件，在全国范围内有效。持有会计从业资格证书的人员（以下简称“持证人员”）不得涂改、转让会计从业资格证书，并按照规定办理以下事项。

（1）上岗注册登记

持证人员从事会计工作，应当自从事会计工作之日起90日内，填写注册登记表，并持会计从业资格证书和所在单位出具的从事会计工作的证明，向单位所在地或所属部门、系统的会计从业资格管理机构办理注册登记。

（2）离岗备案

持证人员离开会计工作岗位超过6个月的，应当填写注册登记表，并持会计从业资格证书，向原注册登记的会计从业资格管理机构备案。

（3）调转登记

持证人员调转工作单位，且继续从事会计工作的，应当按规定要求办理调转登记。

（4）变更登记

持证人员的学历或学位、会计专业技术职务资格等发生变更的，应向所属会计从业资格管理机构办理从业档案信息变更登记。会计从业资格管理机构应当建立持证人员从业档案信息系统，及时记载、更正持证人员的有关信息。

案例分析15-8

持有会计从业资格证书的会计人员方梅从外省调入本省某企业继续从事会计工作。请问：方梅应该办理哪些手续？

分析 根据《会计从业资格管理办法》第二十四条的规定，方梅从外省调入，属于在不同会计从业资格管理机构管辖范围内调动，因此应当向原注册登记的会计从业资格管理机构办理调出手续，并自办理调出手续之日起90日内，持会计从业资格证书、调转登记表和调入单位开具的从事会计工作的证明，向现工作单位所在地的会计从业资格管理机构办理调入手续。

15.5.5　会计工作岗位设置

1. 会计工作岗位的概念

会计工作岗位是指一个单位会计机构内部根据业务分工而设置的职能岗位。在会计机构内部设置会计工作岗位，是建立岗位责任制的前提，是提高会计工作效率和会计工作质量的重要保证。

2. 会计工作岗位设置的要求

（1）根据本单位会计业务的需要设置会计工作岗位

通常，业务活动规模大、业务过程复杂、经济业务量较多和管理较严格的单位，会计机构会相应较大，会计机构内部的分工会相应较细，会计人员和岗位也相应较多；相反，业务活动规模小、业务过程简单、经济业务量较少和管理要求不高的单位，会计机构会相应较小，会计机构内部的分工会相应较粗，会计人员和岗位也相应较少。

（2）符合内部牵制制度的要求

内部牵制制度是指凡涉及款项或财物的收付、结算及登记工作，必须由两人或两人以上分工办理，以相互制约的工作制度。根据规定，会计工作岗位可以一人一岗，一人多岗或一岗多人，但出纳人员不得兼管稽核、会计档案保管和收入、支出、费用、债权、债务账目的登记工作，这是会计机构内部牵制制度最基本的要求。这是因为出纳人员是各单位专门从事货币资金收付业务的会计人员，根据复式记账的原则，每发生一笔货币资金收付业务，都要登记收入、费用或债权、债务等有关账簿，如果把这些账簿登记工作都交由出纳人员一人承担，将会给贪污舞弊行为以可乘之机。同样，为防止利用抽换单据、涂改记录等手段进行舞弊，稽核、会计档案保管工作当然也不得由出纳人员担任。因此，各单位应当建立内部牵制制度。

（3）对会计人员的工作岗位要有计划地进行轮岗，以促进会计人员全面熟悉业务和不断提高业务素质

会计人员轮岗，不仅是会计工作本身的需要，也是加强会计人员队伍建设的需要。定期、不定期地轮换会计人员的工作岗位，有利于会计人员全面熟悉会计业务，不断提高业务素质，同时，有利于增强会计人员之间的团结合作意识，进一步完善单位内部会计控制制度。

（4）建立岗位责任制

会计机构内部岗位责任制是指明确各项具体会计工作的职责范围、具体内容和要求，并落实到每个会计工作岗位或会计人员的一种会计工作责任制度。会计岗位责任制是单位会计人员履行会计岗位职责，提高工作效率的有效保证。因此，各单位应当建立会计岗位责任制。

案例分析15-9

某企业财务科一名档案管理人员张丽因产假临时交接工作，财务科长荣飞燕要求出纳员洪晃临时兼管其会计档案保管工作。请问：荣飞燕的做法是否符合规定？说明理由。

分析　不符合规定。根据《会计法》的规定，出纳员不得兼管稽核、会计档案保管和收入、支出、费用、债权、债务账目的登记工作。因此，荣飞燕要求出纳员兼管会计档案保管工作是错误的。

3. 会计工作的具体岗位

会计工作岗位一般分为总会计师（或行使总会计师职权）岗位；会计机构负责人（会计主管人员）岗位；出纳岗位；资本、基金核算岗位；收入、支出、债权债务核算岗位；工资核算、成本

费用核算、财务成果核算岗位；财务物资的收发、增减核算岗位；总账岗位；对外财务会计报告编制岗位；会计电算化岗位；会计档案管理岗位。

对于会计档案管理岗位，在会计档案正式移交之前，属于会计岗位；正式移交档案管理部门之后，不再属于会计岗位；档案管理部门的人员管理会计档案，不属于会计岗位。医院门诊收费员、住院处收费员、药品库房记账员、商品收费（银）员所从事的工作，均不属于会计岗位。单位内部审计、社会审计、政府审计工作也不属于会计岗位。

15.5.6 会计人员回避制度

1. 回避制度的概念

回避制度是指为了保证执法或执业的公正性，对可能影响其公正性的执法或执业的人员实行职务回避和业务回避的一种制度。回避制度已成为我国人事管理的一项重要制度。在会计工作中，由于亲情关系而共同作弊和违法违纪的案件时有发生，因此，在会计人员中实行回避制度十分必要。

2. 实行会计人员回避制度的范围

国家机关、国有企业、事业单位任用会计人员应当实行回避制度。

3. 会计人员回避制度的内容

单位负责人的直接亲属不得担任本单位的会计机构负责人、会计主管人员；会计机构负责人、会计主管人员的直系亲属不得在本单位会计机构中担任出纳工作。

直系亲属包括夫妻关系、直系血亲关系、三代以内旁系血亲及姻亲关系。

案例分析15-10

某国有企业经过严格考核，录用了厂长的女儿担任财务处处长。请问：该企业的做法是否符合规定？说明理由。

分析 不符合规定。根据《会计基础工作规范》的规定，国有企业任用会计人员应当实行回避制度。单位负责人的直系亲属不得在本单位担任会计机构负责人、会计主管人员。该企业的做法违反了这一规定。

15.5.7 会计人员工作交接

1. 会计人员工作交接的定义

会计人员工作交接是指会计人员工作调动或因故离职时，与接替人员办理交接手续的一种工作程序。

2. 会计人员工作交接的范围

会计人员在调动工作或离职时必须办理会计工作交接。没有办理交接手续的，不得调动或离职。会计人员临时离职或因病不能工作且需要接替或代理的，也必须办理交接。

3. 会计人员工作交接的程序

（1）会计人员工作交接前的准备工作

① 已经受理的经济业务尚未填制会计凭证的，应当填制完毕。

② 尚未登记账目的，应当登记完毕，结出余额，并在最后一笔余额后加盖经办人员印章。

③ 整理应该移交的各项资料，对未了事项和遗留问题要写出书面说明材料。

④ 编制移交清册，列明移交凭证、账簿、会计报表、公章、现金、有价证券、支票簿、发票、文件、其他会计资料和物品等内容；实行会计电算化的单位，从事该项工作的移交人员应在移交清册上列明会计软件及密码、会计软件数据盘、磁带等内容。

⑤ 会计机构负责人、会计主管人员移交时，应将财务会计工作、重大财务收支问题和会计人员的情况等向接替人员介绍清楚。

（2）移交点收

移交人员离职前，必须将经管的会计工作在规定的期限内全部向接替人员移交清楚，接替人员应认真按照移交清册逐项点收。具体要求如下。

① 现金要根据会计账簿记录余额进行当面点交，不得短缺。接管人员发现不一致或“白条抵库”现象时，移交人员在规定期限内负责查清处理。

② 有价证券的数量要与会计账簿记录一致。有价证券面额与发行价不一致时，按照会计账簿余额交接。

③ 会计凭证、账簿、报表和其他会计资料必须完整无缺，不得遗漏。发现有短缺，必须查明原因，并在移交清册上注明，由移交人员负责。

④ 银行存款账户余额要与银行对账单核对一致，如有未达账项，应编制银行存款余额调节表调节相符；各种财产物资和债权债务的明细账户余额要与总账有关账户余额核对相符；对重要实物要实地盘点，对余额较大的往来账户要与往来单位、个人核对。

⑤ 公章、收据、空白支票、发票、科目印章及其他物品等，必须交接清楚。

⑥ 实行会计电算化的单位，交接双方应在电子计算机上对有关数据进行实际操作，确认有关数字正确无误后方可交接。

（3）专人负责监交

会计人员在办理交接手续时，必须有人监交，以起督促、公正作用。对监交的具体要求是：①一般会计人员办理交接手续时，由单位的会计机构负责人、会计主管人员负责监交。②会计机构负责人、会计主管人员办理交接手续时，由单位领导人负责监交，必要时，主管单位可以派人会同监交。

（4）交接后有关事宜

① 会计工作交接完毕后，交接双方和监交人员要在移交清册上签名或盖章。

② 接管人员应继续使用移交前的账簿，不得擅自另立账簿，以保证会计记录前后衔接，内容完整。

③ 移交清册填制一式三份，交接双方各持一份，存档一份。

案例分析15-11

某实行会计电算化的企业决定对部分会计人员实行轮岗。其中，出纳岗位的田某被调到财务成果核算岗位，协助另一位会计人员进行企业的财务成果核算。田某调离时，所有相关资料都按规定进行了书面移交，主办会计王某进行了监交。请根据我国会计法律制度的有关规定，对上述事项逐一进行分析，确定其是否符合规定。

分析　①会计人员实行轮岗及一岗两人符合《会计基础工作规范》的规定。②田某的交接手续不符合规定。根据《会计基础工作规范》的规定，实行会计电算化的单位，交接双方应在电子计算机上对有关数据进行实际操作，确认有关数据正确无误后方可交接。田某只进行了书面移交，而未在计算机上实际操作，故交接手续不符合规定。③主办会计负责监交不符合规定。根据《会计法》的规定，一般会计人员办理手续应由会计机构负责人、会计主管人员负责监交，主办会计不是会计机构负责人，也不是会计主管人员，因此不能负责监交。

4. 交接人员的责任

移交人员对移交的会计凭证、会计账簿、会计报表和其他会计资料的合法性、真实性承担法律责任。移交人员所移交的会计资料是在其经办会计工作期间所发生的，其应当对这些会计资料的真实性、完整性负责。即便接替人员在交接时因疏忽没有发现所接会计资料的合法性、真实性、完整性方面存在问题，如事后发现，仍应由原移交人员负责，原移交人员不应当以会计资料已移交而推脱责任。接替人员不对移交过来的材料的真实性、完整性负法律上的责任。

15.6 法律责任

15.6.1 违反会计制度规定的法律责任

1. 违反会计制度规定应承担法律责任的违法行为

根据《会计法》的规定，违反会计制度规定应承担法律责任的违法行为包括如下内容

① 不依法设置会计账簿的行为。这是指违反《会计法》和国家统一的会计制度的规定，应当设置会计账簿的单位不设置会计账簿或未按规定的种类、形式及要求设置会计账簿的行为。

② 私设会计账簿的行为。这是指不在依法设置的会计账簿上对经济业务事项进行统一会计核算，而另外私自设置会计账簿进行会计核算的行为，即常说的“账外账”。

③ 未按照规定填制、取得原始凭证或填制、取得原始凭证不符合规定的行为。

④ 以未经审核的会计凭证为依据登记会计账簿或登记会计账簿不符合规定的行为。

⑤ 随意变更会计处理方法的行为。会计处理方法的变更会直接影响到会计资料的质量和可比性，因此不得违反《会计法》和国家统一的会计制度的规定，随意变更会计处理方法。

⑥ 向不同的会计资料使用者提供的财务会计报告编制依据不一致的行为。

⑦ 未按照规定使用会计记录文字或记账本位币的行为。

⑧ 未按照规定保管会计资料，致使会计资料毁损、灭失的行为。

⑨ 未按照规定建立并实施单位内部会计监督制度，或者拒绝依法实施的监督，或者不如实提供有关会计资料及有关情况的行为。

⑩ 任用会计人员不符合《会计法》规定的行为。

2. 违反会计制度规定行为应承担的法律责任

根据《会计法》的规定，上述违法行为应当承担以下法律责任。

（1）责令期限改正

责令期限改正是指要求违法行为人在一定期限内停止违法行为，并将其违法行为恢复到合法状态。县级以上人民政府财政部门有权责令违法行为人限期改正，停止违法行为。

（2）罚款

县级以上人民政府财政部门根据违法行为人的违反性质、情节及危害程度，在责令限期改正

的同时，可以对单位并处3 000元以上5万元以下的罚款；对其直接负责的主管人员和其他直接责任人员，可以处2 000元以上2万元以下的罚款。

（3）给予行政处分

对上述违法行为直接负责的主管人员和其他直接责任人员中的国家工作人员，视情节轻重，由其所在单位或上级单位行政监察部门给予警告、记过、记大过、降级、降职、撤职、留用察看和开除等行政处分。

（4）吊销会计从业资格证书

会计工作人员有上述所列行为之一，情节严重的，由县级以上人民政府财政部门吊销会计从业资格证书。

（5）依法追究刑事责任

有上述违法行为之一，构成犯罪的，依法追究刑事责任。

案例分析15-12

某民族自治地方企业只使用某少数民族当地通用的一种语言作为会计记录的唯一文字。请指出该企业的违法行为及应承担的法律责任。

分析　根据我国相关会计法律制度的规定，该企业的行为属于未按规定使用会计记录文字的行为。按规定应由县级以上财政部门责令其限期改正，对单位并处3 000元以上5万元以下的罚款；对其直接负责的主管人员和其他直接责任人员处2 000元以上2万元以下的罚款；情节严重的，属于会计人员的吊销其会计从业资格证书；构成犯罪的，依法追究刑事责任。

15.6.2　提供虚假会计资料的法律责任

1. 应承担的刑事责任

① 根据《中华人民共和国刑法》（以下简称《刑法》）第二百零一条的规定，纳税人采取伪造、变造账簿、记账凭证，在账簿上多列支出或不列、少列收入等手段，不缴或少缴应纳税款，偷税数额占应纳税额的10%以上不满30%并且偷税数额在1万元以上不满10万元的，或者因偷税被税务机关给予二次行政处罚又偷税的，处3年以下有期徒刑或者拘役，并处偷税数额1倍以上5倍以下罚金；偷税数额占应纳税额的30%以上并且偷税数额在10万元以上的，处3年以上7年以下有期徒刑，并处偷税数额1倍以上5倍以下罚金。扣缴义务人采取前述手段，不缴或者少缴已扣、已收税款，数额占应缴税额的10%以上并且数额在1万元以上的，依照前述规定处罚。对多次犯有上述行为，未经处理的，按照累计数额计算。

② 根据《刑法》第一百六十一条的规定，公司向股东和社会公众提供虚假的或者隐瞒重要事实的财务会计报告，严重损害股东或其他人利益的，对其直接负责的主管人员和其他直接责任人员处3年以下有期徒刑或者拘役，并处或者单处2万元以上20万元以下罚金。

③ 根据《刑法》第二百二十九条的规定，承担资产评估、验资、验证、会计、审计、法律服务等职责的中介组织的人员故意提供虚假证明文件（包括虚假的财务会计报告），情节严重的，处5年以下有期徒刑或拘役，并处罚金。上述人员索取他人财物或非法收受他人财物，犯本罪的，处5年以上10年以下有期徒刑或拘役，并处罚金。

2. 应承担的行政责任

伪造、变造会计凭证、会计账簿或编制虚假财务会计报告，情节较轻，社会危害不大，根据《刑法》的有关规定尚不构成犯罪的，应当按照《会计法》的规定予以处罚，具体包括如下内容。

① 通报。即由县级以上人民政府财政部门采取通报的方式对违法行为人予以批评、公告。

② 罚款。县级以上人民政府财政部门对违法行为视情节轻重，在予以通报的同时，可以对单位并处 5 000 元以上 10 万元以下的罚款；对其直接负责的主管人员和其他直接责任人员，可以处 3 000 元以上 5 万元以下的罚款。

③ 行政处分。对上述违法行为直接负责的主管人员和其他直接责任人员中的国家工作人员，应当由其所在单位或其上级单位或行政监察部门给予撤职、留用察看直至开除的行政处分。

④ 吊销会计从业资格证书。对有上述所列违法行为的会计人员，由县级以上人民政府财政部门吊销会计从业资格证书。

15.6.3 隐匿或故意销毁会计资料的法律责任

1. 应承担的刑事责任

《刑法》第二百零一条规定，纳税人采取隐匿、擅自销毁账簿、记账凭证的手段，不缴或少缴应纳税款，偷税数额占应纳税额的 10% 以上不满 30% 并且偷税数额在 1 万元以上不满 10 万元的，或者因偷税被税务机关给予二次行政处罚又偷税的，处 3 年以下有期徒刑或拘役，并处偷税数额 1 倍以上 5 倍以下罚金；偷税数额占应纳税额的 30% 以上并且偷税数额在 10 万元以上的，处 3 年以上 7 年以下有期徒刑，并处偷税数额 1 倍以上 5 倍以下罚金。扣缴义务人采取前述手段，不缴或少缴已扣、已收税款，数额占应缴税额的 10% 以上并且数额在 1 万元以上的，依照前述规定处罚。对多次犯有上述行为，未经处理的，按照累计数额计算。如果行为人为贪污、挪用公款、侵占企业财产及其他非法目的，实施隐匿、故意销毁依法应当保存的会计凭证、会计账簿、财务会计报告的行为，构成犯罪的，可以按照《刑法》的有关规定，分别定罪、处罚。

2. 应承担的行政责任

隐匿、故意销毁依法应当保存的会计凭证、会计账簿、财务会计报告，情节较轻，社会危害不大，根据《刑法》的有关规定尚不构成犯罪的，应当根据《会计法》的规定追究行政责任。追究行政责任的具体形式及标准等与前同。

15.6.4 授意、指使、强令提供虚假会计资料的法律责任

1. 应承担的刑事责任

根据《刑法》的有关规定，授意、指使、强令会计机构、会计人员及其他人员伪造、变造会计凭证、会计账簿，编制虚假财务会计报告或隐匿、故意销毁依法应当保存的会计凭证、会计账簿、财务会计报告的，应当作为伪造、变造会计凭证、会计账簿，编制虚假财务会计报告或隐匿、故意销毁依法应当保存的会计凭证、会计账簿、财务会计报告的共同犯罪，定罪处罚。

2. 应承担的行政责任

授意、指使、强令会计机构、会计人员及其他人员伪造、变造会计凭证、会计账簿、编制虚假财务会计报告或隐匿、故意销毁依法应当保存的会计凭证、会计账簿、财务会计报告，情节较轻，社会危害不大，不构成犯罪的，应当按照《会计法》的规定予以以下处罚。

① 罚款。县级以上人民政府财政部门可以视违法行为的情节轻重，对违法行为人处以 5 000 元以上 5 万元以下的罚款。

② 行政处分。对于实施上述违法行为的国家工作人员，还应当由其所在单位或其上级单位给予降级、撤职、开除的行政处分。

案例分析15-13

经理授意会计人员将一笔收到的货款另立银行账户统一保管，以后作为奖金发放，而开出红字退货发票冲账，会计人员认为这是为职工办好事，所以未将这项收入纳入会计核算。请问：经理、会计、财务科长对这项款项的处理违反了《会计法》的什么规定？

分析　公司私设小金库，是《会计法》所规定的私设会计账簿的行为。经理的行为属于授意、指使、强令他人伪造、变造或隐匿、故意销毁会计资料的行为；会计人员的行为属于伪造、变造会计凭证、会计账簿、提供虚假财务会计报告的行为。

15.6.5　单位负责人对会计人员进行打击报复的法律责任

1．应承担的刑事责任

根据《刑法》第二百五十五条的规定，公司、企业、事业单位、机关、团体的领导人对依法履行职责、抵制违反《会计法》规定行为的会计人员实行打击报复，情节恶劣的，构成打击报复会计人员罪，处3年以下有期徒刑或拘役。

2．应承担的行政责任

单位负责人对依法履行职责、抵制违反《会计法》规定行为的会计人员实行打击报复，情节轻微，危害性不大，不构成犯罪的，由其所在单位或有关单位依法给予行政处分。

3．对受打击报复的会计人员的补救措施

（1）恢复其名誉

受打击报复的会计人员的名誉受到损害的，其所在单位或其上级单位及有关部门应当要求打击报复者向遭受打击报复的会计人员赔礼道歉，澄清事实，并恢复其原有的级别。

（2）恢复原有职位、级别

会计人员受到打击报复，被调离工作岗位、解聘或开除的，应当在征得会计人员同意的前提下，恢复其工作；被撤职的，应当恢复其原有职务；被降级的，应当恢复其原有级别。

15.6.6　国家机关及其工作人员违法行为的法律责任

1．应承担的刑事责任

财政部门及有关行政部门的工作人员滥用职权、玩忽职守、徇私舞弊，以及泄露国家秘密、商业秘密的行为可能构成以下犯罪。

（1）滥用职权罪和玩忽职守罪

根据《刑法》第三百九十七条的规定，财政部门及有关行政部门的工作人员滥用职权或玩忽职守，致使公共财产、国家和人民利益遭受重大损失的，构成滥用职权罪或玩忽职守罪。对玩忽职守罪，处3年以下有期徒刑或拘役；情节特别严重的，处3年以上7年以下有期徒刑。财政部门及有关行政部门的工作人员徇私舞弊，犯上述罪行的，处5年以下有期徒刑或者拘役；情节特别严重的，处5年以上10年以下有期徒刑。

（2）泄露国家秘密罪

根据《刑法》第三百九十八条的规定，财政部门及有关行政部门的工作人员违反《保守国家秘密法》的规定，故意或过失泄露国家秘密，情节严重的，构成泄露国家秘密罪。对泄露国家秘密罪，处3年以下有期徒刑或拘役；情节特别严重的，处3年以上7年以下有期徒刑。

2. 应承担的行政责任

财政部门及有关行政部门的工作人员滥用职权、玩忽职守、徇私舞弊及泄露国家秘密、商业秘密的行为，情节显著轻微，危害性不大，按照《刑法》的有关规定，尚不构成犯罪的，应当按照《会计法》及有关法律、法规的规定，给予行政处分。行政处分主要有警告、记过、记大过、降级、降职、撤职、留用察看和开除等。对有上述违法行为的财政部门及有关行政部门的工作人员，可以由其所在单位或其上级单位，视情节轻重，给予相应的行政处分。

本章小节

本章主要介绍了会计法律制度，主要内容包括会计法律制度的构成、会计工作管理体制、会计核算、会计监督、会计机构、会计人员和法律责任等。

引导案例分析

（1）不符合规定。根据我国《会计法》的规定，从事会计工作的人员，必须取得会计从业资格证书。章莉莉尚未取得会计从业资格证书，因此不能从事会计工作。

（2）符合规定。根据我国《会计基础工作规范》的规定，会计人员的岗位应当有计划地进行轮换。

（3）不符合规定。根据我国《会计基础工作规范》的规定，国有企业会计机构负责人、会计主管人员的直系亲属不得在本单位会计机构中担任出纳工作。

（4）符合规定。根据我国《会计基础工作规范》的规定，会计工作岗位可以一人一岗、一人多岗或一岗多人。但出纳人员不得兼管稽核、会计档案保管和收入、支出、费用、债权、债务账目的登记工作。

（5）不符合规定。根据我国《会计法》等会计法律制度的规定，一般会计人员交接，由单位会计机构负责人、会计主管人员负责监交。该单位派稽核员王一民负责监交，不符合规定。

实训项目

实训目的：通过分组讨论，掌握设置会计机构应考虑的因素，会计人员任职资格及违反会计法律制度所应承担的法律责任。

实训资料：小张、小李和小王准备设立一个软件有限公司，请同学们根据拟设立企业的相关资料（此资料由任课老师提供），分组讨论，帮助拟成立的软件有限公司起草一份企业会计机构及会计人员的设置方案。

提出问题：

（1）设置会计机构一般取决于哪几个因素？

（2）请为拟成立的公司起草一份企业会计机构及会计人员的设置方案。

本章测试

一、单项选择题

1.《会计从业资格管理办法》属于（　　）。

A. 会计法律　　B. 会计规章　　C. 会计行政法规　　D. 会计规范性文件

2. 下列各项中，有权制定国家统一的会计制度的部门是（　　）。

A. 国务院证券监管部门　　B. 国务院财政部门

C. 国务院审计部门　　D. 国务院税务部门

3. 根据《会计法》的规定，负责会计工作行政管理职能的政府部门是（　　）。

A. 财政部门　　B. 税务部门　　C. 审计部门　　D. 业务主管部门

4. 单位内部会计监督的主体是（　　）。

A. 审计人员　　B. 单位负责人

C. 会计机构、会计人员　　D. 会计师机构负责人

5. 在中国境内的外商投资企业，会计记录使用的文字符合规定的是（　　）。

A. 只能使用中文，不能使用其他文字　　B. 只能使用外文

C. 在中文和外文中选择一种　　D. 使用中文，同时可以选择一种外文

二、多项选择题

1. 根据《会计法》和《企业会计制度》的规定，下列关于会计核算依据的表述正确的有（　　）。

A. 根据将要发生的经济业务事项进行会计核算

B. 根据实际发生的经济业务事项进行会计核算

C. 根据交易或事项的法律形式进行会计核算

D. 根据交易或事项的经济实质进行会计核算

2. 下列各项中，属于《会计法》规定的单位内部会计监督制度要求的有（　　）。

A. 记账人员与会计事项的审批人员相互分离、相互制约

B. 重大对外投资与执行相互监督、相互制约

C. 财产清查的范围、期限和组织程序应当明确

D. 对会计资料定期进行内部审计的办法和程序应当明确

3. 申请参加会计从业资格考试的人员，应当符合（　　）基本条件。

A. 遵守会计和其他财经法律、法规　　B. 具备良好的道德品质

C. 具备专业基本知识和技能　　D. 从事会计工作

4. 隐匿、故意销毁依法应当保存的会计资料的行政责任包括（　　）。

A. 罚款　　B. 通报

C. 吊销会计从业资格证书　　D. 管制

5. 根据《会计基础工作规范》的规定，实行会计人员回避制度的有（　　）。

A. 国有企业　　B. 国家机关　　C. 有限责任公司　　D. 股份有限公司

三、案例分析题

1. 某部门在组织对A上市公司进行例行检查时发现以下事实：2002年，A公司由于经营管理和市场方面的原因，经营业绩滑坡，为了获得配股资格，A公司的负责人林某要求公司财务总监吕某对该年度的财务数据进行调整，以保证公司的净资产收益率符合配股条件。吕某组织公司会计人员万某以虚作营业额、隐瞒费用和成本开支等方法调整了公司财务数据。A公司根据调整后的财务资料于2002年10月申请配股并获批准发行。

试分析：根据以上事实和《会计法》的规定，指出哪些当事人存在何种违法行为，并分别说明各违法行为的法律后果。

2. 2005年3月，某市财政局派出检查组对市属某国有企业的会计工作进行检查。检查中了解到了以下情况。

① 2004年10月，公司领导调换，新的负责人林总上任后，将其儿子林青调入该厂会计科任出纳，兼管会计档案保管工作。林青没有会计从业资格证书。

② 2004年11月，会计张某申请调离该厂，厂人事部门在其没有办清会计工作交接手续的情况下，即为其办理了调动手续。

试分析：请指出上述情况中哪些行为不符合法律规定，并说明理由。

第16章 经济仲裁与经济诉讼

知识目标	技能目标
1. 了解仲裁法的特点及经济诉讼的基本内容。 2. 理解并掌握经济仲裁的基本原则和基本制度、仲裁组织、仲裁协议、仲裁程序。 3. 理解并掌握经济案件的管辖和诉讼程序。	能够运用有关的法律知识处理日常生活中发生的经济纠纷。

引导案例

甲工厂与乙公司签订了一份加工承揽合同，合同约定6个月后，甲工厂将成品交给乙公司，乙公司收货后1个月内付清款项。6个月后，甲工厂按期将成品交付乙公司，但乙公司迟迟不付货款，拖欠近4个月。甲工厂多次找乙公司请求其支付货款，并赔偿损失。乙公司认为甲工厂加工的成品质量不合格，坚决不予支付货款。后双方经协商达成书面仲裁协议。一周后，甲工厂向协议书约定的仲裁委员会申请仲裁，乙公司却向合同履行地人民法院提起诉讼，人民法院未予受理。

思考：

（1）请问本案中谁应受理此案？

（2）双方在纠纷发生后达成的书面仲裁协议是否成立？为什么？

（3）如果乙公司提出仲裁协议无效，应由谁来裁（决）定？

16.1　经济仲裁

16.1.1　仲裁法概述

1. 仲裁和仲裁法

仲裁，亦称“公断”，是指双方当事人在争议发生前或争议发生后达成协议，自愿将其争议交付第三者居中评断是非并作出裁决，双方当事人都有义务执行裁决的一种解决争议的方式。

此处所讲的仲裁只限于民（商）事纠纷的仲裁，即经济仲裁。它是指经济纠纷的双方当事人协议将有关争议提交选定的仲裁机构作出裁决，并有义务履行裁决的一种制度。

仲裁法就是调整在仲裁过程中发生的各种关系的法律规范的总称。

仲裁是当今国际上通行的解决争议的重要法律制度。为适应社会主义市场经济发展的需要，与国际通行的仲裁制度接轨，1994 年 8 月 31 日第八届全国全国人民代表大会常务委员会第九次会议通过了《中华人民共和国仲裁法》(以下简称《仲裁法》)，自 1995 年 9 月 1 日起施行。2005 年 12 月 26 日最高人民法院审判委员会第 1375 次会议通过了《最高人民法院关于适用〈中华人民共和国仲裁法〉若干问题的解释》。《仲裁法》的制定，标志着我国崭新的仲裁制度的开始。《仲裁法》的颁布和施行，对于保证公正、及时地仲裁经济纠纷，保护当事人的合法权益，保障社会主义市场经济健康发展，具有十分重要的意义。

2. 仲裁的特点

（1）自愿性

当事人之间的纠纷是否将其提交仲裁，交给谁仲裁，仲裁庭的组成人员如何产生，都由当事人自愿协商确定。

（2）专业性

仲裁的对象常涉及复杂的法律、经济贸易和技术问题，所以，各仲裁机构大都具有十分专业的仲裁员名册，供当事人选定仲裁员，而仲裁员一般都是各行各业的专家，这说明仲裁具有专业性和权威性。

（3）灵活性

仲裁在程序上不如诉讼严格，仲裁程序可经当事人选择，许多过程可被简化。

（4）保密性

仲裁一般以不公开审理为原则，并且各国基本都规定了仲裁员及仲裁秘书人员的保密义务，所以当事人的商业秘密和贸易活动不会因仲裁活动而泄密。

（5）快捷性

仲裁一般都实行一裁终局制，而不像诉讼那样实行两审终审制，这样有利于当事人之间的纠纷得到迅速解决。

（6）经济性

仲裁的经济性主要表现在这几个方面：①由于时间上的快捷性，费用也就相应节省了；②仲裁无须多审级收费，故仲裁收费一般要比诉讼收费低一些；③由于仲裁具有自愿性、保密性的特点，当事人之间通常没有激烈对抗的态度，且商业秘密不必公之于众，这就对当事人之间今后的商业竞争影响较小。

（7）独立性

各国有关仲裁的法律都规定，仲裁机构独立于行政机关，仲裁机构之间也无隶属关系。仲裁独立进行，不受任何机关、社会团体和个人的干涉，甚至仲裁庭审理案件时也不受仲裁机构的干涉，显示出最大的独立性。

以上这些特点也是仲裁对纠纷当事人具有巨大吸引力的原因所在。

3．仲裁的适用范围

仲裁的适用范围是指仲裁作为解决纠纷的一种方式，可以解决哪些纠纷，不能解决哪些纠纷。仲裁的法律依据是争议当事人对自己实体权利的处分权和仲裁机构根据法律规定对一定争议的公正裁决权。因此，可以仲裁的事项应当是平等主体之间发生的权利争议，应当是当事人可以行使处分权的权利义务关系，应当是涉及经济和财产权益的争议。

《仲裁法》规定，平等主体的公民、法人和其他组织之间发生的合同纠纷和其他财产权益的纠纷，可以仲裁。但这些纠纷不能仲裁：①婚姻、收养、监护、抚养、继承纠纷；②依法应当由行政机关处理的行政争议。

4．仲裁的基本制度

（1）协议仲裁制度

当事人采用仲裁方式解决纠纷，应当双方自愿达成仲裁协议。没有仲裁协议，一方申请仲裁的，仲裁机构不予受理。协议仲裁制度是意思自治原则最根本的体现，也是意思自治原则在仲裁过程中得以实现的最基本的保证。这一原则的确定，充分体现了民主精神和对当事人权利的尊重。

（2）或裁或审制度

当事人达成仲裁协议的，应当向仲裁机构申请仲裁，不能向法院起诉；一方向人民法院起诉，人民法院不予受理，但仲裁协议无效的除外。如果没有仲裁协议，仲裁机构不受理，当事人可直接向人民法院起诉。

（3）一裁终局制度

仲裁裁决作出后，就发生法律效力，当事人就同一纠纷再申请仲裁或向人民法院起诉的，仲裁机构或人民法院不予受理。这样有利于节省仲裁的时间，又能及时解决经济纠纷。

仲裁裁决被人民法院依法裁定撤销或不予执行的，当事人就该纠纷可以根据双方重新达成的仲裁协议申请仲裁，也可以向人民法院起诉。

案例分析16-1

甲与乙签订的合同中约订发生争议由仲裁机构仲裁。后甲违约，乙根据仲裁协议向仲裁机构申请仲裁，该仲裁机关接受了申请并立案，向甲发出通知书。甲拒绝接受仲裁，向本地法院起诉。则该合同纠纷应由谁解决？

A．仲裁机构　B．人民法院　C．仲裁机构或人民法院　D．双方协商解决

分析　应选A。《仲裁法》规定，当事人达成仲裁协议的，应当向仲裁机构申请仲裁，不能向法院起诉；一方向人民法院起诉，人民法院不予受理，但仲裁协议无效的除外。如果没有仲裁协议，仲裁机构不受理，当事人可直接向人民法院起诉。

16.1.2　仲裁组织

1. 仲裁委员会

仲裁委员会是组织进行仲裁工作、解决经济纠纷的事业单位法人。《仲裁法》第十条规定："仲裁委员会可以在直辖市和省、自治区人民政府所在地的市设立，也可以根据需要在其他设区的市设立，不按行政区划层层设立。仲裁委员会由前款规定的市的人民政府组织有关部门和商会统一组建。设立仲裁委员会，应当经省、自治区、直辖市的司法行政部门登记。"

仲裁委员会由主任 1 人、副主任 2~4 人和委员 7~11 人组成。仲裁委员会的组成人员中，法律、经济贸易专家不得少于 2/3。

2. 仲裁协会

中国仲裁协会是社会团体法人，是仲裁委员会的自律性组织。仲裁委员会是中国仲裁委员会的会员，各仲裁委员会组织都必须加入中国仲裁协会，作为团体会员接受协会的业务指导和管理。中国仲裁协会的章程由全国仲裁委员会会员大会制定。

中国仲裁协会的职责，一是根据章程对仲裁委员会及其组成人员、仲裁员的违纪行为进行监督；二是依照《仲裁法》和《民事诉讼法》的有关规定制定仲裁规则。

16.1.3　仲裁协议

1. 仲裁协议的定义和种类

仲裁协议是双方当事人以书面方式请求仲裁委员会仲裁合同纠纷和其他财产纠纷的共同意思表示。

仲裁协议包括仲裁条款和仲裁协议书 2 类。前者是指当事人在合同中订立的以仲裁方式解决纠纷的条款。后者是指双方当事人在主合同之外单独签订的发生纠纷请求仲裁的协议。仲裁协议书可以在纠纷发生前订立，也可以在纠纷发生后签订。

另外，在经济往来中，当事人双方相互之间的信函、电报、传真或其他书面材料（如经确认的电话记录），如果这些文件中包含双方当事人同意将他们之间已经发生或将来可能发生的争议提交仲裁的内容，那么这些文件即可构成仲裁协议。

2. 仲裁协议的内容和独立性

仲裁协议应当具有的内容：①请求仲裁的意思表示；②仲裁事项；③选定的仲裁委员会。

仲裁协议对仲裁事项或仲裁委员会没有约定或约定不明确的，当事人可以补充协议；达不成补充协议的，仲裁协议无效。

仲裁协议独立存在，合同的变更、解除、终止或无效，不影响仲裁协议的效力。

3. 仲裁协议的效力

仲裁协议的效力是指一项有效的仲裁对有关当事人和机构的作用或约束力。

（1）仲裁协议效力的确认机构

① 仲裁机构。许多国家的仲裁立法都规定仲裁机构有权认定仲裁协议是否有效。

② 受诉法院。如果双方当事人对其已达成的仲裁协议的效力发生争议，一方当事人就此问题向法院起诉，受诉法院有权认定仲裁协议的效力。如果受诉法院查明该仲裁协议是无效的，即可受理此案；反之，应当裁定不予受理。如果同一仲裁协议，法院认定无效，仲裁庭认为有效，应当以法院的认定为准。

（2）仲裁协议的法律效果

① 排斥起诉权。仲裁协议一经合法成立，对双方当事人直接产生法律效力。当事人因此失去了就特定争议向法院起诉的权利，而相应地承担着将争议提交仲裁并服从仲裁裁决的义务，除非双方当事人另外达成协议而变更原仲裁协议。如果一方当事人就仲裁协议规定范围内的事项向法院起诉，另一方当事人则有权依据仲裁协议要求法院中止司法程序，法院应当驳回起诉。

② 获取仲裁权并限定仲裁范围。有效的仲裁协议是仲裁机构或仲裁员受理争议案件的依据，即仲裁机构（仲裁员）的仲裁权来自于当事人的授权，来自于当事人签订的有效的仲裁协议，而对约定外的其他争议无权仲裁；否则，即使作出裁决，对当事人也无约束力。

③ 排斥司法管辖权。仲裁协议对法院的效力表现为排斥了法院对该案件的管辖权，即任何一方当事人不得随意撤销已成立的仲裁协议，就有关仲裁协议中约定的事项的争议向法院起诉；法院也不得受理存在合法仲裁协议的争议案件。仲裁协议对法院的效力还表现为仲裁协议是法院强制执行工作的依据。

④ 仲裁协议的无效。仲裁协议的无效是指仲裁协议不具有法律效力，主要包括这几种情形：约定的仲裁事项超出了法律规定的仲裁范围；无民事行为能力人或限制行为能力人订立的仲裁协议；一方采取胁迫手段，迫使对方订立的仲裁协议；口头订立的仲裁协议；仲裁协议对仲裁委员会没有约定或约定不明确，当事人达不成补充协议的。

当事人对仲裁协议的效力有异议的，可以请求仲裁委员会作出决定或请求人民法院作出裁定。一方请求仲裁委员会作出决定，另一方请求人民法院作出裁定的，由人民法院裁定。当事人对仲裁协议的效力有异议，应当在仲裁庭首次开庭前提出。

16.1.4 仲裁程序

1. 申请与受理

（1）仲裁的申请

当事人可以向双方约定的仲裁机构申请仲裁。当事人申请仲裁应当符合这些条件：①有仲裁协议；②有具体的仲裁请求和事实、理由；③属于仲裁委员会的受理范围。

此外，当事人还应当向仲裁委员会递交仲裁协议、仲裁申请书及其副本。

（2）仲裁的受理

仲裁委员会收到仲裁申请书之日起 5 日内，认为符合受理条件的，应当受理，并通知当事人；认为不符合受理条件的，应当书面通知当事人不予受理，并说明理由。

（3）仲裁规则的送达和答辩

仲裁委员会受理仲裁申请后，应当在仲裁规则规定的期限内将仲裁员名册送达申请人，并将仲裁申请书副本和仲裁规则、仲裁员名册送达被申请人。被申请人未提交答辩书的，不影响仲裁程序的进行。

（4）仲裁当事人的权利

在仲裁过程中，当事人享有的权利：①申请人放弃或变更仲裁请求的权利；②被申请人承认或反驳仲裁请求及提出反请求的权利；③申请财产保全的权利；④委托代理人参加仲裁活动的权利。

2. 仲裁的准备

（1）仲裁庭的组成

仲裁委员会受理仲裁申请后，组成仲裁庭裁决案件，仲裁庭行使仲裁权。

仲裁庭的组成有2种形式：一种是由3名仲裁员组成的合议庭；一种是由1名仲裁员任独任仲裁员。前者应当由双方当事人各自选定或各自委托仲裁委员会主任指定，第3名仲裁员由当事人共同选定或共同委托仲裁委员会主任指定，第3名仲裁员是首席仲裁员。后者应当由当事人共同选定或共同委托仲裁委员会主任指定仲裁员。

仲裁庭组成后，仲裁委员会应当将仲裁庭的组成情况书面通知当事人。

（2）仲裁员的回避

仲裁员有这些情形之一的，必须回避，当事人也有权提出回避申请：①本案当事人或当事人、代理人的近亲属；②与本案有利害关系；③与本案当事人、代理人有其他关系，可能影响公正仲裁的；④私自会见当事人、代理人，或者接受当事人、代理人请客送礼的。

当事人提出回避申请，应当说明理由，并在首次开庭前提出。回避事由在首次开庭后知道的，可以在最后一次开庭终结前提出。仲裁员是否回避，由仲裁委员会主任决定；仲裁委员会主任担任仲裁员时，由仲裁委员会集体决定。

3. 开庭和裁决

（1）开庭

仲裁应当开庭进行，但当事人协议不开庭的，仲裁庭可以根据仲裁申请书、答辩书及其他材料作出裁决。仲裁一般不公开进行，但当事人协议公开的，可以公开进行，涉及国家秘密的除外。

仲裁委员会应当在规定的期限内将开庭日期通知双方当事人。当事人有正当理由的，可以在规定的期限内请求延期开庭。是否延期，由仲裁庭决定。

申请人经书面通知，无正当理由不到庭或未经仲裁庭许可中途退庭的，视为撤回仲裁申请。被申请人经书面通知，无正当理由不到庭或未经仲裁庭许可中途退庭的，可以缺席裁决。

当事人申请仲裁后，可以自行和解，也可以撤回仲裁申请，当事人达成和解协议，撤回仲裁申请后反悔的，还可以根据仲裁协议申请仲裁。

（2）裁决

仲裁庭在作出裁决前，当事人可以先行调解，当事人自愿调解的，仲裁庭应当调解。调解达成协议的，仲裁庭应当制作调解书或根据协议的内容制作裁决书。调解书与裁决书具有同等的法律效力。调解书经双方当事人签收后，即发生法律效力。调解不成或在调解书签收前当事人反悔的，仲裁庭应当及时作出裁决。裁决应当按照多数仲裁员的意见作出，少数仲裁员的不同意见可以记入笔录。仲裁庭不能形成多数意见时，裁决应当按照首席仲裁员的意见作出。裁决书自作出之日起发生法律效力。

4. 裁决的撤销

（1）申请撤销仲裁裁决的情形

当事人提出证据证明裁决有这些情形之一的，可以向仲裁委员会所在地的中级人民法院申请撤销裁决：①没有仲裁协议；②仲裁的事项不属于仲裁协议的范围或仲裁委员会无权仲裁；③仲裁庭的组成或仲裁的程序违反法定程序；④裁决所根据的证据是伪造的；⑤对方当事人隐瞒了足以影响公正裁决的证据；⑥仲裁员在仲裁该案时有索贿受贿、徇私舞弊、枉法裁决行为。

当事人申请撤销仲裁裁决，应当自收到裁决书之日起6个月内提出。

（2）人民法院撤销仲裁裁决的程序

人民法院受理撤销裁决的申请后，认为可以由仲裁庭重新仲裁的，通知仲裁庭在一定期限内重新仲裁，并裁定中止撤销程序。仲裁庭拒绝重新仲裁的，人民法院应当裁定恢复撤销程序。

当事人撤销仲裁裁决的申请，人民法院应当组成合议庭审查核实，如果确有《仲裁法》规定的可以撤销仲裁裁决的情形，应当裁定撤销。人民法院认定仲裁裁决违背社会公共利益的，应当裁定撤销。

人民法院应当在受理撤销裁决申请之日起2个月内作出撤销裁决或驳回申请的裁定。

5. 裁决的执行

（1）执行的条件

仲裁裁决的执行是指法院经当事人申请，采取强制性措施将裁决书的内容付诸实现的行为和程序。仲裁执行必须具备这些条件。①必须有当事人的申请。没有当事人的申请，人民法院没有主动执行的职权。②当事人必须在一定期限内提出申请。当事人应当在民事诉讼法规定的期限内申请执行，即双方或一方当事人是公民的申请期限为1年，双方是法人或其他组织的为6个月。超出了法定期限提出申请的，人民法院不予受理。③当事人必须向有管辖权的人民法院提出申请。按照仲裁法司法解释第二十九条的规定，当事人申请执行仲裁裁决案件，由被执行人住所地或被执行的财产所在地的中级人民法院管辖。

（2）执行程序

义务方当事人在规定的期限内不自觉履行裁决时，权利方当事人在符合执行条件的情况下，有权请求人民法院强制执行。当事人申请执行时，应当向人民法院提交申请书，在申请书中应当说明对方当事人的基本情况及申请执行的事项和理由，并向法院提交作为执行依据生效的仲裁裁决书或仲裁调解书。

当事人向有管辖权的人民法院提出执行申请的，受申请的人民法院应当根据民事诉讼规定的执行程序予以执行。

16.1.5 涉外仲裁的特别规定与国际仲裁简介

1. 涉外仲裁的含义及法律适用

涉外仲裁是指争议具有涉外因素的仲裁。涉外因素包括以下内容。

① 争议的主体（包括法人和自然人）属于不同国家。

② 争议的标的物位于国外或跨越国界。

③ 争议的法律关系的产生、变更或消灭在国外，如合同的订立、履行和终止在国外。

在我国，对当事人一方或双方是外国公司的仲裁，称为涉外仲裁。涉港、澳、台地区案件根据我国法律参照涉外案件处理。

《仲裁法》规定，涉外经济贸易、运输和海事发生的纠纷的仲裁，适用《仲裁法》第七章的规定，该章没有规定的，适用《仲裁法》其他有关规定。

2. 涉外仲裁委员会

涉外仲裁委员会是中国仲裁涉外经济贸易、运输和海事中发生纠纷的国际性的民间仲裁机构。涉外仲裁委员会可以由中国国际商会组织设立。我国的涉外仲裁机构有设在中国国际贸易促进委员会会内的中国国际经济贸易仲裁委员会和中国海事仲裁委员会。

涉外仲裁委员会由主任一人、副主任若干人和委员若干人组成，他们可以由中国国际商会聘任，仲裁员则由涉外仲裁委员会从具有法律、经济贸易、科学技术等专业知识的中外人士中聘任。

3. 涉外仲裁的几项特别规定

① 涉外仲裁的证据保全由涉外仲裁委员会将当事人的申请提交证据所在地的中级人民法院办理。

② 涉外仲裁的当事人提出证据证明仲裁裁决由《民事诉讼法》第二百六十条第一款规定的情

形之一的，经人民法院组成合议庭审查核实，可以裁定撤销或裁定不予执行。

③ 涉外仲裁委员会作出的发生法律效力的仲裁裁决，当事人请求执行，如果被执行人或其财产不在我国境内的，应当由当事人直接向有管辖权的外国法院申请承认和执行。

16.2　经济诉讼

16.2.1　经济诉讼概述

1. 经济诉讼的概念

随着我国改革开放的深化，以市场交易为内容的经济交往在我国社会经济生活中占据了越来越重要的地位。经济主体，特别是具有独立地位的法人对自身的经济利益越来越关注。正因为经济交往日益频繁和复杂，每个经济主体的经济利益在这些经济交往过程中不可避免地会发生各种冲突——既得利益受到他人侵害，或与他人发生纠纷。解决经济纠纷的方式主要有非诉讼途径和诉讼途径 2 种。其中，经济诉讼是解决经济纠纷最常见同时也是最规范和最有效的手段。

经济诉讼是解决经济争论的方式之一，是指当事人就经济争议向人民法院起诉，人民法院依法进行审理并作出裁判，解决经济争议的活动。

2. 经济诉讼的受理机关

我国受理经济诉讼案件的审判机关是最高人民法院和地方各级人民法院、各铁路运输法院和海事法院。

16.2.2　经济诉讼案件的受理

1. 案件受理条件

受理是指人民法院接受原告的起诉，决定立案审理的行为。人民法院依法对原告的起诉进行审定核实，并决定是否受理。起诉只有在符合法定条件和法定要求时，才导致受理的后果，而起诉是否符合法定条件和法定要求，有赖于人民法院的审查。因此，审查起诉是原告起诉后的必然结果，又是人民法院决定是否受理的必然程序和前提。

人民法院审查起诉后，对符合这些条件的起诉应予受理：①原告必须是与本案有直接利害关系的公民、法人和其他组织；②有明确的被告；③有具体的诉讼请求和事实、理由；④属于人民法院受理的诉讼范围和受诉人民法院管辖；⑤起诉需在诉讼时效内进行；⑥起诉手续完备，起诉书内容明确具体。

2. 案件受理程序

人民法院经审查起诉后，针对不同情况作出不同的处理。

① 人民法院认为起诉符合法定条件的，应当在 7 日内立案并通告当事人。

② 人民法院认为起诉不符合法定条件的，应当在 7 日内裁定不予受理；原告对不予受理裁定不服的，可以提起上诉。

③ 当事人的起诉属于其他情况的，依法分别予以处理。

3．经济审判庭的受案范围

目前，我国经济审判庭的受案范围主要有这样几类：①各类经济合同纠纷案件；②技术合同纠纷案件；③涉外或涉中国港、澳、台地区经济纠纷案件；④农业、农村承包合同纠纷案件；⑤经济损害赔偿纠纷案件；⑥企业破产案件；⑦企业承包和租赁经营合同纠纷案件；⑧其他经济纠纷案件。

还需要指出的是，为了加强对知识产权的司法保护，北京、上海等地的中级人民法院和高级人民法院相继建立知识产权审判庭。最高人民法院在 1996 年也设立了知识产权庭。在设立有知识产权庭的法院，涉及专利、商标、著作权、非专利技术等知识产权的纠纷案件由该庭受理。没有设立知识产权庭的法院，知识产权方面的案件由该院的经济审判庭审理。

16.2.3 经济诉讼案件的管辖

经济诉讼案件的管辖是指规定上下级人民法院之间、同级人民法院之间受理第一审经济纠纷案件的分工和权限，可分为地域管辖、级别管辖、移送管辖和指定管辖 4 种。

1．地域管辖

地域管辖是指根据当事人及标的物与地域之间的关系，确定同级人民法院之间受理第一审经济纠纷案件的分工和权限。具体分为以下几种。

（1）一般地域管辖

根据《民事诉讼法》的规定，经济纠纷案件的地域管辖的一般原则是“原告就被告的原则”，即由被告住所地人民法院管辖。被告为公民的，其住所地为户籍所在地；住所地与经常居住地不一致的，由经常居住地人民法院管辖。被告为法人或其他组织的，其住所地一般理解为主要办事机构所在地。

（2）特殊地域管辖

实行特殊地域管辖的经济纠纷案件有：①合同纠纷案件由被告住所地或合同履行地法院管辖；②保险合同纠纷案件由被告住所地或保险标的物所在地法院管辖；③票据纠纷案件由票据支付地或被告住所地法院管辖；④交通运输合同纠纷案件由运输始发地、目的地或被告住所地法院管辖；⑤侵权纠纷案件由侵权行为地或被告住所地法院管辖；⑥交通事故损害赔偿纠纷案件由事故发生地或车辆、船舶最先到达地、航空器最先降落地或被告住所地法院管辖；⑦船舶碰撞或其他海损事故损害赔偿纠纷案件由碰撞发生地、碰撞船舶最先到达地、加害船舶被扣留地或被告住所地法院管辖；⑧海难救助费用纠纷案件由救助地或救助船舶最先到达地法院管辖；⑨共同海损纠纷案件由船舶最先到达地、共同海损理算地或航程终止地法院管辖。

（3）协议地域管辖

当事人也可以实行协议管辖，即合同双方当事人可以在书面合同中选择被告住所地、合同履行地、合同签订地、原告住所地、标的所在地人民法院管辖，但不得违反民事诉讼关于对级别管辖和专属管辖的规定。

（4）专属地域管辖

专属地域管辖是指法律规定某些诉讼标的特殊的案件由特定的人民法院管辖。根据《民事诉讼法》规定，这些经济纠纷案件按专属管辖办理：①因不动产纠纷提起的诉讼，由不动产所在地人民法院管辖；②因港口作业中发生纠纷提起的诉讼，由港口所在地法院管辖；③因继承遗产纠纷提起的诉讼，由被继承人死亡时住所地或主要遗产所在地法院管辖。

（5）共同地域管辖

同一诉讼的几个被告住所地、经常居住地在2个以上人民法院辖区的，各人民法院都有管辖权。原告可以选择其中一个人民法院起诉；原告向2个以上有管辖权的法院起诉的，由最先立案的人民法院管辖。

2．级别管辖

经济纠纷案件的级别管辖是指划分上下级人民法院经济庭之间受理第一审经济纠纷案件的分工和权限。在立法上，级别管辖主要是以案件的性质、案件的影响大小为标准。此外，根据最高人民法院有关司法解释，还应当从诉讼单位的隶属关系、诉讼标的大小及案情繁简程度等方面来确定。

① 基层人民法院管辖除法律规定由其上级法院管辖以外的所有第一审经济纠纷案件。

② 中级人民法院管辖这3类第一审经济纠纷案件：①重大的涉外案件；②在本辖区有重大影响的案件；③最高人民法院确定由中级人民法院管辖的案件（海事、海商案件由海事法院管辖，专利纠纷案件由中级人民法院经济审判庭受理）。

③ 高级人民法院管辖在本辖区内有重大影响的第一审经济纠纷案件。

④ 最高人民法院管辖这2类第一审经济纠纷案件：在全国有重大影响的案件；认为应当由其审理的案件。

3．移送管辖

移送管辖是指人民法院受理案件后，发现自己对该案件无管辖权，而将案件移送给有管辖权的人民法院审理，或者在特定情况下，下级人民法院将自己有管辖权的案件，报请上级人民法院审理，或者上级人民法院将自己有管辖权的案件，交给下级人民法院审理。

4．指定管辖

指定管辖是指上级人民法院在法律规定的情形下对某个具体案件，指定其管辖区某个下级人民法院予以管辖。根据我国《民事诉讼法》对指定管辖的规定，适合指定管辖的情况有2种：①对案件有管辖权的人民法院因特殊原因无法行使管辖权；②2个以上的同级人民法院对管辖权发生争议，由其共同的上级人民法院指定管辖。

16.2.4　经济诉讼程序

1．第一审普通程序

（1）普通程序

普通程序是指人民法院审理当事人起诉案件通常所适用的程序，包括以下几个阶段。

① 起诉和受理。原告起诉应向有管辖权的人民法院提起，并应与本案有直接利害关系，有明确的被告，具体的诉讼请求和事实、理由。起诉采用书面形式，应提交起诉状和副本及有关证据等。人民法院经审查后，认为符合上述起诉条件的，应在7日内立案，并在立案之日起5日内将起诉状副本发送被告，由被告针对原告请求的事实和理由，在收到起诉状副本之日起15日内提出答辩状。

② 调查和调解。案件受理后，人民法院审判人员必须认真审核诉讼材料，调查收集必要的证据，并根据当事人自愿的原则，在事实清楚的基础上，分清是非，进行调解。调解达成协议，必须双方自愿，调解协议的内容不得违反法律规定。对调解达成协议的，人民法院应当制作调解书。

调解书经双方当事人签收后，即具有法律效力。对调解未达成或调解书送达前一方反悔的，人民法院应当及时判决。

③ 审理和判决。人民法院应在开庭 3 日前通知当事人和其他诉讼参与人。凡公开审理的，应公告当事人姓名、案由和开庭的时间、地点。开庭前，书记员应查明当事人和其他诉讼参与人是否到庭，宣布法庭纪律。开庭时，审判长宣布案由、审判人员和书记员名单，告知当事人有关的诉讼权利义务，询问当事人是否申请回避。法庭调查按此顺序进行：当事人陈述；证人作证，宣读未到庭的证人证言；出示书证、物证和视听资料；宣读鉴定结论；宣读勘验笔录。当事人在法庭上可以提出新的证据，也可以要求重新进行调查、鉴定或勘验。如原告增加诉讼请求或被告提出反诉，可以合并审理。在法庭辩论中，原、被告依次发言、答辩，再互相辩论。辩论终结，由审判长按先后顺序征询双方最后意见，进行法庭调解，调解不成的，应当及时判决。

（2）简易程序

简易程序是指基层人民法院及其派出的法庭审理简单经济纠纷案件所适用的程序。按照现行民事诉讼法的有关规定，适用简易程序审理的案件只能是事实清楚、权利义务关系明确、争议大小简单的经济纠纷案件。适用简单程序审理的经济纠纷案件，原告可以口头起诉，人民法院应当将起诉内容用口头或书面方式告知被告，用口头或其他简便方式传唤当事人、证人。

2．第二审程序

第二审程序是指当事人不服地方各级人民法院和专门法院的第一审判决、裁定而上诉至上一级人民法院进行审理所适用的程序。二审程序是因当事人对未生效的一审裁判不服提起的上诉而启动，所以又称上诉审。同时，一个案件经过第二审程序审理并作出裁判后，第二审作出的判决立即发生法律效力，因此，二审程序又称终审程序。

当事人对一审判决的上诉期限为 15 日，对裁定的上诉期限为 10 日。当事人提交的二审的上诉状的内容应包括：当事人姓名；法人的名称及其法定代表人姓名或其他组织的名称及其主要负责人的姓名；原审人民法院名称、案件的编号和案由；上诉的请求和理由。

第二审人民法院对上诉案件进行审理后作出以下处理。

① 判决驳回上诉，维持原判决。

② 依法改判。

③ 裁定撤销原判决，发回原审人民法院重审。

第二审人民法院的判决、裁定是终审的判决、裁定，当事人不得再上诉。对发回原审人民法院重审的案件，由于适用第一审程序，当事人对判决、裁定不服，仍可以上诉。

3．审判监督程序

审判监督程序是指人民法院对已经发生法律效力的判决、裁定发现确有错误，依法进行再审并予以纠正的一种特殊程序。再审程序的提起通常有以下 4 种情况。

① 由本院院长提出，提交审判委员会讨论决定。

② 由最高人民法院、上级人民法院提审或指令下级人民法院再审。

③ 由最高人民检察院、上级人民检察院按审判监督程序提出抗诉。

④ 由当事人申请（申诉），经原审人民法院或上一级人民法院审查决定是否再审。

但当事人申请再审必须在判决、裁定发生法律效力 2 年内提出，并不能因申请再审停止判决、裁定的执行。

4．执行程序

执行程序是指人民法院依法强制经济纠纷案件的义务人履行义务的特殊程序。对已经发生法律效力的判决、裁定和调解书，义务人应自动执行。如拒不执行，权利人可以在法定期限内（双方或一方当事人为公民的为1年，双方都是法人或其他组织的为6个月）向人民法院申请执行。执行的具体措施有扣留、提取、划拨被执行人的收入或银行、信用合作社存款，查封、扣押、冻结、拍卖、变卖被执行人的财产等。对于人民法院发出的协助执行通知书，有关单位和个人必须办理。

案例分析16-2

某食品加工厂与某商场签订了一批果脯购销合同，商场因认为该批果脯存在质量问题而拒付货款，而食品加工厂否认其产品出厂时有质量问题，并向法院提起诉讼。法院经审理后判商场败诉。在上诉期间双方均未上诉。判决生效后，商场请有关专家对果脯重新检验，检验结果表明果脯质量问题产生于生产过程。商场遂以此为依据向法院起诉，要求撤销原判，并判决食品加工厂赔偿损失。法院不予受理，告知其应按申诉处理。

请结合案例回答下列问题。

（1）经济纠纷案件的诉讼包括哪些程序？

（2）判决已经生效后商场就同一案件又起诉的行为是否符合法律规定？

（3）法院告知商场按申诉处理是否符合法律规定？

分析　（1）经济诉讼程序包括第一审审判程序、第二审程序、审判监督程序和执行程序。

（2）不符合法律规定，当事人对一审判决的上诉期限为15日，15日内不进行上诉，则判决自动生效，当事人对生效判决不服，可提起审判监督程序，而不可再行起诉。

（3）符合法律规定。

本章小节

本章根据《仲裁法》和《民事诉讼法》的法规条文，阐述了仲裁、诉讼制度的主要内容，介绍了仲裁的概念、特点和适用范围，仲裁的基本原则、基本制度和程序，经济诉讼的概念、案件管辖和诉讼程序等内容。正确认识产生经济纠纷的原因，并采取必要的防御措施。一旦发生了经济纠纷，必须依照有关法律的规定，采取正当的方法和途径解决。本章介绍的经济仲裁和经济诉讼就是解决经济纠纷的法律途径。

引导案例分析

（1）本案例中，仲裁委员会可以受理此案。因为《仲裁法》第五条规定："当事人达成仲裁协议，一方向人民法院起诉的，人民法院不予受理，但仲裁协议无效的除外。"本案双方当事人已达成书面仲裁协议，因此人民法院对于乙公司的起诉不予受理是正确的，仲裁委员会有权受理此案。

（2）双方当事人在纠纷发生后达成的书面仲裁协议能成立。《仲裁法》第十六条规定："仲裁协议包括合同中订立的仲裁条款和以其他书面方式在纠纷发生前或纠纷发生后达成的请求仲裁的协议。"因此，本案中双方当事人在纠纷发生后达成的书面仲裁协议是成立的。

（3）《仲裁法》第二十条规定："当事人对仲裁协议的效力有异议的，可以请求仲裁委员会作出决定或者请求人民法院作出裁定。"因此，本案中若乙公司提出仲裁协议无效，可以选择仲裁委员会或人民法院作出决定或裁定。

实训项目

实训目的：通过组织模拟法庭，掌握经济诉讼的受理、管辖及诉讼程序的相关规定。

实训资料：组织一次模拟法庭，案件具体内容由指导老师确定，由指导老师介绍案情，分派资料。学生按原告、被告、法官分为3组，指定组长，组织对案情进行讨论，分析案情事实，提出看法或观点，并安排记录。各组通过自荐、推荐或竞争演说的方式确定本方的角色担当者，包括原告及其代理律师、被告及其代理律师、法官、书记员等。

提出问题：

（1）经济纠纷的解决途径有哪几种?

（2）经济案件的管辖和诉讼程序是如何规定的?

本章测试

一、单项选择题

1．根据《民事诉讼法》关于专属管辖的规定，下列表述错误的是（　　）。

A．因不动产纠纷提起的诉讼，由被告住所地人民法院管辖

B．因港口作业中发生纠纷提起的诉讼，由港口所在地人民法院管辖

C．因继承遗产纠纷提起的诉讼，被继承人死亡时住所地人民法院有管辖权

D．因继承遗产纠纷提起的诉讼，被继承人主要遗产所在地人民法院有管辖权

2．根据《仲裁法》的规定，当事人申请撤销仲裁裁决的，应当自收到仲裁裁决书之日起（　　）内提出。

A．30日　　B．60日　　C．3个月　　D．6个月

3．根据《仲裁法》的规定，当事人对仲裁协议有异议的，应当在（　　）提出。

A．仲裁庭首次开庭之前　　B．向仲裁委员会提交答辩书时

C．仲裁庭开庭审理期间　　D．在仲裁裁决作出之前

4．根据《仲裁法》的规定，下列关于仲裁程序的表述错误的是（　　）。

A．仲裁以不公开审理为原则

B．仲裁庭仲裁纠纷时，其中一部分事实清楚，可以就该部分先行裁决

C．裁决书自作出之日起发生法律效力

D．仲裁一律开庭进行

5．根据《仲裁法》的规定，仲裁裁决应当按多数仲裁员的意见作出，仲裁庭不能形成多数意见时，裁决应当按照（　　）的意见作出。

A．首席仲裁员　　B．仲裁委员会主任

C．仲裁委员会的专家委员会　　D．仲裁委员会集体讨论

二、多项选择题

1．根据《民事诉讼法》的规定，因（　　）提起的诉讼属于专属管辖。

A．票据纠纷　　B．不动产纠纷　　C．侵权行为

D．沿海港口作业纠纷　　E．继承遗产纠纷

2．根据《民事诉讼法》的规定，下列关于民事审判程序的表述正确的有（　　）。

A．人民法院审理民事案件，必须公开进行

B．原告未经法庭许可中途退庭的，可以按撤诉处理

C．对一审判决提起上诉的期限为自判决书送达之日起15日内

D．上级人民检察院对下级人民法院已经发生法律效力的判决裁定，发现确有错误的，

可以提出抗诉

E. 当事人在判决发生法律效力后2年内可以向原审人民法院或上一级人民法院申请再审，判决停止执行

3. 根据《民事诉讼法》的规定，可以上诉的判决有（　　）。

A. 地方各级人民法院适用普通程序审理后作出的第一审判决

B. 地方各级人民法院适用简易程序审理后作出的第一审判决

C. 按照第一审程序对案件再审作出的判决

D. 第二审法院的判决

E. 第二审法院发回重审后的判决

4. 甲船和乙船在港口相撞，造成数万元的损失，因而提起诉讼，（　　）的法院有管辖权。

A. 受碰撞船舶最先到达地

B. 受害船舶被扣留地

C. 受害船舶船籍港所在地

D. 被告住所地

E. 碰撞发生地

5. 我国经济审判庭的受案范围主要有（　　）。

A. 各类经济合同纠纷案件

B. 技术合同纠纷案件

C. 农业、农村承包合同纠纷案件

D. 涉外或涉中国港、澳、台地区经济纠纷案件

E. 其他经济纠纷案件

三、案例分析题

某实业公司与某商场签订了一份合同，合同中约定双方如因合同发生纠纷，由市仲裁委员会仲裁解决。后该合同被人民法院确认为无效合同，实业公司请求仲裁委员会裁决商场赔偿其损失。而商场则认为整个合同无效，因此该仲裁协议也无效，拒不赔偿。

试分析：商场的理由是否合法？

参考文献

[1]杨紫烜. 经济法[M]. 5版. 北京：北京大学出版社，高等教育出版社，2015.

[2]李昌麒. 经济法学[M]. 4版. 北京：中国政法大学出版社，2011.

[3]吴祖谋，李双元. 新编法学概论[M]. 3版. 武汉：武汉大学出版社，2010.

[4]曲振涛，王福友. 新编经济法[M]. 5版. 北京：高等教育出版社，2014.

[5]潘慧明，吴红玲. 经济法[M]. 4版. 杭州：浙江大学出版社，2012.

[6]单治国，王玉霞. 经济法原理与实务[M]. 西安：西北工业大学出版社，2010.

[7]杨红心. 经济法[M]. 北京：北京邮电大学出版社，2012.

[8]全国会计从业资格考试辅导教材编写组. 财经法规与会计职业道德[M]. 北京：经济科学出版社，2014.

反侵权盗版声明

尊敬的老师：

您好。

请您认真、完全地填写以下表格的内容(务必填写每一项)，索取相关图书的教学资源。

教学资源索取表

书　名			作 者 名		
姓　名		所在学校			
职　称		职　　务		讲授课程	
联系方式	电话：		E-mail：		
地址(含邮编)					
贵校已购本教材的数量(本)					
所需教学资源					
系 / 院主任姓名					

系 / 院主任：____________________(签字)

(系 / 院办公室公章)

20______年_____月_____日

注意：

① 本配套教学资源仅向购买了相关教材的学校老师免费提供。

② 请任课老师认真填写以上信息，并**请系 / 院加盖公章**，然后传真到(010)80115555转718438上索取配套教学资源。也可将加盖公章的文件扫描后，发送到fservice@126.com上索取教学资源。欢迎各位老师扫码关注我们的微信号和公众号，随时与我们进行沟通和互动。

微信号　　公众号

電子工業出版社
PUBLISHING HOUSE OF ELECTRONICS INDUSTRY